国家"十一五"重点图书

协商民主译丛
丛书主编 俞可平　执行主编 陈家刚

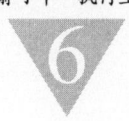

民主与差异：挑战政治的边界

〔美〕塞拉·本哈比 主编
黄相怀 严海兵 等 译

中央编译出版社
CCTP Central Compilation & Translation Press

总　序

"协商民主译丛"首批共4本译著在2006年推出后，在国内理论界引起了相当热烈的反响。译丛在初版后很快得以重印，协商民主这一概念已经成为政治学界的热门话题之一，一些研究西方协商民主的专题论著不断面世，相关的学术研讨也广泛展开。尤其值得一提的是，理论界还就协商民主对于中国民主政治发展的意义进行了热烈的争论，出现了针锋相对的两种观点。一种认为，对于中国的民主政治建设而言，选举民主具有压倒一切的重要性，协商民主只能起补充的作用；另一种认为，协商民主对于中国民主政治发展至关重要，中国不应走选举民主的道路，而当走协商民主的道路。正像一句老话所说：真理愈辩愈明。无论对于我国的政治学研究，还是对于现实的政治发展，这样的讨论与争论，都是十分有益的。

"协商民主译丛"，是一套严肃的学术著作丛书。与一般的学术译丛的一个明显不同是，这套丛书的基本读者不仅包括学者，也包括广大干部。从出版社方面获悉，一些党政机关直接向出版社方面订购"译丛"。这表明，协商民主理论不仅为学者所关注，也为政府官员所关注。之所以能够引起学者和官员的热烈关注，我所想到的原因主要有以下几个。

首先，协商民主的重要性。协商民主一直以来都受到政治思想家的高度重视，协商民主也一直是民主实践的重要内容。对话、磋商、讨论、听证、交流、沟通、商议、辩论、争论等协商民主的各种形式，其实都是公民参与政治生活的重要渠道，是决策民主化和科学化不可或缺的环节。公民参与是民主政治的实质性内容，没有公民参与的民主，至多也是一种少数人的民主。社会主义民主应当是一种最广大多数人的民主，公民的参与就显得更加重要。

其次，我们的政治传统。现实政治的发展，不能离开一个国家的政治文化传统，民主政治建设也不例外。例如，在官员的选拔方面，我国传统政治有各种各样的察举、科举、荐举等制度，但没有选举制度。这也是为什么在我国推进选举民主尤其困难的重要原因。而政治协商却不然。在政府的政策制定方面，商议、讨论、对话的传统却由来已久。虽然决策过程中的协商和对话主要发生在官员之间，但在传统中国，开明官员"问计于民"的故事也时有所闻。

再次，现实政治的需要。建设一个富强、民主、文明、和谐的社会主义现代化强国，是我们的根本目标。更高地举起人民民主的旗帜，更加积极地推进民主政治建设，是我国政治发展的紧迫任务。政治协商制度，是我国的一种基本政治制度，也是一种极具中国特色的民主协商制度。我国现有的政治制度，为协商民主的发展提供了丰富的制度资源。如何最大限度地发挥这些制度资源在推进协商民主中的作用，自然应当受到理论界和党政部门的高度重视。

最后，目前的理论环境。近些年来，民主问题再度成为官员和学者关注的热点。如何在经济迅速发展的前提下努力推进中国民主政治的协调发展，如何建设高度发达的社会主义政治文明，什么是中国特色的民主政治道路，应当怎样借鉴西方政治文明的优秀成果，民主与民生是一种什么样的关系，怎样让民主造福于全体中国人民等一系列问题，正在引起所有对国家和民族的前途负有责任感的官员和学者的深入思考和认真探索。围绕协商民主所展开的讨论与争论，也是这种思考和探索的具体表现。

在出版"协商民主译丛"首批著作的"序言"中，我不仅简要地分析了协商民主在当代西方发达国家兴起的原因，而且特别强调指出，协商民主是建立在发达的代议民主和多数民主之上的，它是对西方的代议民主（或选举民主）、多数民主和远程民主的一种完善和超越。离开这样一个前提，去看待协商民主，就可能会偏离历史的真实。换言之，协商民主不是一种孤立的理论或实践，它深深植根于当代西方发达资本主义国家的政治现实。对此我们应当有清醒的认识。然而，在理论界目前对协商民主的讨论中，我还是不无遗憾地看到了一种对协商民主与选举民主的简单割裂：认为选举民主无足轻重，协商民主才是民主的实质。

我曾经在许多场合重复指出，选举民主与协商民主是民主政治的两个基本环节，它们是一种互补的关系，而不是一种互斥的关系。民主既是一种政治制度，也是一种政治过程。真正的民主，应当体现在政治制度的各个方面和政治过程的各个环节。从理论上说，可以从不同的角度对民主进行分类，比如直接民主和间接民主，选举民主和协商民主，还有像我们通常所说的"四个民主"，即民主选举、民主管理、民主监督、民主决策。事实上，不管对民主怎么分类，如果从环节上看，两个环节最重要，这两个环节彼此不能缺失。第一个环节是民主选举。民主就是人民的统治，可人民对国家的统治一般都不是直接的，而是间接的。间接统治就离不开选举。人类到现在还没有找到另外一个更好的办法，来代替选举的形式，把最能代表人民利益并真正对人民负责的官员推选出来。第二个环节就是决策，这里面包含了协商民主。当一个官员被选举出来后，一定要有一套制度来制约他的权力，让他在决策的过程中能够更多地听取人民群众、利益相关者及有关专家的意见。可见，选举民主与协商民主处于政治过程的不同环节，它们既不能相互取代，也不是相互排斥。

现在，"协商民主译丛"的第二批译著也即将问世，它们分别是：《协商民主：挑战与反思》、《民主与差异》、《协商民主论争》和《美国民主的未来》。加上第一批的4本，"协商民主译丛"总共已有8本译著。这套译丛大体上包括了西方关于协商民主理论的代表人物及其主要观点，国内读者可以借这些译著对西方协商民主的渊源、论题、概念、意义、内涵、形式、争论和实践等，有一个基本的了解。我们当然希望，这套译丛对于推动我国的民主理论研究和探索中国特色的社会主义民主政治道路，也能有所益处。

俞可平
2009年2月15日于方圆阁

目　录 >>>>

导论:民主的时代与差异的问题 ………………… 塞拉·本哈比 / 1

第一部分　民主理论:基础和视角

第一章　三种规范性民主模型 ………………… 于根·哈贝马斯 / 21
第二章　变幻无常的民主 ……………………… 谢尔顿·S. 沃林 / 31
第三章　利用权力/对抗权力:政体 …………… 简·曼斯布里奇 / 48
第四章　走向协商模式的民主合法性 …………… 塞拉·本哈比 / 71
第五章　协商民主的程序与实质 ……………… 乔舒亚·科恩 / 96
第六章　交往与他者:超越协商民主 ………… 艾丽丝·马里恩·扬 / 116
第七章　处理差异:一种观念的政治,或者是一种存在的政治?
　　　　　　　　　　　　　　……………………… 安妮·菲利普 / 135
第八章　加拿大三种群体差异的公民权 ……… 威尔·金里卡 / 150
第九章　多元与民主:表征差异 ……………… 卡罗尔·古德 / 168
第十章　民主、差异和隐私权 ………………… 简·科恩 / 186
第十一章　性别平等与福利国家:一个后工业化思想实验
　　　　　　　　　　　　　　……………………… 南希·弗雷泽 / 218

第三部分 文化、认同与民主

第十二章 民主、权力与"政治性" ………………… 尚塔尔·墨菲 / 243

第十三章 差异、困境和政治的家园 ………………… 邦妮·霍尼格 / 256

第十四章 民主和多元文化主义 ………………… 弗雷德·达尔梅尔 / 279

第十五章 公民身份的绩效:法国大革命中的民主、性别和差异

………………………………………………… 琼·兰德斯 / 299

第十六章 边缘人和叙述性认同:晚期现代性的阿伦特式反思

………………………………………… 卡罗斯·A. 佛门特 / 319

第四部分 民主需要基础吗?

第十七章 理想化、基础和社会实践 ………………… 理查德·罗蒂 / 339

第十八章 民主理论与民主经验 ………………… 罗伯特·达尔 / 343

第十九章 民主、哲学与正当性 ………………… 艾米·古特曼 / 347

第二十章 基础主义和民主 ………………… 本杰明·R. 巴伯 / 355

译后记 ……………………………………………………………… 367

导论：民主的时代与差异的问题

塞拉·本哈比（Seyla Benhabib）

  法国大革命两百年之后，1989 年，一系列的墙壁轰然倒塌。随着威权共产主义在中东欧、巴尔干国家和前苏联的终结，以及此前在菲律宾、阿根廷和巴西发生的从专制到民主的转型，人们为世界范围的民主化欢欣鼓舞。正如阿列克谢·德·托克维尔在 1833 年所预言的，"不可阻挡的革命波及一国又一国"，当今的思想家们为"民主的时代"欢呼不已。① 弗朗西斯·福山在《历史的终结》一书中宣称，我们已经达到了"意识形态演化的终点，普适性的西方自由民主成为了人类政府的最后形式"②。

  然而，历史常常证明那些宣称破解了历史之谜的人是错误的。福山高奏的凯歌话音未落，一系列与他的预言截然相反的政治现实与经验就爆发出来了：波黑的内战与种族屠杀，俄罗斯对车臣的摧毁，阿塞拜疆、亚美

---

  ① Alexis de Tocqueville, *Democracy in America*, trans. George Lawrence, ed. J. P Mayer (New York: Doubleday, 1969), "Author's Introduction", 12; and Marc Planner, "The Democratic Moment", in Larry Diamond and Marc Planner, eds., *The Global Resurgence of Democracy* (Baltimore: Johns Hopkins University Press, 1992). 关于对反对意见的颇有创见的评价，参见 Adam Przeworski, *Democracy and the Market: Political and Economic Reforms in Eastern Europe and Latin America* (Cambridge: Cambridge University Press, 1991).

  ② Francis Fukuyama, "The End of History?" *The National Interest* (Summer 1989): 4. 也可参见 *The End of History and the Last Man* (New York: Free Press, 1992).

尼亚、马其顿和希腊一触即发的民族冲突，发生于阿尔及利亚和北非与中东的其他地方的民主的褪色与穆斯林原教旨主义的兴起。这些都说明，"自由民主的普世化"远未完成。同时，在西方的心脏地带，在法国和意大利甚至美国，新法西斯运动却以二战之后前所未有的规模浮现出来。① 确实存在着世界范围的民主化浪潮，但是，以不同形式的"差异"——种族的、民族的、语言的、宗教的和文化的差异——名义抵制和敌视民主化趋势的活动同样也真实地存在着。② 寻求对集体认同形式的认可的新政治运动正在全球范围内复兴。

由于任何对认同的寻求都包含着将自身与他者区别开来的含义，因而认同政治（identity politics）总是并且必然是一种产生差异的政治。某人是个波斯尼亚塞尔维亚人，在某种程度上就意味着他不是一个波斯尼亚穆斯林人或者波斯尼亚克罗地亚人，一个属于"欧洲人类—文化社群"的人，在某种程度上就意味着他不是来自马格里布，中东或者亚洲。这些现象让人震惊，并非因为它们所展现的无可避免的认同/差异之矛盾关系，而是它们所展示的那种返祖性的信念，即认为只有消除差异和他者性（otherness）认同才能得以维持和保存。用威廉·康纳利（William Connolly）的巧妙说法，③ 认同/差异之谈判，是民主所面临的全球范围的一个政治问题。

一

在《民主与差异：政治边界之争》一书中，所收录的论文意在论述和

---

① 参见 Umberto Eco, "Eternal Fascism", *New York Review of Books* 42, no. 11 (June 22. 1995): 12–16。

② 参见 *Telos* 专刊 (nos. 98–99, Winter 1993–Spring 1994) 关于 "The French New Right"，特别是 Pierre-Andre Taguieff 的文章 "From Race to Culture: The New Right's Vision of European Identity"，涉及"欧洲及其他者"这场运动的观念的演化和"文化学派"反对第三世界"他者"以捍卫欧洲。

③ William E. Connolly, *Identity/Difference: Democratic Negotiations of Political Paradox* (lthaca: Cornell University Press, 1991); 参见 Ernesto Laclau, ed., *The Making of Political Identities* (London: Verso, 1994)。

探讨认同/差异的政治,这个问题在 20 世纪七八十年代的西方自由民主国家尤为突出。认同/差异的政治一度被称为"新社会运动政治",被认为表达了"后物质主义价值观"(罗纳德·英格尔哈特,Ronald Inglehart)[①],被解释为标志着从关注"分配问题"到关注"生活形式的规则"(于根·哈贝马斯)的转变。[②] 经过新社会运动之后,政治性关注之问题的性质发生了巨大的变化。发生于 19 世纪和 20 世纪前 50 年的资产阶级和工人阶级围绕财富、政治地位和机会展开的斗争,被围绕堕胎和同性恋权利,生态和新医药技术的后果,以及围绕种族、语言和族群尊严的政治而展开的斗争所取代。这些新的问题可以在新的政治行动者集团身上看出来:运动政治取代了政党政治,妇女积极分子、有色人群、同性恋者和利益相关之公民的松散联合体取代了严密的组织。[③]

从全球范围看,这种在西方民主国家兴起的新政治(现象)在时间上与世界范围的民主化运动是重合的。但是,产生于自由资本主义民主下的新社会运动中的"认同/差异"的政治,与形成于前共产主义国家、北非和中东的种族、族群、语言和宗教差异的政治截然不同。认同/差异的政治关注的是自由民主制下的公共领域中对于差异的协商、争论和代表,族群民族政治(the politics of ethnonationalisms)寻求的是重新界定政治体制的构成,并且意在创造出新的政治性主权机构。实际上,以主权国家的形式表现文化、宗教、民族和族群的同质性,是后一种政治所孜孜以求的。本书所收的论文,在谈论差异的民主政治(democratic politics of difference)时,均持这样的假定,即认为自由民主下的制度和文化已经足够复杂、灵活和分散,从而使得表现差异并不会瓦解政治体制的认同,或推翻政治主

---

① Ronald Inglehart, *Culture Shift in Advanced Industrial Society* (Princeton: Princeton University Press, 1990).

② 参见 Jurgen Habermas, "Dialectics of Rationalization: An Interview", *Telos* 49 (Fall 1981): 5 – 33, 和 *Theory of Communicative Action*, trans. T. A. McCarthy, vol. 1: *Reason and the Rationalization of Society* (Boston: Beacon Press, 1984), 339 – 403。

③ Claus Offe 的论文, 载于 *Contradiction of the Welfare State*, ed. John Keane (Cambridge, Mass.: MIT Press, 1984), 147 – 162, 179 – 207, 292ff。

权之现存形式。①

选取"民主与差异"这样的用法,意在希望作者们对以"新社会运动"形式出现的认同政治之后的民主理论与实践进行探讨。民主是建立在对认同模式的同质化的基础之上的吗?政治机构之"机构"(body)是什么样子的呢?普适性的公民身份之理想能够容纳差异吗?什么样的理性与动机理论主导着我们对民主制下的公民和法制之下的个人的看法呢?民主需要哲学吗?如果需要的话,需要的是什么样的哲学,理性主义的、情境主义的、后现代的、批判性的还是新康德主义的呢?存在什么样的表达差异的制度性的、文化的和代表性的渠道呢?多大程度上的差异可以与公平而平等状态下的法治相容?

在此语境中,"差异"这个词就变成了两个问题之交汇点:它既是一种对启蒙运动类型的理性主义、本体论和普世主义的哲学批判,对那些强调变易(alterity)、他者性、异质性、不协调和抗拒的人来说,又是文化抗争性呐喊。② 当今的西方自由民主体制已经受到那些强调不可被同化之差异的团体的挑战,这些团体想利用他们的差异性之事实剥除理性主义的神圣性,破除自由民主的幻觉。

在划时代转变时期,常常会出现老的与新的定义、假设、思潮、设想

---

① "多元文化主义"(multiculturalism)这个术语已经被广泛用于对最近一些现象的讨论之中,从像法国和德国这样的欧洲民族国家的劳工移民和后殖民地居民的整合,到魁北克讲法语的共同体声称其享有文化、语言和政治的自治的权利,再到哲学、文学和艺术中教授西方传统的"正经"的争论。因为在所有这些事例中的混乱使用,这个术语实际上已经失去了意义,并且没有被本书的撰稿者所广泛采用。就其美国语境中的最重要的表现来说,多元文化主义的政治则是20世纪80年代新社会运动的一个直接的副产品。然而,围绕着正经的争论引发了触及研究方法和教学法哲学体系的一系列的不同问题。我在一篇文章中部分地谈到了这些问题,参见"What Is Culture?", Marjorie Garber, ed., *The Work of Culture* (New York: Routledge, forthcoming)。

Carlos Forment 的文章开始考虑在均质化的民族国家中由多元文化政治所产生的一些问题,而威尔·金里卡(Will Kymlicka)则讨论了加拿大的例子的特异性。

② 参见 Jacques Derrida, "The Other Heading: Memories, Responses, and Responsibilities", *The Other Heading: Reflections on Today's Europe*, trans. Pascalle-Anne Braultand Michael B. Naas (Bloomington: Indiana University Press, 1992); Jean-Francois Lyotard, *The Differend: Phrases in Dispute*, trans. Georges Van Den Abbeele (Minneapolis: University of Minnesota Press, 1988). 参见我的论文"Democracy and Difference: Reflections on the Metapolitics of Lyotard and Dgrrida", *Journal of Political Philosophy* 2, no. 1 (1994): 1–23.

和价值观混淆、混合乃至冲突的现象。通过分析在当今"民主的时代"认同/差异问题带来的观念的、文化的和制度性的困境与困惑，本书意在对我们的时代进行自我澄清（self-clarification）。

二

在本书所收录的论文中，谢尔顿·沃林（Sheldon Wolin）写道："因此，民主对复杂社会来说太过简单，而对简单社会来说又太过复杂。"社会复杂性和民主的关系也是哈贝马斯的论文"三种规范性的民主模式"关注的核心问题。哈贝马斯区分了民主政治的三种看法：自由主义的、共和主义的和程序—协商性的（proceduralist-deliberative）。根据自由主义模式，民主过程的功能在于把自主性的公民社会的利益传递给政治机构，政治的任务在于整合不同的个人利益。根据共和主义模式，政治就是表达"共同之善"，即共同体的伦理生活的实质性看法。政治的优点，不在于整合公民社会的利益，而在于在公民之间产生团结。

哈贝马斯反对这两种模式，因为它们都"假设了一个社会居于其中心地位的国家，不管这国家是市场—社会保卫者，还是伦理共同体自觉制度化的产物"。话语民主理论（discourse theory of democracy）（在文中哈贝马斯把它和"协商政治模式"不加区分地使用）是从一个分散化的社会景象之中推演出来的。政治系统既不被认为居于顶端，也不被认为居于中心，更非一般意义上的社会之成形模式，而只不过是众多"行动系统"（尼可拉斯·卢曼语，Niklas Luhmann）中的一个。哈贝马斯试图通过此程序主义模式重构合法性和人民主权等概念："话语理论强调的是贯穿于立法机构和公共领域的非正式网络之中的交往过程的**更高层次的主体间性**。不管是在立法机构之中还是之外，这些无主体的交往形式都构成了或多或少的理性的意见—形成和意志—形成赖以发生的领域。"哈贝马斯与坚持公民共和传统的让·雅克·卢梭、托马斯·杰斐逊、汉娜·阿伦特，包括书中所收入的论文的作者之一本杰明·巴伯的相同之处在于，都认为"民主最本源的含义在于民主是自主的公民共同地公开运用理性的制度化结果"。

这里的挑战不仅在于如何将"对民主而言太过复杂"的社会状况下的公共领域之理想再度理论化，而且还在于，基于以往的已经说得很清楚的观点①，哈贝马斯认为，由于将政治看做集体认同或共享生活形式的自我说明之解释性过程，共和传统使得民主过程"背负了过多的负担"。他把关于共同生活形式的伦理性话语同政治性话语进行了区分，前者涉及**道德正义问题**，后者涉及**工具性权力和强制问题**。

尽管书中的许多作者都捍卫一种"协商民主"观，因为它能为复杂社会中民主经验的理论化提供最为充分的观念和制度模式（本哈比、乔舒亚·科恩、艾丽丝·扬、简·科恩、艾米·古特曼），但没有一个人完全同意哈贝马斯为协商民主所作的社会学和哲学辩护。乔舒亚·科恩认为，对程序民主所作的实质性预设，必须被更加认真地对待。通过保证使参与民主性协商过程成为可能的某些社会和经济权利，公民们的自治得到保护和扩展。即便在合理的价值多元主义的情况下，即在竞争性的各种善之观念与价值观条件下，乔舒亚·科恩依然相信，更具实质性的民主观念也是可以站得住脚的。

在我的文章《朝向民主合法性的协商模式》中，我也认可分散的公共领域之模式，但是我并不赞同哈贝马斯对伦理、政治和道德话语所作的过于严格的区分。实际上，正如艾丽丝·扬在她的文章《交往与他者：超越协商民主》中所言，哈贝马斯的协商民主理论把政治过程和交往的文化形式作了过于清晰的划分。即便我们认识到，正当与善在哲学与制度层面有所区别——此区别对保存多种善之观念竞争的社会中的民主自由意义重大，这区别也不能使理论者在政治话语周围建立一道**防疫封锁线**（cordon sanitaire），以此阻隔集体认同和善之生活观念的表达。扬关注三种社会文化实践，在她看来，"一个更为宽泛的交往民主观念除了批判性辩论之外，还需要致意、雄辩和讲故事"。

---

① 参见收集于该标题之下的论文：*Moral Consciousness and Communicative Action*, trans. C. Lehnhart and S. Weber Nicholsen (Cambridge, Mass.: MIT Press, 1990)；也可参见"On the Pragmatic, the Ethical, and the Moral Employments of Practical Reason", in Habermas, *Justification and Application: Remarks on Discourse Ethics*, trans. C. Cronin (Cambridge, Mass.: MIT Press, 1993).

广言之，在本书中，在程序性协商民主模式和第四种类型的、未被哈贝马斯指出的民主模式之间存在一种张力。我将把这种类型的民主模式称为"竞争性的民主政治模式"。谢尔顿·沃林对此进行了简明而又引人注目的思考。进行思考的理论者还包括简·曼斯布里奇、尚塔尔·墨菲、邦妮·霍尼格和本杰明·巴伯。沃林写道："我把**政治性**（the political）看做理想的一种表达：当通过公共协商，集体权力被用于促进或保护集体利益的时候，包含多样性的自由社会是能够享受到共同性的时刻的。**政治**则指的是合法而公开的争论，主要发生于组织化的不平等的社会权力（集团）之间，争论的目的是获得可带来公共权力的资源的机会。政治是连续的、不间断的、无休止的（活动），政治性则是间断的、不常见的（活动）。"

在西方工业社会，现代国家的发展产生了一种特殊类型的政治：一种驯服的、围堵的和划定边界的政治。发达工业国家的民主制度继承了巨大的控制性国家权力，它保护也利用着"公民的劳动、财富和精神"。沃林认为，任何基于作为行动者的公民（citizen-as-actor）和具有间断性的政治（politics-as-episodic）模式的民主观，都与"国家是政治生活的固定中心这个现代社会的现实"不相容。不过，谢尔顿·沃林并没有因此而发展出一种非国家中心的民主观，而是总结性地认为："需要重新构想作为非政府形式的民主：作为一种存在模式（mode of being），它为苦涩的现实所限定，注定只能偶尔成功，但只要对政治的记忆还在，它就具有不断出现的可能。"

将民主工程理论化为一种特定的"存在模式"，而非政府形式，也为尚塔尔·墨菲、邦妮·霍尼格、琼·兰德斯（Joan Landes）和本杰明·巴伯所认可。基于克劳德·勒夫特（Claude Lefort）"确定性标记的消解"理论①，墨菲和兰德斯都认为特定形式的社会象征性权力是民主的核心内容。墨菲写道："自由民主不是把民主模式应用到更广泛的环境中……从而被当作一种政体形式，它涉及的是社会关系的象征性秩序。"这种象征性秩

---

① Claude Lefort, "The Question of Democracy", *Democracy and Political Theory*, trans. David Macey (Minneapolis: University of Minnesota Press, 1988), 19.

序的特征不是约翰·罗尔斯所认为的价值观和世界观多样性,而是一种"价值论层面"的多元主义,它不允许在竞争性的善观念、正义观念和政治观念间出现不经争辩和不留余地的裁决。

邦妮·霍尼格对竞赛政治也持有相似的看法:"在民主理论中认真对待差异——不仅仅是认同,就是承认冲突的不可避免和对政治和道德工程的抵制之不可祛除……就是说,要放弃那种认为存在一个叫做家的地方,一个没有权力、冲突和斗争的地方,一个没有差异和权力的地方的不切实际的想法。"

民主政治的竞赛观不可避免地要引发一系列问题,我们怎么确定政治竞赛,或多元主义的争论无法在更高的层面被裁决呢?是否所有的善与正当的民主政治都与法西斯主义、排外民族主义和右翼民粹主义相对立呢?人民是否总是明智呢?他们的决策总是正当的吗?他们的意愿是否总是值得尊重呢?激进的竞赛政治观需要面对自由—宪政理论(liberal-constitutional theory)持有的非常有力的反对性意见:民主制下的**人民**(demos)可能是不公正的,可能是种族主义者,可能会感情用事,可能会玩弄阴谋诡计。如果竞赛民主理论者们不愿意施加某些限制,以规范和约束人民的意愿,他们怎样才能保障平等而自由的公民们的自由、权利和应当得到的尊重呢?

本杰明·巴伯在他的文章中表达了强势民主论者(strong democracts)的立场:"所要求的不是依靠基础性规定或者个人智慧,把固定的标准严格地应用于变动的世界之中,而是要依靠这些政治技艺来发现或塑造共同的基础。正当之原则,甚至某一正当之规定,都不能仅凭自身而决定政治判断。正当之内容……有赖于持续不断的再界定与再解释,并且,它们的规范性力量也有赖于一个积极的公民体之参与和奉献。"巴伯这里所讲的,其实是民主的自我纠正机制。当然,民主的自我纠正机制不仅包括人民的意愿,也包括保护权利和自由的宪法制度、最高司法机关与立法机关之间的互动机制、宪法审查程序等等。协商民主政治使政治免于文化和伦理生活的影响,竞赛政治论者却将民主视为关于伦理和文化问题进行持续不断的争论的过程。在理论层面,一个替代性的选择是很清楚的:一个能公正地对待竞赛性民主精神的协商民主政治观。

简·曼斯布里奇、安妮·菲利普（Anne Phillips）、威尔·金里卡和简·科恩以新的方式触及了自由主义和民主之间由来已久的冲突。实际上，公平地说，即便对竞赛民主论者来说，自由主义的历史遗产——尊重法治、尊重个人权利、尊重价值多元、尊重宪法保障——以何种方式被坚持，是存在疑问的。确切地说，这个问题就是正当之混合，就理论和现实意义而言，是自由主义的遗产与所有民主政治都具有的冲突性和论证性特征之混合。简·曼斯布里奇的文章《利用权力/对抗权力：政体》所关注的正是这种混合。由于认为任何民主政体都不可能完全消除运用强制性权力之需要，或者获得全部的合法性，曼斯布里奇称，民主除了需要对权利、言论和集会自由、法治、政党、利益集团的制度性保障之外，"还需要培育和保护非正式的协商性对抗领域，在此领域，那些在强制性活动中失败了的人们重新改变他们的理想和战略，汇聚力量，并在一个更具保护性的领域内决定以何种方式或是否继续战斗"。

对曼斯布里奇来说，任何标准都不能将强制合法化，"不管是基于假设性的同意，结果的实质正义，免于强制的自由或者中止带来强制实施的决策的协商过程，或者参与者参与决策过程的同等权力"。就理论意义而言，这使得曼斯布里奇倾向于认可竞赛民主理论者的看法，因为他们认为，不存在任何完全站得住脚的没有任何罅隙的理性之正当化过程。实际情形中的民主只能够产生出"足够好"的合法性。

在制度性倡议层面，曼斯布里奇与本书中的其他许多作者的看法是一致的。基于分散的公共领域和多元的公民社会模式，曼斯布里奇倾向于将协商政治的优点同充分考虑现代社会复杂性的社会现实主义理论结合起来〔乔舒亚·科恩、本哈比、简·科恩和南希·弗雷泽（Nancy Fraser）〕。① 运用"领域政治"这个名词，曼斯布里奇解释了"边缘化的对抗性公众"（subaltern counterpublics）的含义。由于团体和社会运动的意图在于表达多

---

① 参见 Nancy Fraser, "Rethinking the Public Sphere: A Contribution to the Critique of Actually Existing Democracy", in Craig Calhoun, ed., *Habermas and the Public Sphere* (Cambridge, Mass.: MIT Press, 1992)。

样性，这些反公众的目标就包括"更好地理解自身，形成团结之纽带，保存对过去的非正义之记忆，发明出新的关于自我、共同体、正义和普适性的认识……根据感情和策略进行结盟，对目的和手段进行协商，并决定如何进行个体和集体行动"。

认为应当在民主体制内采用混合的制度性解决办法来解决差异的代表问题，也出现于安妮·菲利普和威尔·金里卡的文章之中。在对自由主义的"代表"思想作了简要的检视之后，菲利普发现自由主义注意到了多元政体中理念的多样与冲突问题，"但是，当把观念政治（politics of ideas）从我所称为的在场政治（politics of presence）中分离出来的时候，理念的政治就无法很好地处理这样的现实问题：由于人种、族群、宗教或者性别原因，某些社会团体发现他们被排斥在民主过程之外。越来越多的人认为，政治排斥只能用政治在场加以克服"。但是，如果被代表的是团体而非理念、看法和信仰系统，这种代表模式会引发另外一系列的疑问：能把团体当作同质性的实体吗？如果按照团体设定代表原则，在公共代表模式中，团体认同的哪些方面应当给予最优先的考虑呢？假如在魁北克省存在着一个带有非洲口音的说法语的妇女团体，此团体认同的哪个方面应当被代表于政治过程之中呢？既然所有的认同，不管是个体认同还是集体认同，都由多样、复杂且异质归属层面组成，"出现的政治"就有强化认同—本体论——一种无效的团体出现之形而上学——的危险，过去不就是如此吗？菲利普认为当代自由民主制度中发生的从理念的政治到出现的政治的转变是不可逆转的，"应当也能够设计出一套机制，着眼于解决团体排斥问题，而不把每个团体的边界或者特征固定下来。"

威尔·金里卡在他的文章《加拿大三种群体差异的公民权》中，以加拿大为个案，关注自由民主国度之内的团体权利这样一个一般性问题。由于加拿大在其历史发展中，纳入了三种不同的群体或者民族（英国人，法国人和原住民），金里卡认同这样的观点，即民族认同层面的差异应当由特殊的法律或者宪法措施加以保护。同时，由于来自印度、非洲、亚洲、欧洲以及中东等的移民众多，加拿大还是一个多族群的国家。金里卡列举了三种群体差异的公民身份权利：自治权利、多族群权利（polyethnic rights）和特别代表权。金里卡认为，这些不同的权利与个人的自由平等权利是可以相容的。不过他也承认，它们之间可能发生冲突，并且确实也发生过冲突。①

卡罗尔·古德（Carol Gould）在她的文章《多元与民主：表征差异》中，批评了她所称为的"团体本体论"，这种观点认为团体身份是既定的不可改变的。她转而倡导一种自愿性的社会多元主义或者多元文化论。在她看来，这种对差异的代表与平等权利的优先是能够相容的。并且，在非本体论的和社会多元主义的团体差异视野下，怎样界定和确立团体身份以及由谁来界定和确立团体身份，都不是既定的而是尚待解决的问题。作为结论，古德认为，扩大各个层面的参与是代表差异的最有可行性的机制。

出现政治（菲利普）困境的主要原因在于，很难建立一个理论上说得通的政治上又具有可行性的"团体认同"概念。在《边缘人群和描述性认同：汉娜·阿伦特对晚期现代性的反思》一文中，卡洛斯·佛蒙特（Carlos Forment）通过研究"边缘人群"，引人注目地阐明了所有政治认同内在的裂痕。"边缘人群"指的是"早先生活在前殖民地国家，战后大量涌入并定居于后帝国主义国家（英国、西班牙、意大利、法国、德国和美国）的群体。尽管法律地位较为有保障，他们的公民身份经验却比较模糊"。除了这种双重民族性的情况外，边缘人群还包括那些在欧洲工厂里打了多年工之后又回到自己祖国的群体，比如土耳其人、希腊人以及前南斯拉夫人。并且，"边缘人群"这个词还揭示了这些人所遭受的被歧视、被边缘化和无代表权的经历。

佛蒙特关注的是建构叙述性认同的过程，他想要揭示的是，边缘群体是如何通过自由主义的语言进入晚期现代性的，"好像熟练的修理工一样，边缘人群把自由主义弃之不顾的要素补缀成意想不到的事物"。这事物就是个体与集体经验之混合性叙述，它们不同于任何形式的纯粹事物，揭示出的是另外类型的启蒙和现代性。

佛蒙特关注的是因民主自由与"边缘人群"碰撞而产生的混合与破裂

---

① 参见 Will Kymlicka, *Multicultural Citizenship* (Oxford: Clarendon, 1995)。

之事物，而不同的是，弗雷德·达尔梅尔（Fred Dallmayr）基于兹维坦·托多洛夫（Tzvetan Todorov）对征服美洲的思考①，提醒我们思考这样一种紧张关系：现代西方文化中的平等论的普遍主义（egalitarian universalism）与一系列独特的族群文化和宗教传统之间的对抗，也就是理性的世界观与本土的生活世界之间的对抗。达尔梅尔认为，这种紧张关系不但是个灾难性事故，而且具有基础性或者范式性特征。达尔梅尔通过讨论查尔斯·泰勒（Charles Taylor）的《多元文化论和"承认的政治"》②来阐明这个观点。关于魁北克地位的争论，具体地说，就是加拿大权利和自由宪章与魁北克分离运动所要求的本土权利之间的冲突，构成了达尔梅尔探讨这种文化性对抗的背景。

在可以预见的未来，探讨差异问题绕不开的一个话题就是，思考社会团体的地位时对类比性推理的使用。所有的社会团体都以同样的方式受到歧视或者压迫吗？语言形式的歧视与基于性别和种族的歧视性质一样吗？性别歧视和种族歧视是否真的属于一类？因此，就目前而言，"差异"应当被视为引发更多思考的一个名词，而非一个用来描述本书的作者们所提出的各种各样的问题的有用分析工具。

毫无疑问，本书的作者们最为关注的差异形式，乃是对妇女的压迫和歧视。在曼斯布里奇、本哈比、扬和古德的论文中，即便妇女问题不是唯一关注的问题，性别歧视和女权运动也构成了他们写作的背景。三篇文章从不同的方面以不同的方法关注了性别问题：简·科恩的文章《民主、差异和隐私权》检视了近来美国政治和司法实践中出现的关于堕胎权的争论；南希·弗雷泽关注的是晚期资本主义、后工业福利国家暗中实施性别二元公民身份模式的方式；琼·兰德斯则通过考察法国大革命中妇女的"公民身份绩效"（performance of citizenship），检视了资产阶级公共领域的

---

① 参见 Tzvetan Todorov, *The Conquest of America: The Question of the Other*, trans. Richard Howard (New York: Harper Perennial, 1992)。

② Charles Taylor, "The Politics of Recognition", in *Multiculturalism and "The Politics of Recognition"*, ed. Amy Gutmann (Princeton: Princeton University Press, 1992). 该选集的扩充版参见 *Multiculturalism: Examining the Politics of Recognition* (Princeton: Princeton University Press, 1994)。

性别特征。

基于著作《法国大革命时代的妇女和公共领域》①,琼·兰德斯认识到,在启蒙运动思想中,关于妇女地位存在着争论。不过,她认为,"不管是自由主义者,理性主义者还是共和主义者都没有在理论上全然解决性别平等的问题,这并不是因为他们的疏忽或者传统的偏见。现代世界中的民主从一开始,就不但在理论层面而且在实践层面产生了性别差异问题。"具体地说,兰德斯关注的是那些被认为能够在资产阶级民主制下公共领域中占有一席之地的主体的代表问题,她的结论是,"只有男人的身体似乎才能够满足公共领域的苛刻要求。相反,女人的身体被认为是从属性的,她们无法保障自由,她们身体的显著性别特征就标识着她们的非理性,从而也就是非政治的品性。"

有意为当代围绕民主和差异的争论而复兴一种公共领域观念的女权主义理论家们,比兰德斯对此工程更有信心。通过检视女权主义理论家们,如扬、弗雷泽和本哈比的理论努力,简·科恩从赋权和代表差异的角度对规范性的公共领域观念进行了再思考。尽管科恩对这些理论家们的探讨路径持认可态度,但她认为,女权主义者们的"怀疑的解释学"并不足以解构公共/私人之区分,女权主义者们必须在理论上更进一步,"把私人带回来"。女权主义者们对传统的公共/私人之区分的批评要想成立,需要对私人性再概念化。

科恩的文章是针对多个层面的问题而言的:首先且最重要的是,它关涉到近来美国人对堕胎权的争论,也检视了罗伊诉韦迪(Roe v. Wade)一案中社群主义批评者们所持有的观点和态度;其次,它代表着一种重建私人性概念的努力,而并不复兴向来被简单地视为私人权利(privacy rights)模型的"财产权范式";最后,科恩想说明,私人权利所保护的利益包括"个人的不可侵犯的个性特征、身体的完整性、心理性的认同过程,以及决策的自主性"。她总结说,"把堕胎的权利视为私人权利,就是认可妇女

---

① Joan Landes, *Women and the Public Sphere in the Age of the French Revolution* (Ithaca: Cornell University Press, 1988).

们的'差异',并把如何界定这种差异留给每个妇女自身。"

与科恩的文章关注重建私人权利不同的是,南希·弗雷泽的文章代表着女权主义者对福利国家的重新思考。弗雷泽从一些社会事实开始思考:在后工业资本主义国家的劳动市场上,只有很少的职位能使一个人挣到足够的薪水支撑整个家庭;后工业时代的家庭很少具有类似性,而更多具有多样性;"人们对性别观念和家庭形式都有非常大的争议"。在这样一个工作更加不稳定家庭更加多样化的新世界中,依然需要福利国家保障人们对抗劳动市场和生活状况的不确定性。但是,弗雷泽问:"后工业时代的福利国家应当是个什么样子呢?"这样一个福利国家,她认为,应当支持性别平等。弗雷泽区分了两种可能的解决方案,"双方养家糊口"(universal breadwinner)模式和"照看者对等"(caregiver parity)模式。前一种模式希图把男人与女人的工作收入状况一致化;后一种模式则考虑到,如果女人们的"照看者"功能(照顾孩子、老人、病人或残疾人)不以某种方式被重新设定的话,劳动市场的性别平等是无法实现的。弗雷泽进行了一系列艰苦的思想实验,意在寻找这些观点间可能的结合点,但她发现,这两种模式都不能够带来充分的性别平等。

民主需要基础吗?本书包含了对此问题的一系列回答。理查德·罗蒂(Richard Rorty)认为我们应当在理想和基础之间作出区分,理想回答的问题是,我们怎样使我们的实践更具一致性?而基础则应当回答,我们应当全身心投入我们当下的实践之中吗?对罗蒂来说,对实践持反基础论的态度就意味着,应当把对实践的批评或者赞扬限定在同其他的现实或者可能的社会实践作比较的范围之内。罗蒂承认,这种诉诸更大范围的社会实践网络的做法可能不会使得排外主义者、种族至上主义者和顽固分子感到信服。他认为,在理论上使这些人信服的答案是不存在的,但是,如果这种假设不被大家所公认,民主定然会走向衰微。同曼斯布里奇、墨菲、巴伯和霍尼格一样,罗蒂对通过理性的解决办法来使民主正当化表示怀疑。确切地说,总是存在"比理性更多的东西",不管这是权力,非谈判性或自明性价值差异,还是永无休止的对冲突和变易的主张。后现代资产阶级自由主义①和竞赛政治在一定的层面会合了。

　　罗伯特·达尔认为"民主需要基础吗?"这一问题可以以三种不同的方式被解释:(1) 民主制度、政体或政府需要基础以保持存在或者正常运转吗?(2) 民主理论需要基础吗?(3) 民主制度需要民主理论作为基础吗?根据观察结果,达尔认为,回答第一个问题是极为困难,甚至是不可能的。即便限定于现代民主制度范围内,除了至 1950 年便被认定为民主政治制度的 21 国之外,从 1993 年以来,至少有 30 多个国家实现了民主。但是,在 1900 至 1985 年间,非民主政体取代民主政治的事例,也达 52 次之多。

　　既然得出了这个问题不能被处理成一个纯粹经验问题的结论,达尔认为民主理论是否需要基础的问题,很大程度上取决于理论建构的策略。并且,如果把基础理解为"一系列合理的假设,这些假设可以使人们相信民主是可欲的,可以用来判断一个体制是否和在多大程度上是民主的,以及可以用来判断什么样的实践和制度与之是否相容",那么,我们就需要这些基础,以提高"我们的政治判断能力和选择能力"。达尔认为,尽管我们很难探知民主制度是否需要民主理论作为基础,但十分清楚的是,如果一个拥有民主政治制度的国家中的主流知识分子精英相信,民主不能在理性而又有说服力的基础上被正当化,那么,在发生严重危机的时候,"那些捍卫民主的人就会发现事情做起来非常棘手,而那些鼓吹非民主选择的人就会发现事情干起来非常顺手"。

　　艾米·古特曼暗中呼应达尔,认为"民主需要的是正当性,而非基础……正当性无需是基础性的或者反基础性的"。如果正当性必须立足于关于人性、人权、理性,或者"显而易见的、无可争议的、自明的"政治的真理之上,那么这种正当性就难以自圆其说,难以使人信服。古特曼所主张的,是一种温和的实用主义的正当化观念。在古特曼看来,政治哲学家们常常希望做比捍卫非理想性民主更多的事情,"我们在所继承的事物

---

① 参见 Richard Rorty, "Postmodernist Bourgeois Liberalism", *Journal of Philosophy* 80 (October 1983); 重印版见于 *Objectivity, Relativism and Truth*, vol. 1 of *Philosophical Papers* (Cambridge: Cambridge University Press, 1991), 197–202.

上进行建构,并据此展开设想,设想一种更具充分正当性的社会和政治制度,对此我们可以称之为没有任何限制的民主,或者至少没有任何新语的民主"。古特曼还提出了一种协商民主模型,作为一种政治理想,在她看来,它注定是不完善的且充满争议的。

本杰明·巴伯提出了他独特的强民主观,可以说,这是一种有利于公民集体参与协商过程并在其中形成判断的民主观。巴伯认为,"民主需要基础吗?"这个问题本身就要求一种表面性的认识论之讨论。巴伯不愿意停留在认识论的表层,他认为,民主政治是"实践性的而非投机性,是关于行动的而非真理的活动。它并非立足于认识论,因而必然是实用性的活动"。对巴伯来说,民主与差异的关系并不大,确切地说,民主是一种"政体/文化/公民社会/政府,在其中,我们做出共同的决定,选择共同的行动,形成或者表达共同的价值观,而这一切都是以我们实际生活领域中的永远变化着的利益冲突和权力之争为背景的"。民主政治就此而言,是具有某些规范性的属性的,比如它的革命精神、它的自主性以及民主判断的共同性或者公共性。我们不得不说,这些民主标准实质上会滑向巴伯所极力避免的表面性的认识论。其他许多作者,包括哈贝马斯、乔舒亚·科恩、艾丽丝·扬、简·科恩和本哈比,都认为认识论和政治之间存在着更为紧密的联系,也就是说,在哲学和民主之间存在着更为紧密的联系。

本书的读者很容易看出来,作者们表达的观点并非一致。然而,我希望这些文章所展示的集中而鲜活的争论,能够使我们提防罗伯特·达尔在其敏锐的观察中辨识出的情形:当出现危机的时候,除非知识阶层确信民主可以通过激烈的辩论而得到捍卫,而非仅凭善良的意愿和虔诚的信念,"那些捍卫民主的人就会发现事情做起来非常棘手,而那些鼓吹非民主选择的人就会发现事情干起来非常顺手"。

三

本书所收入的论文,源自于 1993 年 4 月 16 日至 18 日在耶鲁大学举行的政治思想研究年会。在收入本书的时候,它们都经过了实质性的修改,而且，它们是从提交的众多论文中精选出来的。政治思想研究会议能够成立，有赖于爱德华·J. 和桃乐茜·C. 克慕普基金（Edward J. and Dorothy C. Kempf Fund）与罗伯特和路易斯沃姆斯特基金（Robert and Louise Olmsted Fund）慷慨资助。耶鲁大学的族群、政治与经济项目研究人员和社会研究新学院研究生院的教务人员提供了后勤上的、秘书性的和资金的支持，对此我深表感谢。

我要特别感谢社会研究新学院研究生院政治系的杰弗里·温格罗夫斯基（Jeffrey Wengrofsky），本书的编辑工作从一开始他就参与其中，他是一个敬业的、勤奋的并且能力非常强的会议助手。还要特别感谢哈佛大学政府学院的潘臣·马克尔（Patchen Markell），他坚定地支持我，并最终和我一同完成了此书的编辑工作。

第一部分

民主理论：基础和视角

第一章 三种规范性民主模型

于根·哈贝马斯

我想描绘一种程序性的民主和协商政治观，它既不同于自由主义范式，也不同于共和主义范式。我先列举这两种模型的对立性特征，然后借助于对共和主义观点的"伦理超载"的批判，引出一种新的程序主义的民主观。本文的最后一部分，将通过比较这三种模型所反映的国家与社会景象，来详细解释它们之间的异同。

两种既已接受的民主政治观

根据"自由主义的"或者洛克式的看法，民主过程所承担的任务在于按照社会的利益规划政府，政府代表着公共行政机关，而社会则是市场结构性的私人互动之网络。政治（就公民的政治意志形成意义而言）的功能在于聚合私人利益，并驱使政府专注于运用政治权力实现集体目标。然而，根据"共和主义"民主观，政治所承担的不仅仅是这种中介性的功能，更确切地说，它对作为整体的社会之过程具有构成性的意义。"政治"被视做实在性伦理生活的反思形式，即是说，通过政治过程，相对孤立的共同体成员开始意识到他们之间的相互依赖关系，经过充分思考后开始作为公民而行动，并进一步形成和发展出相互承认的关系，结为以法律为调节的自由而平等的联盟中的社团。基于这种看法，自由主义者构想的政府与社会关系架构就发生了重大变化：除了国家的等级性规制和市场的分散性规制之外，也就是说，除了行政权力和私人利益之外，**团结**（solidarity）和对共同之善的向往成为了社会整合的**第三种来源**。实际上，这种水平性的意在获得相互理解或交往性共识的政治意志形成过程，甚至在起源和规范性的意义上也被认为享有优先性。公民社会的自治基础，一种独立于公共行政和以市场为中介的私人商业的基础，被认为是公民自我决定的先决条件。这种基础能够使得政治交往不被政府机构所吞噬或者被市场结构所同化。在共和主义者观念中，政治性公共领域，连同其公民社会中的基础，具有战略性意义。这两种竞争性的方法论就产生了两种对立性的公民观。

在自由主义看来，公民的地位主要决定于他们相对于国家和他人而言所拥有的消极权利。公民作为消极权利的拥有者，只要在法律许可的范围内追求私人利益，就应当受到政府的保护，并且这保护也包括免于政府的干涉。政治权利，比如投票权和言论自由权，不但拥有和公民权利一样的结构，而且拥有同样的意义，它们为公民提供了一个免于外在强制的领域。这些权利给予公民主张自己私人利益的机会，途径包括参加、成为议员或者政府官员等，这些利益最终被聚合成为政治意志，从而影响公共行政事务。

在共和主义看来，公民的地位并非取决于消极自由模型。确切地说，政治权利，特别是政治参与和交往的权利，属于积极自由范畴。它们保障的不是免于外在强制的自由，而是参与共同体实践的可能性，在此实践之中，公民们按照自己的意愿塑造自己——由自由而平等的个人组成的共同体中的具有政治自主性的主体。以此而论，尽管公民在行使私人权利和前政治自由获得了优先的社会自治地位，但政治过程的目的并非仅仅在于使政府活动处于公民的监督之下。由于行政权威并非某种固有的权威，政治过程在国家与社会之间并不能起到关键性的作用。确切地说，行政权威源自公民们在交往性的自我立法中形成的公民权力，其合法性在于通过将公共自由制度化而保护公民的立法实践。因此，国家的理由不在于保护平等的个人权利，而在于保障一种意见和意志形成过程，在此过程中，自由而平等的个人就所有人平等的利益目标和要求达成一致的理解。

对作为私人权利拥有者的法律个人的典型特征的看法的争论，揭示的是关于法律本身的争论。尽管在自由主义看来，法律秩序的要义在于决定个人在什么样的情况下拥有什么样的权利，但在共和主义看来，这些"主观的"权利源自"客观的"法律秩序，因为，"客观的"法律秩序既促成又保障着建立在相互尊重基础上的共同的自治生活的整体性。"对共和主义者来说，权利不过是主导性政治意志决定了的东西，而对自由主义者来说，某些权利是根植于理性的'高级法则'之中的。"① 认识公民的地位和法律的地位的方法论的不同，最终揭示了自由主义和共和主义关于**政治过程的性质**的深层次分歧。在自由主义者眼中，公共领域和议会中的意见和意志形成的政治过程，决定于意在保持或者获得权力地位的策略性行动体之间的竞争。成功的标准是公民的同意或者选票的数量。在进行投票时，投票者通过投票表达自己的偏好。他们的投票决定和市场参与者的选择行为具有同样的结构。

在共和主义者眼中，发生于公共领域和议会之中的政治性意见和意志形成过程，并不具有和市场过程一样的结构，而具有的是一种导向相互理解的公共交往结构。就政治乃是公民自我立法实践而言，其中的范式不是市场而是对话。这种对话性观念所设想的政治，是就价值问题进行争论，而非仅仅就偏好问题进行争论。

程序主义与社群主义的政治观

共和主义模型之于自由主义模型的优长之处在于，它保存了民主的原初意涵——把自主的公民公开运用理性的行为制度化。共和主义模型认为，这种交往性的条件赋予政治性意见和意志形成过程合法性的力量。而

---

① F I. Michelman, "Conceptions of Democracy in American Constitutional Argument: Voting Rights", *Florida Law Review* 41, no. 3 (July 1989): 446f.

正是在这样的条件下,人们才能期待政治过程产生理性的结果。如果认为对于权力的竞争类似于自由主义模型下的市场竞争,取决于最优策略下的理性选择,假如在政治过程中一视同仁地对待不可化约的多元的前政治价值观与利益要求的话,政治就失去了对公开运用理性这样一个规范性核心的任何指涉。共和主义对政治话语力量之信任,恰恰与自由主义对理性的怀疑处于对立的立场。政治话语被认为能够使人们讨论对需要和愿望所进行的价值意向与阐释,从而以一种**富有洞察力的方式**改变这些价值意向与阐释。

但是,当今的共和主义者们倾向于对这种形式的公共交往进行社群主义的解读。而正是这种倾向,导致了我所称为的**政治话语的伦理压缩**问题。政治不能被简化为关于共有生活方式或集体认同的自明性的解释过程。政治问题也不能简化为某种伦理问题——作为共同体的成员,我们问自己是谁,想成为什么样的人。就其社群主义的解释而言,即便仅限于纯粹规范性的分析,共和主义模型也是太过于理想主义了。根据这样的理解,民主过程依赖于公民们献身公共福利之美德。而这种对美德的期待,曾经使得卢梭把公民分为投身公共福利之人和私性的人,而后者是无法承载过多伦理责任的。政治立法中的一致同意被认为由一个实在性的伦理共识来预先保障。然而,话语理论的理解却认为,民主性的意志形成过程中的合法性力量不是来自既定的伦理共识,而是既来自交往性预设——它使得更有质量的辩论出现于不同形式的协商之中,又来自能够保障公平的辩论过程的程序。因此,话语理论与纯粹的伦理性公民自治观是存在重大分歧的。

根据社群主义者的观点,协商民主观与具体的、实在性地整合起来的伦理共同体之间存在必然的联系。否则,在他们看来,就无法解释公民们对于共同的善的追求的任何可能性。只有在与他者分有的实践之中,个人才能够认识到他在共同的生活形式之中的共有成员身份,从而认识到预先存在的社会纽带。只有在与有着共同传统和共同意志形成过程的他者的公共交往中,个人才能获得关于共同性和差异性的清晰的认识——他是谁,他要成为什么样的人。这种把政治话语简化为澄清共同的伦理性自我理解的做法，难以同立法过程的功能协调起来。确实，法律规范也包含着目的论的要素，但是，它们并非仅只包含对共有价值意向的解释性澄清。就其结构而言，法律是由此问题而决定的：公民们愿意采取什么样的规范来规制他们的共同生活。应当承认，对话的目的确是为了获致自我理解——在对话中，作为具体的民族、地方、国家或者地区等的成员，参与者意在得到关于自身的清晰理解；在对话中，参与者意在确定他们如何对待他人，如何对待少数人群和边缘群体；总之，在对话中，他们试图弄清楚他们想要生活在什么样的社会之中——这种对话也是政治的重要组成部分。但是，这些问题都从属于伦理问题，并同实际的问题密切相关。在狭义的康德哲学的传统中，伦理问题就是正义问题。就某一事务如何在平等利益主体之间被决定时，伦理问题在这样的立法政治之中就具有**优先性**（*priority*）。规范的制定基本上是个正义问题，衡量的原则是平等对待所有的人。并且，与伦理问题不同的是，正义问题并非从一开始就与某一具体的共同体及其生活形式相联系。在具体的共同体立法实践中政治性地确立的法律，如果要具有合法性的话，至少必须与超越共同体的普适性伦理原则相适应。

进一步说，在政治过程中充满着妥协。在宗教的，或者文化和社会多元主义情形下，决定政治目标的利益和价值取向，决不是作为整体的共同体的认同的内在组成部分，从而也不是具有交互主体性的共同生活形式之整体的内在组成部分。相互冲突的没有任何共识的政治利益和价值所需要的平衡，是无法通过伦理话语获得的，即便讨价还价的过程不违反既有的基本价值观。相互竞争的利益之间必要的平衡，可能是各方进行了相互威胁之后妥协的结果。当然，合法性的讨价还价也依赖于预先制定的关于如何获得结果的公平条款，并且这条款还能为拥有不同偏好的各方所接受。尽管对于这些条款的争论必须认可，存在着使权力不偏不倚的实践话语形式，但是，讨价还价本身就不可避免地为策略性互动提供广阔的空间。立法实践的协商模型并不仅仅是要保障法律的伦理有效性。准确地说，法律规范的有效性的复杂之处在于，一方面它主张竞争的利益在不损害公共利益的情况下进行妥协，另一方面它主张把普世的正义原则带入特定共同体的具体生活形式之中。

与对政治话语进行伦理压缩的做法不同的是,协商政治观具有充分的经验性指涉,只需考虑一下理性的、政治性的意志形成过程的多样化交往形式,就会明白这点。伦理型的话语仅凭自身并不足以为法律的民主性质提供全部的基础。相反,协商政治应当被视为一个综合性的事务,它立足的基础是个网络:公平的讨价还价过程,以及各种形式的辩论——适用性的、伦理性的和道德的,每种形式的辩论都依赖于不同的交往性前提和程序。在立法政治中,在获得伦理性自我理解、表达强烈的偏好、保证道德的正当性以及检验立法的一致性的过程中,信息提供和策略的理性选择是同利益的平衡紧密联系在一起的。因此,弗兰克·迈克尔曼(Frank Michelman)以极端的方式区分出的"对话性"与"工具性"政治①,实际上在各种形式的协商中是相互渗透在一起的。

国家和社会的形象

从这种协商政治的程序主义观来看,对民主的解读就隐含着对社会的特定看法。实际上,自由主义和共和主义模型都假设社会处于国家的中心位置——不管国家作为市场社会的守卫者,还是作为伦理共同的自觉制度化的产物。

根据**自由主义的观点**,民主过程乃是竞争的利益达成妥协的过程。公平被认为由普遍的和平等的投票权来保证,立法机构的代表性,被认为由决策规则来保证,等等。这些原则的正当性,最终都由自由的基本权利来保证。根据共和主义的看法,民主的意志形成过程是以伦理性—政治性话语的形式表现出来的,这里的协商依靠的是全体公民在共同的文化背景中确立起来的共识。话语理论从双方吸收合理成分,并把它们整合为一种关于协商和决策的理想程序观。这种民主的程序观把实用性考虑、妥协、自我理解的话语以及正义等问题综合在一起,所基于的假定是:理性的或公

---

① F I. Michelman, 446f.

平的结果是获得的。根据这种程序主义观,实践理性就不再是普遍的人权,或者特定共同体的具体伦理内容,而变成话语的规则和辩论的形式。细究起来,规范性内容是从交往行为的结构中产生出来的。民主的程序主义观导致了不同的国家和社会观念的产生。

根据共和主义的观点,公民的政治意见和意志形成过程构成了一个中介,通过这个中介,社会把自己整合为一个政治体。就其本来意义而言,社会乃是政治性的社会——文明社会(societas civiliss)。因此,民主就成为了作为整体的社会的政治性自我组织的同义语。这就导致了**一种对对抗国家机器的政治的争论性理解**。在汉娜·阿伦特的政治著作中,人们可以看到这种共和主义观点的最为充分的表达:公共领域既排斥去政治化的人群的自私自利性,又排斥根深蒂固的派别之争,它的复兴标志,是再生的公民在其中以分权化自治的方式行使真正的国家权力。从这种观点出发,社会终归会发展成为一个政治整体。

尽管国家机器从社会中分离出来引起了共和主义者的争论性反应,但是,在自由主义者看来,争论无法消除,而只能通过民主程序加以弥合。权力和利益之间的平衡,当然需要宪法性渠道。而自利的公民之间的民主性意志形成过程所承担的规范性期待,相对比较弱。宪法被认为可以通过规范性限制(比如基本权利,分权,等等)驯服国家机器,并且可以对国家机器施加强制的力量——一方面通过政党间的竞争,另一方面通过政府与反对者之间的竞争。这种**以国家为中心的对政治的理解**能够摒弃那种认为公民有能力进行集体行动的不切实际的假设。它关注的焦点问题,与其说是理性的政治意志形成过程之输入,不如说是灵敏而有效的行政成就之输出。自由主义的矛头指向的是,有可能干涉自我规管的社会的自发力量的行政权力。自由主义模型关注的中心问题,不是协商的公民之民主性自我决定,而是经济社会之立法性制度化。自由主义者认为,通过满足私人的偏好,这种立法性制度化能够保障一个基本上非政治的公共利益。

话语理论中的民主过程的规范性意味,在自由主义模型之中强,在共和主义模型之中弱。它再次从双方吸收合理成分,并把这些成分以新的方式组合起来。话语理论与共和主义一致之处在于,它也认为政治意见和意志形成过程处于中心地位，但它并不把宪法视为次要的东西，相反，它认为宪政国家正是将民主意见和意志形成的交往形式制度化的唯一途径。话语理论之所以能够成为一种占据优势的协商政治观，所依靠的不是集体行动的公民，而是相关程序和交往条件的制度化。程序化的人民主权观设定了一个**去中心化社会**的形象。这种民主观不需要假设社会处于国家的中心位置，也不需要假设社会是大写的目标主体。同时，这种民主观也不认为宪法规范会机械地根据市场模型来规约权力与利益之间的互动。

话语理论全然摒弃某些**意识哲学**的假设，这些假设要么使我们把公民自我决定之实践归结为一种统摄性的宏观主题，要么使我们把法治原则应用到许多分散的私人性的主题之上。前一种方法把公民视为代表整体利益的集体行动者，而在后一种方法中，个体行动者则是政治过程中盲目行动的自变量。话语理论提倡的是交往过程中的**更高层次的主体间性**——交往过程指的是立法机关和公共领域的非正式网络的运作过程。无论是在立法机关之中还是之外，这些无主体的交往形式都或多或少为理性的意见和意志形成提供了赖以发生的领域。

非正式的公共性意见形成产生的是"影响"，通过政治选举途径，影响转化为"交往性权力"，而通过立法，交往性权力转化为"行政权力"。与自由主义模型相一致的是，这里的"国家"和"社会"边界的划分是清晰的，但是，在这里，公民社会构成了自主性公共领域的社会基础，这些公共领域既与经济制度有着显著的不同，又与行政体制有着显著的区分。这种对于民主的理解意味着金钱、行政权力和团结之间新的平衡关系，而这三者正是现代社会整合力量的三个源泉。其规范性的意义相当明了：作为整合力量之一的"团结"，无法再仅仅通过交往行为而获得。要想获得它，必须通过范围广泛类型多样的公共领域以及合法制度化的民主协商和决策程序。

这种看法意味着人们理解合法性和人民主权的方式的变化。

根据自由主义的观点，民主意志形成过程具有独一无二的赋予政治权力合法性的功能。选举结果意味着对政府权力的认可，但政府必须在权力运用之正当性上对公众负责。根据共和主义的观点，民主意志形成过程具有至关重要的功能，它不但要把社会构建为一个政治共同体，而且还要在每次选举中激活公众对共同体的记忆。政府不限于执行公共的法令，而且还要执行某些具体的政策。它注定必须成为自治性的政治共同体。话语理论站在第三方立场上：民主意见和意志形成的程序和交往性假设，是受法律和规章限制的行政决策最为重要的话语性理性化渠道。一旦通过公开运用理性的途径产生，行政系统的权力的聚合条件就会发生变化。并且，交往权力不但以事后监督的方式监督政治权力的行使，而且还或多或少地预先设定政治权力行使的方式。尽管存在这种话语性的理性化，但仍然只有行政系统本身才能"行动"。行政系统是个专门制定具有集体约束力的决策的亚系统，而公共领域的交往结构则包含着一个覆盖广泛的传感器网络——这些传感器的首要任务就是对社会的公共问题做出反应，并激发出有影响力的舆论。通过民主程序发展起来的最终变为交往性权力的公共意见无法"规制"自身，而只能为行政权力的使用指明具体的方向。

共和主义者吸收改造过的人民主权观，最初是同专制主义政体紧密相连的。垄断了所有使权力运用具有合法性的手段的国家，被视为超级强大的权力中心——利维坦。卢梭用联合的人的意志替代了这种看法。他把利维坦的力量同自由而平等的公民自治的古典理念融合在一起，并加入他的现代自治观。尽管经过提炼，但人民主权观念还是注定体现在具体的、集合在一起的公民身上。根据共和主义的看法，作为主权拥有者的人民原则上是不可被代表的：公民的主权特征使得他们无法让别人代表自己。自由主义反对这种看法，他们的观点更实际些：在宪政国家中，任何来自人民的权力都只能"通过选举和投票并且由具体的立法、行政和司法机关"行使。[1]

如果我们不在整体的和部分的意义上理解国家与社会，那么共和主义和自由主义的观点就穷尽了我们的思考。尽管程序主义模型所描绘的政治性公共领域为搜寻、识别和解释影响社会整体的问题提供了空间，但是，自我组织的立法共同体之中的"自我"消失在了无主体的交往形式之中，

---

[1] 参阅 The Basic Law of the Federal Republic of Germany, article 20, sec. 2。

而正是这种无主体的交往形式的理性化特征规约着协商的过程。这并不是凭直觉来理解人民主权,而是在主体间性的意义上来理解它。人民主权,即便在变得具有匿名性特征的情况下,退缩为民主性程序和民主程序所要求的交往性假设的立法实施,也是为了让人们体会到,它是在交往性条件下产生的权力。严格来说,这种交往性权力产生于合法制度化的意志形成过程和在文化上被动员起来的公众之间的互动。而正是公众,在与国家和经济领域截然不同的公民社会的结社中找到了基础。

在程序主义观看来,人民主权观念指的是这样一种情境,尽管它使得立法共同体的自我组织成为可能,但也并不完全取决于公民的意愿。协商当然是**立法共同体**进行有意识整合的中介,但这并非意味着,政治系统只是**嵌入**在社会整体之中的众多亚系统中的一个。即使按照程序主义的自我理解,协商政治也是复杂社会的一个组成部分,而这里作为整体的社会拒斥立法理论所采用的规范性方法。就此而言,民主的话语理论解读与社会学的方法具有关联性,它既不把政治系统视为顶端或者中心,也不把政治系统视为社会整体的塑造性力量,而只不过把它视为众多行动系统中的一个。另一方面,政治必须具有通过法律与所有其他被合法地确立起来的行动领域进行交往的能力,不管这种交往如何被形构和引导。

第二章 变幻无常的民主

谢尔顿·S. 沃林

>……超出了所有文明的界限。
>
> ——莎士比亚,《第十二夜》,1.4.21
>
> 民主似乎在一片混乱不堪的景象中重生……
>
> ——亚当·弗格森,《文明社会史论》,第 1 部分,第 10 节

我要首先介绍一下我对一些基本概念的理解,以便读者在阅读本文时有个指南。

我把**政治性**（*the political*）理解为这样一种观念的表达:在一个包含多样性的自由社会中,当通过公共协商,集体的权力被用来促进或保护集体的利益时,人们可以获得共同性。而**政治**（politics）则指的是组织化的、不平等的社会权力为了获得公共权力所带来的资源而展开的合法的、公开的辩论。政治是连续的、不间断的和持久性的,而政治性则是间断的、稀缺的。

民主不过是众多政治性事物中的一种,但它的独特之处在于,它是其他政治性事物恭维献媚的对象。基于后面要讨论到的原因,我愿意把民主

描述为一种政府"形式"或政治类型，它突出的特征是"实验性"。① 在我看来，民主是一项关涉普通公民的政治性潜能的工程，即是说，关涉的是公民们通过自主地发现公共利益以及实现这些公共福利的行动方式，从而成为政治性存在物的可能性。

一

边界概念是个含义非常丰富而复杂的概念。边界标识着认同，并随时准备排斥差异。边界可以表示排斥——"不要进来！"，也可以表示包含——"待在里面！"柏林墙的守卫者既要让其公民待在里面，又要让外人待在外面。在大多数现代政治话语中，边界一般都被视为疆界——民族国家之间的疆界，或者国家与政治主体之间的疆界。

边界的复杂含义可以通过霍布斯令人震撼的关于主权权威的比喻得到生动的理解。霍布斯把主权权威比喻为以"角斗士的状态和姿势""站立在王国疆界上"的守卫者。在霍布斯看来，由"保留、卫戍部队和枪炮"保护起来的疆界所起的作用，是把反政治的自然状态与政治社会隔离开来，也就是说，主权权力是为了保障一种私人状态，霍布斯热切希望这种私人状态的主权权力能升华政治激情，否则，政治激情就可能挑战主权者对政治的独占地位。② 在霍布斯的理解中不存在公共的或者合法性的政治，任何事物，要么属于绝对的主权形式的政治，要么属于它所保护的绝对的、竞争性的自私自利的个人所组成的私人领域。

不管是起到包容的作用还是排斥的作用，边界都有助于形成一种封闭性领域的观念，在这种领域中占主导的是相似性——本地人之间的相似性，本乡人之间的相似性，本民族之间的相似性，或者拥有同等权利的公民之间的相似性等。人们之所以重视相似性是因为，它看起来是团结的首

---

① 我对这个主题进行过非常详细的讨论，参见 "Norm and Form", in J. Peter Euben, John R. Wallach, and Josiah Ober, eds. , *Athenian Political Thought and the Reconstruction of American Democracy* (Ithaca: Cornell University Press, 1994)。

② Thomas Hobbes, *Leviathan*, ed. Michael Oakeshott (Oxford: Blackwell, 1946), 83.

要要素。而团结则被认为是集体权力的首要因素。然而，在19世纪，边界被历史的和文化意义上的集体认同联系在一起，并以民族的形式出现。民族主义过去和今天都是边界的主要扩散因素。民族主义把政治引向追求同质认同的方向，有时候，这种追求可以通过类如种族清洗或者强加正统宗教的方式加速进行。

在20世纪结束的时候，对边界的关注依然没有消失，如果不是强化了这种关注的话。后现代文化政治学跟踪民族主义的足迹，坚持认为边界在确立差异（如性别或种族政治中的差异）的同时并没有标识认同。在这里，政治同样与净化密切联系在一起，更确切地说，纯洁与不纯洁被颠倒过来了，贱民或者受害者群体变成了纯洁的甚至清白的群体，而主导群体则变得不纯洁了。[①] 政治的中心问题变成了对各种伪装出来的压迫的揭露，不管所声称的压迫行为发生在昨天、遥远的过去，还是发生在古老的哲学文本中、儿童寓言中、教科书中、现代小说中，还是国会听证会中。这里对边界的追求与一种同质神话紧密相连，这种同质性神话意在确立一种文化性的范围，在此范围之内，压迫行为消失得无影无踪。沉醉于相似性之中的人们，终于可以愉快地享受到具有真正公共性的福利。这种看法属于我所说的政治性的范畴，它把相似性视为共同性，并认为纯洁/清白是预防纯粹权力性政治的良药。[②]

二

边界是某一情境的轮廓，或者确切地说，边界代表着情境化的倾向。从政治性方面理解，情境化在双重意义上代表着对政治的驯化。驯化了的政治在运作和形式上具有鲜明的特色，并且与靠相似性连结起来的社会和民族间的以及情境间的政治有着显著的不同。同时，对政治的驯化也对应

---

① Mary Douglas, *Purity and Danger: An Analysis of Concepts of Pollution and Taboo* (Harmondsworth: Penguin, 1970), esp. 137ff.

② 至于更充分的讨论，参见我的 "Democracy, Difference, and Re-Cognition", *Political Theory* 21 (1993): 464-483。

着严格字面意义上的驯化，"驯服，使之处于控制之下"。"祖国"就是"驯化"的场所。

那么，边界限定的是什么东西呢？边界所限定的领域如何被填充和构造呢？这种"填充"和构造如何与民主发生关联呢，最重要的是，如何与民主的前景发生关联呢？边界不过是包含的比喻性说法而已。我要说明的是，边界之比喻所笼罩的事实乃是民主的包含性，而真正的边界乃是宪法。

对我们所熟悉的现代理论大家——霍布斯、黑格尔和韦伯而言，边界限定的是什么东西这一问题的答案是：确立国家权威和权力的宪法。在这样的理解中，政治性是个积极的要素，关注的焦点问题是领导人。政治领导既是对集体的愿望、怨恨、气愤、幻想、恐惧和希望的管理，又是对民主的幻影的管理。[①] 政治性关注的是权力的组织形式，它保障着内部的和平与安全，包括国家的安全；它促进、护卫、监督着公民赖以实现其物质利益的合作权力，并与这些权力相互纠结在一起；它裁定社会冲突，惩治不法之徒，并使整个社会处于监管之下；它试图持续不断地化解或者隐匿国家机构内部的矛盾，使之成为正义和公正的象征以及公共福利的保卫者——一个稳固的国家，这是一种化解普遍存在于经济和文化领域的激烈竞争的动态政治。[②] 出于化解矛盾的目的，国家对公民进行政治教育，把忠诚、服从、守法、爱国以及战时的奉献精神等美德灌输给他们。通过这些美德实践，国家鼓励公民认同国家权力、积极参与政治并升华个人私利。

人们很容易把民主和宪政视为"自然的"共生物，其中任何一方离开另一方，都是不完整的；人们也总是下意识地说"宪政民主"；并且人们会认为民主的目的论甚至意识形态的最终目标乃是某种宪政形式。

直白地去理解，这样说意味着，民主，正如我们通过"发达工业社会的民主制度"所了解的那样，是通过宪政所确立的，即是说，民主有着确

[①] 技艺（techne）这个概念会在 John Wallach 即将出版的 *The Platonic Political Art* 一书中得到极其详细的论述。

[②] 对此进行反驳的经典性论述依然是马克思的《论犹太人问题》。

定的形式、结构和边界。宪政民主是合乎宪政的民主形式。它不是民主的宪政或民主化的宪政，因为它不是以人民为行动者的民主。宪政民主政治所立足的基础，不是它的捍卫者所宣称的"代议民主"，而是民主的各种代表形式：以公共舆论调查、电子镇民大会、听众热线电话直播（phone-ins）以及投票为代表形式的民主。总之，宪政所规制的民主政治，乃是嵌入在宪政之内的民主政治。

在宪政民主中，至关重要的制度乃是总统。作为最高行政长官，总统代表着现代的希望——政治可以通过政策而规范化且可以通过行政而理性化。同时，正如教科书喋喋不休所言，总统是唯一的由全体人民选举出来的政治家。因此，他是履行行政管理职责的护民官，是民主和理性的化身。他还是民众软弱无力的最残酷的象征，并且，恰恰也是宪政民主制度中的最高职位。人民对总统的所作所为没有任何有效的影响，当选举结束时，他们就被小心翼翼地供奉起来，而当总统感到需要公众支持的时候，才再度激发他们。选举变成了一个持续性的过程，它与人民虚幻的联系表现为周期性地选举议员和代表，以及媒体的经常性评论。这样所产生的结果，就是民主选举所引致的永久性政治行动之幻象。同时，与此平行的政治过程——立法、行政、司法和军事——则按照自己的步骤持续进行着。选举运动被政治顾问们当作教训而四处贩卖，人民则迅速地被置之脑后。只有通过电视语言、胡言乱语的脱口秀以及所谓的博学者爆料出的政治滑稽戏，人们才能感受到政治生活的存在。

因此，宪法在限制政治的同时也限制着民主，使政治与社会中的主导权力群体相适应，并赋予他们的统治地位以合法性。宪法不但规定着政治活动合法与否，而且规定着政治的广度，以及政治的时间节奏或者周期，并且使政治具备仪式性的形态——比如，每隔四年，通过在两个总统候选人之一的名字后面画上一个对号，"人民的声音"就有了"表达"的机会。在政治经济学看来，选举在两种意义上是"自由的"：没有人强迫公民投票，并且投票人并不直接承担投票的代价；选举的费用主要来自主导权力群体，他们组织、运作并以资财支撑着竞选活动。对他们来说，选举就是投资机会，可以从中大赚一笔。

三

但是,一些后现代的思想家们基于与霍布斯截然相反的理由,认为边界即疆界的观点不啻是一个诅咒。边界意味着国家处于个人关切的中心位置,个人的义务应当限于国家所设定的边界。然而,实际上,现代的个人或许认为,她最深层次的关切是某些外国妇女群体,而不是她的同胞姐妹。霍布斯式的"疆界"观念也可以从另外的角度进行争论:一些人认为这种观念已经不合时宜,因为现在所有的人都居于一个电子的"地球村";另一些人认为这种观念已经成为人类发展的障碍,因为某些重大问题的原因和解决办法超出了政治的边界,这些问题包括污染、饥荒、侵犯人权、核武器和传染病等。因此,尽管边界对早期现代思想家而言意味着政治的范围,而对后现代思想家而言,它们象征着政治的局限性。[1] 为了超越边界的局限,扩大政治的内涵,后现代思想家们试图在保留共有的关切和价值观这个政治的核心内容的同时,把它们扩展到对于人类的关切和价值观的层面。但这种政治观重复了代议制政府的观念——认为政府扮演受托者或者乘务员角色,代表他人的利益而行动。大多数"他者"的"利益"与之关涉,但对于政府如何保护或促进他们的利益,大多数"他者"并没有一致性的,即充分知情的意见。后现代思想最高层次的政治理想乃是一个峰会,在那里,超越了边界的人类利益的代表与主权国家的代表直面相逢。

四

由于边界问题重重,现代国家所扮演的边界护卫者的角色似乎被矛盾性地或者时代错误性地遗弃了。现代社会存在大量的避开或者超越边界的现象,比如电子交流,它经常被用来证明后现代社会的实际存在。如果情

---

[1] 参见 William E. Connolly, *Identity/Difference: Democratic Negotiations of Political Paradox* (Ithaca: Cornell University Press, 1991)。

况属实的话，这将不仅对国家的未来、国家的政治观念产生重要影响，而且对后现代思想中的民主与非民主倾向也将产生重要影响。

并非只有后现代思想才漠视边界。现代国家所依赖的权力形式早已超越边界。因此现代国家权力难以同现代科学和技术分离，而二者都是边界的跨越者，在某种重要程度上有自己的一套语境。并且，现代国家权力深度依赖市场，而市场活动也是要跨越民族国家的边界，它拥有一套自己的运作逻辑。因此，现代国家从一开始就不可避免地为那些拥有系统化知识形式的人们所形构，这些系统化的知识可以提升国家的权力，并把它安置于更为稳固的基础之上。法学家、财政学家、行政管理专家和经济学家们形构着国家机构，当他们变得高度系统化的时候，他们获得了具有普遍意义的特征。就像古老的皇家宫廷一样，现代国家也热望用知识和技能粉饰权力。它资助和褒奖作家、艺术家、演员、音乐家和学者，而他们则报之以贡献。肯尼迪中心和贝尔实验室一样，都是国家权力的象征。但是当代的艺术家、学者和知识分子们也具有跨国的特性，自由自在地出入于每一个表演中心。

尽管国家是最积极的边界维持者，但它同时也是一个伟大的边界否定者，试图借助于前面所说的艺术家和知识分子们的努力，将权力扩展到国外。顺便说一句，国家权力的每一个组成部分——科学、技术、经济和文化都表征并维持着精英主义。

人民因此就变成了权力运作基础的代名词，现代形式的权力的发射台。人民的宪法为保障国家得到稳定的人力和物力供应提供了坚实的基础。"发达工业民主国家"的民主化就可以归结为：公民的劳动、财富和心智在得到保障的同时也受到剥削，在受到保护的同时也受到榨取，在受到抚育的同时也受到抽取，在得到鼓励的同时也受到操纵，在受到谄媚的同时也受到威胁。

五

我们所熟知的民主乃是宪政民主，这是一种与其宪政形式难以分辨的民主形式。宪政民主的现代性意识形态之正当性可以从哈林顿，英国的共和主义者、《联邦党人文集》和托克维尔那里找到。他们都对民主持批评的态度。他们都对革命作出了反应，尽管并非反动性的反应。他们的理论建构都是针对民主而来的，但是他们试图抑制民主而非镇压民主。必须设定一个"区域"，正如美国的国父们在参加代表会议时所做的那样，否则，"主权人民"所给予的合法性就失去了任何可信性。

现代宪政民主理论家们试图规约的民主的代表问题，同柏拉图和亚里士多德的古典理论一样古老，并且也构成了现代政治思想的一个突出的内容。现代政治思想曾认为，民主的幽灵无法无天，并且易于导致暴动骚乱。让·布丹认为，"人民的国家是个避难所，所有藐视秩序的思想者、革命者、叛国者、被驱逐者都云集于此，他们鼓动和支持低等级的人们毁坏伟大的事物。他们操纵法律，没有任何敬畏与尊严。"① 麦迪逊警告说："（纯粹的）民主一定会导致混乱和争吵；一定与个人安全，或者财产权不相协调；一定不能持久存在，因为它们至死都无法摆脱混乱。"②

托克维尔曾经抱怨不存在未经革命而产生的民主。他声称美国民主的稳定的原因在于，（与法国不同的是）美国的民主并非革命的产物。③ 托克维尔使得人们思考这样的问题：这两种现象起初是怎样联系在一起的呢？这种联系对于民主意味着什么呢？

包含在这种民主的混乱图景之内的事实是，从历史角度看，现代民主和古代雅典民主的产生都与革命紧密相连。在每个事例中（公元前15世纪，17世纪40年代，1776年和1989年），革命都激发了民主观念的产生，并急剧扩大了政治参与的范围，使得此前被排斥或处于边缘地位的社会阶层积极参与进来。

---

① Jean Bodin, *Six Booiu of the Commonwealth*, traps. M. J. Tooley (Oxford: Blackwell, n.d.), book 6, chap. 4, 192–193.

② *The Federalist*, ed. Jacob Cooke (Middletown, Conn.: Wesleyan University Press, 1961), 61 (no. 10).

③ 关于托克维尔的抱怨，参见 Jean-Claude Lamberti, *Tocqueville et les deux democraties* (Paris: Presses universitaires de France, 1983), 180。关于托克维尔对美国的民主脱离于革命的论述，参见他的 *Oeuvres Completes*, ed. J.-E Mayer (Paris: Gallimard, 1969–), 1.14。

就我们的目的而言，革命或许可以被界定为对既有形式的整体性违反。它是对既存宪法的最极端的反抗形式，不管这种宪法由文献（"基本法"）所代表，还是由公认的制度或实践所代表。民主之所以诞生于违反性行动之中，乃是因为人民如果不打碎排斥他们的阶级、等级和价值系统，他们就无法参与到权力之中。

六

我们倾向理解的系统化政治哲学，一般被认为起源于 14 世纪雅典的柏拉图和亚里士多德。解释柏拉图和亚里士多德思想的现代哲学倾向，模糊了古代思想家们的另外方面的贡献。古代思想家们也发明了宪政主义，即关于宪政的理论和政治科学。针对公元前 15 世纪的民主革命，以及随之而来的雅典整体的民主化，他们想使宪政主义成为一种可衡量的、反制性的反应。宪政理论最显著的特点就是，它主张运用政治手段来综合城邦的整体生活，把它包裹在一种形式之中，并进而在分类的宪政安排中将各种样式的政治生活进行分配/封闭。但这种冒险隐含着内在的紧张，即便在柏拉图的《理想国》中，这点也表现得非常明显。在一个对话的关节点上，苏格拉底称："将我们的眼睛放置在我们国家机构中的目标上，并非为了某一阶层特殊的福利，而是为了作为整体的城邦最大可能的福利。"（420c）。但设置了这样一种团结的理想之后，苏格拉底就开始质疑，在高贵与卑贱的鸿沟不可逾越，即阶层分化深刻存在的条件下，理想社会是否可能。共同性与特殊性问题同样也存在于亚里士多德的三种秩序良好的宪政体制中。任何一种形式的同一性，都是建立在将某些显著的社会要素排斥在政治公民资格之外的基础之上的。① 最终，亚里士多德承认，每种宪政形式都代表着某种统治阶级的价值和利益，因此无论如何，每种宪政形

---

① 我已经在我的论文 "Norm and Form" 中更详细地讨论了柏拉图与亚里士多德关于民主的论述。

式在共同性方面都有所缺失。①

这些紧张问题令人注目地保存在西塞罗（Cicero）的《论共和国》（De Republica）中。西塞罗也有自己的苏格拉底，非洲的征服者西庇阿（Scipio Africanus，大西庇阿），他引出了君主制、贵族制和民主制三种常见的政体形式。在保存下来的书稿中，最长的也是最系统的论述是关于"有组织的社会"的论述，"在其中，人民的权力最大"（1.31.47）。在论述民主制的时候，大西庇阿只有属于全体人民（res populi）的政体形式才有资格被称为共和国（res publica）（1.32.48）。共和国不但是对于西塞罗时代罗马的政治认同的描述词句，而且还是对于政治的理解精义所在：涉及众人之事，属于众人。此含义与拉丁语指称民主的词语 res populi 联系紧密，而与贵族制、寡头制、君主制相去甚远。

数个世纪之后，卡尔·马克思认为，说民主是任何宪政的基础，是因为任何宪政都尊崇公共性原则而又不让人民来统治。② 但通观历史，不难发现一些社会集团的利益持续地遭到剥削，从而使得公共性成了一种嘲弄，而正是这些经济上受剥削的社会集团也在政治上被排斥在积极参与之外。③

民主关注的并不是政治位于何处，而是如何体验政治。革命激发了人民，摧毁了阻碍他们进行政治体验的边界。来自受到排斥的社会阶层的人们承担起责任，就目标和选择进行协商，在具有广泛影响的决策上达成一

---

① Aristotle, *Politics*, 3.5–6. 1278b6–15: "Now in every case the citizen body of a state is sovereign; the citizen body is the constitution. Thus in democracies the people are sovereign, in oligarchies the few." Trans. T. A. Sinclair, revised Trevor J. Saunders (Harmondsworth: Penguin, 1981). 中译文为："城邦不论是哪种类型，它的最高治权一定寄托于公民团体；公民团体实际上就是城邦制度，例如平民政体的治权寄托于平民（德谟），而寡头政体的治权则寄托于少数。"引自《政治学》，吴寿彭译，商务印书馆1965年版。

② "Democracy is the generic constitution.... [It] is the resolved mystery of all constitutions." Karl Marx, Critique of Hegel's "Philosophy of Right," ed. Joseph O'Malley (Cambridge: Cambridge University Press, 1970), 29–30. 中译文为："在民主制中，国家制度本身就是一个规定……民主制是国家制度一切形式的猜破了的哑谜。"引自《马克思恩格斯全集》第1卷，人民出版社1956年版，第281页。

③ 关于古代世界中的这个话题，参见 G. E. M. de Ste. Croix, *The Class Struggle in the Ancient Greek World* (London: Duckworth, 1981), 278–300.

致，并影响陌生的和遥远的他人。因此，革命性颠覆也可以被理解为人民使自己具备政治性的活动。

由于平等的理念代表着对社会和政治边界的超越，而这些边界恰恰构成了政治排斥的前提条件，而政治排斥反过来又构成了使经济剥削合法化的前提条件。这些边界是围绕值得高度期望的稀缺价值而形成的，比如高贵的出身、财富、军事力量以及某些形式的神秘知识，拥有这些价值就等于具备了争取权力的基础，也就是获得职位的基础。那些被排斥者——农民、工匠、机械工、定居的外国人、女人和奴隶所代表的价值和美德，充其量也不过只具有微小的价值，正如亚里士多德在手工艺人和奴隶身上所看到的那样，他们的活动对于社会的生存来说是"必要的"，但绝不是社会之卓越所必需的。

雅典民主的故事，乃是民众崛起的结果。人民成功地改变了古老的宪政制度及其边界，以至于最终产生的结果乃是阿波罗尼（Apollodorus）所说的："雅典人民对城邦中的任何事物都拥有了至高无上的权力，利用这种权力，他们可以为所欲为。"

但是，当革命终结，政治开始持久性地制度化时，伴随革命而来的民主就变成了多余的民主。考虑一下洛克在《政府论（下篇）》中对政治所做的两种截然相反的界定，一方面是自然状态，在那里每个人都根据自己的判断实施自然法——换句话说，参与是普遍性的、强制性的并且是持续不断的。另一方面则是洛克所认为的政治社会的三个必要前提："明确的、稳定的和众所周知的法律"、"众人认可的和不带偏见的法官"以及一套行之有效的行政系统。① 政治在特征和性质上变得专门化、常规化和行政化了。制度化乃是民主衰减的表征：领导人出现了；等级发展起来了；各种各样的专家开始聚集在决策周围；命令、程序和先例取代了自发的政治，其结果乃是，后者显得非常零散、无效率。② 因此民主注定只能是一个时

---

① Locke, *Two Treatises of Government*, 11: 124–126.
② 5世纪的雅典民主采取冒险的措施——抽签、轮流上岗、陶片流放——来保持直接民主，但是到了下个世纪，它也开始呈现出米歇尔斯所说的"寡头铁律"的征兆。参见 Josiah Ober, *Mass and Elite in Democratic Athens* (Princeton: Princeton University Press, 1989)。

刻而非形式。统观政治思想史，我们发现，实际上所有的学者都强调民主的不稳定和暂时性特征。① 为什么民主会因为形式而衰退，甚至枯竭呢？为什么民主的出现总是随机和变幻无常呢？

七

为了明了这些问题，我想转而讨论现代政治理论的驱动器，自然状态，特别是洛克意义上的自然状态。尽管霍布斯意义上的自然状态含义非常清楚，在那里边界并不存在，属于一种前政治的状态，而对洛克而言，自然状态是一种为自然法所"制约"的状态，这种法律所制约的状态是一种公共的和"平等的"状态，"没有屈从者和被征服者"。我们或许可以把洛克所构想的这种状态称为一种没有形式的民主。在这样"一个自然共同体"中，每个人都有义务通过执行自然法"保存其他人"（2.46）。起初，大地为所有人共有，包括它生长出来的自然"成果"和"它饲喂的野兽"（2.26）。因此，既然存在着这些共同的要素，并且每个人都承担着自然法的公共护卫者职责，这种状态可被称为一种政治的和民主的状态。

但是，洛克的自然状态中的"自然的"共同性似乎显得有点做作，因为这是一种近乎绝对同质性。对于现代的、具有麦迪逊眼光的人来说，这种状态缺乏最具现代性的一个因素，不同利益之间的冲突。尽管洛克在描述私人产权和货币的起源的时候也有一些异质性的建议，但当他的论述围绕契约这个主要事件而展开的时候，异质性就被中断了，在共识中扮演的角色也就无足轻重了——例外只有一个，待会我们会看到。当契约时刻到来时，财产、阶级、信仰、性别、种族、民族和语言的差异都被抹平了。更准确地说，此前所承认的差异，比如丈夫与妻子之间的差异、父母与孩

---

① 例如，可参见 Plato, . *Republic* 7. 563e – 564a; *Laws* 701a; Polybius, *The Histories* 7.9; Philo, *De Confusione Linguaram* 23. 108; *De Fuga et Inventione* 2. 10, John Calvin, *Institutes of the Christian Religion* 4. 20. 8; Sir Thomas Elyot, *The Book named The Governor* 1. 1; Claude de Seyssel, *The Monorchy of France* 1. 1; David Hume, "Of the Populousness of Ancient Nations", in *Essays Moral, Political and Literary* (Oxford: Oxford University Press, 1963), 374; and *The Federalist*, no. 10: 61, and no. 14: p. 84.

子之间的差异、主人与仆人之间的差异都被抹平了，洛克认为这些差异都是特殊情况，因为它们不具有政治性（2.80-2.86）。洛克之所以在表述其契约理论时忽略这些差异，乃是因为，如果没有一个民主共同性的同质性之思考，洛克就无法找到促使相同的个人达成一致的机制。

同质性所造就的权力，乃是一种基于非差异之上的权力类型。同质性的权力最明显地表现在洛克基于单个的但并非独立独一无二的人所构建的多数观念时所使用的语言上："当根据每个个人的同意，所有的人构造出一个'共同体'的时候，他们也就构造出了一个共同体之机构，机构所拥有的行动权力，仅仅取决于多数的意志和决心"（2.96）。洛克声称的共同体拥有"作为一个机构之行动的权力"的前提假设，是认为共同体由平等的和无差异的单位所构成，每个个人的同意行为都是相似单位的权力的表现。加总在一起，这些同意就使得共同体具有了作为一个机构进行行动的能力："'机构应当随着带动它的最大力量而行动'，这力量就是'多数的意志和决心'"（2.96）。然而，当洛克试图解决这样的诘问："一个机构"似乎暗示的是一致同意而非多数，并且纯粹的多数观念只不过认可异质性而非同质性——不平等/差异而非平等/相同——在自然状态中广泛存在，他退却到了一种常识性原理的地步，这就使得人们对自然状态下利益的同质性产生了怀疑。全体一致不可能成为行动的基础，因为"在人们健康状况不佳，业余爱好广泛的情况下，尽管有大多数人关心公共利益，但也必然导致许多人远离公共集会"（2.96）。

但是，洛克继续从自然状态的同质性假设后退："如果我们给自然状态添加多样的意见和对抗性的利益关系——这种情况在所有人类聚集的地方都无可避免地会发生"，那么"坚持全体一致必然导致共同体的解体"（2.96）。这样，自然状态的同质性只不过乃是异质性中断的结果。

然而，与其说自然状态是虚构，不如说它是关于失落的共同性的寓言，它是一个例外的时刻，在革命的危机状态中权力归还给"共同体"而能力归还给"人民"的时刻。革命中的民主时刻成了共同性的承载者，政治的持久良心："每个人给予社会的权力，当个人进入社会的时候，只要社会持续存在，就再也不能归还给个人，而是永远保持在共同体中"（2.243）。

同质性因此就被进行了重新解释。当洛克的个人把他们置身于遵守自然法的义务之下,并视他人为自由而平等的存在的时候,他们所创造的同质性,就不是一种描述,而是一种规范。

八

> 如果说民主有过辉煌的话,那也只是在其巅峰状态才有的暂时的辉煌。前提是群众并非由于好运而具备足够多的人数或足够强大的力量而产生傲慢,或者由于野心而产生妒忌。
>
> ——迪奥·卡西乌斯(Dion Cassius, 44.2)

出现于洛克的自然状态之中的异质性,并非自然状态本身的特征。确切地说,异质性是自由和平等的结果,这是两种从一开始就与民主紧密相随的价值观。① 正如托克维尔对杰克逊治下的美国所观察的那样,民主平等导致了人们能量的极大释放,这样产生的必然结果就是由于个人在天赋、运气和条件方面的差异而导致的社会不平等。② 而就民主自由的特殊性而言,它遮蔽了反民主的权力形式——作为"法人"的"公司"享有同个人一样的权利,但它的官员却拥有许多普通民众无法获得的特权,因此,民主具有变幻无常的特征也就不是什么神秘的事情了。尽管民主自由鼓励多样性表达,鼓励同质性下的分散性,但总有些部分比另外的部分具有整合的力量。文化多元主义和跨国公司决非对等物。

消失的同质性和人民权力的替代品就是多数规则,但是宪政主义,特别是麦迪逊视角下的宪政主义,乃是为民主权力设下尽可能多的制约要素。

---

① Plato, *Republic*, 8.557e–58a;以及参见 *Laws*, 3.693d。
② Tocqueville, *Journey to America*, ed. J. P Mayer (New Haven: Yale University Press, 1959), 51, 156.

九

　　这里我所做的努力是重新发现民主的一些面向，它们揭示着民主与古代和现代的宪政主义的组织化冲动之间的紧张关系。反映这种紧张关系的一个事实就是，随着雅典并入马其顿帝国，民主的历史连续性也就被割断了。从公元前322年到18世纪美国革命和法国革命进行的政治实验，中间存在着许多城邦共和国的例子，在城邦共和国中，"人民"有时候能够掌握一点儿权力，但是，大量的证据证明，城邦共和国通常是寡头制的，实际上为富人和贵族所统治。现代革命的失败导致的民主理想的破灭，以及作为民主的现代代表物的民族国家的出现，才使民主与宪政之间紧张关系的裂缝归于终结。在今天，民主到处被说成是政治系统合法性的唯一的、真正的标准，而它的真切内涵据说包括自由选举、自由政党活动以及出版自由，当然还有自由市场。说明是如此的详细，以至于美国定期把专家派到中美洲国家，判定这些国家的情况是否符合要求。

　　矛盾的是，尽管几乎没有任何一个人质疑这种自成风格的"发达工业国家民主"是否为真正的民主，少数人还喋喋不休地声称，"人民"确实是在统治，或者说，如果实行的话，这确实是个不错的想法。在管理规则大行其道的社会中，民主似乎显得有些粗糙，不能胜任管理情况复杂、变化迅速的社会的任务。与此同时，在发达工业民主国家，常常有人声称，民主需要公民具备高水平的政治技能，如此之高，以至于人们怀疑这种政治技能是否能为第三世界的人民所掌握。因此民主对复杂社会来说太过简单，而对简单社会来说则又太过复杂了。

　　实际上，民主合法性真正衡量的，不是民主在这些国家的活力，而是为了达到其他目标使民主受到的削弱的程度。这些目标中最为基本的就是建立和发展现代化国家。所谓的现代民主问题，并不是像人们声称的那样，是古代民主观念与现代政治社会的规模与程度不协调的问题。不如说，任何基于公民行动者和片段式政治的民主观念，都不能与这种情况相协调：现代国家成为政治生活固定的中心，政治作为连续性的活动围绕单一的统治目的展开，从而使国家机器受到影响或控制。

晚期现代世界中的民主不可能成为一种完备的政治系统，考虑到现代的权力形式的可怕潜能，以及它们在社会和自然世界中的实际表现，也不应当期待或者努力使民主成为完备的政治系统。需要重新考虑民主作为一种非政府形式的存在物：作为一种严重受条件困扰的存在形式，它的胜利注定仅仅具有暂时性，但只要对于政治的记忆不曾灭亡，它还是会不断出现的。民主的经历说明，作为政治形式的存在物，民主可能，并且现实也是如此，周期性地失落。波利比乌斯（Polybius）说过，民主"在时间轨道上"渐渐失色（6.39）。当政治被记起并被再创造的时候，民主就是一个政治性的时刻。民主是个反叛性的时刻，它或许具有革命的、破坏性的内容，或许没有。

今天，诉诸政府循环或自然状态的做法已经显得很老套。但我们还可以说，相信民主存在恢复性权力，依然是美国政治意识的一个组成部分。一些事件支持着这种信念：从殖民地时代到革命时代再到西部大开发时期，不断重复出现的建立政治社团的经历；废奴运动和在激进平等的基础上重建美国人生活的未成功的努力；19世纪的平民和自耕农起义；争取工会自治和妇女权力的斗争；19世纪60年代的公民权利运动以及近些年来的反战、反核和生态运动等。

什么内容构成了恢复性运动，恰恰是个有争议的问题。古代的历史学家们认为，雅典领导希腊世界战胜波斯帝国从而建立对希腊世界的霸权，原因在于民主所激发出的能力和才干。在最近的一次波斯战争（Persian War，海湾战争）中，美国领导人将美军的胜利视为一场新的恢复性运动。"沙漠风暴"所代表的既不是民主的恢复，也不是人民重新拿回权力，而是一种疗救方法，意味着"摆脱越南综合症"，从而恢复美国的团结及其世界第一的地位。对于恢复运动的理解，体现了一种典型的倒置看法，战争状态，而非自然状态，是更新的条件。

"沙漠风暴"，或者说宪政民主的海湾战争，说明了借助于现代国家的权力实现民主更新，是徒劳无益的。更新的可能性来自这样的简单事实：普通公民能够在任何时刻创造出新的文化共同性范式。将经历投入到低收入家庭住房、工人在工厂的所有权、更好的教育、更好的医疗保健、更安全的水、控制有毒废物处理等千百件的事关普通人生活的事情,就等于在体验民主的时刻,并且是在发现、照料和看护作为共同关切之共同性。尽管并非有意如此,他们却通过争论民主自由和平等所带来的不平等的权力形式——要消除这种形式,民主必须背叛自己的价值——在更新着政治。

但是,更新还必须来自这样一个不那么简单的事实:一系列地方性民主无法解决的问题与麻烦。比如多元主义、利益集团政治和多元文化政治,地方主义无法克服自身的局限,除非在一个更大政治范围内寻找那渐渐消失的同质性。我们可以回想一下波兰的团结工会,这是一场包含高度分散要素的运动——社会主义分子、艺术家、教师、牧师、信徒、无神论者、民族主义者,等等。而团结的字面意义之一乃是"各种利益的(或之间的)共同体会完美耦合"①。显然,同质性在那时和现在都必须要等同于沉闷的整齐划一。这里所要求的是要理解什么是具有真正的政治性的东西:异质性、多样性和多重的自我都不是现代权力形式的对手。

---

① *Oxford English Dictionary*, entry 2 s. v. "solidarity".

第三章 利用权力/对抗权力：政体①

简·曼斯布里奇

强制与说服

在过去的二十年中，协商民主理论家们对理性说服的民主潜能的强调几乎已经达到了这样的地步，即完全排斥对民主生活中作为强制的权力独立地进行正当争论。然而，正如民主必须要有协商的时刻一样，它也必须要有强制的时刻。

与那些把民主中的强制同"暴力"联系起来，并认为强制至多不过是对民主过程起到切割作用的协商理论家不同，本文认为强制几乎在任何运作良好的民主中都必须起到巨大的、有价值的和相对合法的作用。但与那些认为在持续分歧的条件下强制具有充分合法性的观点不同的是，本文认

---

① 我要感谢乔舒亚·科恩和托马斯·麦卡锡（Thomas McCarthy）在耶鲁大学举行的"民主与差异"学术讨论会上和会后对本文的评论，以及南希·弗雷泽（Nancy Fraser）、于根·哈贝马斯（Jürgen Habermas）、邦妮·霍尼格（Bonnie Honig）、大卫·卡哈尼（David Kahane）、卡斯·桑斯坦（Cass Sunstein）、艾丽丝·扬（Iris Young）和伦敦经济学院讨论会的参与者对这篇论文较早的草稿所给予的有益评论和批评。

为，任何对于强制进行正当化的说法都不可能是完备的。在持续分歧的条件下，任何制定可以强制实施的决策的无争议的公平程序都是不存在的。并且，民主制中现存的大量的强制远非公平，要求强制实施的政策常常也是远非正当的。

当我们认识到强制必不可少，并且，也认识到任何强制都不可能做到无可争议的公平或理所当然的正当，那么，在利用强制的时候，民主必须找到其自身所需要的对抗强制的方法。

民主通常使用的对抗自身强制性权力的方法，就是将其束缚在这样的范围之内：权力是个人权利、言论和结社自由以及其他"法治"要素的制度化保障，有时也包括一些宪政要求，比如要求任何政策至少具有名义上的"公共目的"。在这些保障之下，民主需要政党、利益集团以及其他的可以作为正式抵抗手段的传统制度。本文认为，民主需要培育和珍视非正式的协商性抵抗领域，在此领域，那些在每次强制性运动中失利的人可以重新启动他们的想法和策略，聚集他们的力量，并决定在一个相对具有保护性的领域内，以何种方式战斗或者是否继续战斗。

为什么民主需要强制

在本文中，我把"权力"理解为强制。在其他的场合，我倾向于对权力作宽泛的界定，如"一个或多个行动者的利益与结果之间的实际的或潜在的因果关系"。这种宽泛的界定通常关注的是原因，它中立地看待意图，并将期望出现的反应也包含在内。与我这里所使用的狭义的权力不同的是，广义的权力包括玛丽·帕克·弗里特（Mary Parker Follett）、威廉·康纳利等许多女权主义者所说的"给予的权力"、"分享的权力"和"掌控的权力"。①

与这种宽泛的界定不同的是,在本文中,我将互换性地使用"权力"和"强制"这两个词,用于表示一个或多个行动者的利益与结果之间的实际的或潜在的因果关系,其中,原因通过强力或者制裁的威胁明确地发挥作用。②

民主需要强制性地进行行动,而不能过于迁就现状。当个人利益③发生碰撞,产生不可调和的冲突时,民主政体要么无所作为,听任现状强

---

① 我修改了 Jack H. Nagel 提出的系统权力的定义,关于这个定义请参见他的 *The Descriptive Analysis of Power* (New Haven: Yale University Press, 1975), 29。我用"利益"取代了他的"偏好",并增加了"一组行动者"。在对原因的关注上,Nagel 的定义回避了权力的意图成因,而是把对未来事件的预期(例如下次选举)作为引发当前行为的原因。

与我在这篇论文中强调的"掌控的权力"("power over")截然不同,较早开始对"给予的权力"("power to")、"分享的权力"("power with")、"作为能量的权力"("power as energy")和"源于内部的权力"("power-from-within")的强调,参见 Mary Parker Follett, "Power" (1975), in *Dynamic Administration: The Collected Papers of Mary Parker Follett*, ed. Henry C. Metcalf (New York: Harper, 1942); William E. Connolly, "Power and Responsibility", in *The Terms of Political Discourse* (Lexington: D. C. Heath, 1974); Nancy Hartsock, "Political Change: Two Perspectives on Power", *Quest* 1 (1974): 10 - 25, 重印版见 Charlotte Bunch, ed. , *Building Feminist Theory Essays from west* (New York: Longman, 1981); 参见更近的跻身于女权主义理论家行列的 Starhawk, *Truth or Dare* (1987) (New York: HarperCollins, 1990), 8 - 19。

② 因此,这里的权力意味着对他人进行"掌控的权力"。在这个定义中我不仅吸纳了 Nagel 的 *Descriptive Analysis* 一书中的观点,而且吸取了另外一些著作的精华,参见 Peter Bachrach and Morton Baratz, "Decisions and Non-Decisions: An Analytic Framework", *American Political Science Review* 57 (1963): 632 - 44; 和 Steven Lukes, *Power: A Radical View* (London: Macmillan, 1974)。不同于制裁的威胁,我这里所使用的"强力"("force")不涉及他人的意愿因素。如果我把你架出了房间,你的意愿是无关紧要的,而我的行为就涉及强力;如果我告诉你,除非你离开否则我会枪杀你,那么,我所达到的希望(你离开)的目的在一个微小的程度上涉及了你的意愿(你可以一直拒绝离开,那么虽然我枪杀了你,但却没有使你离开)。不涉及意愿的强力牵涉到许多系统的属性,例如语言。因此,虽然基于制裁的威胁的权力总是涉及抵抗或抵抗的可能性,但是作为强力的权力有时不可能被抵抗(福柯可能没有认识到这种区别)。为了使争论相对简单,这篇论文中的强制的定义不包括积极的诱因,尽管如果不对称性足够强大的话,积极的诱因可以算的上是强制的形态。参见 Brian Barry, "Power: An Economic Analysis" (1975), in *Democracy and Power*, vol. 1 of Essays in *Political Theory* (Oxford: Oxford University Press, 1991)。

③ 我在这里使用"利益"一词意味着在政策选择上经过协商达成的结论。此结论可能是利己主义的或者是具有公共精神的。这个结论总是对竞争开放,并对经过进一步思考、行动和政治斗争之后达成不同结论的可能性也是开放的。通常,"利益"这个词的隐含之意既包括利己主义,也包括客观的、静态的或永恒的国家,它们通过革命行动或理性而显现,并借助于对压迫或镇压的来源的消除而被揭示出来。我想抛弃这些内涵,但同时保留肤浅的选择(或未经深思的协议)与在情绪和理性上更为成熟的和在行动上经过更加彻底检验的协议之间的一些区别。在这个意义上,对深思熟虑的协议的一个检验可以形成于尽可能接近于自由、平等和无约束的沟通之中。我始终建议的另外一个检验,则是对采纳产生特定协议的可选方案时进行争论的生命力,包括在争论中对立观点之间的分歧和随后被排除方案维持寿命的程度。欧洲读者对于频繁地把价值定位合并到利益概念之中的美国用法感到不舒服,无论"利益"这个词在文中何时出现,他们都发自内心地要求用"利益和价值定位"来替代。

化，要么采取措施，强制或胁迫一些公民在不符合其利益的情况下配合或者行动。多数规则是一种典型的获得相对公平形式的民主性强制机制。

无疑，民主可以通过协商解决部分或者大部分冲突。协商有助于改变利益并揭示先前未曾意识到的一致领域。当然，它也会扩大参与者对于冲突的理解。在一个运行良好的民主制度中，不管规模大小，协商领域应当平等地对所有人开放，而权力——在制裁的威胁或强力的使用意义上的权力——不应当干涉这种良好的辩论的效果。

然而，在某些时候和某些问题上，协商不会导致一致。良好的协商是能够开启一致领域的协商，是能够澄清存在的分歧领域的协商。参与者在协商中会比在协商前更好地意识到他们的利益，包括他们冲突性的利益。但是，物质利益，还有最深层次价值观层面的利益，并不总是能够与他人的物质利益和观念利益相调和的。就此而言，在协商得很好但冲突依然存在的情况下，民主制度有两种选择——维持现状或采取行动，而这都需要强制一部分人顺从其他的人。

当一条新公路破坏了一个老的邻里社区，或当政府采取部分公民深恶痛绝的象征性立场时，内在于民主决策中的强制就使得一些公民或他们的代表运用强力或制裁的威胁来形成其他公民反对的结果。失利团体中的成员或许不愿意与他们的老邻居隔着一条吵闹的公路而居住，或者被迫采取与他人不同的立场。最典型的一个例子就是强制征税，一个强大的福利国家需要采取强制措施，从那些反对广泛的社会福利政策的人手中征税，而不管他们的反对是出于理想信念还是出于实际物质利益考虑。

甚至那些获得成功的规则——成功的原因主要是公民出于公共精神动机而进行自由合作——通常也需要一些强制，以阻止偶尔的违规者愚弄大多数的合作者。[1] 民主需要强制，原因不但在于安全——托马斯·霍布斯认识到了这点，甚至罗伯特·诺齐克经过重大的转变之后，最终也认识到了这点，而且在于，在许多情况下，在一个复杂的、相互依赖的社会中，集体行动需要一定程度的强制才能达到恰好全体一致同意的目标。因为在

---

[1] Jane Mansbridge, "Public Spirit in Political Systems", in Henry J. Aaron, Thomas E, and Timothy Taylor, eds., *Values and Public Policy* (Washington: Brookings, 1994); Ian Ayers and John Braithwaite, *Responsive Regulation: Transcending the Deregulation Debate* (New York: Oxford University Press, 1992).

一个充满利益冲突的规模庞大的社会中,对于全体一致的要求会赋予那些既得利益者几乎全部的权力,所以,被委托了某些大致接近相等权力的民主政体,必须要求具有一些形式的非全体一致同意的强制,以便达到大多数公民所赞同的目标。

认真对待强制

许多最杰出的当代政治理论家们并没有正视冲突性利益在民主政体中的地位,这样也就不能正视强制在其中的地位。众多的思想家们,如汉娜·阿伦特、谢尔顿·沃林、迈克尔·沃尔泽和于根·哈贝马斯都从这样的角度思考民主,即称赞民主协商在发现、创造和维持共同性方面的重要作用,而或明或暗地贬低民主强制在利益冲突状况下的重要作用。

我认为,汉娜·阿伦特是最不敏感的、也是最具误导性的协商理论者。我所思考的作为民主的批判性工具的那种强制,被阿伦特斥责为不具合法性的东西,称之为"暴力"。她对她不赞成的这种强制,或"暴力",与她赞成的"权力",即团结的人们为了达到公共目的而运用的权力,作了截然相反的区分。①

阿伦特之所以斥责强制或暴力,是因为她认为私人的和物质的利益不

---

① 这种作为强制对立面的"权力"概念充满了阿伦特的写作当中。在 On Revolution (1963; reprint, New York: Viking, 1965) 一书中,与"前政治的自然暴力"(181) 截然不同,,阿伦特把权力定义为"当且仅当人们为了行动的目的而组织起来,权力就出现了;而不管出于何种原因,当人们互相疏离和抛弃的时候,它就会消失。"(174;也可参见 145, 148-149, 150-152, 155, 162, 163-167, 170, 175, 179, 181-182。)

在她后来的著作 On Violence (New York: Harvest/HBJ, 1970) 中,阿伦特始终忽视暴力与强制的区别,把一切作为手段的强制形式都归结为自然暴力的心理特征与实际效果。她在英语中对这两者差异的忽略反映了德语中 Gewalt 一词所固有的暴力与强制权力的双重含义,马克斯·韦伯和其他学者曾用它来表示国家权力。这本书的第一章一开始就定下了把暴力作为工具性范畴的基调,即"附属于手段—目的范畴"(4;也可见 46, 51, 79),随后立即把它放到战场、武力、战争、枪炮、枪杀、集中营、种族灭绝、酷刑和核毁灭的情境之中 (4, 5, 6, 11, 13, 14, 17)。第二章介绍了"政治领域中的暴力问题"(35),首先在一般意义上把暴力等同于强制 (36),然后把暴力、控制和命令与特别的心理感觉联系起来,这种感觉来自对他人施加影响,使之成为自己意志的工具,维护自己的意志以防止抵抗,以及期望运用权力掌控他人的过程之中。第三,在最后一章,再次把暴力与对侵犯、狂暴和战场的描述联系起来 (59-61, 63, 67)。阿伦特从未考察我所讨论的强制的日常非暴力形式,这种非暴力形式使得复杂的相对正义保持独立性成为可能。(在 On Violence 中,阿伦特的"权力"停留在"人们一致行动的生存权力"之上,参见 40-41, 44。)

应当"侵入公共领域。"① 在她看来,一个运用公共强制(比如通过压力集团)的投票者,出发点是"对私人生活和幸福的关注",像个"敲诈勒索者",而非公共领域中的一员(273)。

与阿伦特不同的是,我认为关注私人生活和幸福,包括关注一个人的"利益与福利",对于政治协商和决策来说是恰当的、重要的并且也是具有实质性意义的(参见 n. 36)。这些关注虽不是构成政治协商和决策的唯一要素,但是它们在政治和公共生活中占据合法性的地位。当这些关注之间的冲突不可调和时,比如当价值冲突不可调和以及不作为将不公平地维持现状的时候,民主需要一种强制,借助这种强制——用阿伦特贬抑性的话来说,投票者"强制他们的代表以损害其他投票团体的利益为代价执行他们的意志"(273)。由于简单地将强制视为暴力并将之排除在民主过程之外,阿伦特阻碍了这样的民主性努力,即一方面使强制具备尽可能多的合法性,另一方面,在认可了它的必要性之后,当运用它的时候,找出容纳它、限制它和抵抗它的办法。

其他协商理论家的立场不如阿伦特那么坚定,也比她更敏感。但他们的立场有时候比较难以明了,部分原因是,这些理论家们并没有集中地关注本文所讨论的问题。在重点问题上,我与这些理论家们的分歧,并不比我与阿伦特之间的分歧少。

在《政治与愿景》(*Politics and Vision*)中,谢尔顿·沃林沿着阿伦特的路线将"政治性"界定为"仅仅关乎对整个共同体来说具有'公共性质'的事务"②。与阿伦特一样,沃林也认为物质利益"基本是私人性的"、"具有强烈的个人色彩"以及"根本无法共享"的东西(277)。但

---

① Arendt, *On Revolution*, 255. 阿伦特明确区分了"舆论"的政治领域——他所定义的公共权力所在的领域——与纯粹物质利益的"社会和经济"领域(278)。在 *Contradictions of the Welfare State* (Cambridge, Mass.: MIT Press, 1984) 一书中,Claus Offe 也对政治作出了类似的解释,即政治与利益之间的协商无关,而是"关于社会生活的正义秩序的愿景的开启,以及围绕着那种秩序的愿景之间的冲突"(173)。也可参见 Iris Marion Young, *Justice and the Politics of Difference* (Princeton: Princeton University Press, 1990), 72-74。

② *Politics and Vision* (Boston: Little, Brown, 1960), 277, 2;关于对作为"普遍和一体化的"政治性的讨论,也可见本书以下页码:3, 9-10, 60-66, 191, 429-434。还可参见本书中 Wolin 的"Fugitive Democracy"一文。

沃林并没有把物质利益排除在公共领域之外。确切地说，他合理地将这些利益放置在"政治结社的中心位置"（277），并认为它们具有"至高无上的地位"（280）。对沃林而言，利益是"在公共层面上**具有最低**代表能力的事物"，不像阿伦特认为的，利益**不具有**代表能力。

沃林希望将"政治"［用他的话来说是"为了竞争性的好处而进行的斗争"（42，10）］与"政治性"（意即公共性）整合在一起。在他的整合视野中，冲突和对抗被看做"产生一致领域的原材料，或者，如果无法产生一致领域的话，使竞争性力量之间的妥协成为可能"。它把"强迫接受"限定在"……那种不存在其他选择的情形之中"（43）。① 他的这本书的其他部分都是对这种无懈可击的但又相当空泛的共识的充实，而从没有将"强迫接受"或强制视作民主的有价值的组成部分。

沃林对强制近乎僵化的讨厌乃是出于他对"妥协"的理解，但这种理解并没有抓住或多或少具有合法性的强制性权力之使用的方法，也没有考虑原则和公共利益，而这些在现实的政治妥协背后广泛存在。比如，当环保主义者与经济增长的支持者在一个具体的政策上达成妥协的时候，此结果并非仅仅来自于他们在关系公共利益的事物上进行的辩论与推理，而且还来自于私下或公开地对于对方在下次选举中所能调动的选民的考量，对于自己广告预算数额的考量，对于与自己相关的政治组织的效率的考量，对于他们在媒体中给对方造成伤害的考量，对于与其他团体建立联盟的考量，对于自己所能调动的产业部门的考量。在一种对民主的规范性理解中，这些考虑并非都是不合法的。有些考虑，比如对双方在下次选举中所能调动的选票数的考虑，具有强烈的民主合法性色彩。如果我们采取整齐划一的立场，拒绝认可任何强制对于妥协所具有的规范的合法性意义的话，我们就等于回避了这样的问题：在何种程度上某种因素具有合法性，我们应当在具体的情境中引入何种合法性标准。我们也回避了这样的问题：我们需要确立何种保障以制约内在于妥协之中的以及由妥协而产生的

---

① 关于对政治、利益和"权力的核心是暴力的基本事实"的讨论（220），也可参见 *Politics and Vision*, 42, 86—92, 115—118, 201, 214—223, 232—236, 241, 272—285, 338—342。

强制。

尽管迈克尔·沃尔泽与阿伦特的立场不似沃林与阿伦特那样接近,但是他也认为,在民主政治中,"重要的是公民之间的辩论。民主鼓励言说、说服和雄辩术。理想情况乃是,观点最具有说服力的公民——一种能够说服最大数量公民的观点——获得胜利。但他不能使用强力"。① 通过灵活地将"强力"界定为"非社会意义上的权力"(282),沃尔泽也仅仅是规定了强力的合法性性质。然而,读者或许会读出这样的讯息,作为强制的强力——以及作为强制的权力——在沃尔泽对民主的理解中是没有地位的。

沃尔泽对于说服的强调,使得他对于投票感到不安。他希望得出的结论是,"权力'来自'说服"② 而非来自像投票这样的强制性制度。他反问:"但是难道投票本身不是一种权力吗?"他拐弯抹角地答道:"或许是一种权力……但选择……依赖的不是单个选票而是选票的累积——因此依赖的也就是影响、说服、压力、讨价还价和组织,等等。"(305-6)沃尔泽从来没有考虑过,当说服无济于事的时候,通过选票的强制力量作出决定所具有的规范的正当性。

20年前,在对汉娜·阿伦特作精细的批评和赞扬时,于尔根·哈贝马斯研究了这些问题。③ 在那篇文章中,哈贝马斯首先赞扬阿伦特同马克斯·韦伯以及其他一些人的决裂,因为他们从"有目的的理性行动者,他只关心他的行动成功与否"的角度理解权力(73),也就是说,行动者在"策略的"而非"交往性"行动领域进行活动。接着,他又批评阿伦特没

---

① *Spheres of Justice* (New York: Basic Books, 1983), 304.

② *Spheres of Justice*, 306. 由于试图把"权力"仅仅归结为说服,Walzer 拒绝将电视复决称作"权力的运用","相反,他倾向于认为那只不过是价值腐蚀的又一个例子"(307)。与此类似,他写道,"民主要求平等的权利,而非平等的权力"(309)。虽然文中有一段显示他也同意一个公民可以合法地追求"赢得——也即运用不平等的权力"(309),但他并未考察这种思想对于相对合法强制的政治的含意。

③ Jurgen Habermas, "Hannah Arendt's Communications Concept of Power" (1976), in Jurgen Habermas, *Philosophical-Political Profiles*, trans. Frederick G. Lawrence (Cambridge, Mass.: MIT Press, 1985).

有在"政治领域"给予策略性行为任何地位（112）。① 即便有这个批评，哈贝马斯依然有意地拒绝将"合法性"一词赋予策略性行为，因为这种行为的目的是为了获得和行使政治权力。对哈贝马斯而言，唯一的"合法性权力来自那些在无强制的交往中达成共识的人们"（183）。这些共识产生出了合法性的权力——策略性行动者将要竞争的权力。策略性行动者之间的竞争可以被"标准化"和"制度化"，但它永远不能变成"合法的权力"。②

我们必须同意哈贝马斯的看法，即在相互交往中形成的共识与相互强制中达成的决策大不相同。甚至民主强制绝不可能成为充分合法的东西。只有真正的一致，即在无强制的状况下达成的一致，才能产生出具有充分合法性的结果。但是，在一个要点和一个实质性观点上，我不同意哈贝马斯的看法。我要强调的是，在现实世界里——福柯提醒我们注意的、哈贝马斯也承认的现实世界——并不存在没有制裁的威胁或强力的使用的状况。无强制的协商理想类似于许多重要和有用的民主理想：尽管可能接近，但不可能充分实现。如果，我相信这点，即语言和文化结构使得不可能全然祛除"虚幻的"共识——这产生于一些人有能力使其他人无法考量自己的利益（186，183）③，那么，哈贝马斯所理解的充分合法的权力，即通过协商产生的权力，在现实中是不可能出现的。各种政体可能也确实在达致这种理想方面存在程度上的差异。我与哈贝马斯的实质性分歧将在下一节进行阐述，我认为，正如协商同意一样，策略性行动者之间的强制与竞争也或多或少地具有合法性。

---

① 正如哈贝马斯所谨慎列举的他的主张，策略行动"也产生于萧墙之内"（182），换句话来说，"我们不能把策略行动因素从政治性概念中排除出来"（183）。

② 关于哈贝马斯对这个问题的展开，参见"Further Reflections on the Public Sphere", in Craig Calhoun, ed., *Habermas and the Public Sphere* (Cambridge, Mass.: MIT Press, 1992), 421 – 61, esp. 446 – 450, 和收入本书的"Three Normative Models of Democracy"一文。对此的评论，参见我的"Ugliness in Democratic Life," forthcoming in Constellations。

③ 哈贝马斯称这种阻止其他个人或群体认识到他们的利益的能力为"暴力"（183）。他称"结构性暴力"为，阻止他人认识到自身利益的能力，这种能力已经被建立于社会和政治的制度之中，并且"以一种隐性的方式阻碍那些交往，正是在交往当中，为了合法化的目的，人们的信念得以有效形成和传播"（186）。在我的术语中，这是一种形式的"强制"（参见 n.2）。

民主需要的强制如何才能具有相对合法性

民主理论者们试图通过以下一种或数种思路赋予强制以合法性。

首先,我们试图通过直接的或间接的假设性同意或明或暗地对强制进行合法化。对于一些合作问题,比如设计道路规则,或集体行动问题,比如确保空气清洁,我们会设想,任何心智健全的公民都会毫不犹豫地在履行自己责任方面接受强制,只要其他任何公民都接受同样的强制。我们甚至还可以假设,任何心智健全的公民都会同意某些决策规则——比如受到适当条件限制下的多数规则,以解决大多数其他的分歧,特别是当另外的选择只能是所有人对所有人的战争的时候。这种"间接的"同意将使已经得到同意的规则产生的所有强制都具有合法性。然而,同意的逻辑所产生的是可疑的和不确定的合法性,并非任何公民对任何决策都给予了真正的同意,因此,假设性的同意总是免不了具有争议性。

如果要对这种观点进行更为细致的解释,那么强制具有合法性的原因或许可以理解为,强制的合法性来自于所有利害相关的人在自由、平等和非限制的协商条件下所同意的程序。然而,这种来自假设性协商的合法性标准所面临的问题,与其他的标准所面临的问题差不多是一样的,因为,在这样的条件下,公民们对于程序可能同意,也可能不同意,一旦涉及到不可调和的价值观问题,他们不同意的可能性就大大增加了。①

其次,我们可以主要地或者仅仅通过诉诸于实质正义来使强制具有合法性。比如,当我们论证确立私有财产权利需要合法性强制的时候,人们需要判断所期望的目的正义在何处(比如,人们或许会说,私有财产权利制度能够使最大多数人受益,而平等只能使那些处境最为不利的人受益,

---

① 例如,多数决定规则还是全体一致规则,部分地取决于对平等的履行,而不是顺应现状的自由概念。Seyla Benhabib 在 "Toward a Deliberative Model of Democratic Legitimacy"(this volume)一文中,不是把这种假设性协商的合法性标准运用于强制本身,而是运用于"对相互冲突的利益进行表达、审查、权衡的方法"(73)。从上下文看,她的"权衡"涉及的是衡量有争议的不同利益的优点,而不是利益承载者的数量。这种假设性协商不同于假设性同意,它使得同意的决策具有集体性、共有性与审慎性的特点并处于终极协商目标的强大约束之下。

甚至还可以说私有财产权利制度合乎本地的或共同体的正义标准)。人们接着就要判断为了达到这样一个正义的目的,多大程度上的强制是必需的。按照这个方法,任何寻求使用强制的人都必须找出一些有说服力的正当或善的观念,用以支持他们所提倡的东西。按照这个方法,只有实质正义的结果,包括基于善和正当而持有的特定立场所产生的结果(比如,反歧视法、濒危物种保护法案和禁止吸烟的规定),才能使达到这些目的所需要的强制具有合法性。① 人们对于实质正义的内涵的严重分歧,使得这个赋予强制以合法性的标准也总是免不了具有争议性。

最后,在我所称为的"敌对"传统阵营中的理论家们采取了一个独立的立场,他们所理解的民主强制,只能通过或主要地通过公平的聚合程序——而非协商性程序,获得合法性。② 在这个学术传统中,公平聚合要求一种一人一票的民主观,或者更激进一点,要求每个人在决策中都拥有平等的权力。这个传统中的某些理论者甚至将民主界定为"平等权力"。③ 或更慎重一点,将民主界定为"运用权力的平等机会"。④ 卡罗尔·佩特曼(Carole Pateman)和罗伯特·达尔都将决策中的平等权力视为民主理想的核心要素。⑤

---

① 我感激 Cass Sunstein 提供了这些例子,并对它们进行了有益的说明。利用这些合法化的标准,我们也可以将正义解释为,无论一群受到影响的个人赞成(或假设赞成)什么结果,都只是处于基于较好争论获胜的非强制协商之后;因为结果或多或少是正义的,所以强制或多或少是合法的。Brian Barry 在 "Is Democracy Special?" (1979; in *Democracy and Power*) 中指出,对于民主的理论来说,来源于实质结果的合法性是不充分的,他解释了为什么"一部经过民主程序颁布(或未被撤销)的法律,增加了使之得到服从的理由"(25)。

② Jane Mansbridge, *Beyond Adversary Democracy* (1980; reprint, Chicago: University of Chicago Press, 1983). 那本书的读者将会认可,在这篇论文中我对对抗性民主的(部分)合法性进行了捍卫。

③ 例如,Jack Lively, *Democracy* (1975; reprint, New York: Putnam, 1977), 8。

④ Robert Dahl, "The Analysis of Influence in Local Communities" (1960), in Bernard J. Frieden and Robert Morris, ed., *Urban Planning and Social Policy* (New York: Basic Books, 1968), 225, 227. 在他更近的著作 *Democracy and Its Critics* (New Haven: Yale University Press, 1989) 一书中,Dahl 更加明确地指出,"在集体决策的决定性时刻,必须确保每个公民都有表达一种选择的平等机会,这种选择在权重上必须与其他公民所表达的选择相等"(109)。

⑤ 关于那些认为平等权力或运用权力的平等机会是民主或更宽泛地说是政治公平的中心要素的多数理论家,参见我的 "Using Power/Fighting Power", *Constellations* 1 (1994): 53-73, n. 19。

即便在敌对传统中，只要满足一些限定条件，大多数理论者也认为强制具有合法性。这些限定条件包括保护个人权利、"法治"，或许还有决策应当具有"公共目的"这样的宪政要求。① 尽管这些条件明白地指出了民主对抗它所利用的强制的方式，但它们也只是降低了而非袪除了民主强制的必要性和价值。

在敌对传统看来，一人一票，或更激进的说法，平等权力的合法性，并非来自于中世纪的一个结论性看法，即在其他条件相同的情况下，多数比少数更具实质性的正当性。② 不如说，作为自17世纪以来慢慢发展起来的一个基本原理的多数规则，其合法性（更广泛地说，决策中平等权力的合法性）的起源，与任何非强制交往的假定结果都没有关系。它的合法性有两个源泉。

首先，当利益冲突破坏了除平等以外的任何标准的基础之后，平等就变成了唯一的大家都能接受的默认的立场。这种彻底消极的看法——以赛亚·伯林曾在一般意义上表达过，特别适合应用于多数规则。伯林指出，所有的规范和规则（没有它们，社会就无法存在）都有这样一个结构，即在规则所创造出的分类中，任何个体都应当被平等对待。这就是规则的含

---

① 这些限定条件的严格满足将一直是个受争议的问题。关于英国人对法治的理解，参见 A. V Dicey, *Introduction to the Study of the Law of the Constitution*, ed. E. C. S. Wade (1885; reprint, London: Macmillan, 1939); Geoffrey Marshall, "Rule of law", in David Miller, ed., *The Blackwell Encyclopedia of Political Thought* (Oxford: Blackwell, 1987); and Don Herzog, *Happy Slaves* (Chicago: University of Chicago Press, 1989), chap. 4。在缺乏对公共目的最起码的名义尊重的情况下，多数主义者会把某个团体的"赤裸裸的偏好"强加于另一个团体身上，关于美国宪法对此进行禁止的方法，参见 Cass R. Sunstein, "Naked Preferences and the Constitution", *Columbia Law Review* 84 (1984): 1689–1732。

② 关于教会法规的争论，参见 Gierke, "Uber die Geschichte des Majoritatsprinzips" (1913), cited in John Gilbert Heinberg, "History of the Majority Principle," *American Political Science Review* 20 (1926) 52–68, 59。古希腊人可能曾经也有一个多数决定规则的基本原理，这个原理可看做是协商的简略形式。Willmoore Kendall 认为这种主张隐含在洛克对多数决定规则的论证之中: *John Loche and the Doctrine of Majority Rule* (Urbana: University of Illinois Press, 1941); 以及 Elaine Spitz (*Majority Rule* [Chatham, N. J.: Chatham House Publishers, 1984]) 也赞成多数决定规则相对地具有一个协商的正当理由，指出至少在早期阶段，多数决定作为一种复杂的社会实践，"处于其程序中心位置的是讨论而不是投票"(xiii)。关于更多新近对多数决定规则的概念化理解，参见 Habermas, "Further Reflections", 449–450, 和 Benhabib, "Deliberative Rationality", 72。

义。社会中的任何成员——如果被要求证明规则的正当性,都必须给出将个体纳入或排除在分类之中或之外的理由。如果没有有力的理由证明区别的存在,那么默认的假设就是所有人都应被平等对待。基于这样的逻辑,争取公民权的斗争就采取了针对排除的理由开展斗争的形式。当传统的排斥理由冰消瓦解的时候,先前被排除在外的许多人就获得了投票权。①

其次,当一种政治文化包含对每个个体的平等伦理价值的尊重时,这种尊重就为平等投票合法化提供了积极的标准。犹太教—基督教传统的显著特征和其他一些社会中文化的显著特征,有助于使平等投票——或更激进地说是平等权力——成为平等价值的公共性标志。

这两个理由支持着敌对传统的民主理论家们关于强制的合法性的看法:在一定条件的限制下,给予决策中的参与者平等的权力以强制根本性的冲突,促进共识的实现。②

这个标准的问题在于,即便平等权力能够充分证明民主必须利用的强制的合法性,也没有任何民主的决策规则能够保证这样一种平等权力。没有任何公式——多数规则或其他任何东西——能够产生出一个体系,在这个体系之内,即使在理论上,任何人能够平等地强制他人并被他人平等地强制。

---

① 关于一般的争论,参见 Isaiah Berlin, "Equality", *Proceedings of the Aristotelian Society* 56 (1955 – 1956)。一种功利主义的观点也带来了对多数决定原则的一系列争论,甚至持续到 Willmoore Kendall 在他后来的著作中证明了多数决定相比少数决定而言只是相对较小的恶(产生较少的个体强制):Austin Ranney and Willmoore Kendall, *Democracy and the American Party System* (New York: Harcourt, Brace, 1956), 32。

② 这个合法化的标准在概念上独立于经过推论而形成的标准,虽然如果平等在规则概念中占据着固有的缺席位置,但是当缺乏把它排除出去的正当理由时,我们可以期望自由与平等协商条件下的个体赞同这个位置。关键在于推论的同意是根据独立于推论同意本身的理由而得出的。即使为了使人们相信平等权力具有其自身内在的强制性基本原理,在分析上这些理由也是独立于推理的同意的,我们必须指向真实的推理过程,把理想的协商作为评判的标准。以此类推,当我们询问在自然科学工作中为什么应该相信一个特定的结果时,我们趋向于接近一个推理理想程度的社会过程,这个推理理想引导我们在它们的结论上具有或多或少的自信。但是那些社会结论反过来被建立在某种程度上独立于推理过程的标准之上。在合法的循环中,协商过程和另一个标准具有独立但强化的地位。

这种理想之所以在理论上无法实现，是因为我们至少拥有三种对立但又对等的关于拥有平等权力的含义的理解。一种理解是，一个人拥有的进行强制的资源——个人的武器——与其他任何人拥有的进行强制的资源是平等的（比如一人一票）。另外一种理解是，作为团体的成员，一个人能够成功地使他所期望的结果与他在某一问题上所拥有的盟友的数量成正比（比例性的结果）。第三种理解是，一个人能够成功地使他所期望的结果出现的概率与其他人期望的结果出现的概率大致相当（同样的满意程度）。由于不存在完美的区分标准，这三种目标是不相协调的。当出现这样的情形，比如在每个人的成功几率大致相当的情况下，一人一票会导致那些盟友较多的人拥有更多的机会强制那些较少盟友的人。①

　　而且，自18世纪以来，学者们就已经证明了，当偏好并非单峰（single-peaked）偏好的时候，多数规则会导致多个具有同等合法性但却竞争的结果。②

　　基于这样的以及其他的原因，对民主问题深有研究的理论家们得出的结论是，民主强制的合法性只能通过查尔斯·贝茨（Charles Beitz）所说的"复杂的程序主义"而产生，它源自"与政治公平观密切联系的实质性利益之不可缩减的多样性"③。尽管在多数规则之下的资源平等状况常常会导致对于决策规则之程序公平含义的激烈争论，"理论性推理显然不能得出

---

① 参见 Mansbridge, *Beyond Adversary Democracy*, 266-268 和附的注释, and Charles R. Benz, *Political Equality* (Princeton: Princeton University Press, 1989), 8-11 页和注释。This problem is particularly severe when segmented rather than cross-cutting cleavages produce permanent minorities. 参见, John C. Calhoun, *A Disquisition on Government* (1853) (New York: Bobbs-Merrill, 1953); Arend Lihart, *The Politics of Accommodation* (Berkeley and Los Angeles: University of California Press, 1968); Lani Guinier, *The Tyranny of the Majority* (New York: Free Press, 1994); 以及对此的评论, 例如 Ian Shapiro's "Democratic Innovation", *World Politics* 46 (1993): 121-150。

② 例如，参见 Duncan Black, *The Theory of Committees and Elections* (1958; reprint, Cambridge: Cambridge University Press, 1963), 对此的详细叙述参见 Condorcet 的著作和 C. L. Dodgson; Kenneth J. Arrow, *Social Choice and Individual Values* (New York: John Wiley, 1963); William H. Riker, *Liberalism against Populism* (Prospect Heights, Ill.: Waveland Press, 1982)。

③ Beitz, *Political Equality*, xiii.

这样的强有力结论,即多数规则必然优于或劣于其他的替代物"①。

更重要的是,现实中没有任何大规模的民主政体能够产生出一个政治系统,在其中,每位成员达到或接近拥有平等的强制资源、实施强制的平等机会或者与政体中的其他成员平等地实施强制。所有现存的民族国家都与真正的政治平等相去甚远,这使得民主理论的任何想法都显得相当不成熟。

甚至小的民主共同体在决策中也无法达到权力平等的境地。②。如果强制只能由平等权力加以合法化,并且如果没有任何实际的民主能够达到权力平等的境界,那么没有任何实际的民主——特别是那些大规模的实际的民主——能够充分地对它所实施的强制予以正当化。

总之,没有任何一个强制的合法性标准——不管是基于对假设性同意的考虑,还是基于对结果的实质正义的考虑,还是导致强制执行的决策的协商过程的无强制性或近似一致同意,还是参与者在决策中的平等权力——能够在持续分歧的状况下产生出无可争议的合法性结果。也没有任何决定某结果之实质正义的现代标准仅仅通过假设或假设的逻辑推演就能够得到广泛认可。针对争议性的问题,实际中的民主不管采取什么样的政策,总有些公民合理地认为,按照他们的标准,产生结果的程序是不公平的,而结果本身——或者结果的某些方面——是不正当的。

实际中的民主基于公民们创造相对愿意合作的条件的普遍利益,能够产生出至多是"大致"或者"足够好"的合法性。它们总能够产生一些制度,这些制度"从具体情况看来可被合理地认为是正当的"或没有"超出可忍受的非正义之范围"③,在这些制度中所制定的决定,必须部分地依赖

---

① Dahl, *Democracy and Its Critics*, 156. Dahl 自己为"政治平等"(或更广泛地说为"民主程序")创造了五个标准。在"Is Democracy Special?"中,Brian Barry 对这些问题作出了卓越的解释。

② 关于系统的不平等权力——甚至产生于一个平等程度、民主程度和意识形态忠诚度都非常高的四十一人的集体之中——的证据,参见 Mansbridge, *Beyond Adversary Democracy*。

③ John Rawls, *A Theory of Justice* (Cambridge, Mass.: Harvard University Press, 1971), 112, 有关尽自己的职责维持公正的协作安排的义务,在那种安排中,其他人协同操作而自己获益。也可参见"as just as it is reasonable to expect in the circumstances"(115),有关赞成和遵守正义制度的自然义务。

关于不同情况和可忍受的限度的地方性判断。回过头来说，人们愿意接受某些"具有足够合法性"或"在具体情况下具有合理的正当性"的强制，很少是出自无条件限制情况下的讨论中达成的共识。这些意愿大体来自于惯例性的和非反思性的共识，而这些共识又是社会和文化传统内化于人们心灵的结果。① 人们针对偏离正义的合理性所做出的决定的话语基础之中充满了权力。所以，即便这些特别粗糙的对于什么是"足够好的"东西的决定，也是大可怀疑的。

然而，我不是要暗示，关于标准的争议之不可避免，意味着放弃对什么东西在程序上是公平的和在实质上是正当的判断，哪怕是暂时性的判断。实际上，我可以肯定地说，在今日民主制中的许多决策，如果按照强共识标准（哪怕是暂时的强共识标准）来判断的话，既在程序上不公平又在实质上不正义。② 尽管我们所希望的最好的东西乃是"如果……那么"这样一个公式，这公式也必须满足当下的要求，可以在未来的协商中被纠正。比如，如果我们断言，大体接近政治平等是民主公平的重要因素，那么今日民主中的大多数政策结果都并非来自哪怕近似公平标准的程序。如果我们断言，竞争性的当代正义标准中的一个或多个平等特征是实质正义的重要方面，那么今日民主制度中的大多数政策结果都达不到这个标准。

我也不是要暗示，在大多数情况下，标准的可争议性，任何现实社会都无法满足其理想之事实，或现存民主制无法满足其理想之事实，可以为公民不服从提供正当的理由。恰恰相反，"在具体情况下"，现代西方民主中的民主强制行为在程序上都是相当公平，其结果也是相当公正的，公民不服从失去了其根据，不管是大规模的还是个人的。这里我们无法对政治义务展开充分的讨论，我认为政治义务有多个不同的来源。在本文中，我想把注意力从传统政治理论所关注的政治义务和公民不服从，转向对民主决策的不完善的讨论。民主需要认识到并找到消除其程序和结果不正义的

---

① 我从 Nancy Fraser 那里借鉴了这个说法，"What's Critical about Critical Theory?" chap. 6 of her *Unruly Practices* (Minneapolis: University of Minnesota Press, 1989), 120。

② 比较 H. L. A. Hart's "Are There Any Natural Rights?" 中的著名的第一句话，*Philosophical Review* 64 (1958): 175–19。

方法，但这种方法并非公民不服从和不合作。

公民必须怎样对抗他们所需要的强制

当不合法与合法并肩而行的时候，必须保持足够的合法性，才能使正当的强制有助于组织社会安排，并矫正当强制不存在时出现的更大的非正义。每个社会中的每个公民，都必须能够感受到这种微妙的平衡。这里的诀窍在于，要认识到那些大量的相对民主和相对不受挑战的决策的重要意义，特别是对于那些处境最不好的人来说，并且，这些决策要成为常规性的事情。并且，也要认识到，特别是对于那些处境最不好的人来说，在社会制度和文化中，以及在公民们的头脑中，对于这些决策（以及强制）的不公平和非正当性保持警惕和批判的态度的重要意义。

大多数民主都是资本当道，资本主义（与其他经济体制一样）产生了不平等，正是这种不平等，使得民主制度中的决策在程序上远非公平。除了一些自愿性的妇女团体，所有的民主实行的都是父权制，而父权制产生的不公平也使得民主制度中的决策在程序上远非公平。所有实际存在的民主，都包含着使强制性决策在程序上远非平等的不平等。所有实际存在的民主，都会产生在某些方面具有实质性不正当的结果。[①] 但是，工人、妇女、从属种族、低等阶层以及其他弱势群体，在民主制下远比在非民主制下生活得好。赤裸裸的权力如果未经民主价值观缓和的话，通常会对弱势群体产生比民主权力大得多的伤害。弱势群体需要民主产生的相对公正的强制。

要在利用强制的同时对抗强制，民主可以扩大协商领域，使各种权力相互渗透。领域的扩大有利于从更多的角度形成对权力的批评。对政党猛烈批评的 C. B. 麦克弗森（Macpherson）和其他的理论者没有认识到，政党和有组织的反对力量为政治互动中的失败者提供了一个批评的领域，借助这个领域，他们可以重新启动他们对形势的理解，并重振旗鼓。轻视利

---

① 关于正义，Iris Young 已经提到了一个忽略了艾滋病受害者的通用卫生保健法案的例子。在一个先前没有普遍覆盖卫生保健的国家，政策的全面推进应该沿着社会正义的方向，然而按照多数标准来衡量，政策实施的一些部分却是非正义的。

益集团作用的于尔根·哈贝马斯和其他理论者，并不认同这些集团所能起到的协商功能。①

扩大民主参与的机会，不管是通过传统的方式如选民登记，还是通过新的形式如工作场所、邻里城镇会议和协商公投②，只有当这些参与并不遮蔽公民的理解的时候，才能起到帮助公民对抗强制的作用。由于参与能够使人们更好地理解他们的利益，因此，参与者常常需要对他们来说有切身体验的问题。他们也常常需要多种不同类型的协商领域，比如，他们需要在不同的受保护领域来回变换，这样他们就可以在一个相互鼓励的环境中找出他们的观点，并在一个充满敌意的但更为广阔的环境中检验他们的观点。

利益集团、政党、社会运动、教堂、工作场所、特殊的政治集会以及觉醒的团体，都提供了不同形式的受保护领域，在其中，成员们可以在协商中合法地思考，什么对整个政体有利，什么对他们自己和团体有利。团体成员们可以合法性地在采取普遍立场的同时也采取特殊的立场，这样他们就可以合法性地挑战他们周围的普遍主义的潜在假设。只有在各种各样的协商中使物质利益和自利成为合法的东西，民主才能成功地激发出一种彻底的"意志探寻"，这样才能使得"各种紧迫的问题接受持续的检验和可能的再形成"③。

---

① 关于对利益集团潜在的协商能力的辩护，参见 Mansbridge, "A Deliberative Theory of Interest Representation"。

② 关于参与创新的建议，参见 Benjamin Barber, *Strong Democracy* (Berkeley and Los Angeles: University of California Press, 1984)。

③ "意志探寻"这个术语来自 Charles E. Lindblom, *Inquiry and Change* (New Haven: Yale University Press, 1990); 以及使每个问题接受持续再检验的要求来自 Barber, *Strong Democracy*, 182。这不是对我所主张的狭隘的物质利己主义应该在民主协商中扮演一个角色（在某些例子中扮演重要角色）的完全抵御。[参见我的"Feminism and Democracy", "A Deliberative Theory of Interest Representation", and "On the RelaLion of Altruism and Self-Interest", in Mansbridge, ed., *Beyond Self-Interest* (Chicago: University of Chicago Press, 1990).] 我的主张源于两类经验。第一类是"增强自我意识感"（"consciousness-raising"）的经验，Pamela Allen 将其形容为："虽然我们不能确信完全自治是一个可能的目标，但我们相信我们的希望存在于个体的发展之中，这些个体了解自身、自身的需要、我们社会的工作以及他人的需要"[Pamela Allen, "Free Space" (1970), in Anne Koedt et al., eds., *Radical Feminism* (New York: Quadrangle Press, 1973), 271-272]。在没有同时更好地了解我们狭隘的物质自利的需要和其他各种需要时，我们不能更好地了解我们"自身的需要"。第二类是集体决策的经验。也可参见 Laura Stoker, "Interests and Ethics in Politics", American Political Science Review 86 (1992): 369-380。

目前对于"认同政治"所抱有的支配性的敌意并没有认识到协商领域对于民主的价值，而正是在这些协商领域，想法接近的人们才能便利地进行相互咨询。卡尔·马克思看到，资本主义工厂所具有的出乎预料的特征——即把工人们聚集在一起使他们能够近距离分享体验，有助于使工人转变为资本主义的"掘墓人"。① 始于争取美国南方公民权利的静坐示威运动时的黑人学院，较早觉醒的妇女团体和妇女中心，以及书店和咖啡馆，都为想法接近的人们提供了相对安全的空间，使得他们能够弄明白他们所看到的东西。② 在一个时间更短的例子当中，我所研究的某个小镇的一些工人阶级的市民觉得有必要在城镇会议召开之前聚到一起先开个会，会上一部分议程是讨论策略问题，包括分析问题的特征，五个部分议程是讨论相互支持问题。③

当代许多关于公民社会的著作认识到，有偏见的、冲突性的协商空间是如何既对公共善的主流话语也对产生于地方和国家的正式协商进行补充的，在这些协商空间中，利己主义带来偏见和冲突而公共善也导致冲突。南希·弗雷泽所恰当命名的"从属的反公众"听任附属的社会团体"构造和散布对抗性话语，这反过来使得他们对自己的认同、利益和需要作出了相反的解释"④。詹姆斯·斯科特（James Scott）表达了"隐秘空间的附属团体的重要性，基本上在这个隐秘空间里，一个支配性的共享批评可能会

---

① *Capital* (1867) (New York: International Publishers, 1967), vol. 1, 763; Karl Marx and Friedrich Engels, *The Communist Manifesto* (1848) (Chicago: Henry Regnery, 1954), 32. Jon Elster 在 *Making Sense of Marx* (Cambridge: Cambridge University Press, 1985) 一书的第355页指出，马克思没有明确说集中于工厂而不是房屋和住处是导致工人团结的决定因素，"但从他在别处所说的工会的重要性来看，这一点可以被合理推断出来"。

② 关于这些孤立群体的例子，参见 Verta Taylor, Social Movement Continuity: The Women's Movement In Abeyance, *American Sociological Review* 54 (1989): 761–775, and Verta Taylor and Nancy Whinier, "Collective Identity in Social Movement Communities", in Aldon D. Morris and Carol McClurg Mueller, eds., *Frontiers in Social Movement Theory* (New Haven: Yale University Press, 1992)。关于对"思考地点"重要性的早期探讨，参见 Pamela Allen, "Free Space", 271–279。关于社会运动使文化政治化的讨论，参见 Iris Marion Young, *Justice and the Politics of Difference*, 86–88。

③ Mansbridge, *Beyond Adversary Democracy*, 62–63.

④ "Rethinking the Public Sphere: A Contribution to the Critique of Actually Existing Democracy", in Craig Calhoun, ed., *Habermas and the Public Sphere*, 123.

发展起来"①。

这些反公众的目标包括：更好地了解自身，形成团结的联结，保存过去非正义的回忆，解释和重新解释那些非正义的含义，对自我、共同体、正义和普遍性作出标新立异的见解，试图搞清他们所掌握的特权和所面临的压迫，了解对他们所欲求的目标有利的和不利的战略布局，决定在情绪上和战略上形成何种联盟，商讨目的与手段，以及决定如何个体地和集体地行动。

甚至最正义的社会也需要这些受保护的话语和行动的领域，因为每种新的权力和参与形式的制度并不能仅仅依靠非正义的方式来解决过去的权力模式。每一次权力平衡造成一个新的受压迫者，而每一种解决方式造成一个从混乱不安中获益的群体。因此，每一种解决方式需要创造的不仅是行动的必需能力，而且也包括在某种意义上保护和促进已经丢失的事物的需要。② 因为民主从没有达到完全实现正义的时候，民主政体需要认识和培养对抗的领域。因此，改进民主的建议，例如民主的新合作主义③，不仅需要显示在一般意义上他们如何充分地培养协商，而且需要显示他们如何促进或阻止反对话语的领域。

这种民主的协商和行动的"领域"模型至少产生了两个问题。首先，当任何团体的成员仅仅在彼此之间进行交流时，危险就产生了。当白人至上主义者主要与白人至上主义者交流，塞尔维亚人主要与塞尔维亚人交流，女权主义者主要与女权主义者交流，以及政治哲学家主要与政治哲学家交流的时候，他们相互之间并不鼓励去倾听其他人的看法。他们并不去

---

① James C. Scott, *Domination and the Arts of Resistance: Hidden Transcripts* (New Haven: Yale University Press, 1990).

② 参见 Bonnie Honig, *Political Theory and the Displacement of Politics* (Ithaca: Cornell University Press, 1993), 尤其是第 1 章, 涉及事实和"永恒争论"的积极维度, Honig 指出"每一种政治都有其剩余物"或者"产生于分割自身的过程中"但经常被该过程成功压制的竞争可能性 (3, 15, and 213, n. 1)。Honig 的意见影响了我坚持主张保持继续争论的需要和强调正在进行的稳定强制。

③ Joshua Cohen and Joel Rogers, "Secondary Associations and Democratic Governance," *Politics and Society* 20 (1992): 393–472; Philippe Schmitter, "The Irony of Modern Democracy and Efforts to Improve Its Practice", *Politics and Society* 20 (1992): 507–512. 关于团体代议制的讨论参见 see also Young, *Justice and the Politics of Difference*。

学习如何把他们自己想说的话用其他人能够听懂和理解的语言来表达。这些产生了在较少受保护的空间里被阻止的洞见的领域，也保护那些洞见免受合理的批评。然而，大多数人尤其是在较大社会中处于弱势的人们，需要一些类似的保护，从而可以更具批判性和谨慎地思考。我们也需要这种保护来帮助我们形成对自己的意见的自信、整理我们的精力和感觉到被他人支持。①

对于多数人来说，同时在一个反对派的领域之内和之外消磨时间，促进了他们去权衡每一个反对他人的立场的经验。它使得骑墙的个体从他人的支持中获得自信，但是在与外部反对派的精华进行竞争的过程中，弱化了那种支持。劳动的分割助长了这种趋势，其中，一些个体沉浸在协商领域的生活和思想之中，而其他人则横跨在协商领域和外部世界之间。当大批人仅仅生活在他们自己的概念领域，彼此增强他们相互之间的**疯狂**(folie)时，危险就产生了。于是，传送者需要与一个报复者一起共事。

同等重要的第二个问题是，便利性的协商领域可能会与其他价值相抵触，比如，权利与利益的获胜。当三K党（Ku Klux Klan）在协商的场所失去影响力以及在强制场所被投票所击败时，它所信奉的种族主义最终会合乎规范地从概念可能性的领地到公民接受该信条的领地整体消失。协商领域的例子应该与自由言说更类似，自由言说也必须在与其他权利与利益的斗争中获得平衡。正如一个民主政体应该通过杂志和报刊（无论何种内容的杂志和报刊）的邮政补贴和网络沟通补贴来积极地促进言论领域一样，在其他条件相同的情况下，民主的公共文化应该认识到组织化的和协商的领域的价值，因为在这些领域中，反对的思想能够产生。

一般来说，鼓励和促进反对可能是个只向稳固的民主政体敞开的奢侈品，在这种政体中，人们发现需要充分运用必要程度的民主强制来实现大多数的决策。每个社会都必须通过经久不变的平衡、经验和并非短暂的牺牲来发展出利用和对抗权力的相对价值。规范的政治思想由于认识到民主

---

① Scott, *Domination and the Arts of Resistance*.

的价值,可能对于合理的正义强制与强制之内的非正义对立面都有所促进。

与张力共生

当我们利用塑造了我们自身的权力并对抗那个权力时在我们身上形成的张力,与我们在民主实践中所形成的张力是类似的。① 大体上说,当那些妥协是在功利驱动下作出的——当我们仅仅是放弃了一个好的方案而获得另一个的时候,我们对需要在好的与最好的之间或坏的但可忍受的与较好的之间作出的妥协担心甚少。但是,当我们与正义相妥协的时候,我们必须设计我们的生活和制度,以使经过妥协的正义保持挑剔性,在某种边界之内、在某个范围之内不会消失,从而激起我们的热情和驱使我们投入到未来的行动中去。

在政体中通过鼓励民主交谈中的"积极的多元主义",我们可以最好地保存这些刺激物。在我们的民主政体中,我们需要尽可能从我们努力去理解何为正义和非正义的领域中找到消除强制的方式。这意味着,凭借现有支配形式的大量资源,公共话语不会完全占有压倒性的地位。

但是,我们必须谨记的是,在政策决定的功能之中民主需要强制,这种强制常常与完全的合法性相距甚远,在运用权力的同时我们也必须对抗权力,对抗权力意味着积极鼓励反对话语和反对的文化。那些话语和文化得以发展的目的,部分是为了提醒他们的参与者以及通过他们提醒社会中的其他成员,现存的任何民主制度中都充满了非法的强制和实际的非正义。这些话语和文化使得调查那些较大的政体正在追求的不同目的和达到类似目的的不同手段变得更加容易。文化运行的不同方式和他们探索的不同途径随后可能取代或补充目前的统治方式。

我们在集体行动中所作出的非正义行为——由于在许多例子中非强制行动造成的非正义要比在行动和强制中造成的不公平更大——不该被我们

---

① Mansbridge, "Using Power, Fighting Power", 54-55, 65-67.

忘记和抛至脑后。我们的集体协商应该找到认识、保存和反思我们了解那些行动的方法，从而，我们不会排斥作出准备的机会，或者也不会排斥某一天了解如何使我们必须利用的强制在程序上更加公正和在结果上更具实体正义的机会。

第四章 走向协商模式的民主合法性

塞拉·本哈比

民主合法性与共同的善

复杂的现代民主社会自二战以来就面临着如何保障三种共同的善的任务，它们是合法性、经济福利和有活力的集体认同感。我们在如下意义上称它们为"善"：民主社会的大多数成员均认为它们是有价值的，值得我们去追求；而且，当其中一种或整体都缺失时，社会的功能将出现紊乱，乃至陷入危机。

这些善之间的关系很复杂：某种善的过度实现可能会妨碍乃至危害另一种善的实现。例如，通过削减联邦权利、对经济进行更为严格的核算或鼓励各州实行不公平的贸易保护政策等手段来实现经济福利，可能要以牺牲合法性为代价；对集体认同的过分强调则可能会伤害到少数派和持不同政见者，他们的公民权利和政治权利将为集体认同感的复兴所侵害。这样，合法性的诉求和集体认同的要求就相互冲突起来，特别是当它们以民族主义的面目出现时；经济福利的追求和集体认同的要求之间也可能发生冲突，在世界经济的背景下，过分的贸易保护和民族孤立可能会降低生活水平。相反，通过增强社会群体之间的竞争、弱化国家对政治主权的诉求等方式过分地强调经济福利，可能会破坏集体认同感。在一个运作良好的民主社会中，合法性、经济福利和集体认同这三种要求以某种平衡的形式理想化地存在着。

本文关注的主要是其中的一种：合法性之善，它是一个民主社会所不可或缺的。我将检视民主合法性的哲学基础，并论证在复杂的民主社会中合法性只能来源于全体公民针对共同关心的事务所进行的自由而无约束的公共协商。这样，对于民主制度的合法性而言，一个针对相互关心的事务进行协商的公共领域就尤为关键。

在我看来，我们最好将民主理解为一种组织模式，它针对的是社会的主要机构中权力的集体运用和公共运用，它建立在这样的原则之上：事关集体福祉的决策可以看做是由自由而理智的协商程序产生的，而协商是在道德和政治上平等的公民之间进行的。当然，对于像民主、自由和正义这些在本质上可争议的概念而言，界定从来就不单纯是界定，界定本身早已清楚地表达了为其进行辩护的规范理论。这一点也适用于我上述对民主的界定。我对民主的理解赋予了协商模式以特权，使其凌驾于其他的规范性因素之上。这并不意味着我们在判断一个关于民主的规范性定义是否合适时可以不考虑经济福利、制度的有效性和文化的稳定性等因素。民主要想长期地良性运行，经济福利和集体认同都是必需的。但民主作为我们集体生活的一种组织形式，其规范性基础既非经济福利的实现，亦非稳定的集体认同感的达成。单纯的实现某种程度的经济福利与威权政治统治之间并不矛盾，同样，过分的反民主政权可能比民主政权更能有效地维持集体认同感。

在本文的前半部分，我的目标是考察民主协商的规范性前提和实践理性的理想内容之间的关联。我所采用的研究路径和罗尔斯所谓的"康德式的建构主义"以及哈贝马斯所谓的"重建"是一致的。在这种背景下，相对于他们所共享的理论预设而言，他们在方法论上的差异就不那么重要了，罗尔斯和哈贝马斯均认为，自由民主制度体现了某种实践理性的理想内容，这些内容可以从哲学上加以阐明、并清楚地表述出来。事实上，民主的哲学理论的任务就是要澄清并阐述表现于民主统治之中的实践理性形式。①

"哲学重建"的方法既不同于"种族中心的自由主义"方法（理查德·罗蒂），也不同于康德式的更加先验的形式。②当我将民主规划的历史特征和社会特征与某种类型的康德主义区别开来的时候，我同样也承认它与种族中心的自由主义相互对立，体现于民主制度之中的实践理性具有一种超越于文化的有效性诉求。这种实践理性形式已经成为各种文化、制度和传统——它们是横亘古今人类历史上民主统治实验和民主经验的产物——的匿名的集体财产。③由这些实验和经验产生的洞见（或者叫幻觉）散布于各种宪法、制度安排和程序细节之中。当我们通过实践理性的形式来思考民主统治的核心问题时，黑格尔的"客观精神"概念似乎特别地恰如其分。④今天，当我们应用这一概念时我们必须避免求助于一个形而上学的超主体的存在，而将黑格尔哲学中那个能思考和行动的超主体虚化。祛除了主体隐喻的"客观精神"，就是指那些匿名的、但却是可辨识的集体性的规则、程序和实践，正是它们形成了我们的生活方式，也正是它们试图重建民主的逻辑。我们关注的重点就是内在于它们的合理性。

一种协商的民主模式

在协商式的民主模式看来，合法性和合理性是一个政体集体决策过程

---

① 克里斯蒂诺曾有一篇很有价值的综述文章对民主哲学基础的不同取向进行了考察。
② 众所周知，大约在12年前，罗尔斯放弃了他在《正义论》中所采用的康德式的规范性证明策略，转向一种更加情境化的"重叠共识"概念，它扎根于特定的历史、社会和政治情境之中。他认为，《正义论》中所提出的两个正义原则的有效性并非基于永恒的观点，而是由于它们表达了各种西方自由民主理论所共享的政府形式的基本信念。尽管这些信念自始至终都在不断变迁、不断地被重新加以阐释，但它们构成了西方社会"重叠共识"的基础。罗尔斯从康德式的证明策略转向一种更历史主义的模式，一些学者对他的这种转变表示赞扬，罗蒂将罗尔斯新近的这种发展确认为他所谓的"种族中心的自由主义"。贝思斯对罗尔斯立场之变化有清晰的描述，并对"重叠共识"观念提出了批评。
③ 芬利的《民主：古代与现代》仍是对此问题的经典论述。
④ 黑格尔方法论最鲜明的例证是其发表于1821年的《权利哲学》，波普尔在认识论领域已经出色地论述了我所谓的匿名的集体理性。

的必要条件，政治制度的安排必须使公共利益的考量均出自于自由而平等的公民所进行的合理而公平的集体协商过程。① 集体决策的过程越接近这一理想，其决策的合法性和合理性程度就越高，这是为什么呢？

民主制度之合法性基础可以追溯到这样一个预设：那些声称具有强制性力量的各项建议之所以能具有强制性的效力，其原因在于这些决策代表了一种公正无私的观点，它平等地对待所有人的利益。但只有当决策在原则上对自由而平等的公民参与的适当的公共协商过程开放时，这一预设才能得以实现。

话语伦理模式为协商民主模式的有效性诉求提供了最普遍的原则和道德直觉。② 这一模式的基本思想是，只有当各项规范（也就是一般的行动规则和制度安排）得到受其影响的所有人的同意时，这些规范才能说是有效的（也就是说，它具有道德上的约束力）。而且，这种同意是协商的结果，协商又具有如下特征：（1）协商的参与是基于平等和对称性原则，所有人都有发起话题、质疑、询问和辩论的同等机会；（2）所有人都有权质疑协商的主题；（3）所有人都有权对对话程序的规则及其应用或执行方式提出反思性论证。对对话的议程或参与者的身份没有明显的限制标准，只要被排斥的个人或群体能正当地表明他们将受到正在讨论的规范的影响。在特定的环境下，这意味着民主共同体的公民将不得不和那些居住于他们国家之内、边境上或邻国的不具公民身份的人一起进入实践话语，只要这些事务牵涉到他们。一般来说生态议题和环境议题就是这样的例子，而且这些问题对话的边界将持续扩展，因为我们行动的后果不断扩散，从而影响到越来越多的人。

这种特殊的论证情形被称为"实践话语"，其程序特征并没有自动地转化到宏观制度层次的能力，也没有这个必要。民主理论和一般的道德理

---

① 我对协商民主的理解完全近似于科恩。
② 我在《定位自我》(Situating the Self, New York: Routledge, 1992) 中勾勒了我对这一问题的基本看法，我对话语伦理一般框架的解释不同于哈贝马斯和阿佩尔。本文的论述以此书 1 至 3 章的一般性论证以及本人努力将话语伦理原则应用于政治制度生活的各篇论文论述为前提。近年来，一些政治理论家和法哲学家尽管并不采取话语伦理的立场，但和话语伦理保持着高度的亲和性，他们也在各自的领域独立地复兴着协商式的民主模式。

论不同，它必须关注制度的规范及其实践可能性的问题。尽管如此，话语模式的程序性约束可以担当起检验标准的重任，对成员标准、议题设置规则和制度内及制度间公共讨论之结构性规范进行评估。

为了将民主合法性的规范性基础和建立在话语模式的有效性基础之上的一般道德理论紧密地结合起来，我将从另外几种颇有影响的民主理论出发展开我的论证。它们是汉娜·阿伦特关于公共领域的政治行动理论，本杰明·巴伯的"强民主"模式和最近由威廉·康纳利、尚塔尔·墨菲及恩内斯托·拉克劳（Ernesto Laclau）提出的反基础主义的、后结构主义民主模式。在此，我仅就我所主张的协商民主模式和上述几种民主模式之间的几个关键区别略作陈述。尽管没有平等、自由和尊重等道德的强规范几乎是无法想象的，但阿伦特的政治哲学最终还是扎根于"现象学的本质主义"，因而无法澄清民主政治的规范性基础；和阿伦特一样，巴伯的强民主模式也是建立在道德理论和政治哲学对立的基础上，这种对立无疑是夸大其词，它脱离了我们的政治现实；最后，反基础主义的民主理论则陷入了循环论证，他们要么是假定，要么想当然地认为，"基础主义"的封号来源于其所主张的公民之平等、自由等道德和政治规范，以及民主的合法性，但这些恰好也是"反基础主义"首先发展的东西。

在协商模式看来，是协商的程序产生了合法性，并保证了某种程度的实践理性。[①] 但是，我们对这种协商性民主过程的实践理性有何要求呢？从三个方面来讲协商过程对于集体决策的合理性是必不可少的。首先，正

[①] 一些当代的协商民主模式在"宪政"政治（高位）和"日常"政治（低位）之间进行了区分，认为协商性政治更适合于制宪过程，而世俗的日常政治则可以交给非协商性的、严格来说是工具性的自我利益追求。可参考戈蒂尔和埃斯特兰的相关论述。尽管我相信"宪政"政治和"日常"政治的区分对于民主理论来说非常有用，甚至不可避免，但我认为对这一区分的强调有些过头了。这种矫枉过正的主要动机似乎来源于传统自由主义对于不受约束的多数决定的恐惧和对普通民众政治判断合理性的不信任。我提倡的协商民主模式试图通过提升普通民众日常协商的质量来弥合高位政治和低位政治之间的裂隙。这决不意味着宪政议题需随时付诸重新讨论，但它确实意味着日常政治必须要与宪政的议题和原则——例如，就从公立学校的祈祷、堕胎到媒体的暴力、色情诸问题进行讨论。我的基本预设是，日常的政治协商越是接近于上述模式，宪政的原则就越有可能得到"正确的"理解。关于这一问题的详细讨论可以参考后文"协商民主和宪政主义"部分。

如曼宁在其杰出的论文《论合法性与政治协商》中所指出的那样，协商过程也是一个信息传播的过程。由于两个方面的原因新的信息得以传播开来，（1）任何人都不可能预见到不同个体思考伦理、政治问题时所可能具有的所有视角；（2）任何个体都不可能拥有与某一特定决策相关的全部信息。① 因此，协商是一种信息传播的程序。

其次，大多数受经济学理性模式影响的政治理论都以一种方法论上的假设作为自己的出发点，认为个体具有一组井然有序的一致性偏好。这种方法论上的假设是不符合政治现实的。对于复杂的社会、政治议题而言，更多的时候是个体有自己的看法和愿望，但它们并不是井然有序的。因为井然有序意味着个体不仅洞悉自己的各种偏好，而且对各种偏好可能具有的后果以及它们之间的比较优势亦了如指掌。事实上，只有通过协商引导个体对自身的观点和意见进行批判性反思之后，才有可能产生出这样的结果。也就是说，个体只有通过成功的协商方能在理性层次看清自己的选择和偏好，设想个体在公共协商过程的开始即具备这样的认识是有问题的。同样，一致性偏好的形成也不可能先于协商，它只能位于协商之后。通常的情况是，个体的愿望和其观点、意见之间是相互冲突的。个体是在协商和与他人交换看法的过程中才逐渐意识到这些冲突，并感到有必要对它们进行排序。

更为重要的是，正是公开陈述观点的程序迫使个体对自身的偏好和意见进行某种程度的反思。当个体向他人陈述自己的观点和立场时，他必须在公共语境中表达那些能支持他们观点和立场的有力理由。这种公开陈述有力理由的过程迫使个体认真思考什么样的理由对于他人来说才有说服力。这样，他就被迫从他人的立场来思考问题，因为他需要获得他人的赞同。在公共场合，如果未能说明为什么自己认为有理、有利并有充分根据

---

① 维巴（Sidney Verba）最近在《人民的呼声》一文中讨论了公民通过信件、电话和日益增加的传真、电邮等形式与其代表和其他政府官员进行沟通的问题（第677页及以后）。在反思这种直接沟通日见增长的现象时（据报道，在美国大约有20%的民众与政府官员的接触"取决于问题是如何设计的"），维巴表达了这样一种愿望："也许来源于公民（特别是因新技术的应用而大幅度增加）的消息能够成为公共话语一部分。"

的观点对于他人而言亦是如此,则无法使他人信服。从他人的立场来进行论证不仅迫使个体组织自己的观点,而且也迫使他采取阿伦特从康德那里继承而来的所谓"扩大的心胸"。

协商民主模式提倡一个必要而非充分条件的实践理性,因为程序可能被误释、误用和滥用。程序既不能控制最终的结果,也不能限定论证中所提出的理由的质量,更无法保证参与者所使用的推理是否正确、逻辑是否合理、推论是否符合规则。仅限于程序式的理性模式是不够的,话语式的理性模式则在某种程度上可以防止自身的误用和滥用,构成话语理性模式的反思性条件能够使在第一个层次的误用和滥用在第二个话语层次得到拦截。同样,由于所有参与者都平等地具有发起协商性对话的机会,这就意味着协商产生的任何结果都是暂时的,我们可以重新检视这些结论,并对之进行修正。按照这一观点,可以对作为决策程序的多数决定进行规范性的证明:在很多场合下,多数决定作为一种公平而合理的决策程序不是因为合法性寓于数量之中,而是因为如果多数人尽可能地基于理性的基础上,经过对话式的协商后确信 A 方案是正确的,那么,在 A 方案遭到其他群体更有力的理由挑战之前,它就是有效的。支撑结论之合理性的不是纯粹的数量,而是这样一个假定,如果大多数人按照某种理性的协商和决策程序进行决策,并认为决策的结果是合理的,那么,我们就可以假定在遭到新的更有力的理由挑战之前,这一决策是合理的。民主政体中执政党和反对党的并存其实就是这一原则的具体化;当我们严格地按照选举程序进行公平的竞选之后,我们接受多数人的意志,但是,即使我们承认这一过程是合法的,我们仍可以对结果的合理性进行质疑。议会中反对派的存在假定了由多数党进行的统治可以被检验、挑战、批判乃至重新进行阐述。议会中的反对程序、论辩程序、质疑程序,以及弹劾程序和调查委员会的设置就具体体现了协商式合理性的原则:多数决定是基于同意基础上的临时性结论,其合理性和有效性能够公开地加以重新检验。

这种协商式的民主模式是程序式的,因为它首先强调的就是制度化的程序和实践,并将其置于最重要的位置,旨在借此达成对所有人都有约束力的决策。这种民主概念有三个要点值得注意。首先,我对民主的这种理解源于价值多元主义的预设。自 16、17 世纪自然法宇宙观的衰落、教会与国家的最终分离以来，人们对于何为人之存在的最高的善以及如何判断行为在道德上是否正当等问题就莫衷一是，这已成为我们现代价值领域的基本特征。① 民主合理性所面临的挑战是，面对无法规避的价值多元主义，如何对共同的善进行阐述才能为人们所接受。我们无法通过新建一种高度统一的道德、宗教规范来解决不同价值体系和各种善的观念之间的冲突，因为如此行事，我们将不得不放弃各项基本自由。在价值多元的社会中，我们不能在各种实质性的信念层次上寻求共识，而只能到追求达成或修改信念的程序、过程和实践中去找。程序主义对于实质层次上持续存在的价值冲突是一个合理的答案。②

其次，协商民主模式的基点不仅仅是价值冲突，它同样也基于社会生活中的利益冲突。社会生活中不可避免地既有利益上的冲突，也有合作中的摩擦。即使当个体或群体的利益受到不利的影响，民主程序也必须令他们相信相互合作仍然是合法的。程序可以被视为一种对相互冲突的利益进行表达、审查和权衡的方法。利益冲突越激烈，程序式的解决冲突的办法就越重要。通过程序，利益受损的各方可以找到其他的方法来表达他们的委屈，并寻找自己的代表。程序主义的民主模式允许在各方都可以接受的

---

① 拉莫近年来对此观点进行了雄辩的论述。
② 在此，我想尝试回答穆恩（Donald Moon）提出的一个非常重要的异议。对价值分歧（关乎实质性道德、宗教和哲学信条）和程序共识（关乎在公共语境中对信念进行调节和修正的过程）进行区分究竟在多大程度上是合理的？在通常情况下，实质性的信念并不允许我们在内容与形式、实质与程序之间截然两分。我们可以以自由民主制国家中宗教教派的存在来说明价值系统不允许在实质和程序之间截然两分。例如，以色列的某个正统犹太教派拒绝承认以色列世俗国家政权的权威；居住于德国或法国等欧洲国家的正统穆斯林会在教育、妇女地位、自由民主国家等问题上感到格格不入；在美国，基督教科学派成员想按照他们的信仰来为他们的孩子治病，但这会和地方甚至联邦的权威发生冲突。在所有这些例子中都可能、也确实出现了一些初看上去无法简单地借助实质/形式的区分就能解决的冲突。如何正确处理诸如此类的问题？基于话语伦理的协商民主模式是否必须以强共识为前提？要回答这些问题显然超出了本文的范围。在此，我想指出的是，对以上的例子来说，协商性的程序主义模式是最可行的规范性答案。

社会合作的条件下表达利益上的冲突。①

最后，任何一种程序主义的协商民主模式似乎都无法回避这样的反驳：现代社会不可能按照公民大会集体协商的想象来组织其公共生活。此处的关键还不仅仅是一个规模问题。应该说，协商的规模确实是一种无形的限制，这无疑会影响推理过程之性质。但是，程序主义的协商民主模式并不需要借助普通的公民大会集体协商的想象，其原因在于这种模式的程序规范赋予多元的联合以优先地位，在这种多元的联合中，所有将受政策影响的人都有权利表达自己的观点。从政党、公民倡议到社会运动、自愿团体，一直到各种增强自我意识的团体都囊括在这种多元的联合之中。正是通过多元化的组织、网络和联合形式之间的交互作用，一种匿名的"公共对话"浮现出来。这种相互交织、互相重叠的协商、论辩和论证的网络和联合才是协商民主模式的核心。普通的公民大会集体协商的想象——人民团结一致表达他们意志——属于早期的民主理论，今天，我们的民主模式需以松散的联合、多元视点的意见形成和传播为媒介，在这种自发的自由沟通中多元的意见相互激荡。②

这种强协商民主模式遭到了来自三个方面的批评。首先，自由主义理论可能指责这种强协商民主模式会侵蚀个体自由，并动摇法治的根基。阿克曼在其早期著作中提出的"对话式中立"理论就表达了这种忧虑③；霍尔姆斯则支持在公共对话中禁止对某些问题进行公开议论或辩论（gag rule）。其次，女性主义也对这种模式心存疑虑，因为这种民主模式对于某种话语模式的垂青可能会使其他的模式黯然失色。正是透明政体中理性的、男性的、单一的、霸权的话语环境漠视了公共表达中的感情的、多样化的和差异性的成分；再次，制度主义和现实主义会认为这种话语模式太过天真，甚至非常危险，因为这种模式似乎暗含着全民表决和反制度的含

---

① 参见 Jane Mansbridge, "Using Power/Fighting Power: The Polity", In Seyla Benhabib, *Democracy and Difference: Contesting the Boundaries of the Political*, Princeton, NJ: Princeton University Press, 1996。它考察了协商民主模式面对公共生活中利益和意志无可消除的持续冲突时的困境，有时不得不使用强制手段来解决问题。

② 最近，哈贝马斯对中心化的公共领域模式向去中心化的公共领域模式的转型进行了阐述。

③ 我在《定位自我》中曾有几篇文章对阿克曼的自由主义对话模式有所评论。

义。下面,我们就一一检视这些批判意见。

自由主义对协商民主的疑虑

我们可以通过罗尔斯的"公共理性"概念来很好地把握上文提出的协商民主模式和自由主义的公共对话之间的差别。① 罗尔斯是这样论述公共理性的:"在民主社会里,公共理性是平等公民的理性,他们——作为一个集体性的实体——在制定法律和修正其法律时相互发挥着最终的和强制性的权力。首先,公共理性所施加的限制并不适用于所有政治问题,而只适用于那些包含着我们可以称之为'宪法根本'和基本正义问题的政治问题……这意味着,唯有政治价值才能解决这些根本性问题,例如谁有权利选举,什么样的宗教应当宽容,应该保障谁有均等的机会,应该保障谁的财产。"②

罗尔斯的公共理性概念和协商民主模式共享着某些基本的前提:两种理论都认为政治权力的合法化和制度之正义性的检测应公开进行,并对所有公民开放。"公众眼中"的制度之正义性意味着公众对于制度的审查、检视和反思是根本性的。从协商民主模式的立场来看,这同样是关键。但需注意的是,罗尔斯的公共理性观念和公共协商模式在下述三个方面存在重大的差别。这些差别有些是社会性的,有些则显示了二者在哲学立场上的重大分歧。

首先,协商模式坚持公共辩论议程的开放性,与此不同的是,罗尔斯严格地将公共理性的运用限定在对某些特定问题的协商上。这些议题包括

---

① 请参考罗尔斯的《政治自由主义》以及他 1988 年 4 月在 CUNY 举行的"自由主义与道德生活"研讨会上发表的《论自由的公共理性观念》一文的手稿和《重叠共识观念》一文中对此问题的进一步发挥。在此,我无法对其前后的变化作更详细的比较。

② 罗尔斯:《政治自由主义》。

"宪法根本"和基本正义问题。① 罗尔斯的公共理性是从一种有限的议程出发的。

其次，我们最好不要将公共理性理解为公民之间相互陈述理由的过程，而将其理解为一种规范性原则，它引导公民、公共机构和各种力量正确思考公共事务。公共理性的边界是由"政治自由主义的观念"设定的。用罗尔斯的话来说就是："公共理性观念的关键是，公民将在每个人都视之为政治正义观念的框架内展开他们的基本讨论，而这一政治正义观念则基于那些可以合乎理性地期待他人认可的价值和每个人都准备真诚捍卫的观念上。这意味着，我们每一个人都必须已经或者准备好解释我们认为可以合乎理性地期待其他公民（他们也是自由而平等的）与我们一道认可的原则和指南的标准。"② 罗尔斯引其苦心经营的政治自由主义的价值作为这种标准的例证。同时，他也承认对于何为"最适当的政治观念"会有不同的理解。③

再次，对于罗尔斯而言，公共理性运作的社会空间是有限的。公共理性的限制并不适用于个体对于政治问题的个人性慎思和反省，也"不适用于诸如教会和大学这类组织的成员——作为背景文化中至关重要的部分——对政治问题的推理"。④ 各种联合组织和协会的这些推理对于其成员而言是公共的，"但相对于政治社会和普通公民而言，它却是非公共的。非公共理性由许多公民社会的各种理性构成，与公共政治文化相比，它们属于我所讲的'背景文化'"。⑤ 因此，对于罗尔斯而言，公共领域不是扎

---

① 罗尔斯：《政治自由主义》，以及第223页以下。1994年春在哈佛大学政治系举办的政治理论研讨会上，Stephen Macedo对本文较早的一个版本进行了评论，他认为我此处对罗尔斯的评论意味着我认为罗尔斯违反了第一修正案关于言论自由权的规定，或对之进行了限制。但他误解了我的意思，而误解主要就发生在"有限的议程"这一术语上。很显然，罗尔斯并不认为，对基本言论自由权的广泛使用进行限制以便和其他自由相容。其两个正义原则的词典顺序意味着基本权利和自由原则是不能被取消的。我使用"有限的议程"这一术语是指罗尔斯的公共理性概念考虑到了公共理性的适当范围和论题。这与其说是一个言论自由权及其限制问题，还不如说是一个关于公民社会和民主政治的社会理论问题。

② 罗尔斯：《政治自由主义》，第226页。
③ 同上，第227页。
④ 同上，第215页。
⑤ 同上，第220页。

根于公民社会之中，而是寓于国家及其组织之中，其中首当其冲的、也是最重要的就是立法领域和立法机构。

尽管以上描述已足以区分罗尔斯的公共理性观念和协商民主模式，但我认为罗尔斯对"公民社会"和严格的公共领域之间的区分是站不住脚的，原因有二：其一，在宪政民主社会，如果不是全部，也有很多协会和组织是"公共的"实体，作为统一和得到认可的联合团体，它们必须和其他显而易见的公共机构一样遵守宪法根本和法治规范。我们可以以歧视黑人、犹太人或西班牙人的乡村俱乐部为例，为了在法治化的过程中获得合法实体的身份，这些乡村俱乐部近年来也不得不改变其原则。因此，宪政民主国家和公民社会组织之间的差距并不像罗尔斯说的那样是完全分开的。公民社会中的所有组织、协会和各种俱乐部都有其原则，但这些原则都臣服于公众和法律的审查。

其二，公民社会的各种机构、个人和社会运动都努力影响公共政治过程，如此行事则不得不跨越公共机构和私人协会之间的界限。罗尔斯也承认，当公民在公共论坛上提出政治倡议时就适用公共理性，政党的成员、政治候选人和支持他们的选民亦是如此。[①] 在公民社会中，这些人和团体受非公共理性支配，但当他们进入政治领域时，他们不得不考虑公共理性的要求，因为公民社会也是公共的。就其对所有人都开放而言，公民社会及其各种协会不是公共的，但就其作为民主体制中匿名的公共对话的一部分而言，它们又是公共的。协商民主模式比罗尔斯对他所谓的"背景文化条件"更感兴趣，恰好是因为政治和政治理性通常是从某种特定的社会文化背景中生发出来的。公共理性当然可以让自己与这种背景保持一定距离，并以批判性的态度对之进行评估，但它永远不可能将其所赖以生发的背景条件完全涤荡干净。这就是后现代主义对康德式理性主义批评的核心所在，后现代主义正确地指出理性总是扎根于某种特定的背景中，这种背景永远不可能完全为推理分析所彻底了解。

在上述三个方面罗尔斯的模式和协商模式是有所区别的：协商模式不

---

① 罗尔斯：《政治自由主义》，第215页。

仅不限制公共对话的议程,相反,它鼓励对公与私的界限进行讨论①;第二,协商模式将公共领域扎根于公民社会之中②,并对政治过程与"背景文化"的互动方式更感兴趣;最后,罗尔斯将注意力集中于"最终的强制性政治权力",而协商模式则将注意力集中在不受限制的公共领域之意见形成过程之上,它是非强制性的,也不是终极性的。③

尽管毫无疑问,罗尔斯的公共理性原则表达了对自由民主社会主要制度之强制性权力和公共责任的调节性限制,但我们必须注意到这种调节性限制缺失了什么。公共话语中所有论战性的、修辞性的和情感性的成分,无论是其过分之处还是其优点,都在公共理性的视野之外。包含着各种狂热意识形态和修辞的公共推理并不能自由地运用公共理性。④ 自由主义理论崇尚的是优雅崇高的公共理性,这种论战性的公共言论⑤或共享推理的观念对自由主义来说是为多数决定的幻觉大开了方便之门。如果不那么优雅的多数以论战性公共言论或共享推理的观念,并借助某种共同利益的名义来挑战政治自由主义的原则,挑战权利与利益之间的界限,从而导致宗教狂热、对少数的迫害,导致国家对私人领域的入侵、父母对其子女或配偶相互之间的政治管制,那又该如何?

所以,毫不奇怪,罗尔斯所列举的公共理性运用之首要例证不是匿名的公共领域,而常常是,并"应该是"最高法院:"公共理性很适合于法庭在履行其作为最高的司法解释者而非高级法的最终解释者之角色时的法庭理性;第二,最高法院是政府的一个分支机构,它起着公共理性之范例

---

① 我在《公共领域的各种模式》一文中曾讨论过这一问题,也可参见下文"制度主义对协商民主的不信任"部分的讨论。

② 琼·柯恩和安德鲁·阿拉托广泛讨论了公民社会规划对于当代民主的理论意义和政治意义。

③ 强制的问题应该在协商过程的制度化背景中加以理解,正是在协商制度中,封闭式的决策特权和司法权限才能得以澄清,也可参见下文"制度主义对协商民主的不信任"部分的讨论。

④ 的确,我们不能仅仅将注意力集中在亚伯拉罕·林肯、阿德莱·斯蒂文森和杰西·杰克逊的言论上,而忽视了理查德·尼克松、菲德尔·卡斯特罗或尼基塔·赫鲁晓夫等人不那么优雅的激情迸发的言论。虽然巴伯通过以"共享推理"为特征的自由的公共理性观念无疑是抓住了政治所具有的不确定性、竞争性和情感性特征,但他没有强调这种对话所赖以生发的制度框架和其他程序条件。

⑤ 此处我借用南希·弗雷泽的术语,她在讨论福利国家话语时使用了这一术语。

的作用。"①

我相信,自由主义对不加限制的大众政治对公民自由和政治自由所可能具有的腐蚀作用的隐忧是无可争议的。但是,协商民主模式可以提供某种认识上的和制度上的解决途径,并借此舒缓乃至超越传统的两分格局:自由主义对个体权利和自由(罗尔斯所谓的"宪法根本")的强调以及民主理论对集体协商和意志形成的强调。我认为有必要挑出两组议题,以进一步讨论协商民主模式和自由主义之间的互动是必要的,并说明为什么协商民主模式能超越自由理论和民主理论之间的截然对立。

基本权利和协商民主

协商民主模式常常遭到这样的质疑:它无法有效地保障个体的基本权利和自由。这种质疑基于以下两个预设:一、由于协商模式比较重视在公共议题上达成较高程度的共识乃至全体同意,因此,我们有理由怀疑它会以牺牲不同意见和剥夺少数的观点为代价;二、协商模式如何避免民主多数的暴政,以免将其决策和规范强加于少数?

我相信,这些指责对于同样赋予政治协商以优先权的大多数激进参与民主理论而言是公正的。我们有权追问阿伦特、巴伯或墨菲、拉克劳等人的激进民主理论是否系统虑及诸如保护所有人的基本权利和自由、捍卫少数权利和反对多数暴政这样的权利理论。但这样的质疑不适用于此处所讲的协商民主模式。

这主要是因为我和康德式的自由主义传统分享着共同的预设:尊重公民的道德自律是最基本的道德规范和民主原则,作为协商民主理论之前提的话语伦理理论为其提供了最普遍的道德原则,而各种权利诉求都可建基

---

① 罗尔斯:《政治自由主义》。罗尔斯在法庭作为宪法之"最高"司法解释者和高级法的"最终"解释者之间进行了区分,因为他追随阿克曼,想保留体现"我们人民"意志的人民主权原则。

其上。① 只要话语伦理理论将参与者视为自由而平等的公民，平等地赋予他们参与到可能影响其生活规范的对话的权利，其出发点就是将人看做具有某种"道德权利"的存在。我曾将这种道德权利称为普遍的道德尊严的权利，并试图在《定位自我》中替这一规范给出一个非基础主义但可以被接受的原则性证明。我进一步提出，在话语理论中每一个个体都有对称的各项权利——采取不同的话语行动、提出新的议题、要求对对话的前提条件进行反思等等。我将其称为平等互惠原则。由于普遍道德尊严原则和平等互惠原则是作为道德的人自然具有的权利，因此，它们都是道德权利。

其实，从承认这两个原则到形成基本权利和自由，路途并不遥远。② 从根本上讲，我们必须对以下问题给出一个假设性的答案：如果个体相互之间都认为对方具有普遍的道德尊严，应平等互惠地相待，那么，这些个体可能接受哪些最普遍的基本权利和自由原则作为决定他们集体性存在的原则呢？③

尽管话语理论和康德、罗尔斯一样分享着这种假设性的、反事实的道德推理，但是，它和康德对权利概念的推演和罗尔斯对"原初状态"的建构有所不同，话语理论赋予对话式辩论实践以优先地位，将其作为决定权利诉求最合适的论坛。但我们并未因此而陷入恶性循环：一方面，在对话一开始就预设了对话者之间相互承认对方的道德权利；另一方面，这些权利又被视为对话的结果。

我曾在别的文章中指出，这不是恶性循环，而是解释学循环，它是所有道德推理和政治推理都具有的特点。我们永远不可能从"零道德立场"开始我们的协商，相反，道德理论亦如日常道德对话，政治理论亦如日常政治规范，我们总是被置于各种预想、假设和权力关系之中，对于我们来说，它们永远不可能是完全透明的。这是我们从过去三个世纪以来对理性

---

① 最近贝恩斯对此问题有很精到的论述。见 Kenneth Baynes, "The Liberal/Communitarian Controversy and Communicative Ethics", Philosophy and Social criticism 14. DOS. 3 – 4 (1988): 305。
② 哈贝马斯在其新著《事实与规范》中已着手处理这一问题，参见《事实与规范》第三章。
③ 古尔德在《多元与民主》一文中认为话语伦理理论无法证实基本人权，我将通过对上述权利理论的反事实（counterfactual）含义的论述来反驳她的论点。

主义的各种批评中所学到的。在这个意义上，话语伦理预设了参与道德—政治对话的各方相互之间承认对方的道德权利。但我仍要像黑格尔一样坚持认为，对个体道德权利的相互认可是世界历史进程中社会各阶级、性别、团体和民族所进行的无数次反抗、斗争换来的，其间也遭遇过很多的挫折。

话语模式的与众不同之处在于，尽管它预设了参与者必须在某种程度上承认对方有权获得道德上的尊重，并应得到平等的对待，但是这些原则的准确内容和范围则需由对话本身来确定。① 这两项原则的准确含义及其产生需通过对话来加以确认，我们可将对话称之为一种"循环式的确认"程序。这种循环式的确认方式消解了自由主义对协商民主模式的两个隐忧：对同意的过分追求和多数暴政。普遍的道德尊严原则和平等互惠原则允许少数和异议者保持不同意的权利及质疑公共论辩之议程和规则的权利。对话不同于妥协折中，也不同于其他通过强制手段实现同意的方式，只有所有相关的人自由给出的赞同才能称得上是对话情况下达成的同意。

协商民主与宪政

通过以上反思我们可以发现，错综复杂的宪政民主制度——特别是意

---

① 可能具体的例子有助于更好地阐明这一过程。让我们设想以英国、美国和以色列为例，这三个国家是三种自由民主社会模式，其政治法律秩序都是建立在某种形式的承认个人道德尊严的基础上。毫无疑问，这三个社会都采用了议会民主体制，通过由法律或宪法规定的周期性的选举来选拔政府官员。在这三个社会中，个人都拥有某些权利和自由，它们受到政治和法律的保护。但这三个社会对于言论自由权的构成及其合法使用的解释却有着相当的差异，有时甚至无法相容。在美国，人们很难以公共习俗、公正审判和国家安全等考虑为借口来削减宪法第一修正案所赋予的各项权利；而在英国和以色列，这种情况则司空见惯。在英国，转播法庭审判和听政会是受限制的；而在以色列，即使是某些学者的文章也可能被军方的审查枪毙掉，只要他们认为这些文章包含了"涉及安全的敏感信息"。

这一例子和话语理论原则有效性的关联在于：就像基本言论自由权在范围和应用上的差异并不妨碍我们承认英国和以色列是和美国同样的民主国家一样，对普遍道德尊严原则和平等互惠原则的大量不同解释都与民主的政治对话相容。建立在话语模式基础之上的协商民主理论并不会列出一个无法加以增删的基本权利和自由的清单，而只是给出两个最普遍的道德原则，在一定的范围内，它们可以和不同的法律政治安排相容。

见形成和协商赖以进行的公共领域——持续地卷入这种循环式的确认之中。由美国宪法所保障、并体现于大多数民主政治中的各种基本人权和政治权利从来不曾真正"脱离"公共讨论和论辩的议程。它们是民主社会辩论的构成性规范和调节性规范,是不能被简单的多数决定转换和废除的。那种认为公共讨论议程规避各种基本人权和政治权利的论调误解了我们社会民主辩论的本性:尽管我们不对政治和司法程序进行极为精细的阐述就不能改变这些权利,但我们对其含义、程度和范围常常争论不休。民主辩论就像球赛,裁判并不能对比赛规则及其应用作最后的解释。更准确地说,在民主游戏中游戏规则及其解释正如裁判的立场一样,从本质上讲都是可争议的。争议意味着既不能完全取消这些规则,又不能对之保持沉默。当基本权利和自由遭到侵犯时,民主的游戏就被悬置起来,不是陷入军事统治或内战,就是走向独裁;当民主政治开足马力运作时,充斥其间的又满是关于那些我们已经获得或尚未获得的权利的含义、范围和实施的争论。如果我们不非常认真地对待这些基本权利和自由,我们就无法对种种关于它们的特定解释提出异议。

在如下意义上,协商民主理论超越大多数主义政治和自由主义保障权利及自由的这种传统对立:话语的规范性条件就像基本权利和自由一样,应视为游戏的规则,我们可以在游戏当中对这些规则进行质疑,但这种质疑的前提是我们首先必须同意遵守规则并按照规则来玩。在我看来,对于现实民主政治以及民主辩论和公共言论来说,协商民主模式可能比自由主义的协商模式——关于宪法根本和最高法庭之推理的协商——更恰切一些。协商民主模式的关键是"公共领域"的观念,公民、团体、社会运动和各种组织的辩论、协商和主张,直至意见的形成均孕育其中。当这种公共领域概念作为话语民主之具体体现被引入实践之中时,我们就可以以一种更精微的方式来思考对话约束的问题了。当协商民主模式和自由主义一样关心平等公民的各项自主的权利时,对话式确认的概念方法加上差异化的协商和争论空间的制度化就为调停自由民主和协商民主的截然对立提供了一个良好的起点。

布鲁斯·阿克曼的二元民主概念也是基于类似的策略,试图克服二者之间的对立:"基本的调停机制是二元的双轨制民主立法系统,它一方面给予基础主义者'视权利为王牌'的观点以重要的地位,同时也不侵犯一元论者将民主置于首位的庄严承诺。"在宪政民主体制中,如何防止高级法的观点被人民所修正乃至被废止的问题本身常常是开放性的和可争议的。从概念构想和社会学意义上讲,协商民主模式和双元民主模式都将重心放在制宪和民主政治之间相互依赖的"循环"过程和"阐释"过程上。①

女性主义对协商民主的怀疑

当自由主义批评协商民主模式过度扩张侵蚀了私人领域时,女性主义则批评它伸展得还不够,还不具备真正的包容性。以扬为例,她在一篇富有启发性的文章中就争论到:

现代政治理论对公与私的区分表达了一种同质性的愿望,这种同质性要求将很多人和团体都排除在外,特别是在文化上与身体、野性和唯理性相关的女性团体和各种激进团体。现代政治理论和实践中的公共观念与规范性的现代理性概念相一致,它划定了人的存在之域,公民从他们的特定背景、需要和感觉中抽象出来的理性和普遍性均可在其中得到表达……但对现代政治理论中排斥性理念和同质性理念的考察显示,我们不能想象公共生活的这种复兴能够重振启蒙的理念。相反,我们需要转化公私之分,因为公私之分与理性——激情/欲望、普遍——特殊的对立没有关系。

扬站在女性主义立场对协商民主模式所应用的不偏不倚的公共领域概念所作的批评不仅令人信服,而且很有穿透力,但她只看到了问题的一个方面。确实,一直到20世纪都成功地主导着我们公共领域概念的一般协商模式在历史、社会和文化上都是男性的空间,这不仅意味着只有男人才是积极的公民,有资格参与公共事务、担任公职,而且意味着早期民主理论

---

① 霍维茨对民主合法性问题和反基础主义在最高法庭中的应用所面临的困境进行了富有成果的讨论。

的制度化构想赋予了男性的自我表现模式以优先地位。

但这里我们必须对制度批评和理论批评进行区分。女性主义对公共领域模式和协商民主模式的批评中有一些模棱两可之处。一方面，这种批评在原则上是按照最高的标准来要求民主制度，但在实践上则批评其在实施过程中的偏差和限制；另一方面，女性主义批评的目标似乎完全排斥自由的公共理性观念和不偏不倚的理念。正如兰德斯（Joan Landes）所言，民主公共领域看起来是本质性的，而不是偶然的"男权主义者"。① 规范性的协商民主理论要求的是一种强公共领域概念及相关的制度设置，公共领域取代了早期民主理论中的一般性协商集会。在这种语境中，女性主义理论非常有必要澄清其理论批评是在哪个层次上进行的，也很有必要对其制度条件和规范条件进行区分。②

扬并不排斥公共领域的观念，她排斥的是启蒙式的公共领域版本。她建议用一种异质的公共领域概念来取代"市民的公共领域"概念。近来，她倡导一系列制度化的措施，用以保障和巩固异质公共领域中的团体代表权。但她保留公共领域并在民主理论中给予其一定地位的做法和她此前对不偏不倚的理性概念所作的更为激进的批评之间并不相容。

在《交往与他者：超越协商民主》一文中，扬在"协商"民主和"交往"民主之间进行了区分，认为大多数协商民主理论对民主过程的理解过于狭隘，因为它们依然垂青于如下理想："参与对话的人都醉心于共同善，而将他们的特殊经验和利益置于脑后"（126）。

---

① 概念使用上的问题给兰德斯早期的开创性著作《法国大革命时期的妇女和公共领域》带来了缺陷，特别是当她批评哈贝马斯公共领域的著作时，她将哈贝马斯作为公民社会一部分的公共领域模式和作为公民社会对立面的卢梭式的共和主义模式合在一起。她对公共领域"男性特征"的绝大部分批评都是建立在这种共和主义的公民美德版本基础之上的，而这种版本和启蒙式公共领域概念——哈贝马斯就是用这种公共领域概念来界定"私性个体（private individuals）运用他们的理性讨论公共事务"的——几乎没有什么关联。很显然，哈贝马斯所使用的公共领域概念发端于后一传统，贝克对此曾有清楚的论述，参见 Keith Baker, "Defining the Public Sphere in Eighteenth-Century France: Variations on a Theme by Habermas", *in Haberrnas and the Public Sphere*, ed. Craig Calhoun（MIT Press, 1992），181-212。

② 维拉曾对公共领域概念提出一种挑衅性的、不恰当的批评，他一方面关注公共领域的竞争性和实践性，另一方面又贬低公共领域在民主理论中所具有的保障合法性的地位和作用。

相较之下，扬则提出一种交往民主理论，每一个参与者都留心大家在阶级、社会性别、种族、宗教等各方面的差异。每种社会位置对公共事务都有其特定的视角，这些视角是不能被抛弃的。而通过沟通，参与者将超越并转化他们最初的处境化的知识（127）。这种沟通过程优先考虑的不是批判性论证，而是"礼节、修辞和叙事"等交往形式（120）。

我认为，协商民主和交往民主之间的这种差异更多是表面上的，而不是实质性的。为了支持她对公正性和客观性理想——她将它们和协商民主联系在一起——的批评，扬必须能够将交往民主中发生的特殊视角的转换、超越与协商民主中达成的相互同意区分开来。但是，为了判断意见应以何种方式孕育、各种团体如何才有机会表达他们的观点等，我们必须设定一些公正的、不偏不倚的标准，如果我们不将这些标准应用于沟通和协商，我们如何才能辨识出团体成员中涌现出来的共同意见呢？交往民主模式也不能免俗，它也需要公正的、不偏不倚的标准，才能满足它自己提出的要求。没有这样的标准，扬是没办法将偏狭的情境化的视角转化和在强制之下作为权宜之计而达成的共识或表面的全体同意区分开来的。

应该说，"礼节、修辞和叙事"等交往形式在正式的、结构化的日常沟通过程中——在这一过程中，个体分享着生活世界共同的文化和历史背景——都确有其作用。但是，民主理论既没必要将这些日常沟通能力正规化和制度化，也没必要将其与批判性论证对立起来，后面这点更为重要。尽管礼节、修辞和叙事可能是我们日常生活的非正式交往形式，但它们因为下述原因不能成为民主制度和立法机构的公共语言：民主制度要获得合法性就必须对它们行动的根据作出说明，政策要获得合法性就必须以共同享有和接受的公共理性推理式语言来加以表达。在宪政民主制度中，这样的公共理性采取的是和法律规范相一致的普遍性的陈述形式。法律规则有其自身特定的修辞结构：它是普遍的，以合法的理由为根据应用于特定相关群体的全体成员。扬试图将法律规范的语言转化为一种更局部、更有感染力和更加情境化的沟通模式，但这一努力会带来武断的后果，有谁能知道礼节到什么程度才算合适呢？更进一步说，它还会使局面变得变幻莫测，要是别人无法理解我的叙事和故事怎么办？这样的转化限制了而不是提升了社会正义，因为它不是通过诉诸理由来引导人民采纳某种方案，而是通过修辞来打动人民以达到目的。总之，公正的道德理想是一种规范性原则，它不仅应该指导我们在公共领域的协商，而且应该规范公共机构对理由的陈述。一项决策如果能被视为公正，它必须使"所有人的利益都实现最大化"。没有这样的规范性原则，法治的理想无法维持，共同的善的协商式论证也无从产生。某些启蒙观念是民主合法性和公共领域观念的一部分，因此，问题的关键并不在于要坚决拒斥启蒙，而是对启蒙的遗产进行批判性的重新审视。

通过对一种由众多公共领域构成的异质而散布的网络模式的阐述，南希·弗雷泽认为，事实上，一旦我们抛弃一体化的公共领域模式，我们就能知道诸如妇女等被排斥群体的关怀是如何可能被接纳的。这种多元、散布的公共领域网络可以容纳女性的愿望，为她们预留空间，使用她们自己的语言。用弗雷泽的术语来说，在这种"次级的复式公共领域"（subaltern counter-publics）中，我们可以重新反思和商议公与私之间的界线，并对以往的划分进行质疑和修改。然而，从社会、文化角度对公与私的界线进行重新思考和重新划定是一回事，而将其落实到立法和政府的管理中是另外一回事，这其间还有很长的路要走。当有人站在自由主义的立场认为仓促地划定这样的界线可能会侵蚀个体的自由时，弗雷泽正确地指出，"制造舆论"的公共团体和"制定决策"的公共团体之间是有区别的，我们不能对这两种相似但却不同的团体提出同样的要求。制造舆论的团体——例如我们在各种社会运动中所观察到的——可以引导我们对私人关系、性关系和亲密关系等争议性的议题进行反思，但这并不意味着只有经过这样的公共协商所产生的结果——即使其非常吸引人——才应该获得普遍的立法。因此，当我们将公共领域设想为一种匿名的、多元复合的沟通和协商媒介时，它并不要求同质化，也就无需对差异进行压制了。异质性、他性和差异可以在各种各样的协会、网络和公民论坛上得到表达，这些协会、网络和公民论坛构成了晚期资本主义的公共生活。

制度主义者对协商民主的不信任

对规范性民主模式最常见的批评是其乌托邦式的不相关性。"从理论上讲很不错，但和实践没什么关系！"反对者还可以继续反驳道："在复杂的现代社会中，文化、经济、社会、艺术等各个领域都高度分化，不仅现在不能，就是将来也不能按照协商民主的设想来加以组织。"请允许我分几个步骤来回应这些反对意见。

协商民主模式并不是一种反事实的思想实验。正如我在文章开头所提到的，我所理解的协商民主不过是要阐明那些早已蕴涵在民主实践中的一些原则和逻辑。它所能阐明的这些实践包括民主体制中协商机构的重要性、议会政治对抗的基本原理、媒体和公共舆论领域的自由与独立的必要性，以及作为决策程序的多数原则的基本原理。因此，协商民主并不是一种需要寻找实践来匹配的理论，而是一种比其他理论更能阐明现存民主实践某些逻辑的理论。主张社会复杂性的理论家可能会将问题转换为：现在的问题不是话语民主能否成为复杂社会的实践，而是复杂社会是否还有民主治理的能力？

尼古拉斯·卢曼在一篇题为《社会复杂性和公共舆论》的文章中总结性地论证道："现代社会的政治系统不能再被视为这样的例证：其善德和邪恶均可为人民所了解。相反，它是这样的一个系统，在其中，我们从不间断地对观察者进行观察，因此，它是一种自我关涉的闭合系统。据此，权力的规则不再依赖于当权者和权力的受众之间的两分，相反，它通过执政党/反对党的配置将重心放在了权力的一边。我们应该将民主概念还原到这样的关键之点上。"在这一段落之前，卢曼指出这样的政治观"迫使我们痛苦地放弃重振公民共和主义生活的希望，我们不能指望理性能帮上什么忙"。

如果社会的复杂性真的迫使我们采用这种诡异的科幻式的语言来描述我们的观察结果，并将其作为民主的公民身份和民主参与的规则，那么，复杂性和民主确实是不相容的。但我不仅怀疑这样的社会框架是否适合于思考现代社会的复杂性问题,而且,从经验上讲,将政治系统描述为一个自我免疫的封闭回路,执政党和反对党在其中仅仅是透过反射镜相互观察,这样的政治图景显然是不真实的。从 20 世纪 70 年代一直到 80 年代,无论是在美国还是在欧洲,各种社会运动和大规模的公民联盟——如反核运动、冻结核武器运动——风起云涌,在意识形态领域也经历了急剧的变迁,从福利经济转到鼓吹自由市场,再到 90 年代钟摆又向福利国家的方向回归。面对绝大多数资本主义民主中所发生的这些巨大的变迁,我不知道卢曼的"自我免疫的政治系统"这一观点在经验上还如何能站得住脚。

而且,从规范的意义上讲,发端于希腊的问题——充分发展的社会经济秩序最能容纳民主治理形式——也引起了激烈的争论。卢梭对此问题的回答是:只有在这样的社会——没有人贫穷到需要出卖自己,也没有人富裕到可以购买他人——民主才是可能的。自 19 世纪开始,民主和资本主义能否相容的问题就提上了议事日程。因此,我们需要从另外的角度来观察协商民主和社会复杂性之间的关联:什么样的社会、经济和文化的联合形式和组织模式才能在政治领域中对协商民主原则表现出一种"有选择的亲和力"?

最后,我将对近来关于这一问题的三种认真的解答进行归纳,并考察围绕着自由的公共协商程序而展开的民主观念制度化的可能性。埃尔斯特在《市场与论坛:三种政治理论》一文中讨论了公共协商模式和政治生活的关联性。他批评狭隘的市场偏好模式,认为"政治的目标不仅仅要消除低效,而且要创造正义——要实现这样的目标,对前政治的偏好进行聚合是一种非常不恰当的方式"。但他也不能完全同意话语模式,特别是由哈贝马斯提出的强共识导向的话语模式版本。埃尔斯特认为"我不反对公共讨论的必要性,我想强调的是我们应该认真对待制度和宪政的设计问题"。对他来说,问题转化为如何在市场和论坛之间准确地为政治进行定位。

而克劳斯·奥菲(Claus Offe)则对话语民主模式充满同情,最近他在回应埃尔斯特时呼吁对"联合的构想"进行具体的思考:"不仅开放、公正、论证式的意志形成和决策形成的程序是由各种制度来加以规定的,也不仅后传统道德判断能力的形成是在社会化的过程中建立起来的,而且,公民社会中的集体行动的社会结构和制度条件——其劳动分工模式和'联合构想'——也必须向特定道德能力的形成让步。"和埃尔斯特不同的是,对于奥佛来说这些"联合的构想"不仅在法律——制度层面上有其适当的位置,而且在公民社会的合作领域中更有其适当的位置,而公共领域就是其中的核心区域。

德雷泽克在其著作《话语民主:政治、政策与政治科学》中更是豪气十足,他要将协商民主的规范理论转译为制度化的政治现实。他将"话语实践"界定为"一种将大量行为者的期望汇聚一处的社会制度。因此,他们清醒地意识到这是一个他们能进行周期性沟通和互动的场所。个体应以公民的身份,而不是以国家或其他什么团体、等级之代表的身份参与其中。凡是利害相关的人都不应被排除在外……协商的核心应集中在(但不应被局限于)个体或集体的需要和利害相关的个体的利益……在话语实践中,不应有什么正式的等级划分,论辩应由非正式的话语原则来引导,因此,它应确立起旨在达成共识的决策规则。最后,上述所有特征在话语实践中都应该是可以赎回的,参与者可以自由地反思、讨论这些规则,并有权推翻其中的某些、甚至是所有的规则"。

前述的协商民主理论程序和德雷泽克的"话语实践"规则之间存在着惊人的重合。其中特别重要的是,庄泽克着重指出了话语实践的各种原始形态早已存在于我们关于"各种替代性程序的一般讨论"之中,存在于调解性磋商、政策对话和对国际冲突"问题解决"的研讨之中。面对人口的增长、自然资源的日益枯竭和个体互动环境的变化——他/她面对的是大量异质的他者,他们的互动方式是无法预知的,德雷泽克的目标是建立某种机制,以一种去中心化的、非强制的话语行动的方式推动公共物品的供给,因为公共物品和公共资源状况是一种可以被普遍化的利益"。特别值得一提的是,各种公民环境组织已经为话语实践提供了有趣的例证,通过自愿的遵守、有意识的培养和分散地解决问题,公民环境组织成功而有效地激活了话语实践原则。因此,德雷泽克认为协商民主和社会复杂性之间是可以相容的,和其他三种方法——问题分解、系统建模和结构整合——相比,"话语实践更有助于复杂社会问题的解决"。近来关于民主制度化问题的研究认为协商民主模式不仅不是和当代社会不相关的，而且，一大批社会理论和政治理论家都在协商民主理想的鼓舞下致力于在当代社会条件下重新构想新的制度设计。

在本文中，我的目标是勾勒实践理性的具体轮廓——一种协商性的民主模式。实践理性的核心问题是对关乎所有人的公共事物进行自由而公开协商的可能性，话语伦理和对话政治模式为这样的自由公共协商提供了一种程序。这样的公共协商过程之所以要诉诸理性，是因为公共协商要利用必要的信息，它提高了必要信息的重要性；因为它允许对政策建议进行论证，并认为意见和信念是可以被修正的；也是因为公共协商的结果可能遭到更好的理由的挑战。更进一步地讲，这样的程序允许对其自身进行批评，对程序的使用和滥用进行批评。协商民主模式最主要的制度特征是它是由众多公共领域和公共对话组成的一个多样化的、匿名的、异质的对话网络。和其他社会生活领域一样，以公共协商为核心的协商民主模式可以激发、增生出不同的制度设计。

（本文最初以"协商理性与民主合法性的模式"为题发表于《星座》杂志第一卷第1期（1994年4月），此次发表作了较大的修改。这是暂定为"追寻公民政体：世纪末的民主、合法性与公民身份"研究计划的一部分，此项研究仍在进行中。——译注）

第五章 协商民主的程序与实质

乔舒亚·科恩

实质、程序与多元主义

民主合法性的基本观点是行使国家权力的授权必须来自受这种权力支配的社会成员的集体决策。① 更确切地说，联系到民主的制度性特征，它来自社会成员的讨论和决策，即通过确保这种集体权威的社会和政治制度制定和表现出来。毫无疑问，这是民主概念的抽象描述。民主有多种形式，更明确的概念取决于成员资格的解释，相应地取决于它如何使决策成为"集体的"，即"作为公民整体"作出的。

假如在政治共同体中，根植于民族传统的普遍的道德或宗教原则是成员资格的条件，那么，授权就会要求人们与其保持一致，只有体现出这种一致的决策才能被认为是"集体的"。因此，民主合法性的检验标准在一

---

① "受支配"而非"受影响"。民主是为了保障权力，而不是保障影响。参见 Michael Walzer, *Spheres of Justice*, New York: Basic Books, 1983; Christopher McMahon, *Authority and Democracy*。换句话说，权力必须来自于公共意志，而"公共意志"暗示了公民作为一个整体的最终权利和责任，而不是指一系列先于制度存在并通过自身寻求可信表达的集体选择。见 William Riker, *Liberalism against Populism*。

定程度上是独立存在的，因为它也取决于结果的内容，而不仅仅是获得结果的过程。

但是，如果集体授权观念处于不同背景：那里没有共享的道德或宗教观念，所有成员都是自由和平等的，在制度设计和集体选择时国家计划也致力于体现出这种自由和平等，其结果将会怎样呢？① 背景的转换会使我们趋向完全程序性的民主和集体决策观念吗？我认为不会。但在解释为什么之前，我想谈谈利益问题，以及表达这种问题的术语。

我之所以提出了背景转换影响的问题，是为了阐释建立在"合理多元主义事实"基础上适应人们的各种区别的民主概念——对价值观截然不同，互不相容的理解，每一种都是合理的，都是人们在实践理性的实施过程中形成的。如果人们能够合理地与他人根据其能接受的条件和睦相处，那么，善意的实践理性的实施就不会导致向某种特定生活哲学的集中。

人们在选择与自决、幸福与福利，以及自我实现价值上的持久分歧，关于沉思与实际生活的有关美德，以及个人和政治参与意义的争执，关于这些评价性观点的宗教和哲学背景的分歧中出现了合理多元主义问题。而且，除了纯粹的分歧事实外，没有任何明显的迹象表明通过实践理性的实践会导致融合；此外，没有任何实践理性运作的理论可以使我们预测普遍道德的融合，我也想不出任何能够产生这种一致的稍微有点吸引力的社会政治机制。

合理的多元主义事实清晰地表述了作为民主概念一部分的自由平等的公民概念。说公民是自由的，是说广泛的道德或宗教观念无法提供明确的成员资格条件，也无法提供行使政治权力权威的基础。说他们是平等的，是说每个人都有能力参与授权行使权力的讨论。

---

① 美国的国家身份通常和这样一种理念联系在一起，即林肯所诉求的国家孕育于自由之中并致力于主张所有的人都生来平等。有些方面是抽象的自我国家定义，即独特的美国身份。考虑到现代国家主义发展下相互矛盾的条件，我质疑这种诉求即使没有实质性条件也可以维持。对于国家身份内容的诉求，就像所有对团体身份的诉求一样，总是出于不停的争论中：作为有意义的发现，他们就像以建立独特的国家主义权力为目标的社会和政治矛盾运动一样。对于每一个认为人们作为自由的、平等的存在对自己特殊的国家身份相对陌生的人来说，我们都可以找到一些共享国家自我定义而却否定这种陌生性的人。

那么，对民主概念来说，合理多元主义的含义是什么呢？我们自然会假设，通过排除在价值观上的普遍共识，合理的多元主义会导致程序民主概念。按照这种定义，源于合法性的民主谱系可以通过集体决策的程序以及与公平过程相关的价值来体现，如公开性，提出替代性选择的平等机会，以及对这些替代进行全面公正的审视。合理多元主义事实上需要一个程序性概念，因为它剥夺了我们的共享道德或宗教前提的背景，这些背景能够赋予人民授权理念以确定性内容，或限制真实集体选择的实质。缺少这种背景，我们除了公正程序外似乎无法在任何事情上达成共识——甚至在公正程序问题上也是如此。

我认为这个结论是不正确的。我想提出一种将合理多元主义假设与更实质的民主概念融合起来的观点。这种融合是以特定方式思考民主——对构成民主治理的集体选择的"协商式"理解的自然结果。在讨论"协商"概念之前，我首先需要更确切地界定有关程序和实质的概念，将聚合（aggregative）民主概念与协商概念区别开，并阐释聚合概念是如何导致程序主义的。

自由：古典和现代

现在我们考虑一下合法性源自人民授权观念面临的常见困境。① 一方面，民主似乎更多表现为程序问题而无法为合法性提供根据；有些民主的集体选择太恶劣而不具有合法性，不管产生这些选择的程序怎样吸引人。另一方面，民主观念看起来排除了合法性的任何竞争性基础。民主是公民平等基本理念所决定的集体选择形式。因此，民主通常被认为是我们必须决定如何确定其他政治价值秩序，而不仅仅是将一种政治价值与其他价值简单结合的方式。

这种困境通常来自有关民主和"现代自由"——宗教自由、良知自由、思考与表达的自由、个人权利和个人财产权——的讨论。由于缺乏与

---

① "合法性源自人民授权"，我指的是将这种授权视为形式政治权利的充分条件。

民主程序条件的任何明显联系,这些自由通常被认为是对民主过程的约束。政治自由则与此不同。使政府无法限制政治参与或控制政治言论的宪法被认为是维护而不是制约民主过程。保障这些政治自由有助于保持人民授权与政治结果之间的联系,保持全体人民而不是大多数人民的持续性权威。这些自由——古典自由——是民主过程的构成要素。

当涉及剥夺宗教自由,或者限制表达的"政治"时,情况就不同了。在这些情况下,宪法中的无作为条款看起来只是限制了民主,而没有成为其前提条件,无论明确与否。

因而,现代自由的价值基础是完全独立于民主价值之外的,这种现象可能会产生一两个令人不满意的结论。首先,就其作为保护现代自由的程度而言,政治自由仅仅具有工具价值;当它们无法保证这种保护时,人民之外的权威应该提供这种保护。这里,民主与其他政治价值的冲突很容易被解释为民主与非民主政治决策程序的冲突。

其次,现代自由并不比暂时的人民舆论具有更深的内涵。虽然公正的民主过程剥夺非政治自由可能是非正义的,但是,它们没有面临民主合法性问题。[1]

通过对我所谓聚合性民主——区别于协商民主——的特殊理解,我们被推到了这个两难困境。[2] 按照聚合性概念,民主将要求平等考虑每个成员利益原则的制度化,或更确切地说,平等考虑"个人自治假设"的原则制度化,这种理解认为,成年公民是其自身利益的最好法官和最警惕的捍卫者。[3] 因而,批评过程的非民主性是在宣称那些过程没有平等考虑每个成员的利益。赋予这种考虑的自然途径是确立集体选择的体制——多数或

---

[1] 当然一个民主多元主义者也许会认为这种伤害是不公正的而且人们不应该拒绝他们。

[2] 关于聚合性民主和协商民主之间的区别,及其对民主观念内顺从于自由和公平价值的可能性的影响,可以参见我对 Robert Dahl 的 Democracy and Its Critics(Yale University Press,1989)的评论。了解相应的战略和协商观念之间的区别,参见 David Estlund 的 Who's Afraid of Deliberative Democracy? On the Strategic/Deliberative Dichotomy in Recent Constitutional Jurisprudence(Texas Law Review 7, no. 7)。我认为,关键的问题是民主观念是否强调了提供他人可接受理由的观点。

[3] Dahl 将民主程序的条件建立在平等考虑原则和个人自治假设的基础之上(Robert Dahl, *Democracy and Its Critics*, Yale University Press, 1989)。

多元规则，或者集体讨价还价——通过使其部分地提出和表达自身利益而平等考虑所有公民的利益。这就需要一个参与、交往和表达的权利框架。

可以证明，聚合性观点能超越这种直接程序权利而被扩展到涉及结果的事务方面。可以说，受偏见——敌意或成见——决定的集体选择不会平等对待受其支配的每位成员的利益。当我们面对弱势群体可能成为如此观点靶子的结果时，我们就能够充分证明平等考虑每个公民利益的过程是失败的。①

然而，这种对重要政治价值的程序性重释只能到此为止。例如，宗教自由就没有明显的程序基础。当然，剥夺崇拜自由有时很是麻烦，因为它们源自歧视性态度。当他们这样做时，宗教自由的保护将根据平等考虑的原则出来干涉。但是，无法赋予宗教信仰以恰当的考虑并不必然反映个人的仇恨、歧视或成见，也不取决于其他任何贬低或不公正对待个人的传统方式。这个问题也许有不同的来源：它可以归结为没有认真看待个人源于合理的道德或宗教信仰产生的要求的紧迫性或重要性——不是其坚持这些在聚合性观念中出现的信仰的程度，而是信仰加于要求的紧迫性或重要性。② 确切地说，正是这种紧迫性促使大量理由超越那些要求。但是，这种对相对紧迫要求的考虑是聚合性概念所缺乏的，因此，在超越那些要求之前需要找到相当重要的理由。这是根本的不足，它源于我前面描述的两难困境。

民主的协商概念没有面临调和民主与非政治自由和其他实质的、非程序要求的相同困境。虽然接受合理多元主义的事实，但它关注行为者遵循的要求的紧迫性，因此，它不会以排他的程序提出民主或集体决策概念。为此，我将首先说明协商观念的主要观点，然后，我将基于协商概念提出，我们怎样在不认可整体的程序民主概念的同时证明合理多元主义的事

---

① 如果立法建立在种族区分基础上——或者至少是恶毒的种族区分，我们有理由怀疑这种区别倾向将无法推动立法发展。而如果他们确实推动了立法，那么程序性民主的规范传统毫无疑问被破坏了。见 Ely, *Democracy and Distrust*, 以及 Ronald Dworkin, *Law's Empire*。
② 要求阻止歧视的权利和要求保护平等规范中扮演中心角色的基础性利益的权利之间存在着差异，见 Laurence Tribe, *American Constitutional Law*, Foundation Press, 1988。

实。我将特别说明现代自由和其他实质条件如何使其自身成为协商民主制度观念的要素。

协商民主

协商的民主概念源于政治正当性观念。依据这种理想，行使集体政治权力的正当性是为了保持平等公民自由的公共理性基础。协商民主使这种理想制度化。根据协商观点，民主不仅是一种政治形式，它更是通过提供有利于参与、交往和表达的条件而促进平等公民自由讨论的一种社会和制度条件框架，并且以定期的竞争性选举、公开性和司法监督等形式确保政治权力的回应性和责任性框架，将行使公共权力的授权与这种讨论联系起来。

稍后我会详细解释协商制度化的条件。但是首先，我想就协商正当性本身作更多的解释。

协商概念将公共理性置于政治正当性的核心。我所谓"公共理性"而非"公共讨论"是因为协商观念不能仅通过强调讨论而不是谈判或投票来区别。任何民主观念——事实上，任何明智的政治决策观念——都会认为讨论是重要的，只要其基本作用是汇集信息而避免其分配的不对称状况。它不会因为政治讨论的目的是改变其他公民偏好这种假设而突显。尽管协商观点必须假定公民愿意接受与其先前偏好和利益相冲突的理由的推动，这种推动可能会改变那些先前的偏好和利益，但它并不说明政治协商会将偏好改变作为自身的目标。它也无法通过其赞同认知的投票概念而区分，按照这种概念，投票是关于政治问题正确答案的信仰表达，而不是对要实施什么政策的偏好。

提供协商民主理想内核的正当性概念可以通过理想的政治协商程序来理解。在这种程序中，参与者认为彼此平等；考虑到合理多元主义的事实和其他人都是理性的假设，他们的目的是用其他人可以接受的理由来保护和批评制度与计划；他们准备按照这种讨论的结果进行合作，并视这些结果是权威的。

什么样的考虑是理性的？恰当的回答不是对理性的一般解释，而是对何种考虑有利于协商环境中适应平等公民自由交往的建议的表述，这种环境包括承认合理多元主义。这种背景反映在各种会被接受的理由之中。在理想化的协商环境中，它不会仅仅提出真实或令人信服的理由：这种考虑可能会被那些认为自身理由合理的人所拒绝。人们必须发现其他令他人信服的理由，承认他人是平等的，知道他们存在其他的合理承诺，并了解他们可能具备的承诺形式——例如他们也许有道德或宗教信仰从而视其为首要的职责。如果某种考虑不能满足这些考验，就足以作为理由而拒绝它。如果能满足这些考验，那么它就会成为可以接受的政治理由。

当然，可接受理由及其恰当价值的准确特征或其合理性程度会因观点不同而改变。因此，即使是理想的协商程序通常也不会产生共识。但即使存在分歧，根据多数原则决策，参与者可能仍会求助于人们通常被认为有价值的，作为集体选择合适基础的考虑，即使在那些不同意正确结果的人中也是这样：当参与者将其观点限定于这些理由，多数人支持本身通常被认为是接受这种决策合法性的原因。

为强调描述可接受政治原因背景环境的重要性，我想强调在这里起作用的合理接受观念与斯坎伦契约论中合理拒绝观念的差异。斯坎伦用"没有人能合理拒绝"的规则观念来界定行为错误的特征，他将这种特征看成是道德问题和道德动机普遍解释的一部分。因而他对合理性——拒绝原则的合理基础——的解释要求发挥非常广泛的作用，即使在缺乏持续合作、制度性约束，或公民平等地位的背景中也是如此。

我所关注的不是一般的理性、道德、政治协商或适于民主商讨的理由，而是特定环境下的民主含义。并且，那种环境决定着什么能够作为协商过程中可接受的理由。因为如果人们认可民主过程，赞同成年人无例外地具有参与该过程的机会，那么，他就不会接受如下理由，即在民主过程中某些人没有其他人有价值或某个集团的利益不如其他集团的重要。而且，对这些理由的限制将会局限民主过程的实质性成果。

我不是反对斯坎伦的观点，他具有不同的话题——一般来讲，道德有别于民主合法性。相反，我认为，这种背景差异对于适应上述两种情况的各种理由来说都是重要的。

为了总结有关协商观点的一般论述，我想强调的是，协商的优点是与其约束性集体选择概念，尤其是与受这些选择支配的其他人——他们有自身的合理观点——可接受理性概念的作用紧密相连。通过要求其他人可以接受的理由，协商观点提供了一幅特别具有吸引力的关于民主秩序中人们之间可能关系的蓝图。

为观察这些关系的特征，首先注意的是，协商概念提供了比聚合观念更有力的基本民主理念——集体行使国家权力的决策观念。它要求我们提供他人——其行为将受这种决策支配——可以接受的考虑，而不仅仅是在决定做什么时考虑其利益。因此，这种人民授权的观点不仅反映在决策过程中，而且反映在政治理由本身的形式和内容中。

协商观点及其集体决策概念的力量可以根据政治共同体观念来表述。假如政治共同体取决于共享广泛的道德或宗教观念，或者一个实质性的国家身份是由这种观点界定的，那么，合理的多元主义就破坏了政治共同体的可能性。但是，另一种政治共同体概念将协商观点与共同体价值联系起来。尤其是，通过要求他人可接受的正当性，协商民主提供了政治自治的形式：所有受集体决策支配的人——希望通过那些决策支配自身行为的人——必须找出接受这些决策的基础。在对政治自治的保证中，协商民主实现了共同体理想的一个重要因素。之所以如此，并非因为集体决策明确了一个共同的道德前景来规范所有的社会生活，也不是因为集体利益优越于成员自由，而是因为要求给那些受政治权力支配的人提供行使政治权力可接受的理由——聚合观念缺乏的要求——表达了负责授权这种权力的主权实体中所有人平等的成员资格。

为了更充分地解释协商观点，我想探讨其某些内涵：在现代国家背景下，促进协商正当性制度化的社会和政治安排需要一定的条件。如果他们坚持要求建立所有公民自由理性的条件，并将行使国家权力的授权植根于那些条件之中，那么，这种安排需要满足什么条件呢？

三个原则

聚合民主概念承诺公正的约束性集体选择过程需要的保护，包括反对会削弱保证平等对待各种考虑过程的要求的歧视。如前所述，协商观念将为基本自由提供更广泛的保证。现在正是实施这种主张的时候。主要观点是：协商观念不仅要求平等对待他人的利益；考虑到良知差异的背景，它还要求他人可接受的理由，政治上可行的理由。我将这种要求称为协商包容原则。

以宗教自由为例。宗教观点为其信徒确定了高层次的要求，或许超越了责任；另外，如果从信奉者的观点来看，我们认为这些要求不可能是信徒自愿接受的。相反，这些要求是由信仰确定的，行为者又将其看成是真实的。因此，正如支持法律或政策体系的充足理由一样，理智的信徒不会接受妨碍其遵守这些要求的观点。那么，那些持不同观点的人又会怎样呢？他们可能会认为所有体现这种严格要求的宗教观点都是不合理的，无论其内容和基础是什么。这种看法没有根据，要不，他们可能将宗教要求视为强烈的偏好，并且与其他对平等的偏好同样对待。这种还原反应表明，他们不愿从信徒的角度来看待宗教信仰的特殊作用，不愿了解宗教信仰是如何通过其内容来表明或暗示那些提供特别令人信服的理由的要求的。

或者，他们可能会严肃地认为，这些要求会将信徒视为合理的东西当成是基本义务，接受要求发现能够超越这些责任的理由，并承认这些理由通常不容易发现。结果就产生了宗教自由，包括良知自由和崇拜自由。宗教自由是各种因素的共同产物，这些因素包括宗教要求——遵守的人认为是基本义务——的苛刻特征、要求发现那些遵循它们的人能够承认的理由，以及不信宗教的公民所具有的基本信念，即他们喜欢强加尤其强制性的义务等。

假设我们禁止他人实践这些要求，因为就支配其信仰的观点来说，他们被迫尊重的理由是不充分的。这将否认他们是平等的公民——在集体行为授权行使权力的人民中的完全成员资格。按照协商的概念，那是民主的失败。如果要使所有受权利支配以及基于合理原因保持合作的人都可以接受，我们就无法提供行使权力的正当性。有许多将个人和团体排斥在人民之外的方式，但这的确是其中一种。

这些宗教自由观点没有说明如何从具有世俗正当性的普遍义务中处理宗教豁免权主张；或者是否为宗教信仰准备特殊条款，如区分缺乏宗教基础的伦理信仰。① 我这里的目的不是解决甚至表达这些问题：任何承认自由行使权力的观点都需要面对这种艰难的问题。我只是要表明，人们没有借助其结构来禁止协商民主概念承认宗教自由权利的基本作用；事实上，它必须为这种权力提供空间。②

我最后强调，保证宗教自由的观点不仅仅局限于政治性：它无法使人们参与政治——或毫无畏惧地参与政治，其目的也无法通过增加更多不同的声音来改善公共讨论。③ 相反的观点是，剥夺这种自由将会以拒绝令人信服理性力量的方式，或依照其自身观点，否定公民作为主权人民中的平等成员。剥夺的理由是无法接受的，因为它们不适合通过符合自由平等公民体制的理性赋予过程来指导权力实践的理想。

协商包含原则很自然地从宗教自由延伸到对表达自由的更广泛保证上。就此而言，它与言论自由理论更常见的困境形成对比，这种理论将对

---

① 在这最后一点上，宗教自由的关键是一种观念内容将严格的义务施加于拥有这种义务的人。但是具体而言宗教内容并不是必要的。

② 这种宗教自由理由看起来似乎建立在一种自然的宗教自由权利观点上，就是说这种理由只有在他们接受这种权利时才被视为协商过程中可接受的。如果这种宗教自由的自然权利简单地诉求一种权利，这种权利只有在非法的阵痛上才能被剥夺，那么协商观念则包含了自然权利。但是自然权利并不仅仅诉求这些，他们解释了对人的本质、自然法或者政治社会必须遵从的前政治标准秩序的基础性权利基础。民主立法的观点并不依赖于这种解释，尽管它并没有断言任何矛盾的内容。宗教自由的解释和民主立法的观点是相关的。就政治争论的目的没有必要再进行任何说明，无论是正面的还是负面的。

③ 罗伯特·昂格尔认为，一个免疫性权利系统是一个民主秩序的组成部分，因为"作为参与者的自由预示了作为免疫的自由"。昂格尔反对"传统民主理论危机"的观点，这种观点认为"参与机会意味着比免疫保障的满意替代物更多的东西"，昂格尔认为如果一个公民拥有"鼓励他积极而独立地参与集体决策过程的安全"，那么免疫权利就是必要的。我同意 Unger 的观点，但是我认为一个民主观念可以为某些自由提供一个不那么制度化的空间，尽管这些自由不是程序化的。

表达自由必要保证的基础归结为确保集体选择民主框架的需要，但这种必要保护只限于政治言论。这种局限与协商条件处于紧张状态。

一旦人们决定，需要就政府对于作为公民整体的责任性和回应性的重要性进行自由表达时，限制对政治言论的必要保护似乎是自然的。但是，协商民主概念无法接受这种限制。当然，对于协商观念来说，以获得理性一致为目标的讨论观念是基本的。但它并不意味保护表达将限定在促进这种讨论的言论上。

表达不是任何讨论或说服过程的一部分——不是"有意当作和认为是对关于某些问题的公共协商的贡献"，——然而，它反映了公民由于可理解的原因而采纳必要的表达理由。① 情况可能如此，以防在不准备或不想说服他人的情况下提供相关证明；或者在不想或不愿意影响更广泛的集体决策过程情况下提供专业性建议。协商观点将必要的保护作为承认这种理由的重要性而拓展到这种表达方面。考虑到合理多元主义的背景，无法赋予表达利益以应有的重视将会否定平等地位，而无法保证这些必要保护的决策就不是集体的。

将保护表达自由归结为民主理想，并限制对公共论坛争论必要保护的传统，符合为根植于民主观念之中的表达自由提供案例的一般战略，而民主观念又具有这种战略的一个因素：需要保护讨论过程的输入。然而，就宗教自由而言，也融合了表达自由：协商观点也将保护与协商过程的可接受结果联系在一起，也就是说，那些结果能够在合理多元主义条件下发现他人可接受的理由并被证明是正当的。

此前，我认为协商概念与共同体价值存在着联系。按照可接受理由的条件与保护非政治自由之间的关系，那种观点现在看来可能是牵强的。因为这些自由通常意味着共同体的瓦解。

然而，协商观点建议需要警惕那种现象。考虑到合理多元主义的条件，保护现代自由不是削弱共同体。合理多元主义本身可能是这样的溶

---

① 我并不是认为这种严格的保护应该限制于受到这种强制性理由鼓舞的表达。对于表达权的传统性民主保护也为严格保护提供了基础。我的目的是为了补充这个基本原理。

剂：至少如果我们根据共享的道德或宗教观点来界定共同体时是这样的。然而，一旦我们采用合理多元主义，保护现代自由就会变成一种必需，尽管对只具可能性的政治共同体而言，它是不充分的条件。正如"包含原则"所表明的，这些自由表达了公民作为集体机构平等成员的地位，集体机构需要具有依法行使公共权力的权威。

现在看看共同的善：聚合民主概念通常对共同善的概念持怀疑态度。罗伯特·达尔就指出，在多元社会中，共同的善的概念或者难以确定而无法提供指导，或者可以确定但无法接受，因为它使我们趋向"绝对不可能"条件下的"令人震惊的结果"，或者由于纯粹的程序原因可以确定也能够接受，因为它们将共同的善界定为民主过程。根据协商概念，这种可疑的观点是没有理由的，而是公正聚合要求之外缺乏限制的另一种反映。

对共同的善原则的协商论述开始于观察公民有正当理由拒绝完全无法促进其利益的公共政策体系。（我说一种政策体系，因为我不希望排除那些不关心某些公民利益的特定法律、管制或政策作为全部法律和政策组成部分的可能性。①）促进每个人利益的这种最低程度限制来自于广泛的协商过程概念，它足以建立一种帕雷托效率条件，作为民主概念的要素。

但正如我所强调的，在协商民主概念中发挥作用的协商并非像通常理解的那样，仅仅是一个提供理由的问题。平等公民的背景概念确定了限制在协商过程中出现的可允许的理由。因为假定你接受约束性集体选择的民主过程，那就等于同意成年人几乎可以毫无例外地参与该过程。作为那种过程的理由，你可以拒绝某些人不如他人有价值或某个集团的利益不如其他集团利益重要这样的观点。这种对理由的限制将反过来限制过程的结果，增加了由广泛的协商概念设定的条件。尤其是，它为公众理解资源分配提供了一个实例，将服务于公民命运的资源区别于公民的社会地位、天赋、好运等。

罗尔斯的差异原则为这种理解提供了详细说明。因为将平等作为基

---

① 营业税的代替要依赖于免税的本质与水平、课税扣除的出现（或不出现）以及税收征集政策的本质。

线，这种原则要求国家行为建立或认可的不平等必须使那些最弱势的群体利益最大化。那种基线很自然地表达了对源于平等公民背景的理由的限制：它不是支持那种根据社会阶层、天赋或者任何其他区分平等公民的条件对公民进行区分从而使特殊团体受益的政策体系的理由。我不想说罗尔斯的差异原则是唯一可接受的共同的善概念。但这里存在支持它的有力事实，因为它接受对源于协商过程观念的理由进行特殊限制的平等假设，同时也因为它坚持没有人应该比任何有需要的人处境更差——这本身就是对协商概念的自然表达。

最后，我想将协商概念与参与权力——古典自由——联系起来。尤其是，我想说明协商概念如何包含了"参与原则"。按照那种原则，民主的集体选择——将协商正当性与公共权力行使的联系制度化——必须用反对限制表达内容或观点的有力假设保证平等的参与权，（包括投票、交往、政治表达等方式）；出任公职的权利；坚持有利于平等投票权的有力假设；以及获得有效影响的平等机会的一般要求。[①] 最后一项是谴责由于集体决策安排的设计而导致的担任公职和政治影响的不平等。[②]

首先，注意这样的事实，一般以协商方式做出的决策在确定参与原则实例方面做得并不够。[③] 也许，理想的协商程序最好通过确保精英之间温文尔雅的政治争论而使人们在他们及其观点之间做出明智选择而制度化，从而不需用任何支持更实质的政治平等即平等投票权和平等影响机会的特殊规定。那么，协商观点如何与参与和政治平等的考虑联系在一起呢？

在这里三种考虑非常重要。

首先，考虑到协商包容以及公共利益原则，协商观念可以利用传统工

[①] 了解有效影响机会的要求可见罗尔斯的《政治自由主义》。法院在这里表现了公平保护的困难所在，因为"选举系统的安排将会使选民作为一个整体对政治过程的影响不断退化"。在分配问题中面临危机的加权表决制的要求，和为本党利益改划选举区分而面临危机的公平意义投票区分开来。我相信改变选举区威胁的价值更容易理解，因为政治影响要比简单的投票问题更广泛。

[②] 在这种要求下产生了很多担心，包括因为种族和政治不公正操作导致的选举的投票淡化，由于竞选财政安排、投票途径的限制性规则以及政党规则导致的不公平影响等。

[③] 从历史上来说，政治协商观念是和高度排外主义形式的议会制度相联系的；此外，一种具有影响力的观点认为，大规模民主在政治协商决策制定的可能性中遭到破坏。

具性理由本身来支持平等政治权利。这种权利提供了保护其他基本权利和通过可能方式促进公共利益的途径。另外，由于缺乏对有效影响的保障，这种促进似乎是不大可能的结果。如果效率不平等和社会中潜在的社会或经济不平等相应存在，这种可能性尤其微乎其微。

在提出这个工具性实例时，我可能会转向讨价还价的政治概念，对平等权力运作的保证是为了保证公平结果的政治平衡。但那将会使工具理性及机制失常。相反的观念是确保所有公民拥有有效的政治权利，作为公民在政治协商中应该受到平等对待的保障，并通过减少权力不平等，减少从协商政治转变为讨价还价政治的动机。

第二个考虑是，政治权利排斥或不平等的许多传统的、历史的正当性——例如基于种族和性别的正当性——无法在公共协商中提供可接受的理由。这种考虑不会排斥不平等的所有根据，例如，如果投票未受到平等对待，是因为例如在美国，政治体制有赖于区域代表制，其中，每个地区对各种政治行为作出回应。但它确立有利于参与原则的进一步假设。

最后，我们在宗教和表达情况中遇到的一个类似考虑，通过保证平等的有效影响机会而强化了平等政治权利的实例。道德和宗教信仰的鲜明特征是它们赋予我们充分的理由去试图影响我们的政治社会环境。从亚里士多德关于公民参与在良善生活中发挥核心作用的观点，到卢梭宣称个人自治与参与之间的联系，以及基于宗教信仰而要求个人责任保证社会正义观点和无法实现这些责任时相应的过失感等，支撑这些理由的广泛观点各不相同。然而，其共同基础是公民拥有实质的、有时是必要的理由来处理公共事务。因为他们这么做，未能承认这些理由对于行为者的价值，以及未能承认有效影响机会的诉求反映了赞同平等公民背景观念的失败。

实现民主

协商民主概念将"非民主"作为既适用于结果也适用于过程的批评术语：它为"民治"、"民享"的民主理想提供了共同基础。但将重要的实质性条件纳入民主概念会导致其本身的问题。问题是，如果我们将所有美好事物——政治平等的要求，对公共利益的考虑，以及现代自由——都解释为民主观念的组成部分，那么，我们可能会以实际导向为代价将程序与实质价值整合起来。当协商民主的各种要素相冲突时，我们该怎样做？协商民主的共同基础并未提供任何防止现实冲突的保证。例如，协商包含条件支配的自由可能会与参与要求的平等政治自由相冲突。考虑到这些冲突，为什么要使民主理念拥有所有这些构成要素呢？

答案是，通过重视共同基础，我们强调需要寻找协调不同要求的方式，只要协调是可能的。为了使这种观点更明了，我将描述一些实例，并集中讨论两个案例，在这两个案例里都存在着各种要求之间的冲突，我将分析可以做些什么来实现他们之间的调和。

第一个例子是竞选捐助。核心问题源于一个常见的困境：一方面，对候选人、政党、公民和组织的政治消费限制似乎增加了表达自由的负担，考虑到期待这种消费合理性的背景尤其如此；可以证明，负担还产生于对政治竞选捐助的严格限制。另外，限制候选人和政党消费，甚至当其作为获得公共资助条件时，可能会加强现职人员的优势，从而产生更少竞争性的选举体制，更无法保证选举产生的官员的责任，也无法保证行使权力的公共授权。[①] 另一方面，不限制消费的体制会使得政治影响——获得公职以及影响政治竞争结果的机会——反映经济地位的差别，那将意味着在有效影响机会上存在着不平等。[②]

这就是限制政治开支的常见冲突。有些人拒绝限制，即使限制的内容是中性的、其目的是保证更平等的政治影响。在臭名昭著的巴克利诉瓦莱奥案审判中，最高法院宣称"可以限制我们社会某些部分言论以增强其他人的相对发言权的政府观念完全与宪法第一修正案不相关"；因此，他们不愿寻找任何基础避免腐败从而规范政治开支。其他人，坚持公平政治平

---

① 这看起来有点迷惑。如果对责任在增加资金方面的优势进行安全假设，那么挑战者将会在开支限制系统中进展得更好，这似乎是显而易见。但是，根据一个有一定影响力水平的争论，背景责任优势使得挑战者更加依赖于金钱。因此一个拥有300000美元的挑战者对抗一个500000美元的责任者，将会比一个拥有250000美元的挑战者对抗拥有250000美元的责任者更有优势。

② 我说没有开支限制的"政体"是因为财政系统内的选择是在允许和限制的计划之间的选择，而不是调节与非调节之间的选择。

等的重要性，认为那种限制是必要的。

第一种观点认为限制某些声音是为了增强其他人的相对声音是不允许的，看起来很奇怪。我先前对表达和政治参与权利基础的论述为二者提出了共同的基础；所以，不存在政治平等次要作用的基础。而且，一旦我们接受了有利于平等对待投票的假设，即一人一票，那么，我们就已经完全受这种限制和强化的约束了。

然而，关注限制的可行性可能会将强调的重点放错地方。考虑到参与和协商包含原则中表达权利的基础，通过更少限制途径而不是消费限制来促进有效影响的机会平等将是值得的。① 实现协调的自然途径是建立公共捐助体制，其理念基本上是依靠"底线"而不是"上限"——补助而非限制——来纠正对参与原则的背离。② 通过确定底线，一个恰当的公共捐助体制会有助于人们担任公职；通过减少政党和候选人对私人资源的依赖，它能够保障更平等的影响机会。底线提供这种保证的有效性依赖于将支持的可行性建立在接受开支限制的条件上。但是，考虑到实质性公共捐助体制，这种限制可能是不必要的。

当然，一种更广泛的公共捐助体制是可能的：为候选人、政党或个人选民（作为公民担保人）提供支持，或者在创制与复决情况下，为非政党组织提供资金支持；为选举活动或更广泛的政党提供资金支持；这种支持也可以通过自由媒体获得。在这样的制度中进行决策，重要的是考虑其对协商的影响以及对有效影响提供的机会。我认为，公民担保人尤其有希望。我这里不想谈论这些细节，关键是陈述主要原则，并强调在民主价值共同基础上发现其某些协调的意义，以及表明协调策略，大体而言，是授权而非限制策略。

第二个实例涉及到协商政治与参与原则和共同的善之间可能存在的紧

---

① 依靠开支限制的一个问题就是资助人和候选人围绕限制进行机动的能力。提高政府补助的水平，就降低了这种机动的动机。

② 美国是四个有资助限制的经合组织国家中的一个。所有其他的政治系统都比美国更加实质性地依赖于政府财政；斯堪的纳维亚国家没有任何的资助或开支限制，而完全地依赖公共资助。

张关系，以及"社团民主"策略在缓和这种紧张关系中的作用。① 正如所建议的解决路径一样，这个问题也不是那么直接的。因此，我首先需要确定某些背景。

首先，看看两个相似的前提。第一，任何运转良好的、满足参与原则和共同的善的民主秩序都需要一个社会基础。除了政党和选民以外，次级社团——市场和国家之间的有组织团体——既需要代表那些未充分代表的利益（例如工会或者其他独立的工人组织），也需要增强促进共同的善的公众能力（考虑到联盟和雇主联合会在任何运转良好的贸易系统内建立工人标准方面的作用）。前者有助于确保政治平等，而增强公众能力则有助于促进共同的善。

第二，各种恰当的社团不会自发出现，无论是为了解决未充分代表的问题，还是因为更多的职能性任务：例如，纠正因经济不平等导致的政治机会不平等，或确保促进共同的善所必需的调整能力的次级社团不会自发出现。

现在把需要适当的社团环境与这种环境不会自然提供的事实联系起来。这种联系意味着解决社团不足的策略：社团民主的策略是利用公共权力鼓励各种合适的次级社团的发展。例如，在存在政治代表明显不平等的地方，社团策略会建议促进目前受排斥利益的有组织代表。在社团比公共权威更能促进共同的善时，它会建议鼓励各种团体扮演更直接、更正式的管理角色。因此，负责联合开发这种培训课程的工会或雇主联合会，可能会因为其责任而受到公共许可的鼓励。

但这里存在着一种紧张。在通过培育各种团体的管理角色以力图满足参与原则和共同的善时，我们可能要加强联合团体在确定政治认同中的作用。那将鼓励各种分裂的团体讨价还价的政治——尽管在更公正的条件下——而不是更具协商性的政治。对这个问题的标准反应是鼓励国家与各

---

① 一个相应的问题伴随着选区种族问题解决途径出现了。考虑到种族团体投票的背景，参与原则可能暗示了种族区划的需要以确保有效影响机会。Lani Guinier 认为，累积投票制可以解决这种紧张。就像其他的比例代表制形式一样，累积投票制将少数群体的有效影响机会同自愿的选民联系起来从而鼓励了协商。

种团体的分离，或者放弃平等主义的政治价值，因为没有谁能够实现这些价值。社团民主意味着一种不同的反应。它拒绝政治领域以外形成的团结必须严格地关注特殊的团体这种绝对的假设，并由此提出一些制度上的创新。为了解释拒绝这种假设的基础以及相应的制度创新，我将就协会在管理方面的协商式作用给出一个非常粗略的评论。

一般来说，社团的管理角色观点反映了国家管理共同的善方面的有限能力。这种局限表现在四个方面：

1. 政府能够确定明确的管理条件，但管理的目标太多、太分散，而且太多变，从而无法实现对遵从的严格监管。很多工作规则，包括合理的工资和工作时间、赔偿，特别是合理的组织工作等一些和职业健康及安全相关的规则，就形象地印证了这种监管问题。

2. 政府能够设立广泛的绩效标准，但管理的目标太分散或不稳定，从而在特定的管理环境中，使政府无法实现这些标准。许多环境管理就是这种类型。

3. 政府也许（或者不）能执行曾经设立的标准，但自身不能设立恰当的目标。[①] 通常，恰当的标准只能由那些不为政府轻易获得的、具备地方知识的人决定，或者只能在非政府组织长期合作的结果或环境中具体细化。工业生产中的产品、流程和绩效通常属于这种类型，贸易标准也是如此。合理的标准经常变化；其内容来自于形成这种规范过程的合作。

4. 问题通常是多种原因的产物，并与遍布在传统政策领域和过程之中的其他问题联系在一起。在这些情况下，适当的策略需要这些领域的合作，也需要其内部个体行为者的合作。城市贫困、地方经济发展，以及有效社会服务的提供等问题都属于此类。如果没有国家以外的各种制度与团体的通力合作，包括借贷制度、医疗健康机构、科技传播、教育和培训设施、住房机构、社会发展企业以及居民协会等，任何问题都无法解决。然而，这些机构以及其他面临这些问题及其解决途径的政党都有不同的日程安排、不同的身份和利益。

---

① 或者只能以非常抽象的术语来设置它们，例如，作为"合理"或"应当"的要求。

为了解决这些问题，社团路径明确建议依靠社团的独特能力搜集地方信息，监督服从，以及促进私人行为者之间的合作。当这些问题多多少少能在职能上进行说明时，大致相应于上述的前三种类别，联合管理也就不是那么罕见的事了。作为一个普遍问题，联合管理最好在工作管理和培训领域里发展，它依赖于传统的劳资"社会伙伴"控制的制度。利用工厂委员会加强职业安全和健康管理，依靠工会和雇主联合会促进技术传播，或依靠雇主和工会联盟确立培训标准都很常见。这些领域内的实践经验也许能更明确地推广到非传统性政党。

当社团努力的范围超越特定的功能性问题而面向更广泛更开放的问题时——如城市贫困或地区经济发展，情况就没这么明晰了。社团策略主张在传统政治领域之外建构新的公共协商领域①，其目标是建立有价值的合作。

然而，必须注意的是，包含非传统的利益相关者，以及协商领域的发展都意味着一种新的可能性：通过明确和解决共同关心问题的过程建构新的社会团结基础。对于资金充足的联盟来说，要做的事情就是参与到明显涉及自身和更广泛的社会范围的培训标准的设计。对于正在成长的、资金不足的社区环境组织来说，如果它坚持要设计早期环境预警机制，以在环境问题变得无法控制之前就关注它的话，那么他们要获得重要的资源则是另外一回事。在这种情况下，支持是与公共服务联系在一起的。或者对于贫困社区中的居民组织和经济发展公司来说，为了联合起来提供对父母的培训计划和对儿童的关怀计划（作为广泛职业培训的一部分）而接受援助：参与和支持再次与公共利益计划联系在一起。

这些努力的团结特征是有着共同担心的人民团体——如解决持续贫困问题——的纽带，他们在解决问题时相互将对方视为平等的合作伙伴。② 总之，这些也许具有非常广泛范围的努力，有可能在正式的政治领域之外创造新的"协商领域"，它可能以特殊的方式而作为"协商民主的学校"。

---

① 尽管可以看到他们接受公共支持的范围和程度，但他们仍然受到宪法的限制，特别是对平等保护的保障。

② 这种诉求当然要依赖一个民主国家保护基本自由和确保平等保护的背景假设。

为实现这种合作而建立的协商领域将有着共同关心和非常不同的身份而却不知道如何解决他们共同关心的问题的人们团结起来。在对共同关心问题的空前参与推动下，其成功合作会鼓励他们以平等姿态对待他人，因为这些领域需要他人也能够接受的讨论。假设存在公正的讨论条件，并且可以期望协商结果能支配随后的行为，参与者将会更加互相尊重。以解决问题而不是向国家施压为宗旨的讨论结构将鼓励人们探求别人能够同意的措辞。而那又会促使各种观点和建议行为朝着尊重并有利于更大多数人的利益的方向发展。而且，在参与者之间存在持续差异的环境下进行讨论，会使参与各方在界定问题和提出解决策略时更加深思熟虑；它会使讨论从将选择考虑限制在更为狭隘的特定团体的偏见中解放出来。

如果这是正确的，那么，根据这些领域而部分形成团结的社会与一个组织生活范围狭隘、分裂的社会是有区别的。那将意味着，有可能利用组织策略来促进参与原则和共同的善，而无须鼓励特别的团体认同来将政治从协商转变成讨价还价。

结 论

我认为，合理多元主义的事实不要求民主和集体选择的程序性描述。联系到正当性协商概念，它适合于民主的实质性描述，其实质——根据协商包含原则、公共的善和参与原则来理解——包括平等和自由的价值。此外，这种协商概念为集体选择理念提供了有吸引力的阐述，并将那种理念与政治共同体观点联系起来。最后，我们不是没有资源解决协商概念中自由、平等，以及共同体价值之间可能存在的紧张关系。当然，是否利用这些资源是个政治问题。

第六章　交往与他者：超越协商民主

艾丽丝·马里恩·扬

近年来，有不少政治学家和法学家都在提倡协商民主的观念，试图以此来代替以利益为基础的民主理论。本文赞同这种以讨论为基础的民主理想。但是我认为，在人们对这一理想的通常阐述中存在两个问题。首先，通过将民主讨论的概念严格限定为批判性的论证，大多数协商民主论者实际上预设了一种基于文化偏见的讨论概念，这将造成某些人或群体的失语或者遭到贬低。此外，他们倾向于把以理解为目的的讨论过程错误地理解为要么以共识为前提，要么以共同利益为目标。

在对这些缺陷进行考察之后，我建议对协商民主理论进行一些修正，我将其称为交往民主。[①] 第一，我认为在民主讨论中，文化、社会视角或排他主义承诺上的差异都应该被视为达成理解的资源，而不是必须予以消除的分歧。第二，我对民主沟通概念进行了扩展。除了论证以外，礼节（Greeting）、修辞（Rhetoric）和叙事（Storytelling）都应该是对政治讨论有所裨益的交往形式。

[①] 我最开始是在另外一篇文章中提出这种交往民主观的。参见 "Justice and Communicative Democracy" in Roger S. Gottlieb, ed., Radical Philosophy: Tradition, Counrev-Tradition, Politics (Philadelphia: Temple UniversityPress, 1993), pp. 23–42。

协商民主模式

协商民主的理论家们通常将他们的观点与我所说的以利益为基础的民主模式相对照。① 后者主要将民主视为人们表达偏好和需求、并将其付诸于选票的过程。民主决策的目标在于决定什么样的规则、政策和领导人最能满足最大多数人的利益，其中，利益是由每个人自己界定的。在民主决策的过程中，个人或利益集团决定哪些政策最符合他们所认定的自身利益（考虑到政体中很多其他的人也会这样行事），并将选票投给它们。民主决策乃是人们在自利性的选举中使他们的计划和联盟成功实现的结果。

协商民主论者批判这种以利益为基础的民主模式，认为它对政治过程的理解具有非理性的特征和私人化的倾向。在这种模式里，公民从来不需要抛开他们私人的狭隘追求，也不需要在公共场景中承认其他公民的追求，并就他们集体性的（有别于个体的）需求和目标展开相互讨论。虽然每个公民对何种手段最能实现他们的私人目标也许是理性的，但是最终聚合的结果未必就是理性的，而且这种结果也不是经过论证之后得出的。② 对于政治问题，人们不需要摒弃自己的主观意见以获致更为客观或普遍的观点。因此以利益为基础的民主模式还认定人们不能向别人提出有关正义或公益的要求，也不能援引各种理由对这些要求进行辩护。③

相反，协商民主模式将民主视为一个"公共"创生的过程，其间公民们就集体性的问题、目标、理想和行动展开讨论。民主过程的核心在于对这种共同利益进行讨论，而不是就各人私利展开竞争。不同于那种从私人效用最大化的视角出发所进行的算计，通过公共协商，公民自身的偏好发

---

① 我所说的协商民主理论家主要包括：Joshua Cohen, Thomas Spragens, Benjamin Barber（虽然 Barber 不像其他人那样容易遭致我给出的其中一种批评），Cass R. Sunstein, Frank Michelman, Jane Mansbridge, John Dryzek, James Bohman, James Fishkin。我还认为哈贝马斯的交往行动理论构成协商民主理论的基础，我的部分批评就是针对他的，后面我还会提到，沃尔泽的某些著述也可归于这种民主理论。

② 斯普拉根斯和博曼都指出了以利益为基础的民主观潜在的非理性。

③ 约翰·伯克尤其大胆地断言在公共生活中不可能提出道德要求。

生转变，使之符合公共导向的目标，并就这些目标的性质以及实现目标的最佳手段进行论证。在自由而公开的对话中相互间就这些主张和理由进行检验和挑战。参与者仔细甄别好的理由与坏的理由，有效的论证与无效的论证。讨论者对那些未能得到有效论证的劣质理由和言论不予置信，不理会或者贬低那些修辞性的鼓噪和情绪化的爆发。协商过程的参与者提出并审视相关的要求和主张，直到"更佳的论证力量"迫使所有人接受一个共同的结论为止。

我同意这些对以利益为基础的民主模式的批评，即我们应该秉持这样一种民主观：将政治理解为人们面对面地以理性的方式决定公共目标和政策。虽然在当今的西方民主国家，以利益为基础的民主模式最符合现今的实践和看法，但我们也知道，在自由民主体制的实际运行中，公共理性的规范在某些时候也的确存在。根据我们目前的经验所及，这种协商民主在政府之外的志愿组织决策结构中最为常见。而有时候，在立法机构或公共听证会上，政府决策的形成过程也会带有协商的色彩。鉴于当今的民主体制在一定程度上阻碍协商而鼓励公民对政治采取一种私人化的消费取向，因此必须对其进行重塑，使之为协商创造更多的机会。但是接下来我将对人们通常所阐述的协商民主模式提出两个方面的批评。将民主讨论限定为论证的倾向暗含了一种文化上的偏见，这种偏见将在实践中导致某些人被排除在外。此外，将一致性设定为民主讨论的出发点或目标也会造成排斥性的后果。

协商模式的排斥性内涵

至此我已表明，协商民主的一个主要优点在于，它致力于使理性在政治中凌驾于权力之上。政策之所以应该被采纳，不是因为最有影响力的利益取得了胜利，而应该是因为公民或其代表在倾听和审视相关的理由之后，共同认可该政策的正当性。虽然传统的共和主义存在某种精英主义的倾向，但当代的协商论者认为，较之以利益为基础的民主，协商民主潜在地具有更大的包容性和平等性。① 例如，以利益为基础的民主体制并不阻止金钱和人数对决策的影响，而审议理论家通常声称，协商民主论者要求所有的公民在表达要求方面拥有平等的发言权，而不受到社会地位或权力的影响。

乔舒亚·科恩就理想的协商民主所应具备的条件给出了一幅清晰的图景。他的观点与哈贝马斯提出的以理解为目标的话语理想很接近，约翰·德雷泽克也正是以此为基础构建他的话语民主。在理想的协商民主中，参与者对于政治问题的解决保持一种开放的胸怀；他们并不受制于先在的标准或要求的权威。政治讨论的过程以理性的辩论为要。参与者提出并审视相关的建议，每个人对于结论的认可都只能基于"更佳的论证力量"。为确保这种认可是理性的，参与者必须是自由和平等的。每个人都必须有平等的机会提出并审视相关的建议，而且他们的对话环境必须免于受到支配。没有人能够占据高位，威胁或强迫他人接受或拒绝某些建议。协商的目标在于达成共识；即使在共识不可能达成、不得不求助于投票的情况下，协商的结果也应是一种集体性的判断，而不是私人偏好的聚合。

协商论者倾向于认为，只要将政治权力与经济权力悬置起来，就足以确保对话者之间的平等。这种观点未能注意到，妨碍人们成为平等对话者的社会权力不仅源于经济上的依赖和政治上的支配，还源于人们对于自己是否有权利发言的内在感觉，同时也源于对其言谈风格的评价，有些人的言谈风格会遭到贬低而另一些人的言谈风格则会被抬高。协商理想倾向于认为，当我们消除了经济和政治权力的影响后，人们的言谈方式和理解方式将会一样。但事实上，只有当我们进一步将他们在文化和社会地位上的差异抹平后，这种设想才能成为现实。也就是说，协商民主模式倾向于认为协商在文化上不仅是中立的，并且是普遍性的。交往民主理论则关注社会差异以及权力对言谈本身的渗透方式，承认协商实践的文化特殊性，提倡一种更具包容性的交往模式。

---

① 费希金在某种程度上是个例外。他认为在政治平等与政治参与之间存在交换（trade-off）。若要使每个人都对决策结果拥有同等的影响力，协商就会变得不可能了，因为在巨型民主中，这种要求只能意味着在聚合性选举与全民公决中实行一人一票制。

交往协商模式起源于现代西方独特的制度环境——科学辩论、现代议会和法院（每一个都能在古希腊和古罗马的哲学与政治以及中世纪的学院中找到雏形）。这些制度是资产阶级革命所追求的部分目标，最终也在西方占据了统治地位。它们的制度形式、规则、修辞及文化风格界定了理性自身在现代世界的意义。作为支配性的制度，它们曾经是精英主义和排斥性的，这些排斥性特征在制度及其所代表的修辞风格上均有所反映，并且给理性和协商概念打上了自己鲜明的印记。启蒙运动伊始，这些制度就是由男性所主导，而在那些存在阶级和种族差异的社会里，它们还是由白人和上层阶级所主导的。尽管人们声称协商的形式是在井然有序的集会上表达纯粹普遍的理性，但是，审议的规范是带有文化特殊性的，并且常常表现为以权力的形式压制或贬低某些人的言论。

议会中的论证和法庭上的抗辩并不是完全自由、公开的公共论坛，即其间所有人都有权利根据自己的理解来表达要求并给出理由。这些制度并不将讨论视为对每个人的观点予以公开、对等的承认，而是将协商塑造为竞争式的。协商就是竞争。争论各方都以赢得辩论、而不是达成相互理解为目标。"更佳的论证力量"所产生的同意，意味着不再能提出进一步的反驳，也就是承认自己的失败。① 协商规范的竞争性特征揭示了权力重新进入协商场所的方式，即使协商论者声称已经排除了权力因素的影响。

将民主讨论的实践限定为一场有人赢有人输的竞争，使得那些喜欢竞争并熟悉游戏规则的人更有具优势。那些斩钉截铁、对抗式的话语要比尝试性、探究性或调解性的话语更受重视。这就使得在大多数实际的讨论情形中，男性的话语风格要比女性更占优势。越来越多的研究表明，在更喜欢强硬的声明和争辩的话语情境中，女性比男性更倾向于保持沉默。再者，即使当女性的确在这种情境下发言时，她们也是倾向于给出信息和提

---

① 在解释道德论证的功能时，其中有一段说明了哈贝马斯对这种竞争式的对话模式很是认同："辩论中所发生的情形是，竞争者的成功取向被纳入这样一种交往的形式，其中以达成理解为目标的行动乃是借助其他方式得以延续的。在辩论中，为了互相说服也就是达成共识，建议者与反对者就论证展开竞争。这种论辩的角色结构使争论的诸种形式服务于在相互比较中探求真理。只要论证不被化为仅仅是人们之间相互施加影响的手段，它就能在取得共识这一目标的指引下利用以成功为取向的竞争者之间的冲突。"

出问题，而非陈述观点或者挑起争论。①

此外，在很多正式场合，受过良好教育的中产阶级白人经常表现得好像只有他们有发言权，他们的话才算数，其他人则往往由于不熟悉辩论的要求和议会程序中的手续和规则而变得沉默，他们即使发言，也会被那些负责人看做是在鼓动"分裂"。在很多现实的话语环境中，文化上存在差异、社会地位不平等的各种群体同居一处，此时强硬、好斗的标准以及按照竞争规则发言的要求就是强有力的消声器和评价机制。此外，占据支配地位的群体常常完全没有意识到这种贬低和压制，而弱势群体则往往感到自己受到了怠慢，挫折感使他们变得愈发自卑或愤怒。

协商的规范还赋予正式、普遍的话语以更大的优势。那种有条不紊地将自己从前提到结论的推理结构清清楚楚展示出来的话语，明显要优于其他话语。那些将普遍性和原则应用于特定实例并以此来表达自己立场的话语，同样更占优势。但是，这些"口齿伶俐"的规范必须经过学习；它们具有文化上的特殊性，在我们社会的实际话语环境里，展现出这样的话语风格乃是一种社会特权的象征。因此协商并没有平等地向所有表达要求和陈述理由的方式开放。在正式的讨论及辩论的场合，比如教室、法庭和市议会大厅，很多人都感到他们必须为自己的犹豫不决和不得要领的言谈表示歉意。

最后，协商的规范赋予冷静、非情绪化的话语以更大的优势。协商论者倾向于在心灵与身体、理性与激情之间预设一种对立关系。他们往往错误地将客观性等同于沉着冷静和喜怒不形于色。这样，表现出愤怒、受伤害和激情会使那些带有此类情绪的主张和理由大打折扣。同样，对话者将身体带入讨论——比如丰富的脸部表情，紧张地走动或者是用肢体表达情感——也是脆弱的象征，这将削弱他的主张所本来应有的价值，抑或意味着对话者缺乏客观性和自制力。根据协商的标准，较之夸张、隐喻等诸如

---

① 参见 Lynn Sanders, "Against Deliberation"。1992 年 9 月在美国政治科学协会会议上提交的论文。她援引的相关研究表明，在陪审团中，男性说的话要比女性多得多，而且常常占据主导地位。简·曼斯布里奇指出，有研究证明，女性州议员的发言比男性州议员少。在公共会议上，女性倾向于给出信息和提出问题，男性则往往是陈述观点和加入争论。

此类的比喻性语言,"非比喻性"语言也往往更受重视。

重申一下,在我们的社会里,这些话语特权上的差异与其他社会特权上的差异紧密相关。中产阶级白人男性的话语文化更具有支配性,它没有夸张的表情和情感的流露。而另一方面,女性和少数民族的话语文化则倾向于更为激动和更富有表现力,也更看重情感的表达、比喻性语言的运用、声调的变化以及丰富的表情。①

基于以上几点,我认为,较之协商论者通常的设想,这种以讨论为基础的民主理论必须对政治讨论中的话语形式和风格采取一种更为宽泛的理解。我更愿意将这种扩展了的理论称为交往民主,而不是协商民主,以表明任何一种沟通互动形式都拥有同等的地位,只要其旨在达成理解即可。在就政治问题进行相互讨论和说服时,论证的确是必要的,但是论证绝非政治沟通的唯一方式,而且,论证可以用多种方式进行,其中还可以穿插或伴随其他的沟通形式。

协商模式设定的一致性

不同于以利益为基础的民主观,交往民主强调,当人们与他人就观点和经验进行交流时,他们的政治观点常常发生改变。在就集体行动或公共政策进行公共讨论的过程中,如果人们只说他们想要什么,而不诉诸正义或正当性时,他们就不会受到认真的对待。相反,他们必须声称自己提出的建议是正义的、有根据的,是他人应该接受的,以此来吸引他人的注意。这一过程会促使个人的初始偏好从主观的欲望转向客观的要求,偏好的内容也会随之发生改变,即通过诉诸于权利或正当性使自己的主张适合于公开地陈述。通过倾听和了解他人的观点,人们对于如何解决集体问题的观点有时也会改变。

---

① 安东尼·科泰斯认为,科尔伯格和哈贝马斯所预想的道德推理模式带有种族中心论和文化偏见的色彩,倾向于贬低奇卡诺人(奇卡诺人是指墨西哥裔美国人或在美国讲西班牙语的拉丁美洲人后裔——译注)的话语风格和推理模式。查尔斯·亨利探讨了对非洲裔的美国人在公共辩论中的风格产生影响的那种倾向:他们比白人更为经常地将情绪、愤怒与辩论搅在一起。

这种从主观的、利己的偏好转向更为客观或普遍意见的过程常常被协商论者阐释为发现或建构一致性的过程。我发现他们从两种不同的路径来谈论这种一致性。有些人将一致性看做协商的前提性条件。比如沃尔泽就认为,有效的社会批评揭示并且要求共同体内部预先存在的"共识"。于尔根·哈贝马斯有时似乎也认为,通过对话达成对规范的理解过程有赖于"对已破裂的共识的修复"。

通过这种方式来塑造讨论过程至少存在两个问题。其一,在当代的多元主义社会,我们在很多情况下都不能奢望可以找到足够的可资利用的共识,也不能担保这样的共识有助于解决集体面临的问题。其二,对先在的一致性的设定,取消了自我超越的需要,而我早就说过,这一需要乃是交往民主必不可少的重要元素。如果讨论的成功主要是因为它诉诸了讨论者共同分享的观念,那么就没有人需要修正自己的意见或观点,以考虑超越于他们的视角和经验。即使人们需要借助他人来找出他们所共同分享的是什么,每个人在他人那里找到的也只是一面只能照出他或她自己的镜子而已。

意识到了这样的问题,有些协商论者便将一致性视为政治对话的目标而非前提。根据这种观点,通过将自己的特殊利益搁在一边并追求整体的利益,参与者超越了他们主观和利己的政治观点。在交往民主的互动中,起初参与者在文化、视角和利益上常常存在差异,但是讨论的目标是辨明或者生发出能为所有人所共享的共同利益。为达致共同利益,也许必须要经过差异,但差异本身却是某种必须予以超越的东西,因为差异意味着偏见和分裂。

这种看法的问题在于,它可能暗含了另一种排斥机制。假设有这样一种讨论的情形,参与者在群体文化和社会地位上存在差异,而且某些群体比其他群体享有更大的象征性特权或物质性特权,那么对某种"共同利益"的诉求就可能造成这种特权的永久化。正如我前面已阐明的,即使在沟通情境中消除了经济和政治不平等的直接影响,某种文化风格和价值依然能够占据更大的优势。当参与讨论的人以一致性和共同利益(其间假定所有人都抛开了他们的特殊经验与利益)为目标,那些占优势的视角就可能支配对共同利益的界定,弱势群体则被要求将自己的经验搁在一边,这就意味着要采纳一种不同的语式,或者是为了寻求某种共同利益——对共同利益的界定包含着对他们不利的偏见——而放弃他们自身权利或利益上的要求。①

作为资源的差异

如果境遇各不相同的群体并不是生活在同一个国家,那么就不存在他们参加民主讨论的理由或架构。从这个意义上讲,某种一致性当然是民主沟通的一个条件。但是我认为,与协商论者通常假定的一致性相比,同一个国家这样的一致性相对要弱得多。推动政治运转的一致性乃是指这样一种事实:聚集在一起的人发现他们地理位置非常接近、经济上又相互依赖,以至于其中某些人的活动和追求会对其他人的活动能力造成影响。一个国家乃是由那些在一起共同生活并相互联结在一起的人组成。

如果一个国家实行的是交往民主,那它甚至需要更多的一致性。其成员必须非常正式地承诺相互间给予平等的尊重,认可所有人都有权利表达自己的意见和观点,也都有倾听他人的义务。而且,他们必须就有关公平讨论和决策的程序性规则达成共识。这三个条件——严重的相互依赖、着重其事的平等尊重和程序上的共识——都是交往民主所必需的一致性。较之共识或以发现共同利益为目标,它们是更为弱势的条件。在这种最低程度的一致性条件(这也是交往民主的特征)下,如果将社会地位及身份上的差异视为公共理性的资源而非其必须予以消除的分歧,我们就会对民主讨论的过程有更为丰富的理解。

我已阐明,将一致性视为协商民主之起点或目标的观点存在一个问题:它不能很好地解释参与者在沟通过程中通常发生的意见之转变。如果我们都真的是在寻求我们的共同之处——无论是作为先在的条件还是最终

---

① 我提出了一种更为详尽的与之类似的论证,参见 Justice and the Politics of Dikkerence (Princeton: Princeton University Press, 1990), chap 4。

的目标，——那么我们将不会改变自己的观点。我们在他人那里看到的只是镜中之我。另一方面，如果我们认为，沟通互动意味着要遭遇不同的意义、社会地位或需求（这些都不为我拥有或认同），我们就能更好地描述沟通是如何改变我们的偏好的。不同社会地位的人相遇时都会意识到相互间的差异。这并不意味着我们认为我们之间没有相似之处；差异并不完全等同于他性。但这却意味着，每种社会地位的人都意识到他无法完全理解其他社会地位的人所持有的观点，也就是说，他无法完全将其吸收到自己的思想框架中来。这样当人们就他们的意图和观点进行沟通时，他们会觉得在别人那里有某种值得了解的东西，因为这些视角超出了各自原有的经验，而且无法将其化为某种共同利益。这种相互之间表达自己经验与观点的过程，使每个人都能超越自己起初的认识，因而解释了人们的意见如何能够发生转变。

　　这种超越彼此视角之间的沟通确保了多元性，这种多元性被汉娜·阿伦特视为公共性的一个条件。通过将自己的经验和利益置于更为开阔的背景中（即每个人都站在他人的立场来理解），公共领域中多元化的立场使每个参与者能更多地了解到，社会究竟意味着什么，政策可能导致什么样的后果。我这里所说的"理解"与某些协商论者的观点有所不同，在后者看来，当人们通常在沟通情境中说他们达成了共识或相互理解时，意味着他们达成了相互认同。根据这种看法，当人们超越了那些造成他们之间差异与分裂的因素，并拥有了同样的意图、信念或原则时，他们才达成了理解。

　　但是，如果交往民主意味着那种跨越文化、社会地位和需要方面的差异（这些差异在沟通中仍将被保留）的对话，那么相互理解和达致理解就不是上面所说的那种认同。在此，对其他社会地位的人的理解，意味着这些人成功地表达了自己的经验和观点，使他人对这些经验和观点有所了解，并且他们还理解了这样一个事实：在这些经验与观点背后还有更多的东西，那些东西超越了他们各自的主观经验。①

对这些不同的立场和观点的保留和倾听，将导致协商论者所倡导的偏好转变。这种转变有三种方式。(1) 不同的观点、利益和文化意义之间的碰撞使我意识到自己的偏狭，并意识到自己的经验只是一种视角而已。(2) 认识到自己身处如下情境之中：我必须与他人一起解决集体性问题，而这些人对问题的解决有着不同的见解，他们所拥有的文化和价值也与我不同，并且他们有权挑战我的要求和论证，这会迫使我把对自利和欲望的表达转变为对正义的吁求。就集体政策提出的建议并不一定要表现为普遍利益（一种所有人都能分享的利益）；它们也可能是这样的要求：公众有义务承认和帮助那些处于特殊处境的人，满足他们特殊的需求。然而，多元化的公共视角要求这种表达出来的诉求跨越差异、填平由于缺乏理解造成的鸿沟，并进而改变经验本身。(3) 表达、质疑和挑战不同的情境化知识，最终会丰富所有参与者的社会知识。无需抛弃自己的观点，通过在差异中倾听，每个人都能了解相关的建议和要求是如何影响身处其他境遇的人的。通过在某种程度上内化这种对多元立场的间接理解，参与者获得了一幅更为丰富的有关社会过程的图景（他们自己的特殊经验也深嵌其中）。这种更大的社会客观性增加了他们公正地解决集体问题的智慧。

交往民主的广度

在柏拉图的《高尔吉亚篇》中，苏格拉底与有名的诡辩家以及高尔吉亚本人讨论了修辞的优点与缺点。苏格拉底引导他的对话者去发现论证艺术（它旨在揭示真理）与说服技巧（它仅仅为了表现自己）之间的区别。对话暗示我们，修辞与批判性的哲学思考正好相反，前者仅仅知道如何打动和逢迎听众的技巧，后者则是为了引导听众摆脱那些甜蜜的谎言，往往使听众不悦，令他们感到不适。但是随着对话的进行，日益明显的是，苏

---

① 我在另外一篇文章中更为详尽地探讨了这种跨越差异的理解观，参见"Asymmetrical Reciprocity: On Moral Respect, Wonder and Enlarged Thought", in Constellations, 即出。

格拉底和他的对话者不能再维持这种真理与修辞之间的区别了;辩论也是说服,最恰当的说法应该是只存在好的修辞与坏的修辞之分。通过这一对话事件,柏拉图揭示出真理与修辞的区别其实是站不住脚的。苏格拉底为了推动他的对话者继续讨论,也对他们使用了奉承的技巧。他运用了无以计数的从幽默到讽刺再到嘲弄最后到谦卑等种种修辞技巧。在其他几乎每一篇柏拉图写的对话中,苏格拉底都会讲述一个神话或者诗意的故事,这些神话和故事与论证无关,都是为了抓住听众的直觉。

依循近来女权主义者关于对话理性的阐释,以及非洲裔和拉丁裔的男性美国人对主导性协商概念所暗含的文化偏见的揭示,我认为,除了批判性的论证,一种更为宽泛的沟通民主观还应具备三个要素:礼节、修辞与叙事。因为这三种沟通的方式承认对话者的具体性和特殊性,所以它们有助于建构和保持多元性,与阿伦特一样,我认为这种多元性对于公共性的意义及存在都是必要的。此外,在那种存在不同的群体文化、社会视角和价值的社会中,这些交往形式在缺乏重要共识的情况下,通过为人们提供在差异中进行对话的方式,起到了补充论证的作用。

礼节——我希望利用"礼节"这一术语提出一种有益的沟通方式,而这种方式曾被《高尔吉亚篇》视为谄媚之恶。以达成理解为目标的对话,其逻辑和动机上的条件是:对话者相互承认对方的特殊性。我将这种沟通要素称为"礼节",它是我们用以表示友好的日常语用学模式。以下就是一些并没有说出任何东西但对沟通很必要的话语:"早上好"、"你好"、"欢迎"、"再见"、"当心",它们不断言什么,也没有特定的内容。① 我认为这种礼节性的话语还应包括告别,以及用于活跃讨论气氛的一些温和的话语形式:奉承、自嘲和附和等。

尤其是当对话者在文化、价值抑或利益、目标等诸多方面存在差异,并将其带入讨论的时候,如果没有使他们之间建立起信任或尊重的初步措施,他们试图解决冲突或就行动方针达成共识的努力就会化为泡影。这些

---

① 通过阅读伊曼努尔·列维纳斯对于套话(Saying)和讲述(Said)之间区别的阐述,我体会到了这种沟通要素。

初步措施通常包括各种形式的逢迎，用含有敬意的头衔称呼他人，对他人的成就和理想的重要性表示承认等诸如此类的引导性话语。①

参与者致力于达成理解的沟通互动，常常需要撒点礼貌和尊重这样的胡椒粉，少了它们会让人觉得冷酷、漠然，甚至于受到侮辱。为了让人们在一起时感到亲切，讨论也要饰以非语言性表示，如友善的微笑、握手、拥抱以及递送、传递食物与饮料等。② 在这方面，身体和对身体的关切必定进入了交往民主的理想。但是，协商论者似乎并没有为关切、尊重和礼貌地承认他者的他性留下空间。由于大多数的民主讨论充塞着分歧、愤怒、冲突、反驳和批评，所以时不时地采用捧场、问候、尊敬和抚慰这样的方式有助于使陷入愤怒与分歧的讨论能继续进行。

修辞——协商论者追随柏拉图，试图将理性话语与纯粹修辞区别开来，在这样做的时候，他们通常蔑视情感性语言和比喻性语言。根据这种看法，理性话语（协商民主应该采纳的那种话语）就是提出观点并给出适当的理由，同时条理清晰地讲出其中的逻辑联系。比如，通过列举希特勒对群众理性的蔑视这一例子，托马斯·斯普拉根斯（Thomas Spragens）警告我们要反对那种试图以热烈的激情打动群众的夸张言论。他宣称，理性的民主，应该致力于思想，而不是引爆激情。正如詹姆斯·博曼指出的，哈贝马斯也试图将理性的话语与修辞区分开来，将前者称为以言行事的（illocutionary）话语行为，后者称为以言取效的话语行为（perlocutionary）。但是在我看来，将理性话语与修辞对立起来，不仅否定了沟通的情境性，也忽视了这一情境与欲望之间的必然联系。

当有着不同目标、价值和利益的人试图通过讨论来谋求公正地解决集体问题时，仅仅提出观点和给出理由是不够的。人们还必须学会倾听。正如本杰明·巴伯所指出的，民主理论家们重视发言，却常常忽视对倾听的

---

① 乌佩迪亚·巴克西（Upendia Baxi）批评那些视政治中的逢迎为落后象征的人，指责这种反应是种族中心论。他认为，逢迎或者相互之间说好话和赞美，乃是保持关系的一种重要方式。由于对这种行为压制，西方的公共文化损害了沟通。

② 在"Feminist Practical Dialogue"一文中，阿利森·贾格尔谈到了这种身体上的关切在促进民主沟通的目标方面的重要性。

探讨。修辞指的是那种在谈话中引起听众注意的话语形式和话语风格。对于这种以听众为指向的话语风格，人们可以从很多方面来加以考察，但我关注的是前面所提及的两个方面：沟通的情境性及其与欲望的关联。

修辞宣告了沟通的情境性。利用修辞性比喻，发言者构建出他与听众之间的相对位置关系。通过修辞，演讲者诉诸于听众的特殊品质或经验，也利用他或她自己与听众的相对位置关系。修辞还建构了谈话的时机，比如"今天我们来举行庆祝"，或者"我们刚刚打了个紧急的电话"，又或者"我们正在讨论的是有关政策的问题"。通过唤起或创造特定的意义、内涵和符号，修辞建构了发言者、听众和时机，并且无论发言者和听众之间是否存在共识，它都能发挥这种连接功能。

苏格拉底批评诡辩家的目的只是取悦听众。而不是告诉他们确实的真理。但是柏拉图揭示了，在苏格拉底那里，以达成理解为目标的沟通中也存在重要的情感维度，他的说服在部分意义上也是引诱。修辞的作用之一就是引起人们注意，使他们保持关注。如果它们索然无味的话，最精致和最真实的论证也可能无法赢得人们的认可。而谈话中的幽默、俏皮话、隐喻和明喻不仅能展示论证，而且使之增色不少，讨论也因之能继续下去。

叙事——在交往民主中，参与讨论的人致力于就解决他们共同面临的集体问题达成共识。虽然参与者之间不具备任何共识的话语情境几乎是不存在的，我们通常还是要遭遇分歧、多元化的理解以及各种不同的视角。在冲突的讨论情境下，群体之间的相互误解乃是常事，他们或者是完全不了解自己的对话者是谁，或者是感到自己的需求、愿望和动机没有得到理解。在参与者被阶级和文化所分隔的情况下，情况更是如此。要在这种差异的环境中实现正义，就必须承认个人或群体的特殊性，就像寻求普遍利益一样。无需抹平人们之间的差异，叙事就能够在差异中孕育理解，其促进理解方式至少有三种。

其一，叙事能揭示出各种社会位置上的人们所具有的特殊经验，这些经验虽不能被身处其他境遇中的人所共享，但是为了公正地对待他人，人们必须了解这些经验。设想大学里有一群只能坐轮椅的学生，他们要求大学拨出一定资源来消除他们认为影响自己全面参与的那些障碍，并给予他们积极的帮助使他们有平等的能力，以便能与健全的学生在学术上展开竞争。他们为自己进行辩护的一个主要方式是，讲述他们在身体、世俗、社会和情感方面所遭遇的障碍。不要误以为只要人们听了这些故事就会采纳他们的观点。相反，叙事让那些健全的人能理解这些残疾学生的处境，使他们明白自己不可能拥有的这些经验。

叙事向其他主体展示了自己的主观经验。在保持距离的情况下，叙事能够唤起同情，因为叙事裹胁着超出他者经验（因而总是有更多的话要说）的无穷无尽的潜在痛苦。

其二，叙事揭示了价值、文化和意义的来源。当一个论证按照从作出前提到得出结论这样的步骤来加以展开，那么只有当其前提已为协商者所接受，它才具有说服性。如果持有不同意见的人并不共享任何前提，那么就很少有制度能够将他们聚集起来解决他们共同面对的集体问题。但是，多元主义政体经常要面对价值前提、文化实践及意义方面的严重分歧，并且这些分歧往往带来冲突、麻木、侮慢和误解。在这样的背景下，叙事可用于向局外人解释实践、地点或符号对持有它们的那些人意味着什么。价值不像规则，它无法通过论证来加以辩护，此乃常事。但它们并非是武断的，其基础常常呈现于人们过去的经历中。通过叙事，局外人也许会理解为什么局内人看重他们所看重的，为什么会将某些价值置于更重要的位置。

拉科塔人（Lakota）是如何向南达科他州（South Dakota）的其他人讲述黑山（the Black Hills）为何对他们如此重要的，以及为何他们认为自己有特殊的道德理由要求停止在黑山的林业开发？答案是通过故事。他们提到了那些视黑山为主要象征的神话，还有拉科塔的个人和群体与这些山息息相关的故事。价值是历史的产物，一个群体就是依据历史来讲述"他们来自何方"的。

其三，叙事展示的不仅仅是特定主体所持有的经验和价值，它还从特定社会位置所具有的视角出发揭示了总体的社会知识。每种社会视角不仅道出了其自身的生活和历史，也牵出了曾影响其经验形成的其他社会位置。从谈话者讲述的故事中，倾听者能够了解自己的地位、行为和价值是如何呈现于他人面前的。因此,叙事展示了由各种视角所汇集起来的集体性知识,这些从不同视角出发的叙事组合在一起,就产生了任何一个社会位置都不可能提供的集体性的社会智慧。

这样解释叙事式沟通(其中人们通过讨论来解决集体问题)所具有的作用,我们可以从中得出两个一般性的结论。首先,叙事对于民主讨论的论证来说作用不可小视。在就政策或行动进行论证时,如果要求助于需要或权利的话,叙事是证明这些需要或权利的一种重要方式。叙事对政治论证的作用还体现在它提供了社会知识,这种知识展示了社会群体相互之间是如何看待对方的,以及相关的政策和行动对不同境遇的人可能造成的影响。①

正如林·桑德斯(Lynn Sanders)所说,在交往民主中,叙事能补充论证的不足,因为它比典型的协商过程更倾向于平等。前面我也讨论过协商如何有利于那些冷静的、受过教育的或者是觉得自己有权提出要求的人。因为每个人都有故事讲,且风格各异、意义不同;也因为每个人都能以同等的权威讲述他的故事,这些故事在沟通情境中拥有同样的价值。

本文主张一种沟通的而非协商的民主理想。交往民主的理想所涵括的要大于协商民主,因为前者承认,当政治对话致力于解决集体问题时,它应该要求一般性原则与多元化的视角、话语风格和表达社会境遇的特殊性的方式相结合。一种对当今世界有益的民主讨论理论,必须解释在文化与社会地位存在广泛差异的情景中实现沟通的可能性。这样一种民主理论需要一种宽泛、多元的沟通观,即沟通不仅包括对共识的表达和扩展,还包括对不被共享的意义予以提供和承认。

---

① 在评论叙事在女性主义的法律理论中的运用时,艾布拉姆指出叙事具有重要的论辩功能。

第二部分
平等、差异和公共代表

第七章 处理差异:一种观念的政治,或者是一种存在的政治?[①]

安妮·菲利普

在 20 世纪 80 到 90 年代的后共产主义世界,令人印象深刻的是自由主义和自由民主已经占据了明显的优势,而且似乎更能使其成为平等、正义或民主的唯一合法基础。当然,批评还是存在的,但是抱怨的理由已经发生了很大的转变。多年以来,针对自由主义的核心争论分为三类:一是自由主义对个人自由和权利的强调反映了一种拒绝任何更大范围的群体的自我保护和竞争性的自我主义;二是自由主义对于"纯粹"政治上的平等的关注忽视了或者甚至鼓励社会和经济生活中的总体不平等;三是自由主义对于代议民主的巩固削弱了更活跃的公民参与的重要性。这些抱怨都没有消失,但是都在多样性和差异方面被重新以公式表述。尤其是女权主义理论家,把自由主义视为一种忽略了其自身性别内涵的抽象的个人主义,许多人批评了日趋同质的要求我们成为或变得相同的平等观念。[②] 关于性别

[①] 本论文的研究得以完成,得益于那菲尔德基金会(Nuffield Foundation)社会科学研究基金(1992—1993)的支持。这项研究较长的版本发表在 Constellation 1 (1994): 74-91。

[②] 我在 Engendering Democracy (University Park: Pennsylvania State University Press, 1991) 一书中概括和讨论了这些争论。也可参见 Jane Flax, "Beyond Equality: Gender, Justice and Difference", in Gisela Bock and Susan James, eds., Beyond Equality and Difference (London: Routledge, 1992)。

盲点（gender-blindness）和种族或族群盲点（race-or ethnicity-blindness）的指责对于旧有的认为自由主义对阶级是盲目的抱怨已经施加了影响。当大多数政治理论家更坚定地将自己定位于自由传统之中时，自由主义因其抹平多样性和差异受到广泛批评。

处于这样一种笼统的层面，这一指责显然是古怪的，因为多样性和差异的概念从一开始就是自由主义的核心，并且贯穿于自由民主的形成过程之中。政治秩序的保证既非自然亦非传统，我们现在视为男性主体的平等增加了潜在的多样性和冲突，这些认知给了自由主义原初的推力。由此产生了对于基于契约的可以将这些不同个体约束为一个有凝聚力的整体的政治权威的追寻；也产生了对于权利和自治的关心，这些将允许他们靠自己的努力追求他们生命的一部分。在这些以及随后的发展中，差异依然具有深远的政治意义和重大的理论意义：事实上一种将公共领域从私人事务中分离出去的驱动力。

罗伯特·达尔等学者澄清的自由民主的界定性的特征①，也是基于产生它的社会异质性。正是公民的多样性以及其绝对规模使得早些时候（得到更一致同意的）雅典式民主的实践非常不适合于现代世界。缺乏任何认为公民目标一致的令人半信半疑的基础，自由民主理论家都支持采取均一的共同的善或者共同目的的假设，使得多样性成为主要的有序的主题。约翰·施图亚特·密尔在民主问题上出名的摇摆不定源于对民主既是多样性的推力又是其威胁的双重感觉：一种打破了对任何关于好的生活的独特概念的控制的东西，但是也能鼓励一种减弱的一致性。乔治·凯塔布（George Kateb）认为宪政民主和代议民主是鼓励与传播多样性的出色体系。选举性竞争的程序不仅仅是磨炼和限制了政府的权力。通过促进一种更具有怀疑主义的关于相互竞争的主张得以解决的基础的态度，它们也培养"一种对多样性的总体上的宽容，甚至是喜爱：多样性自身，以及作为有控制的争论和竞争的来源的多样性"②。

---

① Robert A. Dahl, *Democracy and Its Critics* (New: Yale University Press, 1989).
② George Kateb, "The Moral Distinctiveness of Representative Democracy", *Ethics* 91, no. 3 (1981): 361.

差异不是我们刚刚注意到的。这样说更有帮助，即差异被过度理性地感知为意见和信仰的差异，结果产生的对我将称之为观念的政治的强调，被证明不适合于政治排斥问题。大多数自由主义者头脑中的多样性是信仰、意见、偏好以及目标的多样性，这些都可能源于经历的不同，但是被认为大体上可以与经历分开。即使是看上去最完全以有区别的物质条件为基础的利益概念，也至少符合半独立状态。对于较高收入者纳更多的税的偏好也许在穷人中更有力，尤其是当他们相信这一进程将在财政上益于教育或卫生服务的公共供应，而如果不这样的话他们将无法享受到这些。但是对更高的税收和更好的公共供应的支持，并不局限于那些最直接的受益者；政治偏好受物质境况的影响，但是不能简单将二者等同。领抚恤金者或长期失业者的利益可以被那些既没退休也没失业的人支持；地理位置的利益可以不再被住在该区的人所代表；带小孩的母亲的利益可以被没有子女的男人代表。

民主的一个结果就是被代表的优先于代表。政治存在问题被大打折扣，因为从智力多样性角度看差异，谁代表观念范围并不那么重要。一个人可能很容易代表另一个人；并不额外要求代表"像镜子一样反映"被代表的个人或群体的特征。我们在选择代表时担心的是政治信仰和理想的一致性，也许再加上一种清楚表达和记录意见的高级能力。所有成年人享有选举权的范围保证了民主的性质，每个人的选票都参与构成了有公共影响力的意见。政治家被剥夺了任何前民主的权威，他们只是扮演信使：信息千变万化，但信使是否是一个人并无多大关系。（那些相信男性具有对清晰表达政策和观念的政治技巧的垄断的人，不会惊讶于大多数信使是男性。）

在汉娜·皮特金（Hanna Pitkin）有影响力的关于代表的讨论中，她批评了一开始的镜子的观念，以到场者结束，把更重要的代表们事实上做什么的问题放到一边。"想想作为图示的代表或者一国的具代表性的样品的立法机关，"她说到，"你几乎无法避免地关注其组成而非其活动。"① 但是二十五年后回头看她的讨论，值得注意的是她如何省略按照人们的绘图去绘制观念，并不真正区分获取观念的范围、利益的范围或者社会上重要群体的范围的代表性样本。她贯穿始终的强调是区分是什么和做什么，她的论点既直接反对能更精确地反映政党和意见多样性的比例代表制，又反对后来代表被排斥者和边缘群体的当务之急。权力和不平等的问题在皮特金的理由中不占很大部分。这些问题成为了今天民主的辩论的核心。

把政治贬为观念的战场并非是我意图的一部分。民主的许多激进的推动力都集中在使得观念更加重要而非更不重要的提案上，如努力将代表更密切地约束于他们表示要支持的观念中，或者采取措施减少破坏更高层观念政治的压力集团的幕后操控。但是只要观念的政治与我要称为存在的政治隔绝，它没有充分地处理那些由于种族、族群、宗教或性别而感到被排除在民主进程之外的社会群体的经历。政治排斥——我正确地相信——正日益以一种只有政治存在能满足的方式被审视，这一发展的大部分依靠一种更复杂的对观念和存在间关系的理解。谁和什么将被代表的分离，以及一个对另一个的从属，依赖于对于观念和利益的理解。似乎政治领域已经划分了清晰的界限，包含于其中的各种各样的偏好、观念或关切独立于任何样式的程序。这与前些年当代女性运动中贯穿的当务之急形成鲜明对比，那些女性谈论的是找到一个声音的难度，政治上占支配地位的定义封锁其他选择的方式，或者霸权文化控制着什么可以说什么不可以说。强调就从客观界定的一系列利益（只需要精力更旺盛地追求）转向至今为止还是沉默的可能性概念以及人们必须努力表达的观念。在对产生需要、关切和观念的程序的后一种理解中，很难维持观念优先于政治存在的地位。即使仅仅是关于代表给定的一系列观念和利益的问题，谁来做代表可能也不是那么重要。但是如果这一系列观念被正统观念削减，导致可选择方案的消失，那么除了变换代表人和发展观念之外，将不会出现令人满意的解决

---

① Hanna Fenichel Pitkin, *The Concept of Representation* (Berkeley and Los Angeles: University of California Press, 1967), 226.

办法。

存在的问题一旦被提出,就不可能消失:如果民主要兑现政治平等的承诺,还有很多问题应该解决。本文中我关心的是接下来发生什么,尤其关注出现在观念和政治存在之间的张力。在那些最抵制政治存在的人的讽刺画中,它经常被误认为是一种"集体考虑":一种必要的分离主义,必要的对任何更大的社区的腐蚀,以及错误地假定个人不仅应当成为一个特定组织的成员,以理解或代表那个组织的利益,而且组织的所有成员都要有类似的想法。① 这种讽刺画并不得要领。大多数当代理论家都会回避本质的女性主体的暗示,或者是真实的黑人主体,这些可以被其同类中的任何一个所代表;今天更具有支配地位的是多元认同或者多元"主体立场"的概念,两者都取决于政治转型和改变。对于差异的关注并不必然产生对于认同的本质的理解;它也不要求任何大规模的拒绝有相互竞争观念的政治学。但是随后当代认同理论的混合就麻痹了发展;人们离开他们的立场的讽刺画的距离可以把他们从现存的民主中移走。在我接下来讨论的理论文献和以运动为中心的文献中,差异的问题在坚定的民主未来中被分析,这一未来与当代政治生活几乎没有关系。民主的挑战之一是如何把这种讨论中的洞见与当前实践的关于代议民主的规定结合起来。

作为公共论争的民主

当代很多关于民主和差异的作品,都在认可一种更活跃、更生机勃勃的公共辩论的民主观念,这在本书的其他文章中表现得也非常明显。许多人反对抹平了差异的虚假和谐以及同样虚假的通过一些个体、真实的认同界定人们的本体论,寻求一种使公民参与最大化并且要求我们参与并彼此辩论的民主。苏珊·曼德斯(Susan Mandus)在最近一篇关于女性主义和

---

① 所有这些想法可见于 Cynthia V Ward, "The Limits of 'Liberal Republicanism': Why Group-Based Remedies and Republican Citizenship Don't Mix", *Columbia Law Review* 91, no. 3 (1991)。但是在对只有特殊弱势团体的成员能够理解或代表他们的利益的看法进行质疑的过程中,她可能把问题作了有益的曲解,变成询问在没有任何弱势团体成员在场的情况下这种理解或代表是否可能。

民主的论文中认为，差异是民主的基本要求，"尽管传统的民主理论倾向于把差异作为达到真正民主国家的障碍来分析，女性主义理论应该使大家注意这种可能，即毋宁说差异是对于民主的追求成为必要"①。查尔斯·泰勒在他的多元文化主义的文章中呼吁一种民主授权的政治，作为处理对于平等承认的需要的方式，没有这种平等的承认人们将保持破碎的认同。②卡斯·桑斯坦（Cass Sunstein）在他对于共和主义复兴的探讨中，提出适合所有公民的协商民主，在其中所有方面能得到平等的解决。③

这些争论都认可进入的平等（equality of access）（没有必要探索产生这一结果的情境），都不认可纯粹的多数决策。经典自由主义关于差异的解决办法（resolution）取决于私人空间和主流规范（这些反过来被多数人投票所建立）的结合，民主关于差异的决定希望我们更直接地参与。我们把我们的差异带上公共舞台；我们通过公众辩论修改之。主要分歧随后就出现在那些预期关于某些新达成的公众共识上的完全"决定"的人，和那些把差异视为暂时的但是永远不会消失的人之间。第一种立场似乎比第二种更乌托邦，但是两者都在总体层面运转，几乎没有触及当前实践的民主。

考虑一下威廉·康纳利在《认同/差异》④一文中的观点，他关于什么应该发生以及缘何它几乎不会发生的说法尤其有趣。此处，"生机勃勃的"民主参与的政治呈现一种既不逃避差异也不证实差异的面貌：一种使人们能够破坏既定传统和展示固定的认同的政治。所有认同都通过差异形成——你通过与他人的差异知道你是谁——所有认同同时受到另一个差异的威胁。总是存在这样的危险，即认同将会被教条地视为某种自然的或者

---

① Susan Mendus, "Losing the Faith: Feminism and Democracy", in John Dunn, ed., *Democracy: The Unfinished Journey*, 508 B.C. to A.D. 1993 (Oxford: Oxford University Press 1992), 216.

② Charles Taylor, *The Ethics of Authenticity* (Cambridge, Mass.: Harvard University Press, 1992); Charles Taylor, *Multiculturalism and "The Politics of Recognition"*, ed. Amy Gutmann (Princeton: Princeton University Press, 1992).

③ Cass R. Sunstein, "Beyond the Republican Revival", *Yale Law Journal* 97, no. 8 (1988).

④ William E. Connolly, *Identity/Difference: Democratic Negotiations of Political Paradox* (Ithaca: Cornell University Press, 1991).

不变的存在，以及差异将引发破坏性的怨恨和恐惧。使这些陷入困境的是一种相互挑战和打乱的政治，在其中我们不断被提醒我们的认同的暂时性。这种政治反过来依赖于"系谱文化"的成功的渗透，它帮助我们把我们的认同看做不明确的、有争议的、受争议的。民主因而好像是一种伴随着差异的激动人心的参与："他者"的挑战；对于确定性的扰乱；对于自我及其与他人的差异的模糊性认识。

所有这些都非常令人振奋，绝不依赖于未来的差异的出类拔萃。但是就在康纳利实现哲学的决定的那一点上，他从声称任何对今天的直接的意义这一程度后退了。使人们免除固定的认同或者接受命运的暂时性的自信，对那些正在遭受经济不平等和政治排斥的人可能是不好用的。的确，在一个体制上不平等的环境中，对于强势民主的呼唤"十分容易被接受，然而另一个对它们的攻击已经被排除在民主政治之外"①，而且在这种民主中没有人躲藏在其他人的指责背后。

民主吸引人的一点是它使得所有人通过参与公共政治从而参与到基本的存在之谜之中，这将使统治文化潜在的组成要素受到定期的破坏和本质性的改变。但是如果社会上许多少数群体正在受到严重的物质剥夺，并且被成功地排除于提供给多数人的善的生活之外，这能够增强对于教条化的传统认同的反应性需求。②

强势民主只有当经济不平等得到充分减少时才成为可能。我对于这一点的疑问并不是它引起了我们如何达到这种前提的问题（对于每个人，回答这道题都很困难），而是许多现在推进认同政治学和差异的正是被剥夺感和排除感，康纳利认为产生这样一种政治是危险的。此外，这是康纳利为自己制造的一个关键点，以美国新保守主义为背景，注意到所有认同政治学和差异倾向于给"怨恨的能源和认同的教条化"③加油。民主的哲学

---

① William E. Connolly, 197.
② Ibid., 211.
③ Ibid., 213.

的决定与差异很大程度上还保留着这一点。①

社会运动中的民主

这些讨论发生的第二个背景是对具体的围绕种族、性别、性征和族群政治学的运动干涉。所有这些运动都包含对于假冒的本体论的批判，它掩饰了体制性差异和不平等；然而它们几乎都产生了它们自己的本体论，在这一些或那一些问题上，要求一种一体的女性或者同性恋的或者黑人或者一些其他的经历。随后女权主义者支持将男人转换为"同类人的范式"的性别健忘②，但是在对性别差异进一步的探索中，他们通常坚持男性和女性间主要的区别，它使得进一步的女性之间的差异变得不明确。同性恋女权主义者不同意异性恋规范的支配性地位，但是在寻找一种确定的认同的过程中，他们通常构建出"某个"真实的女同性恋者，该女同性恋不能忍受同性恋社区中的性实践或政治态度的差异。③ 反种族主义者不同意致使黑人遭受忽视的国家神话，但是在随后的仅仅关注"黑人"和"白人"之间差异的种族二元论中，他们试图掩盖构成很多非白人少数群体的特征的文化和宗教多元主义。④

结果本体论的问题大量出现在内部政治和这些运动的辩论中。许多当代的注意力集中于能够清楚地表达群体困难而不需要"训练"群体成员具有单一的真实的认同的情形；在其论证之中，许多人暗示对于"一个"群体的概念有限制。正如苏珊·菲兰（Shane Phelan）在她的对于美国同性

---

① 在一篇对 Connolly 作品的评论中，Iris Young 形容他的处方是"有效的疗法"。*Political Theory* 20, no. 3 (1992): 514.

② Adriana Cavarero, "Equality and Sexual Difference: Amnesia in Political Thought", in Bock and James, *Beyond Equality and Difference*, 36.

③ Shane Phelan, *Identity Politics: Lesbian Feminism and the Limits of Community* (Philadelphia: Temple University Press, 1989). Phelan 特别提到了针对被虐待性变态者的争吵，以及这是否属于女同性恋身份一个可接受的一部分。

④ 参见 Tariq Modood, *Not Easy Being British: Colour, Culture and Citizenship* (Stoke-on-Trent: Runnymede Trust and Trentham Books, 1992). 英国最大的非白人群体是来自印度的亚洲人，他们中的许多人已经觉得反种族主义政治的种族二元论导致他们被忽视。

恋女权主义的讨论中所显示的:"忽视了我们的认同,使他们变得'私人'的政治是无用的;但是非通过谈判可解决的认同将奴役我们,不论它们被施加于内还是于外。"① 就英国的语境而言,斯图亚特·豪尔(Stuart Hall)暗示我们应该更关注黑人的经历是一个大移居的经历的方式,在其中历史、政治和文化的建造由此而变得基础,不会因获得一种本质上的黑人主体概念而被获得。② 他在此处谈论的是"无知的终结","对主体立场、社会经历和文化认同的惊人的多样性的认可"③,以及将黑人主体或黑人经历建立在自然本体论或其他类似保证之上的不可能性。

这些观点影响了观念和存在之间的单调的区别,被认同的是经历和身份中的差异,在至今被视为一种无所不包的类别或群体的范围之内。事情并非"黑人"或者女性或者同性恋在适当的政策、观念和目标上将彼此不同意(例如,因此它们将投票给不同的党)这么简单,而是他们对于那对黑人、女性或者同性恋者意味着什么的感觉将发生有必要的改变。在这些观点参与的政治运动背景当中,似乎有两点重要的暗示。一个是"主体立场"("subject position")的多样性应该在有组织的结构内得到反应,这一结构界定谁能或者不能参与对话。不应该使一些声音具有比其他声音更真实的特权,不应该强迫接受一种理应是一致的观点。另一个暗示是没有办法预知多样性是否得到成功的承认。任何之前的对于边界的设定都冒着恢复真实主体的某种说法的风险,因为即使边界值得注目地成为复数,它们依然预先界定什么是合适的或者有关的差异。这样一来,斯图亚特·霍尔认为代表"黑人主体"而不涉及阶级、性别、性征和族群已不再可能。但是如果这被作为一系列关于不同的特征、必须被掩藏在某个竞选组织的成员中的方针,那么几乎不会适当处理对于他的批评。

这是一个在某种方式上或者另一种方式上困扰着每一个激进的提案的问题,不论它是决定邀请谁来举办会议,还是谁将参加编辑委员会,或者

---

① Phelan, *Identity Politics*, 170.
② Stuart Hall, "New Ethnicities", in James Donald and Ali Rattansi, eds. "Race", *Culture and Difference* (London: Sage and Open, University Press, 1992).
③ Hall, "New Ethnicities", 254.

是哪一个群体参加竞选。我们变得十分符合存在的政治，不相信任何人可以"代表"任何其他人这一概念，对于同质性的强迫性权力保持警惕，而意在反应多样性。但是对于本体论的批评剥夺了我们任何实现适当平衡的简单机制，提醒我们多样性太伟大了而不能在任何类别清单中获得。

在政治运动的语境中，这并不是如此严重的一个困难。往好的方面说，这些运动已经享受到作为整个国家的一种理想而提出来的强势民主：允许也确实不能包含论争和承认差异的同时又破坏它的相互挑战。辩论的激烈暗示着朝向本质主义的重现的趋势以及对此的持续挑战：人们足够坚强可以抵制先前的分类，并且过于爱好争辩无法接受其他人对于自己的界定。另外需要注意这种政治的流动性使得它自己更容易通过反复实验而学会，因为所有人们可能从他们当前对于认同或差异的理解中获得的结果都不太可能被认为是固定的。更大的困难出现于当民主依然很虚弱而我们正寻找更具妥协性的办法的时候。

对于整个政体的政治指示

当我们转向可能由一种对于民主和差异的新理解产生的政治指示时，我们并不是在处理一种遥远的乌托邦：存在一系列已经被提出或执行的政策；变化既不遥远也不是不可能。问题是因为这种指示以一种不彻底的治疗性改革的方式运作，所以他们不太可能解决观念的政治和存在的政治之间的矛盾压力。我头脑中的那种机制包括被一些欧洲政党采用的以达到大选中性别平等的配额系统，关于黑人选民的重新划定以增加美国当选的黑人政治家的数量，以及那些欧洲联盟性民主政体长期形成的在不同的宗教和语言群体之间分配行政权和经济资源的权力分享机制。每个例子中，这些方案在一种现存（并不是很强势）的民主框架中运作。可能更容易地在未来的活跃的和经过考虑的动乱中得到解决的张力，在被认为是一种妥协的情形中变得日益尖锐。

所有更直接的改革提案都坚持，深思熟虑的干涉是打破社会结构的不平等或排斥与在参与和影响层面的政治反应之间的联系所必需的。它们也

第七章　处理差异：一种观念的政治，或者是一种存在的政治？／ *145*

都同意寻求具体的政治机制——而不是，或者说有时候也是，长期的社会改革。因而他们处理事务时带着一种对于政治中的自由市场满足的心态，把政治平等视为被一人一票所充分保障的；他们也挑战更标准化的基本可选方案，关注先前的经济或社会变化。不论他们在其他事物上有什么分歧，革命性的马克思主义和福利国家的改革这些传统，倾向于就广阔的唯物主义分析政治平等问题达成共识，把平等的政治准入视为依赖于更根本的变化的东西，这些变化发生在社会、经济领域，有时也包括教育条件。当前对于实现平等或相应的存在的兴趣颠倒了这一点，它关注的是制度上的机制——其批评家会说"政治上的解决方法"，它可以带来更直接的改变。

这种颠倒的根源部分在于被证明是无法置信的结构改革（首先消除劳动力的性别区别对待……收入、教育水平和雇佣按种族的排序……决定了孩子们的未来的阶级划分——我们在寻求一条捷径这一点，有什么疑问吗？）的缓慢进程带来的挫败感。但是政治上的挫败感并不新鲜，人们通常不改变方向只是因为花费时间太长。额外的推动力来自于已经出现的争论，它建议一系列政治观念或偏好被传达它们的人认真地约束。在一种更传统的以上层建筑为基础的模式中，大家建议我们首先集中注意力于产生平等的公民的社会条件，然后再享受从中产生的政治平等。然而这样一种途径更直接地对待政策选择，没有能够找到为平等设计的战略反映出现在当权者的限度的方式[1]。政策提案被为了而不是遵循政治上的被排斥的选民所设计出来，它们很少参与所有相关的关注。此外，只有当我们把政治领域视为已经清楚地划分出了界线并且包含所有可能的选择的时候，我们才能够对这样一种途径投入更多的信心。

---

[1] 显而易见的例子包括战后当务之急的作为平等公民条件的充分就业，充分就业或者被无意地等同于男子的充分就业，或者在没有任何结构变化的认真考虑下被正式地扩展到包括妇女，以至于随后进行重新安排有偿和无偿工作之间的关系变得必要。Will Kymlicka 在对 Trudeau 改革的讨论中提供了一个替代的例子，改革开启了在加拿大促进更平等的公民权，几乎把印第安土著居民的充分平等的参与等同于将拆除隔离保留体制的无种族歧视的宪法。虽然得到了国家媒体甚至反对党的广泛称赞，但是面对几乎意见一致的来自印第安人自己的反对派，提议必须被撤销。Kymlicka, Liberalism, *Community and Culture* (Oxford: Oxford University Press, 1989).

我并不漠视认为以实现平等或成比例的存在的制度性机制是"政治上的解决方法"多样性的一种这种批评，但是不应该要求我们在这些和其他急迫的社会和经济改革任务中做出选择。当政治排斥是当代民主生活中一个很明显的特征的时候，指望一个更强势的参与性民主或者社会和经济条件的结构变革这样遥远的前景是不合适的。这些前景的空间非常重视可以与当前实践的代议民主相关的政治指示，这些中的大部分都将包括一些可以保障现存的决策制定会议中更平等的代表性的乐观的行动形式。然而任何具体的政治机制都有这样一种风险，即对于不得不包括在内的身份认同和迄今被遗漏的利益做了一个严格的界定。对随着时间和背景而改变的多重身份认同的日益复杂的理解是一个潜在的原因，伴随着持续的重要性，我们所有人都将与政治分歧和辩论有关。

例如，如果我们认为这些机制可能适合于当代英国纠正种族排斥，一个直接的问题就是非白人经历的多样性，以及出现在把种族或族群或宗教作为社会认同和政治排斥的基础之间的主流分歧。当我们把种族作为关键的指示器的时候，这鼓励了一种"黑"或者"白"的二分，这是一种对宇宙的划分，人们通常认为与值得注意的更多的亚洲人的自我界定相比，它更接近于非洲—加勒比地区（Afro-Caribbean）的政治理解。事实上，塔里克·莫多德（Tariq Modood）认为"黑人的观念对亚洲人是有害的，这是一种政治认同的形式，大多数亚洲人并没有作为他们的首要的政治认同而接受"①。但是如果我们换成族群或者宗教，这些就被认为是与多元文化主义政治密切相关，这种多元文化主义政治寻求关于少数民族和少数宗教的知识的更大规模的传播，作为打破种族的陈腔滥调的方式，它也被认为在本质上对种族主义的质疑并不具有充分的活力。可供选择的界定群体认同或者纠正群体排斥的方式充满了政治上的重大意义，带有一种对于文化多样性的关注，这种文化多样性被不同地感知为使反种族主义者的斗争非政治化的东西，或者是一种对于种族二分主义的简单性的重要补充。②

---

① Modood, *Not Easy Being British*, 29.
② 对这些争论作出了卓越的总结并试图超越它们的论文，参见 Donald and Rattansi, "Race", *Culture and Difference*。

第七章 处理差异：一种观念的政治，或者是一种存在的政治？ / 147

在这一语境中，什么是解决政治排斥的合适机制呢？非洲—加勒比人可以代表亚洲人吗？穆斯林可以代表印度人么？黑人男性可以代表黑人女性吗？抑或这些群体除了他们被排斥于权力之外的共同经历，再没有什么共同点？在佛罗雅·安蒂亚斯（Floya Anthias）和尼拉·尤瓦－戴维斯（Nira Yuval-Davies）关于种族化的边界的新书中，她们得出结论"产生于认同政治和平等机会、试图更真诚地代表社会差异的政治代表的形式，给它自己制造出了一个不可能完成的任务"①，相互重叠的认同的积极的多样性受到了朝向比例代表制的努力的危险的限制。但是这意味着我们无能为力——一方面，考虑到被强加的误导的一致性和荒谬的风险，另一方面考虑到无尽的追求充分多元化的类别的风险，我们不得不放弃对于特定的政治机制的要求吗？领导班子和选票是解决政治排斥的最明显的程序，然而这两者都依赖于先前的对于人们被排除在外的基础的分类。对于政治认同的复杂性而言，两者似乎都不足够。

美国发展出来的围绕黑人占多数和单议席选区的策略的政治看起来似乎更直接，因为它看起来足够清晰，即是种族而不是族群是美国黑人政治排斥问题的焦点，种族集团投票被看似有道理地描述为"当代政治生活唯一最突出的特征"。② 但是即使如此，把种族作为优先考虑的政治解决方案能使得人们更加难于清楚地表达什么是复杂而多元的认同：例如，关于性别和阶级的朦胧的张力，能抹去关于政策偏好和政治观念的主要分歧吗？即使是在那些"黑人问题"较少被争论的地区，黑人代表只是由于身为黑人而成为代表的暗示也不可避免地有问题。

那些认为政治平等问题被提供平等的选举权所充分解决的人很乐于他们的问题到此为止，但是对于黑人选举成功的策略的批评并没有限制于这些方面。同样有力的批评来自于那些认为成比例的存在是一种必需的但是不充足的条件，以及认为对于数字本身的关注可以减少政治责任的人，他

---

① Floya Anthias and Nira Yuval-Davies, *Racialized Boundaries: Race Nation, Gender, Colour, Class and the Anti-Racist Struggle* (London: Routledge, 1992), 192.

② S. Issacharoff, "Polarized Voting and the Political Process: The Transformation of Voting Rights Jurisprudence", *Michigan Law Review* 90, no. 7 (1992): 1855.

们也限制多元种族联合的前景,破坏政策辩论的急迫性。[1] 换言之,存在一种强烈的张力感,它可以在存在的政治和观念的政治之间发展。但是并没有通过选择后者而解决这个问题,评论家们选择一种可供选择的代表范式,它能使得两者的联合成为可能。在这一领域中一些最有创新性的作品来自于要求回归更加竞争性的多议席选区、但是基于比例代表制和累积投票形式以维持少数群体当选代表的数量那些人。[2] 换言之,我们感觉到机制可以被设计以持续黑人政治存在的获利而无需面对一种在存在的政治和观念的政治间二选一的选择。

欧洲关于性别平等的提案也可以被视为成功的关于相互竞争的观念和存在的谈判——在此我们明确了已经恰当制定的政策而不是论证中的提案领域。受到支持的策略包括要求现存的政党引入男性和女性候选人可赢取议席的更平衡的选票,然后在改变选举会议的性别组成的同时,通过政党政策和项目保持义务。通常,这一机制都是一种直接的配额,是北欧国家女性当选者数量显著增加的原因。对于这些策略的批评者通常是基于极少数"有经验"的女性,对政治而言潜在的损失"优秀的"男性以及政治家总体能力下降的风险(在我看来本来也不太高)。他们没有特别详细地叙述本体论的关于"一个"女性的观点("a"women's perspective)的假设,或者是女性只勉强地要求某阶层的关注的潜在危险。有太多的女性需要被看做一个统一的或者某阶层的群体,她们分布在各个阶级或族群或宗教维度以及每一个能想到的政治信仰中。当它被应用于女性,存在的政治并没有严重地破坏观念的政治;同时追求两者是相对容易的。

这些例子都暗示,最大的错误是把观念树立为存在的反面:把观念看做是与具有它们的人完全分离的;或者只担心人而不考虑他们的政策和观

---

[1] Bernard Grofman and Chandler Davidson, eds., *Controversies in Minority Voting: The Voting Rights Act in Perspective* (Washington D. C: Brookings Institution, 1992)。该书提供了一个更广泛的围绕少数群体代表权的讨论。

[2] Lani Guinier, "The Triumph of Tokenism: The Voting Rights Act and the Theory of Black Electoral Success", *Michigan Law Review* 89, no. 5 (1991); and "No Two Seats: The Elusive Quest for Political Equality", *Virginia Law Review* 77, no. 8 (1991). 我在 *The Politics of Presence* (Oxford: Oxford University Press, 1995) 一书中更详细地讨论了这个素材。

念。不过,应该说这并不是像讽刺画表现的那样一种频繁的错误,那些探索中的平等或比例代表制几乎不把这个视为相互竞争的观念的政制的代替品。如果非要说的话,对于存在的政治的最精确的批评来自那些最致力于挑战政治排斥的人才对,而且辩论已经偏离了其二选一的中心。也许正在出现的纠正群体排斥的更令人满意的方式是那些较少的团体专属性(less group-specific)。这似乎是一种与性别配额有关的情形,原因仅在于,女性类别包含了如此多的差异和区别,以致它为政治认同的多样性留出了必要的空间。它看起来也像是围绕美国投票权利法案的执行发展起来的个案,它已经远离了更紧密地划分选区以保障少数群体代表的"安全席位",朝向一种更大的不能再假装只包含一种声音的地理上的选区移动。

这种发展承认对人们政治认同的抢先划分,清楚地认识到对于被排斥的群体的本体论的界定有助于减少政治责任和债务。虽然如此,他们支持更传统的把多样性和差异作为只是一种有争议的观念来对待。对于差异的过度的理解没有充分参与政治存在的问题,因为它鼓励了一种对于政治精英匀质性的不受欢迎的满足程度。我们再也不能假装当负责代表工作的人全是白人或者全是男性或者全是中产阶级时,全部观念和偏好和可选方案都被充分地代表了,或者民主在它们建立了政治观念的自由市场时,就完成了其政治平等的任务。一个人不会想永远住在一个补救性改革进行了一半的房子中,但是机制应该是——而且能够是——被这样设计,即解决群体排斥的问题,而无需把每个群体的边界或特征固定下来。

第八章 加拿大三种群体差异的公民权

威尔·金里卡

绝大多数加拿大政治体制建立的前提是——用加拿大最高法院的话来讲——"对差异的调和是真正的平等的本质"①。尽管加拿大的历史充满了不宽容、偏见和压迫，但同时也存在着这样一种努力，即寻找新的、有创意的机制来调和差异。在本文中，我将讨论这样一些机制以及由此带来的问题。

与所有其他自由民主体制一样，在加拿大，调和差异的主要机制是对个人的公民权利和政治权利的保障。结社、宗教、言论、人口流动和参与政治组织的自由，使个人能够形成并维持各种各样构成公民社会的团体和协会，使这些团体适应变化的环境，并以此向更多的人群去宣扬他们的观点和利益关切。对这些普通公民权的诉求，使多样性社会呈现出的许多合法组织形式得到了充分保障。②

但是，在加拿大，人们普遍认为，有些差异只能通过一些特殊的法律或宪法途径加以调和，这些差异超越了我们上面所谈的普通公民权。有些

---

① *Andrews v. Law Society of British Columbia* (1989) 10 C. H. R. R. D/5719 (S. C. C.).
② Allen Buchanan, "Assessing the Communitarian Critique of Liberalism", *Ethics* 99, no. 4 (1989): 852 – 872; Michael Walzer, "The Communitarian Critique of Liberalism", *Political Theory* 18, no. 1 (1990): 6 – 23.

群体差异只有在其成员拥有艾丽丝·扬所谓的"分化的公民权"① 时才能被调和。本文正是要讨论这些调和差异的特殊途径。

加拿大群体差异的形式

历史上，对加拿大形成重要挑战的是对文化差异的调和。在加拿大，需要区分文化多元性的两种形式。

首先，加拿大是一个多民族国家。其发展历史包含了三个截然区分的民族（英国人、法国人和原住民）的融合。② 在社会学意义上，由于这些群体是在历史上存在的团体，组织完整，占据一定的领土或故乡，并且共同拥有其特有的语言和历史记忆，所以被称为"民族"（nation）。在这个意义上，"民族"与"人民"（people）和"文化"（culture）的意义相近。"正因加拿大拥有不止一个民族，它不是一个民族国家（nation-state）而是一个多民族国家（multi-nation state），而魁北克人③（Quebecois）和原住民构成了'少数民族'（national minorities）。"④

---

① Iris Marion Young, "Polity and Group Difference: A Critique of the Ideal of Universal Citizenship", *Ethics* 99, no. 2 (1989): 258.

② 将原住民形容为一个民族是一种误导，因为"土著居民"这个术语涵盖了三类原住民（印第安人、因纽特人和墨提斯人），并且"印第安人"这个术语本身是一个法律虚拟词，在它身后有无数截然不同的原住民国家，它们都有自己的历史和独立的共同体身份。参见 Alan Caims, "The Fragmentation of Canadian Citizenship", in William Kaplan, ed., *Belonging: The Meaning and Future of Canadian Citizenship* (Montreal: McGill-Queen's University Press, 1993), 188.

③ 在这篇论文中，我始终用"魁北克人"（Quebecois）来指称在魁北克省讲法语的大多数人。在魁北克之外也有操法语者，而在加拿大的法兰西民族并不总是把自己看成与魁北克省亲密一致。kanchThere are francophones outside Quebec, and the French nation in Canada was not always identified so closely with the province of Quebec. 关于从一个加拿大法兰西民族到魁北克人的认同转变，参见 Kenneth McRoberts, *Quebec: Social Change and Political Crisis*, 3d ed. (Toronto: McClelland and Stewart, 1988).

④ 例如，魁北克省的立法机关被称为"国民大会"（National Assembly）；而印第安人的主要组织被称为"原住民联合会议"（Assembly of First Nations）。同样地，美国印第安人在法律上被称为"国内依附的族群"（domestic dependent nations）。关于对原住民群体作为国家地位的语言的采纳情况的讨论，参见 David Long, "Culture, Ideology and Militancy: Movement of Native Indians in Canada." In W E. Carroll, ed., *Organising Dissent: Contemporary Social Movements in Theory and Practice* (Toronto: Garamond, 1992), 118–134; Jane Jenson, "Naming Nations: Making Nationalist Claims in Canadian Public Discourse", *Canadian Review of Sociology and Anthropology* 30, no. 3 (1993): 337–358.

最初将这些少数民族并入加拿大政治共同体的行为并非完全自愿的。印第安人的土地被法国拓荒者所占领，随后法国人又被英国人所征服。假设历史上出现一种不同的权力对比，那么，很可能原住民和法裔加拿大人会选择保留他们原有的主权，而不是加入加拿大联邦。而且直到现在，魁北克人还有可能脱离联邦。不过，这些少数民族作出的历史选择并不是退出联邦，而是就成为联邦的一部分的条件不断地讨价还价，以便在联邦框架内提高他们的自治度。

在加拿大的政治史上，许多至关重要的时刻便是围绕着这种在英国人、法国人和原住民之间的，就共建联邦的条件进行反复谈判的努力中的。最近的一次谈判努力发生在 1992 年 10 月，彼时一项修改宪法的倡议（被称作"《夏洛特镇协议》"（Charlottetown Accord）在全民公投中未能通过。这项协议（后文会展开）本来旨在为原住民确立一种"与生俱来的自治权"，同时在赋予魁北克作为"加拿大和北美地区以法语和法国文化居于主导的唯一社会"①的特殊地位上达成一致。

除了是一个多民族国家，加拿大也是一个多元族群的国家。加拿大，与美国一样，接受大量从其他文化移民过来的个人和家庭。他们应当融入法国或英国社会的公共机构中去——举个例子，他们必须学习法语或英语（加拿大的两种官方语言）以获得公民权。20 世纪 60 年代以前，他们还必须蜕除其独有的文化特性，几乎完全地与现存文化规范同化。②然而，20 世纪 70 年代，加拿大政府拒绝了同化主义者关于移民政策的构想，反之，却采纳了多元族群的政策，这项政策允许并且确实鼓励了移民者维持他们族群传统的方方面面。移民者在维持他们一些传统风俗上是自由的。这些

---

① Government of Canada, *Shaping Canada's Future Together: Proposals* (Ottawa Supply and Services, 1991), 10.

② 这种主张社会同化者的政策在加拿大和美国都得到了采纳，一个未引起注意的事实是，在美国的"大熔炉"（"melting pot"）和加拿大的"种族马赛克"（"ethnic mosaic"）之间进行的对比具有误导性。然而，"种族马赛克"意味着保护种族文化的整合，在实践中它意味着外来的加拿大移民可以在两种主导文化之间进行选择性的吸收。加拿大是双民族国家，但是"讲法语的人和讲英语的人相互之间展示的不自在的宽容没有扩展到外国人身上，那些外国人抵制同化或被认为不可能被同化。"（John Porter, The Measure of Canadian Society【Ottawa: Carleton University Press, 1979】, 154.）

风俗包括：饮食、着装、娱乐、宗教，以及互相结合以实践这些行为的权利。这已不再被认为是不爱国或是"非加拿大"（un-Canadian）的了。

不过，这些群体并非"民族"，也不占据一定的土地和故乡（homelands）。他们的特性主要展现在其私人生活领域，并不影响他们的制度性融合——他们仍然参与在法国文化或英国文化的圈子里，在公共生活中讲这种或那种官方语言。正因这种大量存在的移民，加拿大拥有庞大的"族群群体"，这些群体作为松散聚合的亚文化群体，存在于英语区和法语区社会中。

综上所述，加拿大既是多民族的（肇始于殖民、征服和联邦制），又是多元族群的（源于移民）。① 这两个标签都不如"多元文化"这么流行。但是"多元文化"这个词会造成困惑，恰恰是因为它在多民族与多元族群之间是模糊不清的。②

有一点很重要：我们要注意到，对于加拿大各民族的界定并非基于种族或血统。从20世纪早期开始就有大量移民来到加拿大，一开始是从欧洲，现在大多数是从亚洲和非洲（魁北克积极吸纳那些从加勒比和西非来的讲法语的移民者）。同时，也存在大量跨各种民族团体和族群团体的通婚。于是，三种民族在种族上充分混合了。因此，在谈到法国人、英国人和原住民时，我所指的并非种族群体，而是多元种族和多元族群的文化群体。也许这样将更准确：是那些讲英语和讲法语的加拿大人，而不是英裔加拿大人和法裔加拿大人，因为后一种说法错误地暗示这些群体是以种族

---

① 正如美国，虽然美国人的自我概念常常是多种族的/移民的国家的概念，但在这个国家里并没有少数民族。这忽略了美洲印第安人、波多黎各人、本土夏威夷人和其他人。相反，一些认识到自己是多民族的国家（例如比利时、瑞士），在承认他们是多种族方面却存在着困难（从而把移民视为二等公民）。

② 这种模糊不清导致了对加拿大"多元文化政策"的无根据的批评，联邦政府使用"多元文化"这个术语是为了促进1970年之后的多种族划分政策，而不是为了对移民进行同化。一些魁北克人反对"多元文化"政策，是因为他们认为这个政策削弱了他们在纯粹的种族划分层次上要求作为一个国家的地位的主张。相反，其他人则担心这个政策有意把移民团体作为一个民族来对待，所以支持全部的文化在制度上围绕着法语和英语来发展。实际上，这两种担心都是不正当的，因为"多元文化"是一项在英语和法语文化的国家制度之内支持多元种族划分的政策。

血统来区分而不是以融入共同的文化圈而界定。①

三种群体差异的公民权形式

在加拿大,至少有三种群体差异的公民权形式来调和这些族群、民族差异:自治权、多元族群权和特殊代表权。我将谈及每种权利。

自治权

正如我所说的,原住民和魁北克人视自己为"民族",同样,认为自己拥有与生俱来的自决权②。这两个群体都认为,他们需要适度的自治权,这种自治权不应随着他们(最初非自愿的)加入加拿大联邦而被抛弃。他们试图在一些重要问题上自治,以确保他们自己文化的充分和自由发展,确保他们人民的利益实现。

认可魁北克人自治诉求的最重要机制是联邦制。在联邦的分权体系下,魁北克在一些对法国文化的生存意义攸关的问题上拥有巨大的司法权。这些问题包括对教育、语言、文化和移民的控制。其他九个省也拥有这些权力,但是在现存分权体系背后,而且的确在整个联邦体系背后,最应积极推动的应当是对魁北克人的包容和调和。在1867年建立联邦时,多数讲英语的加拿大人赞成单一制(就像英格兰那样),勉强同意包容讲法语加拿大人的联邦制。相似地,《夏洛特镇协议》本来应给予十个省更多

---

① 外来移民和少数民族群体是现代国家文化多样性最常见的两个来源。当然并非所有的民族文化群体都属于这些来源中的一个。特别是,非裔美洲人的情形是截然不同的。他们不属于自愿的移民模式,不仅是因为他们是作为奴隶非自愿地被带到美洲,而且因为他们被阻止(而不是被鼓励)整合到多数文化的制度之中(例如,种族隔离;反对种族间通婚和文化教学的法律)。他们也不属于少数民族群体模式,因为他们在美洲没有故土或一个共同的历史语言。他们来自非洲多种多样的文化,使用不同的语言,没有试图用一个共同的种族背景把大家团结起来。相反,来自相同文化(甚至相同家族)的人们曾经在美洲也成了分裂的典型。此外,在获得解放之前,法律禁止他们重新创造他们自己的文化结构(比如,除了教会,所有的黑人协会都是非法的)。因此,非裔美洲人的境遇实际上是独特的。考虑到这种独特的境遇,我们不能期望适合于非裔美洲人的解决方案也适合自愿的外来移民或少数民族群体(反之亦然)。

② 根据各种各样的联合国宣言,"所有的人都有自决权"。联合国没有对"人"(peoples)进行定义,自决原则通常仅仅运用于海外殖民地,而不是国内的少数民族群体,即使后者像前者被征服和被殖民化一样受到支配。然而,这种情况非常普遍。

的权力,这种变化的诉求也来自于魁北克。对大多数英国人来说,并没有对进一步分权化的欲求,这的确是《夏洛特镇协议》之所以在全民公投中被否决的原因之一。因此,摆在加拿大面前的问题之一是,它能否找到一种可接受的"非对称联邦主义"的形式,以此给予魁北克那些别的省份没有的权力。①

原住民自治主要依赖于印第安保留地体制,以及从联邦政府向管理各保留区的社议会的分权。原住民部族已获取了越来越多的对于医疗、教育、警戒、刑事审判和资源发展的掌控。人们普遍认为他们将来会在宪法上得到承认,成为联邦体系内的第三级的政府。他们的权力会越来越积聚,这些权力是从联邦和省的管辖权中分割出来的,曾在《夏洛特镇协议》中被提出。② 不过,管理上的困难是不容乐观的——在其所渴望的权力和其真正能够实践的能力两者之间,印第安部族存在巨大差距。而且,地理上他们存在于各省内部,因此必须使其自治与该省机构相协调。相伴而生的第二个问题是,加拿大人能否找到一种足够灵活的联邦主义的形式,用以调和一种与传统联邦结构缺乏对称性和领土接触点的第三级的政府?

《夏洛特镇协议》曾提倡扩大魁北克和原住民社区的权力,尽管它并未通过,但看起来对扩大自治权的需求并未消逝。对自治政府的诉求并不被视作一种临时措施,相反,这些权利往往被描述为"与生俱来的",由此是永久的(这就是少数民族试图使其在宪法层面得到确认的原因之一)。

---

① 某种程度上权力的实际不对称已经是加拿大联邦制度长期存在的一个方面。不过,许多加拿大人不愿意正式承认这种宪法上的不对称。参见 Charles Taylor, "Shared and Divergent Values", in R. Watts, ed., *Options for a New Canada* (Toronto: University of Toronto Press, 1991), 53–76; A. G. Gagnon and J. Garcea, "Quebec and the Pursuit of Special Status", in R. D. Olling and M. Westmacott, eds., *Perspectives on Canadian Federalism* (Scarborough: Prentice-Hall, 1988), 304–325.

② 关于原住民自治对联邦制度的关系,参见 Frank Cassidy and Robert Bish, *Indian Government: Its Meaning in Practice* (Halifax: Institute for Research on Public Policy, 1989); J. A. Long, "Federalism and Ethnic Self-Determination: Native Indians in Canada", *Journal of Commonwealth and Comparative Politics* 29, no. 2 (1991): 192–211.

多元族群权

许多民族和宗教的少数群体要求各种对其文化实践的公共支持和法律认可——从对双语教学的拨款和学校的民族教育,到废除那些对其宗教活动不利的法律。举例来说,犹太人和穆斯林力图摆脱星期日停业立法制约。锡克教徒则试着不受摩托车头盔法和警察正式着装法的限制。[1]

这些举措旨在使民族和宗教上的少数群体表达他们的文化特殊性和自豪感,却不因此破坏他们在其主流社会政治经济体制中的成功。对这些举措的总体也许体现在《加拿大权利与自由宪章》的第27部分。其中讲道:"此宪章的解读应与加拿大多元文化传统的维持和弘扬保持充分一致。"与自治权类似,这些权利并不被视为是临时的,因为他们保护的文化差异并不是我们所要废除的。但是,不同于自治权的是,多元族群权往往旨在促进对更大社会共同体的融入,而不是导致自治政府。[2]

特殊代表权

传统上受关注的少数民族和少数族群是与自主权或多元族群权相提并论的。但这两个群体,还有其他的非民族社会群体,对特殊代表权越来越感兴趣。

许多加拿大人觉得政治过程是"无法代表的",因为它不能反映群体多样性。最生动的例证是形成《夏洛特镇协议》的宪法协商会,参加这个对加拿大政治的关键内容意义深远的协商的,有十一位中产阶级的、身体健全的白人(总理和十个省省长)。一个更具代表性的过程,却应当包含

---

[1] 关于这些权利在英国背景下的详细讨论,参见 Bhikhu Parekh, "British Citizenship and Cultural Difference", in Geoff Andrews, ed., *Citizenship* (London: Lawrence and Wishart, 1991), 197 – 204。

[2] 当然,一些团体的要求在更大社会中采取了撤回的形式。可是,这主要对宗教派别而不对移民共同体本身适用。例如,加拿大的哈特派信徒和门诺派教徒(类似于美国的阿们宗派)被允许他们的孩子在达到法定十六岁之前离开学校,并被允许他们对成员离开他们团体的能力采取严格的限制。这很容易使人形成误解的看法,即认为这是加拿大多元文化政策导致的结果,之所以说是误解,是因为给予这些基督教派的合法的豁免在时间上大大早于多元文化政策。因此,在这篇论文的其余部分我将集中讨论与近来的移民团体联系起来的要求。我对宗教派别的例子的讨论,参见 "Two Models of Pluralism and Tolerance", *Analyze & Kritik* 14, no. 1 (1992): 33 – 56, reprinted in David Heyd, ed., *Toleration* (Princeton: Princeton University Press, forthcoming)。

妇女代表、民族和种族成员代表和那些贫困和残疾的代表。

这导致人们对一种观点越来越感兴趣：参议院的一些席位应当留给那些弱势的、边缘化的群体。举例来说，在对《夏洛特镇协议》进行辩论的过程中，捍卫妇女地位全国行动委员会（加拿大最有影响力的妇女游说组织）建议，50%的参议院席位应留给妇女代表，一定比例的少数民族代表也应被保障。还有一些人建议，席位留给讲官方语言的少数群体成员，或者留给原住民。①

最近，由妇女和其他弱势群体提出的特殊代表权在很大程度上是对一种长期存在的呼吁的扩大，这种呼吁希望扩大弱势地区的参议院代表席位。如今加拿大的参议院不是被选举的，且被视为是合法性不足的和无效的。许多加拿大人只是希望废除参议院。但是位居偏远的、人口稀少的英语区——即，海上的和西部的省份——试图改革参议院使其成为一个论坛，使越来越多的地区代表在联邦层面发言。他们呼吁学习美国的参议院制度，每个省选出同样人数的参议员而不论各省人口多少。这样的呼吁旨在确保小省的"有效的代表权"，在众议院中，小省往往被忽略，而整个议会的大多数成员都是来自人口最多的两个中部省份（安大略和魁北克）。

一些加拿大人开始相信，既然弱势的或边缘的地区需要特殊代表权，那么弱势的或边缘的人群也自然需要，比如妇女和穷人。历史经验表明，这些群体可能在议会中代表比例不足，在政策决策过程中被忽略，比起小省份来讲，有过之而无不及。

最终，《夏洛特镇协议》否决了大多数保障社会团体代表权的议案，却主要关注提高地区代表权。确保原住民的席位提议是一个例外。不过，这个协议允许各省决定自己的参议员选举方式，十个省中有三个省长表态，他们将通过省级立法，保留50%的席位给妇女。

群体代表权被捍卫，往往是作为对一些政策决策中体制性障碍的回应，这些障碍使族群的观点和利益无法得以有效代表。举例来说，艾丽

---

① 我对这些建议的讨论，参见 "Group Representation in Canadian Politics", in Leslie Seidle, ed., *Equity and Community: The Charter, Interest Advocacy, and Representation* (Montreal: Institute for Research on Public Policy, 1993), 61-89。

丝·扬，一个在美国式的语境下写作的学者，认为特殊代表权应当被扩展到"被压迫的群体"，因为他们在政策决策过程中处于不利地位，而"解决办法在于至少应提供制度化的途径，使被压迫的群体得到清晰的认可和代表"①。

与其说对这些权利的保护是对压迫和体制性不平等的回应，不如说它们是被视为一项临时性措施，以此通往一个不必拥有特殊代表权的社会——一种政治"平权运动"。社会应尽力取出这种压迫和不平等，进而消除呼吁这些权利的必要。

然而，加拿大的情况则复杂得多。因为特殊代表权有时不是基于压迫而产生，而是由于少数民族的自治。由于拥有某些方面的自治权，使得其在任何这些方面的治理机构中都有一席之地。因此，人们认为，自治导致的结果是，少数民族在任何可以解释或修改这种自治权的机构（如最高法院）②中，或者那些可以在一致或相冲突的管理领域做出决策的机构中，都有不可撼动的代表权。

另一方面，当然，既然自治政府削减了联邦政府在少数民族问题上的管理权限，那么，这种局面似乎可以使群体在联邦层面削减影响力（至少在某些问题上）。举例来说，假设魁北克人的自治导致权力从渥太华向魁北克转移从而带来权力的不对称，以致于联邦政府要通过不适用于魁北克的法律，那么，比较公平的做法是，魁北克不应在这法律上有投票权（特别是当其可以投决定票的时候）。③

---

① Young, "Polity and Group Difference", 259. 参阅 Young 的 *Justice and the Politics of Difference* (Princeton: Princeton University Press, 1990), 183 – 191; Christine Boyle, "Home-Rule for Women: Power-Sharing between Men and Women", *Dalhousie Law Journal* 7 (1983): 790 – 807.

② 魁北克实际上在最高法院被保证享有三个席位（九个之中），一些原住民领袖已经要求保证原住民在法院的代表权，至少保证在直接影响到他们的权利的问题上拥有代表权。

③ 事实上这是不对称的联邦制度的主要障碍之一。在一个权力不对称的体制下，对魁北克下议院议员的地位的决定没有一个可接受的原型（魁北克下院应该有多少议员？他们应该在什么问题上投票？）类似的情形涉及波多黎各在美国联邦政府的代表权。自从波多黎各取得了一般意义上的自治以后，相对于其他美国公民，它大幅减少了国会中的代表。关于对这个问题和多国联邦问题的详细讨论，参见我即将发表的文章 "Federalism, Nationalism, and Multiculturalism" *Revista International de Filosofia Politica* 6 (1996).

简单说来，自治使自治政府在政府间组织的代表权得到保证，这些政府间组织协商、解释、修改权利的分配。但自治削减了自治政府在联邦层面机构的代表权，这些机构仅仅讨论联邦的治理。既然对自治的呼吁被视为永久的，那么由自治而产生的代表权也被保证了（不同于基于压迫的代表权）。

以上是加拿大三种群体差异的公民权。① 许多自由主义者，尤其在二战后，反对这种政策，认为这同自由、平等的自由民主原则相悖。我认为这些反对派是不对的。在此，我无法对所有反对这项政策的异议一一作出回应②，不过我将讨论两种比较典型的异议——群体权利与个体权利的冲突，以及社会团结的基础。

个体与群体的权利

在宪法中确认群体往往被视为是一件有关"集体权利"的事。许多自由主义者担心集体权利会——顾名思义——破坏个体权利。这种观点在加拿大前总理特鲁多（Pierre Trudeau）那里得到普及，他反对魁北克集体权利，认为他是"个体权利至上"③ 的信徒。

然而，我们需要区分群体追求的两种集体权利。第一种，集体权是针对其成员的；第二种，集体权是针对更大社会共同体的。两种集体权都可以被视为是保护民族或宗教团体的稳定的。但是，它们针对的却是两种不

---

① 当然，他们不是加拿大特有的。实际上，所有这三种类型都包含在（但并不是显著的）Iris Young 列举的美国情境下的团体差异政策名单上。她把美国印第安人的地产权、西班牙人的语言权和同性恋者与女性的代表权混在一起，替它们作为受压迫的补救来辩护。我认为这是令人误解的。对于这三种有差别公民身份，只有特别代表权的（某些）要求最好理解为是对群体压迫的补救。压迫的主张对于要求自治和多种族权利来说，既不是必需的也不是充分的。

② 我对它们作出了一个更全面的辩护，参见 *Multicultural Citizenship*（Oxford：Oxford University Press，1995）。群体差异的权利在第二次世界大战之前在自由主义传统下被广泛接受，这一点毫无意义。我对此以及自由主义的观点在战后改变的讨论，参见"Liberalism and the Politicization of Ethnicity"，*Canadian Journal of Law and Jurisprudence* 4, no. 2 (1991)：239 – 256, reprinted in Julia Stapleton, ed.，*Group Rights*（Bristol：Thoemmes Press，1995）。

③ P E. Trudeau, "The Values of a Just Society", in Thomas Axworthy, ed.，*Towards a just Society*（Toronto：Viking, 1990），363 – 364。

同的不稳定。第一种旨在保护团体免遭来自内部异议的不稳定因素（比如，当个体决议不去遵守传统风俗时）；而第二种则旨在保护团体免遭来自外部压力的冲击（例如，更大社会共同体的经济政治决策）。为了区分这两种集体权利，我将称第一种为"内部约束"，第二种为"外部保护"。

这两种权利带来了决然不同的问题。内部约束带来的问题是群体内关系。这种民族或宗教团体拥有针对其成员权利的观点，可能带来对个体压迫的危险。个人自由可能会被团体在稳定的名义下约束。在这个意义上，对集体权的批评者往往援引这样的画面：在神权政治或家族政治的氛围中，妇女遭压迫，正统宗教发号施令。他们认为所谓的集体权将群体置于个体之上。

外部保护带来的问题是群体间关系——即，一个特定群体与更大的社会之间的关系。由此带来的问题是群体间关系的公正。一个群体也许会在维护另一群体独特性的名义下，被边缘化或隔绝。在这个意义上，批评者往往以南非种族隔离制为例，说明当基于不同的群体区别分配权利时会出现怎样的情景。

重要的是，我们要看看这三种群体差异的公民权是内部约束的，还是外部保护的。从某种程度上来讲，它们两者兼具。但是，它们从根本上讲是外部保护的问题。魁北克人、原住民和族群，主要关注的，是保证更大的社会环境不会剥夺对他们生存息息相关的条件。总体来讲，它们并不关心要去控制内部成员从事非传统活动的行为。

这三种群体差异的公民权，都是用以保护少数族群和民族免受更大的社会环境的政治经济压力，尽管每种公民权回应的压力各不相同。更大社会共同体政治机构的特殊代表权、从联邦政府下放到少数群体的自治权，以及多元族群的文化保护，都减少了来自更大社会共同体的政治经济政策对少数群体社区的冲击。

我坚信，这些外部保护的形式与自由主义价值是并行不悖的。自然，外部保护促发一种危险，使某些族群将控制另一些，就像我们在种族隔离制度中看到的。不过，这在如今加拿大的外部保护诉求中却不成其为真正的危险。无论是法语加拿大人寻求的特殊否决权,还是原住民寻求的土地权,或是族群寻求的对语言文化遗产的拨款,都不会使其对英语加拿大人形成控制之势。相反,这些需求可以被视为会进一步促进各族群的平等地位,依他们之间的力量对比来看。

而且,没有一项外部保护会与个体权利发生冲突,因为它们从未表明群体对其成员施加权力。现存的这些种种外部保护,只是关于多数和少数群体之间的关系,并非群体与其成员之间的关系。

同样,加拿大也存在一些内部约束,尽管说不清到底有多少。不管是自治权还是多元族群权,都能在某些情况下,对其成员进行压迫。举例来说,一些魁北克和原住民的领袖曾在自治的名义下,寻求对《加拿大权利与自由宪章》的限制和赦免。这些对宪章的限制使魁北克和原住民社区中的个人和团体有可能遭受压迫,这些压迫往往是在群体稳定和文化净化的名义下进行的。

关于加拿大是否存在群体内压迫的真正威胁,这是颇存争议的。讨论的最多的例子是少数群体文化中潜在的性别歧视问题。一些女性群体(多数来自魁北克以外),担心魁北克政府会借口"特殊社会"强加其以压迫性的家庭政策(比如,通过限制生育控制或堕胎来维持高出生率)。这是否成为一个现实中的忧虑?不得而知。魁北克内部的女性群体不赞同魁北克的集体权利威胁了他们的平等。

同样的担忧也包括对于原住民妇女。如果原住民自治政府免于遵守宪章,那么其妇女会否遭歧视?这种担忧来自原住民社区的内部和外部。的确,加拿大土著妇女联合会(the Native Women's Association of Canada)曾呼吁原住民政府的决策要在《加拿大宪章》框架下进行(或者在将来通过的《原住民宪章》(Aboriginal Charter)框架下,如果它也能有效保护性别平等的话)。①

---

① 类似的争论发生在涉及美国印第安人专用地的性别平等的合法保护方面。参见 Carla Christofferson, "Tribal Courts' Failure to Protect Native American Women: A Reappraisal of the Indian Civil Rights Act", *Yale Law Journal* 101, no. 1 (1991): 169-185; Judith Resnik, "Dependent Sovereigns: Indian Tribes, States, and the Federal Courts", *University of Chicago Law Review* 56 (1989): 671-759。

另一方面，许多原住民领袖认为这种对性别歧视的担忧，反映了人们对原住民文化误解的、满怀偏见的老观念。他们辩解道，原住民自治政府试图寻求对权利宪章的豁免，不是为了在其社区内部限制妇女自由，而是为了相对于更大的社会环境寻求对其群体的外部保护。无论是对土地还是对特殊代表权的诉求，都是用以减少来自外部经济和政治的压力。而这些特殊权利在宪章框架下举步维艰。① 原住民领袖也担心白人法官会将一些权利（如民主权利）以他们文化无法接受的方式加以解释。② 综上，许多原住民领袖试图免守宪章，不过他们都承诺会保障基本人权和自由。

在多元族群权问题上有相似的争论。有人担心一些移民群体和宗教少数会借口"多元文化主义"对妇女和儿童实行传统的家族式压迫。也有人担心一些群体会呼吁权利去阻碍他们的孩子（尤其是女孩）接受适当的教育，避免他们离开其社区；或者呼吁权利维持传统风俗，比如阴蒂切除术，或是包办婚姻。

这些内部约束自然有可能破坏个人自由。不过这些压迫性行为并非加拿大现行"多元文化主义"政策的一部分。尽管加拿大存在这种潜在的内部约束，但对这些权利几乎不存在公共支持，甚至在少数群体里也是这样。相反地，大多数族群的、民族的集体权利是就外部保护而言，并且展现出相应的形式。说到加拿大是否存在潜在的内部约束问题，即使有也是

---

① 例如，保证原住民的代表权可能被视为违反平等权宪章，被看做对印第安人土地上的非原住民迁移的限制。

② 例如，原住民达成一致同意的政治决策传统方法，可能被视为否定了宪章第3－5章所规定民主权利。这些传统的决策程序没有违反宪章的根本民主原则——即合法的权威需要被统治者的同意。然而，原住民的传统实践，没有使用精确的方法来保护宪章所预想的被统治者的同意。取而代之的是，他们依赖于历史悠久的程序来保证一致同意的决策。原住民领袖们担心，白人的判决将会强加他们自身独特文化形式的民主，而不考虑原住民的传统实践是否具有平等有效的转换民主原则的作用。

作为外部保护的难以避免的副产品，而不是他们本身想追求的。① 至于族群的、民族的群体应该限制其成员基本自由以保护历史风俗这样的说法，根本没有市场。举个例子，对于牺牲个人宗教自由来保护一个群体的宗教习俗，是没有公共支持的。②

社会团结和分化型公民权

自由主义者同样担心，分化型公民权会成为破坏团结的力量，并阻碍共有加拿大认同感的发展。这会导致国家的解体，或者，也许不会那么剧烈，至少也会使人们不太愿意互相奉献和包容，而这对一个充分发挥作用的民主制是必要的。③

如果各个群体被所谓"公民权"吸引，关注他们之间的"差异性"（无论是种族的、族群的、宗教的还是性别的，等等），那么公民权就不能

---

① 内部限制与外部保护相结合的方法的另外一个例子，是魁北克的语言法律。这个例子非常复杂，因为法律分为语言使用的各种情况（政府服务、教育、工作场所和商业符号）和各种群体（操英语的居民、从其他省迁居到魁北克的操英语者、操法语者和外来移民）。这些法律存在的主要理由是，在北美操英语者占多数的经济政治压力下，确保操法语者具有平等机会。就此而论，它们非常成功，尤其是在使操法语者在工作场所能够使用法语方面。然而，这些法律的一些方面涉及不合理的内部限制。比如，以前的法律（最近作了修改）不仅确保商业符号必须包含法语，而且禁止英语在特定符号中的使用。这部分是由于内部限制，达到了这样的程度，即它被设计用于避免因它自己成员的选择而导致魁北克社会的不稳定。也有一部分过分限制性的外部保护因素，因为它不必要限制操英语者使用他们自己语言的自由。参见 Robert Yalden, "Liberalism and Language in Quebec: Bill 101, the Courts and Bill 178", *University of Toronto Faculty of Law Review* 47 (1989): 973-994; Gordon Campbell, "Language, Equality and the Charter", *National Journal of Constitutional Law* 4, no. 1 (1994): 29-73。

② 参见 William Weston, "Freedom of Religion and the American Indian", in R. Nichols, ed., *The American Indian: Past and Present*, 2d ed. (New York: John Wiley and Sons, 1981); Frances Svensson, "Liberal Democracy and Group Rights: The Legacy of Individualism and Its Impact on American Indian Tribes", *Political Studies* 27, no. 3 (1979): 421-439。需要注意的是，由内部限制引发的对个人自由的威胁不会仅仅因为少数人而发生。寻求压迫自己同胞的，常常是一个多数民族，或者一个种族上同质的民族国家。我对内部限制和外部保护的区别以及他们与自由主义的关系的讨论，参见 *Multicultural Citizenship*, chaps. 3 and 8。

③ 一些自由主义者把群体差异的公民身份的观念看做既是引起分裂的又是自相矛盾的说法。对于他们，公民身份在定义上是给予法律面前人人平等的权利的问题。因此"以权利为基础的社会组织或源于群体成员资格的主张与基于公民身份的社会概念强烈地抵触。"（Porter, *The Measure of Canadian Society*, 128.）

发挥它的重要整合作用——它将不再是"一项可以培育团体意识和共同目标的机制"。① 如此一来,将无法凝结社会中的各种群体,也无法防止相互不信任和冲突的蔓延。

这个问题很严重。但是,在评价这个问题时,我们需要时刻牢记这三种群体差异的公民权的不同。一般说来,我认为,不管是代表权还是多元族群权的追求都是融入。感觉到自己被排斥的群体试图融入更大的社会环境,而对他们"独特性"的容纳和承认正是要使这种融入更加便利。

我说过,特殊代表权可以被视为是一种对我们已熟知的思路的延伸:即,保证代表不足**地区**的特殊代表权(例如,不论人口,给予各州或省以同样的参议员席位)。这种做法被普遍地(也是公正地)视为一项促进参与、公平和融合的举措。特殊代表权的倡议者只是想扩散这种逻辑,使那些需要被代表的少数(如,族群的和种族的少数群体、妇女、残疾人)也能参与。这种倡议面临着众多事实上的困难。比如,我们怎么决定哪些群体才有资格获得这种代表权?我们怎么保证这些"代表"能真正对他们的群体负责?② 不管怎么说,扎根于这种代表权的推动力不是分裂,而是融合。

相似的,大多数多元族群代表权的追求也证明了,少数群体的成员在努力想要加入社会主流。想想锡克教徒的例子吧。他们曾想加入加拿大皇家骑警,但是因为他们的宗教传统要求带穆斯林头巾,所以他们没法加入,除非他们能得到豁免,不必戴那种传统上要求佩戴的正式警盔。很多加拿大人不同意这种豁免,因为他们认为这是对加拿大"国家标志"的不尊重。但是事实是,这些锡克教徒是想成为加拿大皇家骑警的一部分,由此成为国家象征与荣誉的一部分的。这个案例充分表明,他们努力想成为更大的社会的一部分,并作出自己的贡献。他们所要求的特殊权利仅仅应

---

① Derek Heater, *Citizenship: The Civic Ideal in World History*, *Politics and Education* (London: Longman, 1990), 295.

② 我对这些问题的讨论,参见 *Multicultural Citizenship*, chap. 7, 也可参见本书中 Anne Phillips 的文章, 以及她的 *Politics of Presence* (Oxford: Oxford University Press, 1995)。

被视为提高他们的融合度，而不是相反。①

然而，自治权的确是带来了公民权的融合功能问题。代表权和多元族群权都将承认更大的社会作为基本前提，寻求更多的融入，相较而言，自治权的追求则反映一种欲求，试图削弱与更大社会共同体的关联。确实，自治政府会质疑大的社群的本质、权威和永久存在的必要。如果说民主是人民统治，那么群体自治就提出这样一个问题：谁是真正的"人民"？少数民族宣称他们是独特的民族，拥有天赋的自治权，这种权利在他们加入联邦时（通常是非自愿的）并未放弃。确实，有些特定权利往往作为加入联邦的具体条件，被明确写入条约或宪法协定。因此，自治权是群体差异公民权的最绝对案例，它将人民分割成独立的"民族"，每个民族有其自己的历史权利、领土、自治权和政治共同体。

在这种语境下，似乎群体差异的公民权无法发挥其整合功能了。如果说公民权是一个政治共同体的成员身份，那么自治权必然会导致一种双重公民身份，也会导致一些混乱和冲突，到底哪个共同体应该得到更多的身份认可？更有甚者，对于提高自治权的要求似乎是个无底洞。如果一定程度的自治权被准予，那么这将激起民族主义者领袖的野心，除非给他们独立，否则是欲壑难填的。由于这个原因，多民族国家似乎内在的就是不稳定的。

正因如此，忽略那些少数民族的需求，避免在宪法中涉及这些群体，并坚持公民权是由所有国民共同拥有的，决口不提群体身份认同问题——这似乎是个诱人的主意。这也往往被描述成是美国处理多元文化问题的对策。然而，除了极少数例外——如（最被边缘化的）印第安人、爱斯基摩人、波多黎各人、和本土夏威夷人——美国并非一个多民族国家。它存在着同化那些心甘情愿的移民和不自愿的奴隶的问题，但这些人是个人或随家庭来到美国的，而不是像加拿大那样，从一开始就是历史上存在的自治共同体的一员，生活的地方是更大的社会共同体的一部分。哪里对少数民

---

① 这与许多加拿大原住民社区形成对照，由于获得了部分的自治，它们一直试图把加拿大皇家骑警移出它们的领地，代之以一个原住民的警察机关。

族使用"族群区分缺位"（ethnicity-blind）政策——就像印度人——哪里就会遭受惨重的失败。① 因此，美国已有许多群体现在协调一致争取自治权。确实，世界上鲜有民主的多民族国家严格遵守"共同公民身份"政策的。这并不奇怪，因为拒绝这些要求会使这些群体的疏离感加剧，使他们更容易脱离共同体。②

那么，什么才是多民族国家团结的源泉呢？罗尔斯认为，团结的源泉是一种关于正义的共享信念："尽管一个秩序良好的社会被分割，是多元的，关于政治经济问题的公共共识，可以维护公民友谊的纽带，保证联合的凝聚性。"③ 在许多联邦政府的承诺书中频繁出现的"共享价值"，以及导致《夏洛特镇协议》出台的宪法倡议案，背后都是类似的理念。但愿通过强调对自由平等的共享价值，可以为加拿大的社会团结奠定基础。

这听起来似乎难以置信。拥有共同正义观的两个民族，未必就能避免继续（或走向）分裂，未必就能很好地走向（或保持）联合。挪威和瑞典两个民族拥有共同的正义观，这也没让他们为1905年的分道扬镳而懊悔。他们是拥有共同原则和信念，但他们也很乐于追求自己的独立。相似地，讲英语的和讲法语的加拿大人也有相同的正义观，但这也没成为他们长期共处的充分条件，魁北克人认为他们可以在他们自己的独立国家里继续奉行这些正义观呢！分离并不必然要求放弃这些正义观。

当然，如果讲英语的和讲法语的加拿大人的确有强烈的愿望生活在共同的国度，这种共享价值信念可以助其一臂之力。但如果他们压根不想生活在一起，我们就不知道这种共同信念的存在，到底会否（或是否应该）重燃他们聚合的愿望了。这和共享信念是否会成为瑞典人、挪威人复合的

---

① 甚至正如它的支持者所承认的那样。例如，参见 Michael Walzer, "Pluralism in Political Perspective", in M. Walzer, ed. *The Politics of Ethnicity* (Cambridge, Mass.: Harvard University Press, 1982), 27; 参阅我的 "Liberalism and the Politicization of Ethnicity", 248–255。

② 无论如何，国家不能避免给予特殊群体身份以公共的承认。它必须决定何种语言将作为学校、法院和立法机关的官方语言。这显示许多美国自由主义者所赞扬的"国家与种族划分严格分离"的观点在逻辑上是说不通的。我在 *Multicultural Citizenship* 一书的第6章探讨了这个问题。

③ Bawls, "Kantian Constructivism in Moral Theory", *Journal of Philosophy* 77, no. 9 (1980): 540.

原因一样，是不得而知的。在一个政治共同体中，关于正义的共享信念并不必然导致共享的认同，或者是团结感、忠诚感，而这是可以替换、超越那些基于民族性认同感的。①

在加拿大这样的国家，构建共同认同感是一项不易的、正在进行中的工程，这样的国家往往包含两个或以上民族，这些民族都自视为自治民族。② 因此，在三种群体差异的公民权中，自治权是社会团结最大的威胁。不过，对自治权的否决同样会威胁社会团结，因为这将导致愤恨甚至独立。因此当我们考虑社会稳定时，由于它是个不得不考虑的重要因素，在评价自治权要求时，我们多多少少有些沮丧，回到了原点。

结 论

加拿大拥有悠久的历史来包容调和族群差异，尤其是对于民族的和族群的差异。很难说这段历史是否成功。一方面，有人质疑这个国家是否还继续存在；另一方面，加拿大享有125年的历史，这么久以来，三个民族和平共处，无数族群相安无事，几乎从未爆发过骚乱和暴动。尽管许多群体仍感觉被排斥，不管怎样，这个政治体系被证明拥有足够的弹性来调和自治权、多元文化认同和特殊代表权。我们很难用天平衡量加拿大在调和族群差异过程中的得失，以得出一个总括性的判断。

的确，也许从加拿大的这一历史中我们最应得出的教训是，如何看待群体差异的异质性，以及如何创造更好的机制来调和。由民族的、族群的和社会的群体提出的要求，不管在其内容上，还是与传统自由民主理念中的平等、自由、民主等原则的关系上，都是大相径庭的。

---

① W. Norman, "The Ideology of Shared Values", in Joseph Carens, ed., *Is Quebec Nationalism Just*? (Montreal: McGill-Queen's University Press, 1995), 137 – 159. 我对身份与价值之间关系的探讨，参见 *Multicultural Citizenship*, chap. 9; and "Social Unity in a Liberal State", *Social Philosophy and Policy* 13, no. 1 (Winter 1996): 105 – 136。

② 对这个问题的有趣的思索，参见 Charles Taylor 在 "Shared and Divergent Values" 一文中的讨论。多民族国家在历史、文化和政治形势上的伟大变化表明，关于共同的公民身份或差异的公民身份在促进或阻碍社会团结方面所扮演的角色，都没有一个普遍的答案。

第九章 多元与民主：表征差异

卡罗尔·古德

导　言

在政治理论领域，由于自由主义抽象的普遍性和抽象的个人主义，对它的批判已经成为了一种司空见惯的事情。政治领域的差异性而不是其他的政治观点已经被忽视，或者不再被考虑，它甚至被分配给了私人领域。虽然这种理论中的差异性将会在公共领域被充分认识，并会得到有效的考虑，但这种非此即彼的选择性的理论框架仍没有充分构建起来，它仍让人感到迷惑。这就导致了一些基本问题：哪些差异性应该得到承认呢？为什么得到承认的差异性是这些而不是那些？哪些差异性又应该被忽略呢？忽视这些差异性会有什么害处吗？在政治语境，或者更广泛地看，在公共或制度语境中，认识到这些差异性意味着什么？对于承认差异来说，规范性的解释意味着什么？承认和表征这些差异会侵犯作为正义规范形式的平等权利吗？

我想考察的是，从民主理论的角度来看，什么能够解释清楚这些问题；这种被女权主义提倡的民主理论不仅强调在政治语境中参与决策，而且强调应该在更广泛的范围内参与决策。因为这篇文章集中讨论的是承认和表征公共领域中的差异问题,所以我将首先就哈贝马斯对公共领域的解释进行思考和批判。然后我将考察相似理论框架或受其影响的很多其他理论家的观点。在这篇文章的第二部分,我将对公共领域中的差异问题另外提出一个理论方法概要,并在这种语境中对在政治和社会活动中的差异概念、它的领域和规范性地位提供一些哲学的基础。我还要考虑牵涉到公共生活中一些特殊差异的实际表达的具体问题,尤其是性别差异、种族差异和民族差异,例如,关于在政治中是否根据妇女的人口比例来委任妇女代表的人数,并且是否只有妇女才能代表妇女。

哈贝马斯、公共领域与差异问题

哈贝马斯早期对公共领域的重建是把它定位于一个关于话语(discourse)的历史性的新领域,这种话语超越阶级或政治阶层甚至一定程度上的性别差异,而要求广泛的参与。这种公共领域产生于国家制度之外,并且是讨论公共规范的论坛。尽管哈贝马斯把这种话语是作为一种描述性的历史性解释提供给大家的,但是他随后又把它与一种规范性的话语描述联系了起来,而后者旨在就相关的道德规范达成一致并形成一种可普遍化的利益。这种话语的特征——在更普遍的交往行动中可以被预期——是众所周知的。它们包括话语中的自由平等参与且在对话中的角色可互换的言说者(speaker)彼此之间的互惠性承认;他们旨在达成一种理性的共识,在这种意义上说,他们都受到更好论据的变化的约束。这种理性的话语暗含了可普遍化和不偏不倚的标准。而且,最近哈贝马斯还强调,它还包括关心他人的福利,并因而具有团结的特征。[①] 虽然这种实践性话语的解释最初并没打算作为一种民主模式,但它提醒其他人,它可以被用于解释协商或者交往民主的决策问题。具有这种解释的一些问题将要在后面进行讨论。

---

① Jürgen Habermas, "Justice and Solidarity", in *Hermeneutics and Critical Theory in Ethics and Politics*, ed. Michael Kelly, (Cambridge, Mass.: MIT Press, 1990), 47.

哈贝马斯的话语描述中所强调的特征——参与者的自由和平等，互惠性的视角等等——对任何右派思想的人（也许我们应该说左派思想的人来说都具有明显的吸引力。他的解释明显让我们超越了传统自由主义和马克思主义的框架。然而，它仍然面临一些困难，有一些已经被其他人（也包括我本人[①]）指出，还有一些主要是关于差异的承认和表征的困难。

首先，我们可能怀疑，强调通过话语所决定可普遍化利益是否充分重视了个人和群体的差异以及他们在公共领域中的角色。并不是像性别、种族、文化等诸如此类的个人的不同需求被完全压制或忽视了，因为所有声音都能自由地进入话语，没有利益的表达被排除在外。但话语的目的——它决定了目标和方法——是达成共识。差异是即将成为过去的事物。而且互惠性的承认主要在于普遍的同意，而不在于它能够增强和表达多样性特征。多元性是一种多元声音的话语的原初条件，但是同一的声音（univocity）是它的规范性原则。我将通过比较来论证，除了普遍的同意之外，公共领域中人们之间的相互影响——不管是无序的交流还是其他形式的活动——的规范性定位都是表达、认可和有时候对差异的鼓励。实际上，我将提出，一个恰当的正义概念自身不仅与普遍性有关，也与承认差异有关。

哈贝马斯的框架将被证明，它给差异的表达或发展留有余地，这种差异或者被当作是个体私下追求的善，或者被当作是在交往行动语境中表现出来的关心。依据哈贝马斯的观点，这些差异的表达可以在美学领域得到适宜的发展。但是这种领域的分离和因此对处于公共领域核心的差异角色的增强的贬低是成问题的。它从公共领域移走的不但有差异而且也有创造力，这就导致了对现存共识的想象的批判和拒绝，进而导致共识之新的和不可预期的框架如何生成的问题。因此，它试图诋毁批判的源头以及已经构建起来的规范的那种苏格拉底式的颠覆。

第二个问题是关于领域的问题。一方面，作为交往行动之一的这种公

[①] Carol, C. Gould, *Rethinking Democracy* (Cambridge: Cambridge University Press, 1988), 124–127; and "On Conception of the Common Interest: Between Procedure and Substance", in Kelly, *Hermeneutics and Critical Theory in Ethics and Politics*, 264–267.

共话语的舞台是被哈贝马斯从以目标为导向或目的理性的行动中系统地分离出来的,它被看做是策略性的或工具性。这种最初分析性的区别在对行动的不同领域的划分中好像变得具体化了。作为民主的堤坝仅仅起到限制政治作用的话语或公共舆论的领域①,公共领域遗漏了以我所谓的共同活动的公共目标为导向的实践行动等背景,并且我认为这些应该包括在公共生活的领域之中。为了这种公共活动,社会的、经济的和政治的制度都应该尽可能地组织起来。我进一步认为,社会制度、经济制度和政治制度一样,共同活动的每一种制度性背景都应该被民主化,允许针对共同目标和实现目标的方法而共同做出决策。②哈贝马斯倾向于把这种背景下的决策贬低为政府行政系统或经济体系中的策略性行动。但是,对于作为实践的社会行动联合设定的目标或者对于行政和经济领域的民主参与的可能性而言,这样做并不公平。

我建议的替代性的公共领域的观点是留出更多的差异化和局部化的行动中心,表征不一定必须是全球的或全社会范围内的共同利益。在这种多元的公共活动和围绕着它们组织的机构中,对差异的表达和认识的机会及表征的机会有了很大的提高。这也表明在这样的背景下对差异充分表现的条件是它们的民主化,即允许它们的成员有参与的机会。通过对共同行动的制度化,我的意思不但具有政治项目的组织——或者企图影响政治,或者政治民主制度本身,而且同样重要的一些特殊的和地方性的工作机构的范围,例如公司或企业,或者社会文化机构,例如大学、博物馆,与社会俱乐部这样的自发性社团一样都应该制度化。

当然,这并不会减弱哈贝马斯所描述的话语的公共领域的重要性,但作为对公共性的解释,这是不完善的。它是非常不完整,因为它把国家和市场看做是超出它之外,并且不用经受民主的检验。这样,它倾向于把政治领域——比如国家——还原为行政管理,并且把经济领域还原为纯粹的手段—目的关系的私人领域。此外,根据话语或者交往而不是根据定位于

---

① Habermas, "Further Reflections on the Public Sphere", in *Habermas and the Public Sphere*, ed. Craig C. Calhoun (Cambridge, Mass.: MIT Press, 1992), 444.

② Gould, *Rethinking Democracy*, esp. chaps. 1, 4, and 9.

共享目标的共同实践行动,把对公共领域的解释限制得太严格是不完善的。

第三组困难在于,关于哈贝马斯的话语的特征,它把一个已有的内在共识标准作为最终和当下之目标。话语不仅仅是旨在达成一致,它是指所有可能受到所采取的规范影响的那些人的全体同意,这些规范也是同意的目标。既然它可能是任何一种有效和生效的同意的论据,那么,那些已经进入同意的人们就必须自愿在程序的意义上已经同意遵守这一程序的结果。然而,关于道德规范,也就是说,目标指向基础或有效性的那种交往行动,这种一致同意关系到的就不仅仅是程序的合法性,还有规范的内容或所达成一致的规范的实质的合法性。在这些实质性规范语境中达成共识所必需的力量很可能趋向阻止导致分歧或危及共识达成的差异。即使共识被看做是反事实的规范而不仅仅是被看做一种受时间约束而通过经验取得的东西,但在一定范围内达成同意的压力可能会被认为是对当前论据施加的压力,那么可能会无意地压制差异或贬低它的价值。在经验案例中的一个很好的例子是在刑事审判中对持异议的陪审员施加压力,刑事审判要求陪审员的裁决必须是自主的并取得一致同意,其中犹豫不决的陪审团的社会和心理的代价超过了差异的表达。实际上,这不是一个相似的例子,因为这里的共识规范不是反事实的而是事实的,然而,它的道德力量可能有相似的效果。

如果哈贝马斯理论是一种民主决策理论,那么持有这种批评的观点就很可能遭到反对,因为在那种情形下一个反事实的规范将不得不被一个在时间的限制内做出决策的实际的方法所代替。确实,哈贝马斯早就把民主形式的问题描述为这样一个实践问题,"它的运行机制在每一种情形下都较好地适应合乎程序产生合法决策和机构"①。这里一般人们会想到公平程序的论据是例如多数原则和保护少数人利益的要求等等。但实际上,哈贝马斯继续把"程序性的合法决策和机构"刻画为那种"在话语的意志形成

---

① Habermas, *Communication and the Evolution of Society* (Boston: Beacon Press, 1979), 186.

中，将会得到所有受其影响的自由而平等的人们的非强制性的同意机制"①。但显而易见的是，任何多数原则或任何缺少"所有受其影响的"人达成的实际的共识其他程序，在这种情形下都不能保证程序的合法性。民主决策程序甚至是处在共识的规范性规则之下也是如此。实际上，为了判断一个民主决策是程序性的合法，我们必须知道共识将是什么样的，但这是不可能满足的必要条件。

关于共识观念的另一个问题在这里我仅仅能顺便提到。它关系到我将论证的权利的基础，这些权利需要对个人的差异和他们的言论自由进行保护。对哈贝马斯来说，如果权利是以共识保证其合法性的正义规范为基础的，那么他们的基础是纯粹程序性的。并且，因为共识没有本质的或形而上学的地位，所以不同的共识会以不同的权利为基础。但我将论证的是，权利——特别是基本人权——必须建基于比任何能执行的程序更稳固的基础，即使是理想的程序。我已经论证了权利建立在人类行动自身特征的基础上，在其他地方我曾经详细地讨论过这一论点。②哈贝马斯预设了相同的基本权利，尤其是话语参与者的自由权和平等权。正是这些权利加强了达成的规范的有效性，因为它们对话语的参与者来说是可接受的，并且在自由和平等的条件下也是值得接受的。如果没有这种自由的同意，规范就没有道德的力量。但恰恰是这些参与者的平等和自由的权利自身并没有建基于任何共识性的规范。如果它们是基本权利，那么这将会导致无穷的倒退，即程序建基于权利，权利以程序为基础，这个程序又建基于权利，权利又以程序为基础，从而导致无穷论证；要不然就陷入了一个循环，其中作为规范基础的权利自身在以这些规范为基础的程序中是被预设的。它们是被哈贝马斯预设的，他把它们看做是参与交往行动自身的必须条件。但是，因为这种为了达成理解或同意的交往行动自身就是一个程序，所以这些权利只是被看做参与这个程序的条件。在我看来，这对权利来说是非常

---

① Habermas, *Communication and the Evolution of Society* (Boston: Beacon Press, 1979), 186.

② Gould, *Rethinking Democracy*, chaps. 1 and 3; and "Hard Question in Democratic Theory: When Justice and Democracy Conflict", Working Papers, no. 5, University Center for Human Values, Princeton University, March, 1994.

脆弱的基础。

我们可以补充的是这对差异的权利来说尤其脆弱。因为在达成同意或理解的过程中，个体的差异自身并不是必须的，它更是除了在可普遍化利益之外更该容忍的事情，因此，差异的权利不能建立在达成一致这一必要条件之上。

最后，尽管哈贝马斯声称每个人都可以自由进入公共领域的话语并且被倾听，但是在这种讨论中仍然有些不能被表达的声音。例如，那些没有或不能在公共领域发言的人，那些由于不能清楚表达、害怕、习惯或压迫等原因而被排除参与公共生活的人。严格的话语理性是相对比较狭窄的概念，它仅在这一领域起作用并且把交往限制在理性的语言商谈之中。总之，这种普遍的领域，即使在一个民族或政治单位的范围内，也不如它的宪法具有普遍性。

话语民主模式

把哈贝马斯的交往模式理解为民主模式的自然倾向导致其他一些理论家对哈贝马斯式的主题产生了很多有意思的变种，在这里我将提到几个。

当一个话语或交往模型被改造为一个民主模型时，不管是所谓的话语的、协商的还是交往的民主，它呈现出一些独特的特征。一个明显的事实是作为自治形式的民主总是包括自治的参与者之间的话语、协商或交往，从这一事实出发，哈贝马斯式的民主模型好像独自窃用了话语元素并且要么是故意避开要么是忽视了共同决策中的关键因素和能够自治运作的关键因素。在一个理想模型中，自由和平等地参与公共话语有助于形成公共舆论（尽管在实践中公共舆论经常是通过其他方法形成的），但公共舆论并不能自治。民主中的管理是通过决策背景下参与和代表方式进行的自治。此外这里，大概因为哈贝马斯式的交往话语与决策相分离，这种对民主的话语描述严格集中于谈话、讨论或协商等参与方式。实际上，在实际的决策意义上，它变得没有行动只有空谈。我们可以说虽然没有协商的决定是盲目的，但没有决定的协商是空洞的。①

协商民主领域的这种特征仍然是那种普遍的论坛模式，论坛中是言说者和聆听者的关系。尽管如此，通过规范的采纳或实质上决定的方式，参与的标准几乎秘密地变成了"所有受影响的人"的同意。它不可能仅仅是所有那些受到话语影响的人，因为它完全不清楚这意味着什么。但是，在任何一个假设的话语——所有可能受到正在被讨论的规范或决定影响的那些人必须参与的实际对话——中的成员领域的划分标准也是极度模糊的，因为我们不知道谁是那些可能受到影响的人（既是因为行动的全球化影响也是因为它们后代的影响，更不要提那些无意或不可预期的行动的后果）。

近来的理论家已经试图把公共领域区分为各种协会、运动团体或可能存在的机构，也就是说，或多或少非正式或松散地设定的分组，其中成员是自愿的而不是归属性的，并且差异能够得到表征，至少在话语中如此。尽管很明显这是对无差别的公共领域的一个改善，但是我认为它遗漏了许多民主决策和表征差异的重要的公共的制度性背景。而且，公共领域被划分为非正式组织或群体的成员资格的问题仍然是不清晰的。一旦话语被解释为民主决策的假设的模型，那么问题就变成了，"谁不但有权参与协商而且有权参与决策本身？"答案是"受决定影响的每个人"，而这不会对任何实践的或真实的世界背景起作用。

把话语模型解释为一种理想的民主模型的是乔舒亚·科恩对协商民主的解释②。对差异充分承认和表征的这种模型的优点，是它能把哈贝马斯式的元素，即在协商中每个人的声音作为自由和平等的参与者都可以被倾听得到，保留在民主的协商中。那么，差异仅仅被认为是一种不同的表现，仅此而已。没有特殊的表征，因为不同但平等的地位由于障碍和不平等的消除而得到保证，这些障碍和不平等可能会导致过去地位不平等和不

---

① 实际上，即使交往参与领域也是一种规范的确认而不是像诸如立法之类的特殊决定，这里仍持续处在一种被无限延误的反事实共识状态之中，也就是说，处于一种有目的但没有结束的过程之中。

② Joshua Cohen, "Deliberation and Democratic Legitimacy", in *The Good Polity*, ed. Alan Hamlin and Philip Pettit (New York: Blackwell, 1989), 18-27.

完全表征。

科恩还提出了与哈贝马斯类似的观点，即协商的目的在于在既定情形下对共同的善或诸善达成共识。① 在关于共同的善的民主决策的语境中达成共识的必要条件不再是反事实的规范，而是切实的同意。有时这可能会发生，尤其是协商的主体是相对较小并且在道德观点方面同质的，它以互惠的善良意志为标志。因此科恩承认这是一个理想的模型，而且现实的民主体制应该以与这个理想模型的类似程度为评判标准。但由于就共同的善达成一致是受时间约束的选择，所以科恩承认，当不能达成共识时，主体不得不进入多数原则的决策过程。但正如托马斯·克里斯蒂亚诺所指出的，依靠这种多数主义的程序不是科恩的规范性论证②。此外，这好像并没有考虑差异和不同的利益在这种多数规则的情形下是怎么被保护以免于受到践踏。

这里一个关键性的保护措施是由宪法保证的一组权利，并且它甚至不能被多数规则的决定所侵犯。而且，如前所述，这对话语模型提出了困难。这种困难在艾丽丝·扬所谓的交往民主中尤其明显。在她看来，如果它们能满足政体成员之间自由讨论的条件，并且对所有人都是可接受的——这是共识较强的条件，那么这种交往主体的决策决定了什么是正义的。她写到："因为关于正义的主张没有神学的或社会的超验的基础，所以正义的规范和政策仅仅是那些就达成理解的目标彼此自由的交往的政体中的成员达成的。"③ 然而，这没有要求超越这种民主实体的决策的权威。因此，没有对一个非正义决策的批评，在这种模型中非正义的决策仍然是不明确的。这就是罗尔斯选定的纯粹的程序性正义。独立于一个民主程序具有单独地位的权利完全是不存在的。权利是指被一致同意接受的权利，并且，如果共识改变了，那么曾经的权利也就不存在了。确实，这看来像

---

① Joshua Cohen, "Deliberation and Democratic Legitimacy", in *The Good Polity*, ed. Alan Hamlin and Philip Pettit (New York: Blackwell, 1989), 18–27.

② Thomas Christiano, "Freedom, Concensus, and Equality in Collective Decision Making", *Ethics*, 101 (October 1990): 167.

③ Iris Marion Young, "Justice and Communicative Democracy", in Radical Philosophy: Tradition, Counter-tradition, Politics, ed. Roger S. Gottlieb (Philadelphia: Temple University Press, 1993), 130.

循环论证，作为平等成员自由地参与政治实体，它们所预设的是自身，而不是一个程序的结果，反过来，这个程序必须通过自我预设而具有权威性或使之合法化。可能存在一些法律权利会相应地随着共识性决定的变化而变化。例如在秋天烧树叶的权利，这曾经在法律上是被赦免的，但因为关系到污染问题，所以已豁免的权利又被废除了。但如果人权被当作反对多数的权利，片刻都不允许。

以一种类似的方式，塞拉·本哈比主张基本权利本质上是竞争的，因此可能有利于商谈辩护［引自贝尼斯（Baynes）］；同时，他认为尽管这些权利是竞争的，但如果没有中止或终结民主本身，它们就不能被废除或被违反，因为这些是"在民主社会中关于构成性和调节性制度规范的争论"①。然而，本哈比想同时两方面拥有它；因为如果权利确实是竞争的，那么一种可能性是它们是可以被废除的。否则，竞争会减弱解释的差异并且也不是基本的竞争的意思。但是，如果它们不是竞争的，这意味着除了规范的产生和有效性的商谈程序，它们有权做其他事情。这些权利要么是竞争的，要么不是。

另一个能使我们摆脱这种陷阱的解释可能是一个假设的规范性论证，大意是：不管我们表面上能多么自由地对这些权利进行争论，但如果我们想要民主，那么就必须有权利。但即使这样，关涉到民主的较高价值时，基本权利也不单纯是工具性的，而且它除了民主之外没有独立的基础。这就意味着权利仅仅只有在大多数决定保护民主时，这些权利才可能得到保护，以免出现多数人暴政。但是，这听起来像一个文字游戏，换句话说，如果这些权利被侵犯了，那就不是民主，因此民主范围内规定的基本权利是不能被侵犯的。

本哈比提出继续讨论公共领域和私人领域之间的界限问题，其中私人领域是指私人关系和家庭领域。她批评哈贝马斯，为了保护个人自主免受政府或公共领域的侵犯而做的划分太严格，并且忽视了在私人领域女权主

---

① Seyla Benhabib, *Situating the Self* (New York: Routledge, 1992), 106.

义者对统治和压迫的批评。① 南希·弗雷泽也提出了类似的批评。②

那么，根据本哈比的观点，那些能作为隐私保护的是可以像基本权利那样可以重新商议和有利于话语的竞争，正像我们刚才看到的那样它也在"议程"上了（尽管还是自相矛盾的）。但是，个人生活的私人领域从来没有免于法律的侵犯或权利和个人的法律保护。这种保护的范围当然是变化的，并且在这个私人领域中的妇女的权利——从拥有财产的权利到免于婚内强奸的权利——总体上无疑在扩大。但是，合法保护的权利的权限范围的变化并不意味着**一些**界限的原则是竞争的。自由个性的存在条件和私人关系的发展等一些私人领域必须得到保护以免受到政府侵犯，而且从女权主义者的观点来看也必须如此。③

本哈比好像也想保护这样的东西（引自简·科恩关于道德自主的必要条件产生合法律性的限定性条件的论述）。④ 但在本哈比看来，对这种自主性——这是隐私的最终边界——的唯一保护，就是它是民主合法性的先决条件。然而，正如我们刚才看到的，即使这是最基本的竞争并且有利于商谈有效性，根据本哈比的看法，这意味着这个界限基本上很容易被一齐抹杀。尽管这一结果的可能性并不大，但如果我们对隐私有自由的偏好和民主的持续性，那么在这种模型中，很明显这是不会被取消的，并且作为基本自由权利的私人权利的脆弱的基础能够得到保护。我们可以补充的是，在自由主义和女权主义的理论中的一些讨论已经指出作为民主必需条件权利的范围太窄了，以至于不能包括一些我们想囊括在私人领域中的权利。尽管像政治平等一样，言论自由和结社自由明显仅仅只作为民主的必要条件得到辩护，但是，全部的自由权利或私人权利——包括其中的关于身体的权利——能否被充分辩护并不明显。

---

① Seyla Benhabib, *Situating the Self* (New York: Routledge, 1992), 111–113.
② Nancy Fraser, "Rethinking the Public Sphere", in Calhorn, *Habermas and the Public Sphere*, 128–132.
③ Cf. Anita L. Allen, "Women and Their Privacy: What Is at Stake?" in Carol C. Gould, ed., Beyond Domination: New Perspectives on Women and Philosophy (Totowa, N. J.: Rowman and Allanheld, 1984), 233–249.
④ Benhabib, *Situating the Self*, 111–112.

最后一点是在权利和合法律性的领域与公共领域的商谈之间存在着混淆。当然，或许除了被公开接受的私人关系规范，以及统治和压迫的公共意识，任何事情都能够在公共领域的对话中被自由的讨论，而没有在公共领域和私人领域之间设置任何界限。关于公众的正义意识可能会深刻地被这种讨论所影响，并且争取妇女平等或公民权利的社会运动和组织可能会影响立法。因此，对哪些属于公共领域和哪些属于私人领域的界限的公众的理解当然可能被重新协商。但是，这并不能决定它们在私人领域内的权利和法律保护的范围。

承认和表征差异

那么，当严肃对待社会和政治领域的差异性问题时，哪些内容应该包括在内呢？部分地，正如我已经提议的那样，它意味着认真对待权利。但我将论证这涉及不同于传统的自由主义的权利概念和正义概念。但后者是不同的，它对要求得到同样对待的平等权利原则视而不见，而我所建议的正义原则［我在我的著作《民主的再思考》中进行了相当细致的描述］①是以对差异的承认和对个性化需要相适应为基础的，并且把对差异权利的保护发展为它的基本概念。

如果我们把这种正义看做平等的自由，需要承担的就不仅是消极的自由和平等的政治权利，而且还伴随着分化的自我发展条件的平等权利——也就是我所说的平等的积极自由，那么正义不是要求每个人的条件必须是**相同**（*same*），而是根据不同需要决定的条件必须是**同等的**（*equivalent*）。正义还需要对相关差异的承认和考虑。因此，并不是仅仅把容易受到非议的非标准的利益概念添加到自由主义正义理论认可的标准利益之中，这条原则要求把差异建立在公正对待这一基本要求之上。在吸收女权主义对关心的讨论基础上，它也要求对其他人的差异需要做出回应甚至表示同情。

这种作为平等的积极自由的正义原则在它的应用中呈现了很多困难：

---

① Gould, *Rethinking Democracy*, esp. chaps. 1, 4 and 5.

第一，对相关的差异标准以及与之相对的不相关的差异标准的需求。并不是每一个不同的需求在自我发展的情境中都有一个平等的主张。第二，在政策的水平上，很难制定或贯彻一个完全个体化的政策。从实践角度来说，人们经常不得不根据他们群体的特征被对待。尽管如此，作为一个规制性的原则，它是使我们尽可能在分配的情境中和权利的层面上包容差异。但是，作为关于包括消极自由、平等的政治权和生存权的基本人权的范围而预设的平等这一条件，这种不同的概念要求根据平等的人权而差别对待。很多难的问题在这里仍然是开放的，例如，关于对特殊群体权利的承认——例如民族自决的权利——与政治的平等权是否相容的问题。但是，我认为这条原则即使对诸如此类的难题也提供了一个有用的规范性指导方针。

然而，在公共生活中认真对待差异要求的不仅仅是一个重新公式化的正义原则。它要求迅速增加参与到公共活动情境之中的机会，这不仅包括在早先已讨论之意义上的公共领域内的商谈和集会，而且包括经济、社会和政治生活等方面的制度。实际上，民主参与的这种机会必然要求在我的解释中提到的那些正义原则。因为如果一个人有平等的权利决定他们自己行动，进而，如果参与共同活动是他们自我发展的必要条件之一，那么结果就是，存在一个参与决定这种公共活动过程的平等权利。与政治和政府情境中一样，它包括在工作机构中参与决策，也就是说，在公司、在社会和文化的结构中参与决策。这也包括自发性的协会、社会运动和公共领域中的非正式群体。因此，这里我称为公共领域的概念代表了比在商谈模型中囊括的更广阔的参与活动的舞台。

这种参与为差异的实际表达和它以不同的方式予以适当的承认提供了机会。首先，在这些一般来说较小范围的参与背景下，差异能被个人或群体直接表达，并且在参与共同活动的人们之间的社会互动中被具体地承认。在这里，差异是被直接呈现出来而不是仅仅被讨论。参与决策也意味着采取有效行动，它代表了差异所表现出来的不同的需求和利益。此外，这种背景有利于个人和群体的承认，有利于对自己不同关注内容的表达。

我还将表明，正是使参与可能的共同活动的多样性对个人的差异有着重要的贡献，这种差异是自我发展的一种标志。这种个人活动和与他人联合的情境的多样性为许多的不同地位的清晰表达和详细描述提供了可能。这种情境多样性的价值及其对个体发展的贡献得到了一些早期持有民主和文化多元主义的理论家们的承认——比较有名的是约翰·杜威（John Dewey）。

仍然要考虑其他一些在处理政治和社会生活中差异的地位和价值的方法问题，分析像性别、种族和民族等此类群体差异的地位。最后，考虑到这种分析，我将考察在民主决策的背景中群体差异的表征问题。

我将立即展现另外两种对待差异的方法。第一个方法与古典自由主义相关，它以公民的普遍平等的权利的名义，把除了政治观点之外的所有的差异看做是中立的或被排除在对政治活动的考虑之外。除了政治观点方面的差异，其他差异不关其他任何人的事，仅仅是个人自己的事，因此和个人的宗教信仰、道德信念和家庭实践一样属于私人领域。第二种观点赞扬差异，尤其是作为一种文化价值，它鼓励多样性以及对作为积极的社会的善的多样性的表征。这并不是说这种对善的描述鼓励政治活动中的分歧。相反地，它赞成在公共的政治组织中互相尊重的成员之间的那些和谐的多样性，尽管他们尊重彼此的平等权利，但他们也尊重和鼓励彼此的差异。至少可以说，这是一个高尚的观点。

然而，在上述两种方法之间或在这两种方法之外，还有其他对待差异的方法。一个是在熊彼特和达尔早期的民主理论中提出的多元主义者的观点，它把民主看做本质上是为了寻求平衡的相互冲突的利益群体之间的调解。另一种是对差异的补偿观点。差异的损害——过去种族、性别和民族的差异等是歧视和遭受不平等对待的基础——被公开地认为是纠正它们的确定行动的基础。差异得到承认是为了消除它们的负面影响。超越所有这些观点的就是我所称谓的多元文化主义，它不仅肯定群体的差异而且赞成在政治民主或政府的情境中永久性的结构性表征。这种观点根据性别、种族或文化特点提供了一种独特表征，这非常像美国参议院中的州代表。

本质主义的提出引起了这样一个问题，即怎样刻画群体差异的特征。或许最古老的并在政治生活中发挥重要作用的关于社会群体差异的看法，就是认为这些差异是最基本的，也就是说，它们是给定的一劳永逸固定的本质，具有均匀地分布在所有群体成员之间的特征。关于群体的本质主义非常类似于抽象的普遍性：① 所有不同群体中的个体都是相同的。有些概念并不像在归属性群体认同概念中那样被保护得相当坚固，在这里它被看做是给定的，有些事情是"与生俱来"的，它构成你是你所是的东西，并且从你的观点来看，你是被他人以一种非自愿的方式归诸于你的。与之相对照的是，一个人自愿认同并能够自由参与和退出的群体（例如自愿性的协会）并不构成一个人本质上是谁那些东西，尽管这种从属关系可以很好地在一定程度上识别一个人的社会、文化甚或是个人的特征。②

在我看来，对群体差异的自愿和非自愿或归属性本质之间的区别被误导了，并且没有被充分地提炼。例如接受母语问题，在个人的群体认同中人们是"被抛入"(thrownness)③ 或"给定"(given)。然而，即使在童年的早期没有什么事情必然要求坚持讲母语，这里有许多例子，例如，在我自己的家庭里，母语完全被忘记了，并且实际应用的语言也完全是偶然获得的。在这些案例中，什么是给定的根本不是固定不变的，并且这可能被个人自己的选择或被其他人的选择完全改变。然而，人们也可能争辩说，与语言不同，像性别和种族等特征是具有生物性基础的，它们具有强烈的归属性，并且是一劳永逸给定的。但是，这个论据的缺陷是，在关于种族和性别的社会和政治术语中所构成的有关差异，不是由遗传的性别或者一个人的肤色所决定的，而是由社会和历史的解释——尤其是歧视和压迫——所构成的东西决定的。构成群体差异的不是黑人或女性，而是他们作为一个黑人或女性所遭受的压迫。这在其他方面也是一样：性别、种族或民族身份认同的积极特征也是历史地实现的。

总之，一个人需要在特征的给定性与它是如何获得的或者说拥有它能做什么之间做出区分，而且这又让归属性与自愿性之间的区分变得模糊起

---

① Cf. Carol Gould, "The Women Question: Philosophy of Liberty and the Liberation of Philosophy", in *Women and Philosophy*, ed. Carol Gould and Marx Wartofsly (New York: G. P. Putnam's, 1976), 5-33.

② Iris Marion Young, *Justice and the Politics of Difference* (Princeton: Princeton University Press, 1990), 44-45.

③ Ibid., 46.

来，而这在最初又是被非常尖锐地提出的问题。这并不是说个体总是能够摆脱掉某种特征，或者能够改变自身的意义。这样做有充分的理由要求在很长一段时期内共同行动。明显的例证表明，一个人需要看得更远，而不仅仅看到由于女性主义运动导致的妇女作用的变化。

我可能已经顺便提到了艾丽丝·扬在她最近的著作中对归属性和自愿性之间的区分所作的讨论，她的讨论在这一点上并不十分清楚。她一方面说，对于你是谁这一问题是由你所处的群体决定的，但是如果你有所选择，那么你可能会改变你的群体认同。① 但是，因为归属性的群体认同并不是他如何看待自己的利益的事情，所以她对如何能够根据选择协调这种变化并不十分清楚。她似乎想同时具有两种途径，但并没有说明它们之间是如何协调的。进一步来说，关于这种群体之间的差异应该与政治相关的原因，扬颇有助益地寻找到了压迫、边缘化等经验。但是这可能也是让这种群体差异相关联的积极因素。

对群体差异的重要性的论述与在民主政治的情境下对评价差异的第二种方法最接近，也就是说，这种观点把多样性看做是积极的社会的善。我们现在可以把这看做是非基础性的和自愿的社会多元或文化多元。这里的附加条件必须是，群体差异的代表性和满意度必须与平等权利的优先性相一致。这种对群体差异的补偿性方法也与这种观点相谐调。但是我将论证，一个人需要增加这种群体差异范围内已经得到讨论而且在参与共同活动中产生的群体差异。这些可以被描述为由共有的普遍利益所决定的群体特征。但是他们不喜欢这种以前的多元民主理论中设想的利益群体，在这些群体中利益与其说是共享的，还不如说是相互矛盾的。

最后，对于在民主过程中各种不同群体的代表性问题，对这种群体差异所作的社会多元主义的解释究竟意味着什么？显然，因为它是非本质性的，所以这种方法不可能帮助特殊群体的永久性代表取得任何进步。另外，这种理念是非常重要的，即一个群体只能由其中的成员所代表，好像

---

① Iris Marion Young, *Justice and the Politics of Difference* (Princeton: Princeton University Press, 1990), 42–48.

所有成员都共享了一些基本的特征。同样，不可能证明某个群体中的**任何一个**（any）成员都能够平等地充分地代表这一群体**所有**（all）人。认为克拉伦斯·托马斯（Clarence Thomas）能够代表所有的非裔美国人，或者认为玛格丽特·撒切尔能够代表所有妇女，这都是非常奇怪的想法。同样，主要是因为有些妇女——幸运的是这只是少数人——认为女性主义唯一的利益就是她们自己的利益，所以一些男人做的工作有时候比妇女更能代表她们的利益。但是，一般来说，刻画出某个群体的成员特征的那些关于逆境和成功的共同经验表明，他们比那些没有类似经验的非群体成员能够更好地代表这一群体。

然而，仍存在着一些更加深入和复杂的问题，这就是在民主决策的情境中，是否应该根据所有人口中人数的大致比例来相应选取不同数量群体的代表。这种非授权性群体的代表甚至能够得到自由主义理论的支持，也就是说，哪里缺乏代表，哪里就有证据推定存在着歧视，因为既然所有一切都应该是平等的，那么一般而言在群体人数和代表人数之间在统计学上也应该大致匹配。除此之外，比如更加积极的是，如果由于妇女之间有着共享的经验和观点而认为她们是她们这一群体最好的代表，那么根据人口比例，妇女的政治平等就应该要求他们在民主的自治机构中也应该有大致相应的代表比重。而且，对于民主过程而言，这些代表的独特贡献应该是有益于促进整体利益的。

如果我们承认根据群体之间的差异来确定代表的比例是可欲的，那么它怎么付诸实施呢？什么样的机制确实会影响这种变化？从我们美国目前的政治形式的结构转型来看，问题最少的方式将是，通过对弱势群体社会和经济上的授权，使他们能够有平等的机会获得参与和选举的方式方法。不可能像现在一样，任何结构和程序方面的方式可能只有很小的可能性，并且可能在规范上得不到辩护（至少在美国环境中如此）。例如，一个人可能会为妇女、非裔美国人或墨西哥裔美国人等群体要求一个国会配额。但是这将会侵犯选举程序，因为投票将可能是不可描述的。然而，更加合理的结果是，在他们可能赢得选举的地区，任命这一地区的团体代表将会成为政治党派的目标。① 这将意味着，任命过程本身将不得不反映这一群体成员的承认，并让这些群体成员参与进来。共和党在几年前通过对这种类型的代表性要求予以制度化来选举他们的全国代表大会。其他被用于提高不同群体代表性的方法已经应用到了日常实践之中。他们包括：为了对不同地理位置的群体授权而重新分区（特别是过去由于歧视原因通过分区以前被剥夺了权利的地区）；为了把他们的效力集中于特定事件而由从这些团体中选举出来的代表召开的秘密会议。但是我将建议我们应该原则上对那些侵犯基本的自由和平等原则的结构保持警惕。除了这些政治途径，在一个民主政治内，对于不同代表——不管是个人的不同还是群体之间的差异——最好的期望是，在各种一般性的活动中扩大参与的机会，或者是在公共领域的话语之中，或者是在社会、经济和更小范围的政治体制之中，它构成了大众治理的剩余部分。在这些语境中，差异才能够被肢解表述出来，得到认可并更加有效。

---

① Cf. Anne Phillips, *Engendering Democracy* (University Park: Pennsylvania State University Press, 1991), chap. 3.

第十章 民主、差异和隐私权

简·科恩

　　护存良好之个人自主能促保公共自治，正如公共自治之恰适践行可维护个人自主之根本。（于根·哈贝马斯：《法律的范式》）

　　问题的要害在于判明两个道德主张，即妇女作为个体有权要求平等对待而不受其性别之限制，且作为一个群体之妇女其地位不逊于任何其他群体。（内丁·托布、温蒂·威廉姆斯：《平等之要求是否不止于同化、调适或离弃现存社会结构？》）

　　民主与差异的关系已经成为当代政治理论家关注之一核心问题，这并不难理解。因为在"新社会运动"的分析框架之下，20世纪70年代和80年代初期显露峥嵘的"认同政治"已开始自暴其弱点。尽管歧义纷呈，对认同政治的关注及以"少数人"身份——妇女、同性恋者、黑人以及其他语言和种族群体——为傲可作如下理解，即它是对"包容的政治"之阴暗面的反应。包容的政治为个体提供了形式和法律上的平等权（平等对待）以及完全的政治身份，但这却以同化和抹除少数分子之特殊性为代价。新的关于认同政治的阐释已经取得了一定的发展，在其宣言之中业已包含某种深思熟虑的自我反思。一些新的集体行动参与者已开始认识到，社会进程和权力关系乃是深深的嵌入于认同形构的过程和社会规范的表达之中。此处对认同政治内涵的修改,其目的似乎在于确保所有人都能够以平等的条件参与到这一进程之中,而且机会均等。这样一来,认同政治就开始四面树敌,它给貌似中立的现存文化模式、制度化的社会规范和已有的群体认同带来了均等主义和民主式的挑战。①

尽管如此,现今很多认同政治的鼓吹者,却轻易地在自由和民主的两个维度上都放下了批判包容的政治的铁手。在一系列似是而非的理论——这些理论把普遍性、规范性、平等、公共性、公正和基本权利看做仅仅是权力的一种策略——的唆使和暗助之下,认同政治的号手只是简单的强调差异本身,似乎差异本身就足以产生认同和身份权利,这就变成了某种形式的特殊主义。当下的特殊主义倒是免除了不少烦恼,它已经懒得用均等、公正、宽容和协调来装扮自己,甚至对表面的平等也不屑一顾。在它的极端形式当中,认同政治转而变成均等和民主的反对者,为遍布世界的敌对性民族主义、种族中心主义和险隘的群体特殊主义大张旗鼓。以权威视角来看待差异的观点如今大行其道,而对抗这一观点必不可少的语言和概念资源却被批评理论逐步侵蚀,人们不禁开始怀疑批评理论是否已经成为反民主斗士的手中利器。而这一理论之本初鹄的在于挑战普遍主义这一启蒙观念中的乐观意识,并揭露自由及民主的传统观念中之均平化和同质化倾向。

在这一背景之下,规范民主理论的复兴可谓与时俱进、颇济时需,特别是最近很多关于这一主题的著作都将公共领域的概念和协商民主的观点置于核心地位。② 事实上我深信,社会的民主化依然是公共领域制度化和再制度化的首要和基本问题。就这个问题来说,我们仍受哈贝马斯的《公

---

① 参见 Jean L. Cohen and Andrew Arato, *Civil Society and Political Theory* (Cambridge, Mass.: MIT Press, 1992), 492–563。

② 参见以下书中的论文: Craig Calhoun (ed.), *Habermas and the Public Sphere* (Cambridge, Mass.: MIT Press, 1992), 以及 John Dryzek, *Discursive Democracy* (Cambridge Cambridge University Press, 1990), James Fishkin, *Deliberative Democracy* (New Haven: Yale University Press, 1991), Thomas Spragens, *Reason and Democracy* (Durham, N. C.: Duke University Press, 1991), 与 Anne Phillips, *Engendering Democracy* (University Park: Pennsylvania State University Press, 1991)。

共领域的结构转型》一书阴影之缠绕,尽管他摘录来的自由理论及自己建议的替代选择都不再令人信服。迷雾仍然重重,而哈贝马斯所遇到的困境——制度社会学之不可能性,无法对与现存事实相反的规范理论(在话语伦理中)进行单向度的分析——仅仅是问题之一。另一个中心问题是公共领域的开放模型与差异之间的规范和概念关系,这一模型将一系列普遍原则(开放、平等的分享权以及公正的参与等等)概念化,而差异则公开阐扬、体认并保护特殊性。

从这一角度看来,最近那些女性主义理论家的努力尝试意义非凡,他们着眼于差异的代表和赋权问题并借此重新思考了公共领域的规范概念。某些人试图校正那些要么是排除差异、要么是剥夺差异的共享权力的公共空间模型,在他们看来这些模型乃是哈贝马斯一系的。① 尽管成果显著,在我看来这些尝试依然面临两个相互关联的难题:在有些情况下,不管在行文中明确点题还是故意回避,这些研究的基本趋势是为公共领域提供一个唯一正确的概念界定;但他们又都把从公共性自然延伸出来的私人性概念看做纯属多余。受困于此,他们自然无法提出一个这样的概念——既要充分保护差异和多样性,又能完全适应当代公民社会的复杂性。

在此我想集中精力修正第二个缺陷,也就是说我将重新表述私人性和个体隐私权的概念,这一表述聚焦于它在制度中的角色,即保护(或者间接地说就是代表)差异。不过在此之前,我们首先应该对第一个问题做些简单的评议。我认为任何民主化进程若想避免排外性、均平化和同质化,私人性和代言声都是至关重要的。

当然,女性主义者批评公共领域的雅兴算不上什么新鲜事。事实上,女性主义理论的生发一直都伴随着对公共/私人二分法的批判。爆发初始,女性主义政治就将目光锁定在那些立法无能和歧视性法律之上,正是它们

---

① 我想到 Seyla Benhabib 最近的著作:*Situating the self* (New York: Routledge, 1992),第3章,第5章和第6章;在 Calhoun, *Habermas and the Public Sphere* 中收录的 Nancy Fraser, "Rethinking the Public Sphere: A Contribution to the Critique of Actually Existing Democracy";以及 Iris Marion Young, *Justice and the Politics of Difference* (Princeton: Princeton University Press, 1990),尤其是第4章和第6章。

将女性排挤出政治和工作这些公共领域（就算她们侥幸得以进入这些领域，受到的也是亏待）；而女性主义理论则不断地挑战那些视排挤女性为理所当然的顽固文化偏见。来自女性主义的控诉至今我们已耳熟能详：尽管它明显不适合于当代公民社会中极其复杂的制度环境，将社会结构分为公共与私人领域（恰好对应于男人与女人的性别分立）的二分法却在社会意识形态中扮演着关键角色，正是这一社会意识形态"合法地"剥夺了女性在政治共同体中的完整成员资格，并否定了女性在经济生活中的平等机会。它强化了关于性别的文化偏见，使立基于此的社会地位归属长期不变，把所谓的私人问题从公共探讨和论辩中屏蔽出去，它还遮蔽了家政中不平等的权力关系——即假借追求正义之名义形成的家务性别分配和家庭中其他"亲密关系"上的性别模式。正如无数女性主义者坚持宣称的那样，公共/私人二分法助纣为虐，强化并延续了所有生活领域中的性别等级结构和不平等。①

至今这些控诉仍然属于新的寻求认同运动的范围之内，而急先锋则是女性主义，不过不分青红皂白地拒绝一切自由民主导向的公共领域概念的做法，也至少遭遇了一些批评。直接驳斥女性主义理论的这类观点并非本文的任务，这类观点拒绝任何有关公共领域和私人领域的差异的论述，因此也收到了来自女性主义内部的有力批评。② 更重要的是，不少人已经认识到公共领域的概念对于民主女性主义理论来说是必不可少的。实际上正如我所暗示过的那样，我所知道的一些理论家正在重新思考公共领域的类型化问题，看看怎样才能让它更友好地接纳女性和差异。例如，塞拉·本哈比，她把哈贝马斯模型置于自由主义及共和主义之上，但同时又批判了她所说的哈贝马斯在公共问题和私人问题的本质区别这一主题上的观点，并且重构了公共话语领域的概念使之不再排除对女性至关重要的问题和阐

---

① 关于这些问题的经典表述参见 S. I. Benn and G. E Gaus, *Public and Private in Social Life* (Kent: Croom Helm, 1983) 书中的 Carole Pateman, "Feminist Critiques of the Public/Private Dichotomy", 281–303。

② 最近的概括参见 Anne Phillips, *Engendering Democracy*, 92–119。

释。① 与此相类，南希·弗雷泽接受哈贝马斯在公共性原则上的分析，却不像他那样承认这些原则依赖于自由主义理想的单一而微弱的公民社会公共领域，并代之以多维而强大到能够制定政策的政治公域，这样就赋予了参与者真正的权力。② 另外，艾丽丝·扬力图修正哈贝马斯的公共领域话语模型，这一模型设置了过高的理智门槛，而且它所追求的公正理想又未能避开同质化的后果，她将囊括不同等级群体在内的开放而散漫的公共话语领域作为替代选择，这一话语领域的讨论形式多种多样，大家在里面可以嘘寒问暖、夸张修饰，或者讲点故事。③

这些反思取向的一个共同问题就是缺乏明辨细分，即没有在协商的经验运用及其合法性规范分析与最终决定的政治之间做出区分。④ 比如艾丽丝·扬提出的公共空间模型因其囊括广袤而发人深省，但她为协商的经验运用提供的修正的确有显著缺陷，它既不等于合法性规范的充分模型，也不能为最终决定的政治提供明确的规则。⑤ 结果就变成了一个空洞而无所适用的普遍性概念。就此我只想说没有任何一类单纯的公共领域概念能够令人信服地囊括以下内容：(1) 包含一个能随时改变结果的持续而开放的

---

① Benhabib, *Situating the Self*, 111.

② Fraser, "Rethinking the Public Sphere", 113, 115. 然而 Fraser 在把一种一元的公众观（conception of the public）归于 Habermas 时是错的. 对 The Structural Transformation of the Public Sphere 的任何草率的阅读都将会看到他是完全意识到存在着多元的公众和不同类型的公众，更不要说公共空间的多种类型的性别特征中。参见 Fraser, "Rethinking the Pvblic Sphere" 27-56, 141-180。

③ Young, *Justice and the Politics of Difference*, 117-19. 也可参见本书中的 Young 的论文。

④ Benhabib and Young 从话语伦理学来思考，就如人们能够从这种分析的层次直接转到制度层次。Fraser 从哈贝马斯的制度分析来推理和思考，值得赞赏的是，她看到了弱公众和强公众（weak and strong publics）之间的区别。然而，她没有努力解释为什么一些公众必须是强的，或者为什么其他必须是弱的。她好像认为（被适当地修正了的）协商的公共领域的规范模型总体上能够被运用到参与社会实际政策制定的团体中，而这种模型是由哈贝马斯从他对普遍的、社会中广泛出现的公众的分析中提炼出来的。但是这将会瓦解合法性位置和"主权"位置之间的区分，而这一区分对理解现代公共领域又至为重要。

⑤ 她对祝福、修辞和叙述的讨论实际上是把这些当作确保推理德性的有用技巧——例如，确保我们听他人说话，以及确保我们对不同说法的人不保持沉默——但是这些技巧不是论证。即使我们所达成一致的是我们有所分歧的并接受我们关于特定关注点的分歧的表演，但是这种正确的主张，即认为我们谈话的目标不应是发现一般兴趣，也不能消除论证的必要性。这其中的公正，并不意味着一种不变的一致的立场，这种立场实际上是特权集团到处炫耀好似是中立的一种观点。确切地说，它意味着只有我们都能达成一致的，已表达了我们的具体情境的观点、兴趣或要求的东西，才能成为一种包括同意分歧在内的合法的规范，以及容忍甚至团结差异。

讨论进程，这一讨论进程可以对规则、程序和基本原则做出批判性反思；（2）同时又能够合法地制定最终的政治决策；（3）既能为个人和社会认同的形构与判定提供一个允许相互竞争的领域；（4）又要平衡交流共同体中的成员在事实上重要而鲜明的不平等。如未能注意到多元背后的具体类型，仅仅坚持公共领域的多元性是远远不够的。我们所要做的不是在自由、竞争或多元的公共领域模型之中做出选择（本哈比），也不是在弱公域和强公域之间任选一个（弗雷泽），而应该在这个高度差异化的社会中为具体的公域找到合适的模型。因此探讨这一问题至关重要，即在不同的社会领域中存在不同的公共领域类型。换句话说，我们应该在不同的具体制度范围之内探寻各自分殊的限制性议事规则。最终我们还是要遵循哈贝马斯的指引继续反对泛化而一元的公共领域，并且进一步细分在不同的社会制度背景下起作用的公共领域（每一种都因其议事规则不同而异彩纷呈）。① 明确提出这一问题至关重要，即在一个多元分化的社会中有无数的公共领域，但与这些无数的领域相随，仍然存在一个一般的公民社会公共领域——在此我的意思是，这一公域的范围囊括了整个社会，但其形式并非正式的法人团体，其内容在于公共的互相交流和影响，这一公民社会公共领域尽管没有最终的决定权，但却能够影响那些具体的公共领域的决策制定。从社会运动的历程中，我们可以非常清楚地看到，在这种无明确组织的公民社会公共领域中（它本身也会受到特殊的公共领域的影响），可以随时变更结果的交流过程能够对集体学习并继而对政策的制定产生深远的影响。

尽管如此，我还是乐意指出最近的女性主义关于公共领域的理论，在

---

① 首先我们必须避免普遍化的公民社会公共领域要么支持议会和法院对公众进行世俗的社会性的实质压迫，要么支持特定分立的非普遍化的联合性公众和在公民社会中扩散的散漫的反公众。在此，我不想被误解。我不是在提出对公共话语进行与罗尔斯的"公共理性"概念所建议的同等的限制。[参见 John Rawls, "The Idea of Public Reason," in *Political Liberalism* (New York: Columbia University Press, 1993), 212–255.] 但是，在制度化的政治大众和较少制度化却组织化和结构化了的联合性公众当中，仍然有限制在起作用。这些限制界定了我们能够作出决策的理性的种类。首先也是最重要的是，这样的限制在普遍化的公民社会公共领域是不起作用的，因为它不能作出公共决策乃至不能形成组织性的决议。最近关于在这个问题上哈贝马斯和罗尔斯的区别的非正式讨论，参见 Thomas McCarthy, "Kantian Constructivism and Reconstructivism: Rawls and Habermas in Dialogue", *Ethics* 105 (October 1994): 44–63。

处理差异和多元性的问题上所遇到的困难，乃是源于它们过分的雄心，即想要在这一水平上全面整合民主和差异。在下文中我想指出的是，整合认同与差异、普遍性和特殊性的能力不仅依赖于在公共领域中为多元而互相区别的代言声提供适当的保护，还深深地依赖于"把私人权利带回来"，甚至在这一水平上，普遍规则和对特殊认同的保护仍然不可避免会再现。形塑并捍卫差异、独一无二之认同的一些基础性前提条件，依赖于在政治和法律上给予私人权利长久而必要的保护。

确切地说，女性主义者的理论并没有忽视私人性，而是沉浸于揭示和批判压制私人权利的权力策略的发展脉络。女性主义理论家们长期以来一直争辩说"个人的就是政治的"，意思是说那些表面上看来是自然而然的私人领域的亲密关系（家庭和性别），实际上仍然是由法律建构出来并被文化模式定义了的，男女之间的权力关系也是如此。① 女性主义者的大多数理论都把重心放在对私人概念的批判性解构之上，把它看做是占统治地位的话语的一个重要部分，正是这一话语将压迫女性合法化了。

但在我看来女性主义的理论应该向前推进，不要停留在对私人概念的怀疑性阐释之上，而应该重新描绘保护私人权利带来的益处。既然公共性与私人性互相缠绕、关系紧密，因此从女性主义的视角重新构建公共性显然需要重新界定私人性的概念。在此文中我想构架一个初步的私人性概念（并假定其为一个一般的概念），这一概念能够体现出关于公共性的多元化观点，还要以私人权利的形式为不同层次的差异提供保护，而这些差异很难直接为民主的公共领域所容纳。

要想做到这一点，我希望首先考察一下美国的法律和政治理论中关于堕胎是否属于正当的私人权利的讨论。这些争论为重新思考私人性和差异的关系提供了很好的文本，因为它在揭示私人权利对妇女意义重大的同时

---

① 公共与私有、个人与社群之间的边界，已经被显示是约定俗成的而不是自然的，如同不同的社会性别在文化礼俗上承担了特定的角色和身份。因此，关于他们形成了社会与政治的争论。其实，女权主义者们已经确信地认为，通常与私有/公共差别联系在一起的整个对立系列的刚性"传统"结构具有强烈的性别化特征——我想这样的对立组合包括：自然/文化，身体/心灵，情感/理性，激情/利益，特殊性/普遍性，具体/抽象，家/工作或政治活动场所以及与它们一起的女性/男性的差异。

也给妇女带来了困境。众所周知,1973 年美国的最高法院在罗伊诉韦迪案(Roe v. Wade)① 的判决中,堕胎权被当作妇女最基本的私人权利得到宪法的保护。在那之后,堕胎权和私人权利的宪法权威都受到了挑战。

另外,我要考虑最近两类对生育权利的私人性判定(即把生育权利判定为个人的私人权利)的批评,这两类批评都认为这一判定的概念和规范性前提预设存有缺陷,尽管它们批评的视角正好相反。② 第一类批评来自于女性主义者的法律理论,它们轻车熟路地控诉说,私人性的分析强化了自由主义模型中意识形态化了的私人/公共二分法,正是这种二分法长期用来掩饰性别的不平等和在私人领域中父权制家庭的男性霸权,并且将女性排除在家庭空间之外或者使其受到歧视性对待。按照这一理解,私人权利排除、窒息并压制差异。③

第二种则是来自于社群主义对自由主义的批评,它们争辩说,个人的私人权利如果得到宪法的保护,共同体的价值观和团结力就会受到削弱,这源于潜藏在私人权利之下的原子式和敌对性的个人概念。④

看来我们正面临着一个严重的问题,我称之为"私人权利悖论"。在第一种批评的立场看来,以更多的私人领域来更正家庭这种私人领域中的缺陷有点堂吉诃德的味道,赋予妇女私人权利如何能削弱男性在私人空间的统治权呢?另一方面,从社群主义的视角看来,通过私人权利这一途径授予女性在家庭事务上的决策性自主权,等于是以共同体的团结为代价换来了个人的选择权利。⑤ 这两种理论还一致提出了"私人权利悖论"的第三重问题:既然私人权利意味着保护个人免受国家权力的侵害,这就毫无疑问增强了现代社会中的分散化、均平化和个人化趋势并将个人暴露在国

---

① Roe v Wade, 410 U. S. 113 (1973).
② Jean L. Cohen, "Redescribing Privacy: Identity, Difference and the Abortion Controversy", *Columbia Journal of Gender and Law* 3, no. 1 (1992): 43–117.
③ Jean L. Cohen, "Redescribing Privacy: Identity, Difference and the Abortion Controversy", 48–65.
④ Ibid., 65–117.
⑤ 对这种社群主义的争论女权主义的看法是:这种从"身份"到"契约"的转移显然能够使女性自由地塑造她们自己的生活,不过却会陷入自我拒绝了解现实(即相互依赖和相互联系的集中性)的占有性个人主义(possessive individualism)模式和失去构成自我的联系与关怀为代价。

家代理人日渐增长的规制之下，因而不但破坏了家庭共同体的团结性还侵害了个人的自主权。

不过，我的主要观点是，这些"私人性的悖论"并非不可避免，因为它们源自于这两种批评所陷入的意识形态圈套。简单地说来，这两种批评取向都自以为是地假定，这些权利实际上就是他们在自由主义解释之下的私人权利，他们都因此而拒绝私人性的话语。① 这些批评因此而过于片面武断，第一种批评仅仅考虑到司法实践相对于维系现有统治霸权而言的从属地位；而第二种批评将附着于私人权利之上的私人性的意识形态含义与其象征意义混淆起来了。第一种批评看不到私人权利的规范维度和授权功能，因为它预设了这些权利将在维护不平等和抑制多样性上面充当重要角色；第二种批评却在很多自由主义的对抗性争论中自顾不暇，即关于私人性的内涵，自古以来就存在着原子式的和整体式的两种个人主义的假定。因此两种批评理论都未能看到私人权利在象征和实际两重意义上重要的保护作用，它能够维护个人的决策自主权，确保个人特性不受侵犯（包括物理空间和想象空间），保障个人身体的完整，并且在某种程度上保持对个人认同的控制——毕竟人是社会化的并与他人相联结的人。

摆在我们面前的任务是要突破功能主义者的和意识形态化的私人性概念，同时又不能丢弃私人权利所保护的基本原则。换句话说，现在是时候在私人权利的概念和其关于私人性的其他概念之间做出明确的区分了。②

---

① 他们假定"自由的"隐私权观念是与占有性个人主义的哲学理论、原子论或方法论的个人主义以及归入"私有"和"公共"标题之下的自然论的观念联系在一起的。这个观念一般被用来证明在家庭和两性关系上"超越"了正义。因此，无论存在于"国内领域"的什么样的权力、不平等和非正义关系都会被公共审查或审慎之物所遮蔽，从而是不公平的。

② 在这篇论文中我正在论证，隐私权的概念没必要像财产所有权那样和隐私观念绑在一起，并依靠占有性个人主义的哲学理论来证明它的正当性；隐私观念预设了一个原子论的、内嵌式的和表达派的自我观念。我提供了一种不同的隐私观念，这种观念包含了不受侵犯的个性、身体整合以及不必接受强迫的认同的权利。正如你将会明白的，我没有把隐私观念和财产权或占有性个人主义理论联系起来。我也没有把隐私观念归结为源于自然或道德权利的理论。合法（合宪）的隐私权的哲学正当性是一个复杂的问题，我将在一本较长的书中来说明这个话题。在这里我只简单地说，我不相信通过设想个人实在的自然或道德权利，然后从中推理出合法权利，就是有说服力的。关于概念（concept）与观念（conception）的区别，参见 John Rawls, A Theory of Justice (Cambridge, Mass.: Harvard University Press, 1971), 3–11。

这是因为那些一度被认为是私人的、自然的话题、关系和安排已经成为公众争论和政治纷争的内容，而且边界越来越摇摆不定，意义也越来越含糊混淆。直面这些混乱的问题，以增进而非限制多样性、差异、自由和平等的方式来思考私人权利乃是当务之急。正如关于私人性的含义的争论所解释的那样，古老的确定性已经不再。但是我们一旦拒绝了某种关于私人性的概念，我们就面临一个问题，即如何表达我们承认存在一个私人性的概念，这一概念能够体现出个人的多样性，以及为什么它如此重要。在这些权利的真实含义这一问题上纷争不断，而这些纷争乃是遍布于字典、西域、文化符号中的持续对抗的一部分，这些持续的对抗被用于解释"需要"，压制异议，确认差异并获得承认。①

在此我的主要任务，是分析并批判社群主义在私人权利上所做的分析和提出的批评。② 为此我首先要挑战他们关于私人性判定的解释中潜藏的前提预设，并将重新描述私人权利所保护的"人类福祉"。事实上我认为20世纪最重要的规范性认知的例子就是，人们开始认识到并承认应该将个人的私人性从私有财产、契约自由以及私人实体（父权制家庭作为一个私人实体）中区分开来，并且保护它本身的权利。③ 尽管关于私人性的概念仍然存在着很多争论和混淆——这混淆源自于私人性与财产权和父权制的古老联系，我们中的很多人在直觉上就看到这一发展的重要性。尽管在此未便说明原因，我还是要说私人财产权的观念过去是个人权利的中心象

---

① 其实，基本权利的含义，不管是言论自由、平等、自由还是利益攸关的隐私，都会随着时间的转移而变化，并且在原则上都是不确定的和有问题的。当然，就不确定而论，我的意思并不是说着权利的内容完全是随意的或"在政治上"仅仅由法官和议员来决定。相关的讨论，参见 Jean L. Cohen, "Is There a Duty of Privacy? Law, Sexual Orientation and the Construction of Identity", 未刊稿, 1995。

② 社群主义者（特别是 Michael Sandel）还提出了另外一类重要的批评——即在一部分法庭上把堕胎问题作为个人隐私来解释的决断不是一个中立的决定，相反，却依赖于法院不过是利用它的隐私和中立言辞来隐晦的一个实际的道德立场。简言之，Sandel 对超越"生活价值"的合法中立的主张进行了质疑，提出了宪法和学理上的重要的合法问题。对他的论证进行的深入讨论和辩驳，我建议读者参考我的"Redescribing Privacy," 69-92。关于对女权主义的"平等理论家们"提出的反对观点的广泛分析，参见同一篇文章，第48—65页。

③ 关于对团体与个人隐私之间区别的讨论，参见 Martha Fineman, "Intimacy Outside of the Natural Family: The Limits of Privacy", *Connecticut Law Review* 23 (1992): 955。

征，但现在它已经不能当此大任。① 这部分是跟干预主义者的福利国家有关，由此神圣不可侵犯的财产权原则降级为一个经济学的概念。因此在过去的30年当中发生的事情并非偶然，人们付出了大量的努力围绕着个人私人性的原则来重组个人权利的复合体，并且把决策自主权和完整的个性作为其核心。正如我们应该看到的那样，社群主义者挑战的正是最近法院判决中公正阐述的关于私人性的原则。

在现在的最高法院清晰地辨析出来的关于个人的私人性的不同维度中，"自处的权利"（既拥有不被政府介入和监视的自由）和"个人自决权"（即拥有不被政府规定和控制的自由）处于核心地位。在这两者当中，第一种权利特别是关于个人生活中的私密之具体事务的自处权利，受到的非议和争论要比第二种权利少得多。自处的权利还包括信息的私人空间，即个人能够控制他人与自己的接触和对自己的关注，并且能够控制关于自己的信息的流布和占有。这一原则本身至今已经得到了广泛的承认，尽管并非其所有的具体运用和实践都让人赞同。人们争论的只是个人应该在多大程度上对自己的私人信息拥有自主决定权，而非这种权利的基本观念本身是否正当。

我要讨论的那些争论乃是围绕着私人性原则的第二个方面，即私人性被解释为包括在"私密领域"诸事务中的决策自主权，涵盖结婚、离婚、性关系、生育、抚育和堕胎等等。正是在这些领域人们争论不休、斗志正

---

① 汉娜·阿伦特是最早注意到财产权神圣不可侵犯地位的下降、亲密关系的增长和加深与对个人隐私和自主权的关注之间的联系的人之一。在她看来，这些发展的部分意图是在社会性上升的过程中促进公共与私有之间的分化。私有财产权是对公共权力向私人事务扩张和入侵倾向的古老的补救办法。她认为，权利法案以及自由权与作为公民权的隐私权的连接，是为个人自由建立合法的堡垒以抵御公共权力的基本尝试。另一方面，在她看来，对抗另一种危险——通过私人权力和私人利益而产生的公共事务的腐败——的唯一补救办法是，公共领域本身的有效性。并且，如果没有充满活力的公共领域，就不能充分保护公民权以抵御国家的渗透。因此，尽管她对权利的"自由"基础的态度是矛盾的，阿伦特仍然非常清楚地看到了个人隐私权的重要性，但事实是，她总是在私人幸福方面给公众以特权。参见 Hannah Arendt, *The Human Condition* (Chicago: University of Chicago Press, 1958), 58 - 72; and On Revolution (New York: Viking, 1963), 252 - 253. 也可参见 Jean L. Cohen, "Redescribing Privacy", 105 - 112, and Jennifer Nedelsky, "American Con-stitutionalism and the Paradox of Private Property", in Jon Elster and Rune Slagstad, eds., *Constitutionalism and Democracy* (Cambridge: Cambridge University Press, 1988), 241 - 273。

酬，并且人们所争论的乃是私人权利原则本身的正当性，而非其应用的界限与范围等问题。

"私人性原则的突破性发展"

对于在私密领地内的私人权利，两种来自社群主义的影响不菲的批评乃是由迈克尔·桑德尔和玛丽·格林顿提出的。① 他们两人都反对私人性原则在这一领域的新发展，因为在他们看来这些发展乃是基于在胎儿的生命价值这一问题上貌似中立却难以信服的说辞之上，并且还将个人权利置于共同体的价值之前的优先地位。他们两人都以此而拒斥罗伊诉韦迪案这一里程碑的事件。由于篇幅所限，在此我只陈介他们的第二种思考。②

桑德尔和格林顿都颇为沮丧地注意到私人性原则的发展，这一原则传统的中心问题是从公共的视角来保护特定的个人和私密事务以及个人的私密信息，而今却在个人选择的名义之下演变为一种不受政府约束的从事特定行为的权利。③ 但是对于这两位思想家来说，最重要的变化并非私人性观念在亲密关系领域的应用，而是亲密关系领域的内部变迁，即从个人私密信息保护到决策性自主，并且以个人主义的判定代替了传统的判定方法——这一方法必须诉诸共同体的基本价值以及传统习惯的判例。

像桑德尔和格林顿这样典型的社群主义者，都倾心于"家庭"和"家庭价值"，因此他们并不反对在格鲁斯沃德诉康涅狄格州（Griswold v. Connecticut）这一里程碑式的案例中的推理，其发言第一次明确地承认

---

① Michael J. Sandel, "Moral Argument and Liberal Toleration: Abortion and Homosexuality", *California Law Review* 77, no. 3 (May 1989): 521–538. 也可参见 Michael J. Sandel, "Religious Liberty-Freedom of Conscience or Freedom of Choice?" *Utah Law Review*, no. 3 (1989): 597–615; and Michael J. Sandel, "The Procedural Republic and the Unencumbered Self", *Political Theory* 12, no. 1 (February 1984): 81–96, Mary Ann Glendon, *Abortion and Divorce in Western Law* (Cambridge, Mass.: Harvard University Press, 1987), and *Rights Talk* (New York: Free Press/Macmillan, 1991).

② 关于第一种异议的讨论，参见 see Jean L. Cohen, "Redescribing Privacy", 69–92.

③ Sandel, "Moral Argument and Liberal Toleration", 324, and Glendon, *Abortion and Divorce in Western Law*, 36–37.

了私人权利的宪法特征并以此而断定已婚夫妻有自由避孕的权利。① 就像格林顿指出的那样，这一新的宪法权利的适用范围和精确内容并不明确。在将这一权利应用于已婚夫妇时，私人权利应该被解释为某种家庭权利。② 桑德尔则认为在这一案件中，法院是以目的论而非意志论为基础来确认私人权利的。捍卫私人权利并不是为了让人们拥有如其所愿的选择性生活的自由而是为了保卫家庭这一社会制度及其带来的人类福祉。简而言之，格鲁斯沃德保护了宝贵的家庭制度和婚姻中的人类福祉（亲密、和谐、相互忠诚和牺牲），并且确认了共同体的传统价值及其社会实践。③ 除此之外，他还维持了与传统的私人性观念的紧密关联，这一观念从公共的视角来保护人们在私密事务中的权利不受侵犯。私人性之所以被侵犯，不是因为避孕的自由受到了限制，而是实施法律带来的干扰。在这里来说，私人性保护的乃是一个实体——家庭作为一个实体单位——免受侵犯，并且在此它也与自由主义的基本范式相符合，即把特定的私人生活领域同国家干预的空间区分开来。④

根据桑德尔和格林顿的说法，私人领域内部向意志论和个人主义的转移起源于埃森斯塔德诉白瑞德案（Eisenstadt v. Baird）（1972），这一案件与限制向未婚人士发放避孕工具的法律有关。⑤ 在这一案件中法庭明确地

---

① Griswold v Connecticut, 381 U. S. 479 (1965). 当然，隐私学说的宪法批评家非常强烈地反对在格鲁斯沃德诉康涅狄格州一案中被发现的隐私权。他们的观点是，由于隐私权在宪法文本中没有任何记载，我们就没有这种权利。据此，格鲁斯沃德与艾森斯塔德一样不光彩。参见 Robert Bork, *The Tempting of America* (New York: Free Press, 1990), 112, 115 – 116; and John Hart Ely, "The Wages of Crying Wolf: A Comment on Roe v Wade", *Yale Law Journal* 82 (1973), 920。

② Glendon, *Abortion and Divorce in Western Law*, 36. 也可参见 Glendon, *Rights Talk*, 47 – 75。

③ Sandel, "Moral Argument", 527. 按照 Glendon 的说法，格鲁斯沃德所保护的可以被解释为某种家庭权利。参见 Glendon, *Abortion and Divorce in western Law*, 36. 照这么说来，隐私保护一种团体——家庭单位——免受干涉，并且似乎与家庭或"团体"隐私的传统习惯法概念具有连续性。参见 Fineman, "Intimacy Outside of the Natural Family", 966 – 972。

④ 在这个意义上，格鲁斯沃德延续了家庭隐私或"团体"隐私的传统习惯法概念，这种概念曾被用来阻止正义原则在家庭单位中的运用。这确实助长了回避公共议事规则、强化家长权力以及拒绝妇女和儿童在"家庭"领域所需要的权利和保护。参见 Fineman, "Intimacy Outside the Natural Family", 966 – 972。

⑤ 引自 Glendon, *Abortion and Divorce in Western Law*, 36; Sandel, "Moral Argument and Liberal Toleration", 527。

推翻了这一法律，其创新之处在于"重新描述了私人权利的拥有者的身份，从原来的婚姻这一社会制度的参与者到个人——**独立于他们的角色和身份之外的个人**"。① 更重要的是，私人权力不仅仅被看成是在私人事务上免于监视和揭露的自由，而被看做是保护人们不受政府限制的从事特定行动的自由。桑德尔引用埃森斯塔德的陈述中现在已成为经典的一段话来证明这些招人反感的创制，"如果说私人权利是什么的话，那它只能是个人的权利，无论已婚还是单身，个人都有权利在是否生育和抚养子女这些影响个人生活之基础的问题上独自决定而不受政府无根据的阻扰。"②

众所周知，一年之后这一推理再一次应用于罗伊案件之中，而且私人权利也进一步延展到"包括妇女是否终止妊娠的决定"。③ 此外，决策性自主也成为1977年的凯瑞诉国际人口服务协会案件（Carey v. Population Services International）中多数人明确支持的说法，在那里布勒南（Brennan）法官还争辩说，对在抚养儿女这些问题上的决策性自主权的宪法保护并不依赖于格鲁斯沃德一案中禁止避孕的基础原理，因为这一原理可能将警察带到婚床上来。布勒南法官认为，事实上个人的自决权才是格鲁斯沃德所要保护的核心。④ 切实说来，布勒南坚持认为格鲁斯沃德、埃森斯塔德和罗伊的真正教义乃是，宪法应该保护个人在孩子养育等问题上的个人决策权不受国家的不公正干预。不久之后支持堕胎权的判决也用了决策自主权的说辞，用以说明私人性处于危险之中。在布莱克姆（Blackmun）的《树荫下》（Bowers）一书中，他抱怨地总结说法院关于私人性的判决问题不少，"我们保护这些权利不是出于它们对一般公共福祉的贡献，而是因为它们构成个人生活的核心所在。私人性的概念包含的道德事实是个人只属于他自己而不是别人，也不是作为整体的社会。我们捍卫个人在生

---

① Sandel, "Moral Argument and Liberal Toleration", 527.
② Eisenstadt v Baird, 405 U. S. 438, 453 (1972). Cited in Sandel, "Moral Argument and Liberal Toleration", 528.
③ Roe v. Wade, 410 U. S. 113 (1973).
④ Carey v. Population Services International, 431 U. S. 678 (1977), cited in Gerald Gunther, *Constitutional Law*, 11th ed. (New York: Foundation Press, 1988), 515–516.

育上的决定权,因为父母身份将会极大地改变个人的自我定义。"① 法院因此清晰明确地将新的私人性解释为,保护个人在自身关注的特定问题上的决策自主权。

现在是时候看看为什么私人性原则的这一发展那么惹人讨厌,在此我只讨论一类批评。这一批评主要反对某种关于自我的概念,这一概念暗藏在私人性权利的观念之下,这一私人性权利保护个人在私人事务上的决策性自主权。

作为自主的私人性:孤立、脱位的自我?

社群主义反对保护个人在私人事务上的决策性自主权的个人权利原则,其理由主要是说这一权利暗含了两个前提假设:一个是关于个人的原子主义(格林顿)和意志论(桑德尔)的假设;一个是关于自我的与道德责任既不相符也不相容的哲学人类学观念。格林顿和桑德尔都作如此批判,尽管两者的技巧精粗有别。格林顿坚持认为法院判决中的保护个人决策性自主权的原则包含了一种特定的社会观,即社会乃是孤立的、自足的个人的集结。② 根据格林顿的说法,私人性学说的错误乃是美国的特色和悲哀。③ 简单说来,他轻率的将美国宪法中的私人权利解释为自处的权利,结果就隐含着一个专断、孤立而自主的个人概念。而她所不喜欢的,正是在暗藏在私人性学说中的原子主义的个人概念。

关于个人自主的私人性原则,桑德尔所要批评的就是其中预设的意志论的个人概念,他认为这一个人概念正是私人性原则的前提。回想一下他对罗尔斯的著名批判,他反驳道,自由的正义概念将权利平等置于实质的善与社会福祉之上,并以一种非但是孤立、原子式和自主,而且是完全悬

---

① Bowers v. Hardwick, 478 U. S. 186 (1986). 这个案例涉及乔治亚州的一个雕塑触犯自愿的鸡奸的法治挑战。但是,法院的多数决定驳回了个人隐私适用于同性恋行为的主张。法官 Blackmun 写下了对这个决定的明确地异议。
② Glendon, *Abortion and Divorce in Western Law*, 35; Rights Talk, 7-75.
③ Ibid., 50-51.

浮（unsituated）的人类学自我概念为基础。① 悬浮（unencumbered）的自我就其实质而言，"一个不断的据有过程的主体，这一据有过程乃是预先个体化的并优先于其结果"。② 这一自我对所有的人类目标都采取远观的态度，并且能够随意选择一种善观念，似乎这些善观念都只是可有可无的偏好。因此，自主而无约束的自我实际上被解释为外在于人的认同。他没有任何基本的内涵，仅仅是一些随意挑选的偏好。

他们认为这种自我观念正是新的私人性原则所预设的前提，因此在相关私人性的判例之中，桑德尔憎厌的就是法院的个人主义，即法院将私人关系完全看成个人选择的结果，而不是一种关于参与者的基本制度。也就是说，新的私人权利对共同体（比如家庭）和具体的个人认同来了一次釜底抽薪，因为它建立在一种意志论的、无约束的自我概念之上，这一概念反过来又包含在抽象的普遍原则（权利）之下，否认甚至颠覆了嵌入在社会中的个人的特殊认同。

桑德尔坚持认为，与以上的自我概念恰恰相反，每个人都嵌入在社群之中，他们的自我认同、自我理解以及价值观都经由共同体中的交互的社会化过程而得以形塑。因此从理论上来说，新的私人权利所预设的唯我论的、先于社会的自我概念是不可能的。更大的问题是，我们的道德经验也与唯意志论不符，为了形成道德直觉和道德感，我们必须把自己看成是嵌入在具体的家庭、社区、民族当中的特殊个人，是它们的历史和特殊认同的承载者。自我并不独立于我们的目标和身份，而是与这些目标和身份紧密联系并被它们所塑造，因为我们都嵌入在特殊的共同体和社会制度背景之中，这些制度正是由我们和我们的忠诚构成。对于那些和我们有特殊关系的人，我们对他们负有具体的责任和义务。如果我们假定主体乃是通过社会交互而得以社会化，我们就必须把他们看成共同体的一员，分享共同体的价值观和历史并拥有具体的社会关系和认同。个人的道德观念并非自

---

① 参见 Michael J. Sandel, *Liberalism and the Limits of Justice* (Cambridge: Cambridge University Press, 1982), 179 – 183。

② Michael J. Sandel, ed., *Liberalism and Its Critics* (New York: New York University Press, 1984), 162.

己的凭空创造，而是在社会化的过程当中通过对传统的理解继承而来的，而它反过来又培养了个人的道德能力和自我意识，并为他的特殊认同提供了具体内容。桑德尔因此把人看成是特殊的存在，尽管人能够自我解释并在某种程度上改变自我认同，但是个体仍然嵌入在社会当中并反映着我们的历史。

如果桑德尔和格林顿对他们强加于新的私人权利之上的自我概念的解释正确无误的话，那他们的理据颇为充分。不过，幸好他们错了。一来是因为他们在上文中陈述的原子式和意志论的自我概念，与拥有权利的个人的一般观念并无明显的联系；二来是新的私人性教条并不包含他们所批评的那种自由主义视角。简单地说来，就是保护个人在特定领域的决策自主权的私人权利，与他们所描述的关于自我的意识形态观念没什么概念上的联系。① 如果过去人们都是这样解释的话，那我们现在就应该改变这一解释而不是去拒绝个人的私人权利的原则。②

桑德尔和格林顿的观点都是源于某种错误的分类法：像合法的个性、基本的个人权利、私人性和决策性自主权这些抽象概念并不等同于本体论上的自我描述或者某种特殊的行动者概念。③ 保护个人在特定的个人和私密事务上的决策性自主（选择）权的私人权利原则，与这一认识是融洽的，即个人认同的形构乃是一个主体之间的互动过程，并且我们的价值观

---

① 当然，或许人们能够说明特定正义名下的特定观点预设了这个自我的观念。但是那不意味着新的隐私学说与自我的唯意志论之间存在着观念联系，或者新的隐私学说不能建立于完全不同的假定之上。简单来说，在这点上，它是不确定的。

② 参见 Claude Lefort, *The Political Forms of Modern Society*, ed. John B. Thompson (Cambridge, Mass.: MIT Press, 1986)。这篇论文的引言部分提到了关于需要何种权利的"资产阶级的"或"自由主义的"理解的评论以及隐私权的第二个悖论的解决方法：

"这个悖论是：人的权利以个人权利的形式出现，个人以很多微小的独立主体的形式出现，每一个主体都统治着他的私人世界，如同许多的微型实体分离于整个社会。但是这种表现破坏了另一种优点：即整体优于它的部分。它表明一种社会关系的横向的维度，其中，个人是关系的项，但是，社会关系授予那些个人以身份，正像他们被社会关系所创造一样。"（257）

Lefort 的观点是，被个体权利特别是隐私权所强化或创造的分离形式，实际上是一个人与其他人之间关系的形式，然而也是一个人逃避社会整体的团体模式的形式。据此说来，基本权利构成合作与沟通（也就是相互承认的特定结构）的条件——它们没有预设原子主义。

③ 参见 Jeremy Waldron, ed., *Nonsense upon Stilts* (New York: Methuen, 1987), 166–190, 其中对个人权利导致抽象的或原子主义的个体观念的主张进行了令人信服的回答。

念的源泉在于历史和特定的社会背景。实际上,我们可以说决策性自主权恰恰预设了一个道德和伦理发展的交互过程,正是在这一过程当中,实践的反思和推理变得可能。尽管认为个人是社会化的、嵌入性的、相互依赖和交相互动的,并将个人认同作为自我概念的必备条件,当人们面临特定的选择时,所有的社群主义者都不可避免地要求决策性自主的私人性。只有当每一个嵌入在共同体当中的个人的决策性自主权得到保护,只有当个人的道德审思和判断能力以及个人在伦理——生存维度上的自我反思和自我解释(包括在新视野的基础上部分地改变自我认同和善恶观念的可能性)得到足够的保护而不至于遭受国家和共同体中的大多数的强制,个人才能够作为一个道德行动者发挥其功能。我们的价值观念可能都源自于共同体,但这并不意味着我们的态度已经被预先决定。

确切说来,现在有很多人通过诉诸自主性个人的综合概念来论证这一点,即受到新的私人性学说保护的个人权利是正当的,只是这些尝试仍然备受争议。实际上我们无需假设私人权利需要这种正当性,也无需预设这种关于人的综合概念和任何实质性的道德世界观,就可以接受对康德式和密尔式的自主性概念的批评。① 换句话说,我们可以坚持认为私人权利原则立基于对暗含在关于人性的普遍哲学中的"整体性膜拜"的摒弃。实际上这一原则(与其他权利一道)不仅依赖于而且还保护了某种差异——即个人在法律上的平等地位与其实际上的独特功能之间的差异。每个人的功能都是独特的,因为我们嵌入在与他人的特殊关系和特定的共同体当中,我们可能与他人极度契合,也可能热衷于追求实质性的道德理想。② 简单

---

① 参见 Charles Larmore, *Patterns of Moral Complexity* (New York: Cambridge University Press, 1987), 40-91; and Larmore, "Political Liberalism", *Political Theory* 18, no. 3 (August 1990): 339-360。还有其他的途径来证明这种复杂性。Bruce Ackerman 提供了隐私学说发展的解释学的正当性,彻底避免了自然权利的争论。参见 Bruce Ackerman, *We the People* (Cambridge, Mass.: Harvard University Press, 1991)。哈贝马斯在 *Between Facts and Norms*, trans. William Rehg (Cambridge, Mass.: MIT Press, 1996)一书中,从另一方面,试图通过完全依赖话语伦理理论中的交往理论的论证,来提供有关权利复杂性的哲学正当性。

② 虽然在这一点上我同意 Larmore 的观点,但是我不赞成他把所有的非国家领域都贴上"私人领域"的标签。关于打破了作为社会结构范例的公共/私有二分法的公民社会模式,参见 Jean L. Cohen and Andrew Arato, *Civil Society and Political Theory*。

说来，桑德尔的错误就在于他将法律人和自然人混为一谈。① 个人当然拥有法律人身份，但这并不一定要预设某种特殊的自我概念和自然人性。

概括来说，个人私有权利只是意味着确保每一个人的决策性自主权的特定范围，并不意味着原子式和意志论的个人概念。它们只是保护个人在某些至关重要的领域的决策自主权②，并不强制人们必须根据某种特定的道德和伦理上的理由，也不必遵循形成这一决定的思考进程。因此就在生育问题上私人选择的正当性而言，妇女可以基于她的社群的价值观、宗教世界观以及和某些对她至关重要的人一起商量来决定堕胎与否，就此而言，她与传统、社群和爱人的关系本身无足轻重。她拥有决定的权利，但这并不意味着必须建立在什么某种特定的基础上才能做决定。决策性的私人权利只是确定这一点，即当个人面临着特定的道德与伦理困境和某些重要问题时，个人自身才是决策点，他们无需向谁通报这样决定的正当理由是什么。就像汉娜·阿伦特以前说过的那样，这些权利把法律人身份归到个人身上并用来保护而不是限制他们具体而独特的认同、特定的动机和个人选择。也就是说，它们在形式上为个人提供了可能的条件，使他们能够在免于政府和他人的干预的情况下追求自己的道德理想。

---

① Sandel 似乎混合了"自主"这个词三种不同层次的含义：道德的、法律的与经验的（哲学的或社会的）。但是，那些保护个人作为合法主体所享有的决定性自主或选择的隐私权，无论怎么解释，都没有描绘道德行动者或道德判断的理想性质。它们也没有涉及具体主体决定它们无约束的生活（心理成熟和社会情境问题）的经验能力。有关私人事务的保护性隐私权本质上的合法含义是，这种权利赋予个体决断性的自主因而在相关领域承认他们的代理人。它们不以自主个体或任何自我的特殊理想为先决条件。作为权利持有者的组成部分，个体有权选择是否或怎样使用他的被认可的法定代理。

从这个意义上说，什么人被认为恰好具有法定人格则是另外的问题。在过去，许多群体，包括工人、非裔美国人、特定的移民、妇女和儿童被否认具有法定人格，因为根据对他们的定义，他们没有自主能力。但是在这里，实施中的自主概念的内容并不由法定人格的抽象概念来支配。相反，它从经过资产阶级市场角色塑造的文化和意识形态概念中被提炼出来，被解释为男性一家之主。与这种模式相联系的占有性个人主义理论认为"自主的个体"是自给自足的和独立于他人（经济）支持的。显然，这意味着不承认妇女是具有充分资格的人。但是，我们可以不认同这种思想，而扩展自然人的法定人格、隐私和决断性自主。我们必须认识到，通过赋予一般的法定人格和特别的隐私权，法律制定和保护个人的整全性得到尊重的认可结构。

② 不必说，至关重要的个人关注领域随着时间的改变而变化，并且会成为激烈争论和冲突的话题。显然堕胎也是如此。

因此，仅仅因为自治和选择这些用语出现在法庭的判决之中，就指责法庭具有唯意志论的人性观是没什么道理的。① 将在特定事物中的决策性自主权归结到个人身上，并不意味着将私人权利的概念建立在脱位的个人的概念之上，它仅仅是要反对国家的家长式管制和干预，不管这种干预所披的外衣是共同体规则还是多数人意志。

隐私与认同：不容侵犯的人格权

即便对决策性自主权的这一解释能够用来对抗前述的批评，但它不足以解释由于社群主义者介入而提出的认同问题。根据桑德尔的说法，我们必须将我们的道德和法律推理建立在这一假设之上，即我们面对的对象乃是具体的自我而非抽象的人，个人因其目标而被界定，对他们来说，信念和身份决定了他们是谁，而且他们的目标对其福祉和认同来说都是必不可少的。个人的自我认知因此被理解为与一套社会先决条件紧密相连，这些先决条件就是稳固的社区中的成员身份和共享价值，而且在这些社区中规则和传统广为人知，人们相互承认彼此的具体认同并视之为理所当然。

因此，当桑德尔和格林顿论及社区的善的概念，以及社区制度及其价值（社区的自我认知）的"权利"时，他们明显地把论题从自主/正义转

---

① Sandel, "Moral Argument and Liberal Toleration", 524. 确切地说，对于如何定义哲学上的自主概念至今几乎没有取得一致意见。当强烈地涉及准宗教世界观的私人事务、身体完整、基本的身份需要遭遇危机的时候，指出个体有权自作主张是一回事；阐明自主选择需要什么条件、需要什么能力以及自主的真正含义是什么，则是另外一回事。马克思主义者、社群主义者、女权主义者和后现代的观点对自由主义的自主概念的评论是不计其数的。自由主义的自主概念包含个人主义的、形而上学的和理性主义的假设，并迄今为止被这种假设所羁累。现在，更多人把兴趣放在试图根据这些批评重新思考自主概念上面。关于创造一个非形而上学的、互为主体的、利于妇女的自主概念的最近的尝试，参见 Jennifer Nedelsky, "Reconceiving Autonomy: Sources, Thoughts and Possibilities", *Yale Journal of Law and Feminism* 1 (1989): 7–33; Maeve Cooke, "Habermas, Autonomy and the Identity of the Self", 即将发表在 *Philosophy and Social Criticism*; and Kenneth Baynes, "Autonomy, Reason and Intersubjectivity", 未刊稿。对这种尝试的评论，参见 Christine Di Stefano, "Rethinking Autonomy", 提交给1990年美国学年会（8月30日—9月2日）的论文。

向认同/善。① 但是他们错误地将善的问题仅仅限于社区的价值整体和共同认同之上，如同在高度分化和多元化，以及多元文化的市民社会存有一种单一的、概莫能外的善的概念，或者一种我们都赞赏的单一的、实质性的集体认同一样。② 这种哲学现实主义及其对应的公共认同，至少可以说容易误导别人。

这些理论家似乎假定个体和公共的善、个体和群体认同完全重叠。因此保护个人认同和善概念的这些维度——与多数人解释的集体认同的相异的个人认同，与共同的善在任何水平上都不同的善概念——的完整既重要又必须，因为这些理论家显然不会这么做。

如果说各种版本的自由理论已经能操控一种自相矛盾的自主性概念，那么社群主义者则遭受到相反的困境。他们不仅倾向于完全摒弃自主性的原则，而且压制由差异和个体与群体认同之间的潜在冲突所提出的问题。当然群体认同是群体成员认同的一部分，但在当代多元化、分化的公民社会中，个体归属于各种不同的群体，扮演不同的社会角色，也在社会结构的不同层级中拥有不同"公共的"身份特征。个体认同的来源是多重、差异的。实际上，个人嵌入在多元的社区之中，他必须经常扮演各种相互冲突的社会角色，这一事实应该引导人们承认个体的行动和选择在形塑个人生活方式上起中心作用。③ 个体不断卷入各不相同而且相互分离的领域、角色、承诺，这就要求在高度分化的现代社会为每一个体创造与其形成、自我反省确认及在开放多元的情境下表达他的独特认同的能力相称的需求和可能性空间。

尽管人们并没有创造其初始社会化（正如他们变为个体化一样）的传统、行为模式和价值规范，但是他们的确创造与再创造（或者更加时髦的履行）他们的生活和他们独特的认同（当然以交互式的、顺畅的进程）的

---

① 不用说，堕胎问题横跨这个断层线的两边。
② 对于他所称的虚幻社区（phantom community）的有趣评论，参见 Stephen Holmes, "The Permanent Structure of Anti-Liberal Thought", in Nancy Rosenblum, ed., *Liberalism and the Moral Life* (Cambridge, Mass.：Harvard University Press, 1989)。
③ 指出个体认同通过沟通互动而被发展起来和依赖于他人的承认才能保持完整性，绝不会削弱这个主张。

统一。他们也参与重新解释和再创造意义、规范、传统和叙述。不论是已经确立还是正在确立，具体的个体认同并不仅仅是一系列如同挑选衣服般的偏好。但它绝不仅仅是社区价值、社会习俗、共同传统或一系列社会角色的副产品。实际上，对于那些特定社会的个体和亚群体的相互冲突的解释所有这些都是开放的。准确地讲，原因就在于发展和表达他们各自外在于（或内在于）多样式的成员资格与隶属关系，以及他们在其中的角色和结构的自我观念是个体的任务，也在于他们要求承认其具体的人格、自我发展的机会，以及依据经验要求保护的自我表达。诸如此类的保护措施能够赋予个体对于其仅仅由其落后于自己的各式各样的位置和背景，部分通过与他人的互动交流的自我定义、自我创造的综合的控制意识。① 在高度分化的现代社会，新型隐私权——正是由于他们包含了信息的和关键性自主权方面——在保护个体形成、维持、呈现于他者一个内在且明显的自我概念的能力方面，扮演了重要的角色，这是我的论题。通过限制不容干涉的隐私权，假定关键性的自主权必须承负个体与其目的之间的松散关系，以承受宣称枉顾具体社区成员的个体性的抽象的个体概念，社群主义者的批评剥夺了对个体的整全性以及群体认同的一个重要的保护源泉，这种群体认同不同于国家一直寻求提升的认同。

　　简言之，我主张，我们可以继续关注被置于认同的多维性，并声称新型隐私权可以保护行动和认同、自我决定和自我实现，而无需在另一尺度上描述一个特定的自我概念。倘若没有一种个人隐私权（确保易于控制和个人决策），怎样保护生活于现代社会的各式各样个体和群体认同免受以一些暧昧的社群价值观或大多数人的公共的善的概念名义来衡量之呢？可以确定的是，预先规定每个群体在市民政治社会公共领域的平等参与，这样任何观点都不能排除在外，是授权人们（通过"发言权"）宣称、保护

---

① 我的确希望，我不会被指责在个体认同上犯了唯实论和本质主义，或者由于这些词句而被指责陷入现代主义的单一自我的幼稚概念和完全自主理性的话题。我承认多重的和经常冲突的认同来源以及导致认同形成的文化密码和社会实践的频繁论争。但是我也相信，发展和维持连续的自我感觉的能力是成功的个体化——一个需要保护的脆弱过程——的必要条件。人们在这项事业中相对获得成功的标志是他们体现自我感觉的能力，这种感觉通过叙述来构建和重构得到他人肯定和承认的身份。

以及进一步发展他们在公共领域不同的个体和集体认同的重要途径。在民主的公共空间里，表达自己的意见和平等参与确实有意于保护差异。但个体的隐私权无疑是必不可少的，个人隐私权保护其拥有个人的认同提供规制的最低限度的前提条件。而且，它们确保尊重和保护个体差异——因为个体认同看起来似乎偏离为整个社会普遍（在法律上）或特定亚群体接受的"规范"。①

因此，关涉其中的比放任自流的权利要多。我正在论及的保护具体的、脆弱的认同和自我形成进程实际上也是在型构我们是谁和我们应该是谁。我想要声称，当我们恰当地理解隐私权的时候，隐私权就确保在特定的个人事务方面的关键性自主权，以及每一个体发展、修正和追求他自己的善的概念即她的认同需要的机会。让我们简洁陈述隐私的根本方面，并非拥有一种为国家或第三方强加于己的认同，这是不能任意确认和拥戴的。实际上，当且仅当一个人的个人认同违背通常的道德原则的时候，它们才与大多数人对社群价值观念的理解相冲突。这正是个人隐私权（当然与话语权利一道）确保成之为差异权利。

个人隐私权不能描绘认同的内容应该如何；相反，它应确保每一个体发展他们能够拥有的完美认同的先决条件。② 一方面，通过确保每个人平等的司法人格和关键自主权，个人隐私权保护每一具体个体的权利要求，不管其怎么不同或古怪，都被社区的成员同等对待。③ 另一方面，个人隐私权保护个人的人生向度免受不适当的审查或干涉。该原则表述为美国的

---

① 对自由主义者来说这几乎不是新的思想。然而，我的观点是这种保护不需要原子论的、唯识论的或者占有性个人主义的自我概念。个人隐私权可以与财产权的样式以及关于"实体"隐私的父权假定分离开来。

② 个人隐私严格保护相互依赖的社会化的个人能力，从而评价、考虑和反思被承认的思想和认同需要，证实或重新定义它们，根据理性思考和行动，以及争论或试图向他人证明其正确，但是它不会把批评的看法、超然的立场强加给他们。

③ 参见 Hannah Arendt, *The Origins of Totalitarianism* (New York: Harcourt Brace Jovanovich, 1951), 267–302。其中对法定身份及其附属的平等原则的保护性作用进行了出色的探讨。

个人信条是不容干涉的人格权原则。①

当然，个人关涉应被涵盖的关键问题依旧要求给以答复。在此，我们也不能回避公共领域与私人领域的界限划分的问题。正如我们已经看到的，女权主义者已经对传统的划界模式提出批评。我们先前扩大范围排除"私人"话题进入公共意见与辩论方面的成功，确实被视为公共空间的民主化。为一些民主的女权主义者所珍视的不着边际的公共空间概念预设：行动是公开的，且无法预先确定本质上可以公开讨论的论题的本性，是公共论题还是私人论题。决定应被纳入隐私权予以保护的范围及不予保护乃是最终的安排，这都处在通常的公共辩论的范围之内。此外，界线是永远向论争开放的，且随时间而变换。毋庸讳言，界线应当被界定在某处。实际上，我曾经在其他场合主张：在不着边际的精心构造过程决定公私领域的划分界限时，它们不能完全废止私人领域。②那时，我关注于清晰地表达一种不着边际的公共空间所预设的标准化的防御模式。现在我关注隐私的标准概念。让我直接转向这个论题，然后在本文的下一部分再转到什么应被纳入隐私权予以保护的范围这个论题。

在此我想简要说明在鉴别这些关注之前，享有关于特定的个人事务的关键性自主权的一项隐私权意味着什么。简言之，它意味着绝不能迫使个体或者揭示其对自身选择的个人动机，或者接受其成为特定群体的理由或估价。不论是个体行为动机的来源还是特定内容都不能被国家所管制。换言之，个人隐私权恰好涵括个人拉帮结伙就能归属群体以证明在漫无边际的过程中的个体行动解脱出来的义务。换句话说，作为关键性自主权的隐

---

① 对作为隐私权应该保护的核心的这个原则的经典阐述，参见 Samuel D. Warren and Louis D. Brandeis, "The Right to Privacy", reprinted in F Shoeman, ed., *Philosophical Dimensions of Privacy* (Cambridge: Cambridge University Press, 1984), 85. 大多数评论者仅仅把注意力集中在著名的"right to be let alone", 这也是由 Brandeis 和 Warren 在这篇文章中表述的。但是这导致了对我们现在的隐私学说的片面解释，正如 Glendon 所证明的那样。这篇文章的原始版本是 Samuel D. Warren and Louis D. Brandeis, "The Right to Privacy", *Harvard Law Review* 4 (1890): 193ff. 也可参见 Cohen, "Redescribing Privacy", 98–112, 57. Jean Cohen, "Discourse Ethics and Civil Society", and David Rasmussen, ed., *Universalism vs. Communitarianism* (Cambridge, Mass.: MIT Press, 1990), 83–109.

② Jean Cohen, "Discourse Ethics and Civil Society", and David Rasmussen, ed. *Universalism vs. Communitarianism* (Cambridge, Mass.: MIT Press, 1990), 83–109.

私能够把个体从以每个人都接受的理由作为自己的理由之压力中解放出来。虽然这种朝向全体一致的终极目的搁置了道德话语、犀利的言辞以及某些政治决策范式,但是这并非要求为个体隐私权所涵盖的生存的或伦理的判断。换句话说,个人隐私权使个人有权利选择谁将试图证明他的生存性决策,谁将反思善的概念,且事实上,是否将与任何人谈论特定的事务。因为事关个人决策被保护关键性的信息隐私所掩盖,对我而言决定性的理由是否也为其他人所接受,这无关紧要。① 这意味着国家不能要求我说明在特定范围内行动的理由,在这范围内我有权利依据我的理由行动。因此个人隐私权所保护的特定范围内的法律主体的关键性自主权也关涉到信息隐私。这意味着个人有从公共审查和控制中避开特定关系、动机及自我的方方面面的自由。② 但是这也意味着个人有拥护和介绍(履行)自我鉴定的自由:在不同的情境下及对个人所期望的不同人们的选择。

因此,正如格伦顿已经注意到:隐私权实际上划分出环绕个体的一个予以保护的领域,构成一张无形网笼罩着人们。③ 但这并非正式制度领域——无论如何,个体均带有其自身予以保护的领域、法律角色——从个体互动的范围内退出。从而,它们担负一种自我中心的个性概念,正像她所相信的那样。换言之,隐私权为个性划出了一道边界以保护已社会化的相互作用的个体之整全与神圣。回答归入隐私的标志之内容,最终内在于协商与决策的政治过程。但是一旦划定界限,隐私权就交付于个体自由决

---

① 我应该把这里的阐述归功于 Klaus Guenter 的论文:"Communicative and Negative Liberty" delivered at the conference on Habermas's book *Fahtizitdt and Geltung* at Cardozo Law School, New York City, in fall of 1992.

② 因此关于堕胎的决定,这意味着如果我的早期安全的堕胎权利包含在一般的隐私权之内,那么我做出决定的理由属于我自己,我没必要把这些提交给医疗委员会、法官或任何其他外在的权威来获得批准。

② 然而,把这个解释为意味着个人所需要的诠释是固定的和预先给定的,意味着她没有参与有关存在的言说,其中,她个人的判断和需要可以被表达和做出可能的修改,或者意味着当作出个人决定的时候她从每一个对话共同体中进行挑选,则是错误的。我的观点是,在私人事务上,选择什么人、什么时候、什么事情来讨论由她自己做主。而在这种讨论中,她可以澄清和改变自己理由,重要的不是她随便地接受共同体的理由,而是为了自己的方案——一个她希望由于适合于她而被特别重要的其他人所承认的方案——她能够使个人理由被自己所接受。

③ Glendon, *Rights Talk*, 40, 52.

定其界限（接近自我）。

尽管隐私权的实践与仪式在不同文化中表现不同，但是每一个社会都承认标准的隐私权的重要性。迄今为止，这是稀松平常的事情。① 每个社会都确定最近罗伯特·波斯特所称谓的文明的规则，它能确保尊重个体的个人隐私并在某种意义上型构个体和社群。② 欧文宁·考夫曼回应道，波斯特主张个体个性的整全性在一定程度上依赖于差异的社会规则之惯例以及把施授双方捆绑在一起的风度。下述这些"彬彬有礼的规则"，个体确认仪式及其神圣方面和在确认社会秩序时其他个体的认同③，违背这些规则昭示对个体尊严缺乏承认，以及通过羞辱他的认同损害个人并且伤害他的个性，从而驳斥他的自我感觉。因此，相互承认的隐私是建基于相互承认的参与之整全性的成功的社会互动的可能性的条件。

事实上，隐私的规范本性恰好在于保护欧文宁·考夫曼所谓的"自我领域"——一个个体可以声称"有拥有、控制、运用、处置权利"的禁区。④ 由规范和社会因素所定义，禁区是一种意义交换的媒介：它们是人们之间的相互交流的一种语言。⑤ 但它们在主观意义上也是非常关键的，即个体关注他的自私人格。重要的不是禁区是否是排他性的维持或者分享，还是完全放弃，

    而是允许个体决定其主张怎样的角色。一种关于个人禁区将被运用的明显自主、能动的决定允许这些禁区为仪式习语奠定基础。因

---

 ① 参见 Barrington Moore, Privacy; and Robert R. Murphy, "Social Distance and the Veil", in Ferdinand Shoeman, ed., *Philosophical Dimensions of Privacy*, 34 – 55.

 ② Robert Post, "The Social Foundations of Privacy: Community and Self in Common Law Tort", in *California Law Review* 77, no. 3 (May 1989): 963.

 ③ Robert Post, "The Social Foundations of Privacy: Community and Self in Common Law Tort", 963.

 ④ Erving Goffman, "Territories of the Self", in *Relations in Public* (New York: Harper, 1971), 28. 也可参见 Georg Simmel, *The Sociology of Georg Simmel*, 321, n. 66, 在此，他谈到了每个人身上的理想领域，除非个体的个性价值被毁灭，否则它是不能被了解的。引自 Post, "The Social Foundations of Privacy", 971。

 ⑤ Goffman, "The Territories of the Self", 29 – 41.

此，关于意愿和自主转向以一种双重方式证明自我应用领域的完全可能性，以亲身体验的方式来避免维持和确立尊敬的一种方式……感觉到自主对于一个梦想羽翼丰满的人是非常重要的，这毫不令人吃惊。①

关于这种隐私权的规范性概念，控制个人认同、接近自我和自己的哪些方面将呈现于何时和针对何人，伴随着死守或者放弃自己的领域要求的感觉至为关键。实际上，对于理解自我成为独立的个体，一个值得尊重和确立尊重的能力方面，是必不可少的。因此，在我们所处的社会，新型隐私信条较之对那些作为选择者的人们的尊重的抽象原则更加神秘和单一：隐私权授予把关键性自主权授予特定的个人事务，以确保调控个体自我定义的感觉及其在何时与对何人将开始扮演其哪些方面的角色的决策。因此，隐私权保护甚至有助于构建一个相互承认的结构，以及依靠个体认同被认可和自私被担保的社会仪节。

"隐私是复杂的社会实践的重要部分，依凭它社会团体承认并与个体交流——他的存在就是他自己……这是人格的先决条件……这又预示着他相信其为具体的真实……在道德感上归属自我。"②

这里我们不应被语言所误导——就是说，凭靠隐私，个人能保持一种自我、行动和个人认同的感觉，而这些都不是可让渡的财产。③ 因此，在保护不容侵犯的人格权的隐私权是普世价值时，它确认每一个体作为法律人都值得同等对待和尊重，它保护的乃是我们的特殊性——我们具体且脆弱的认同。④ 由隐私权所保护的不容侵犯的人格权清晰地表明，已为主体

---

① Goffman, "The Territories of the Self", 60.
② 参见 J. Reiman, "Privacy, Intimacy and Personhood", in Shoeman, *Philosophical Dimensions of Privacy*, 310, 关于隐私概念规范一致性和拒斥占有性个人主义自我模式与质疑反对解释的隐私权。
③ 关于财产权与隐私权区别的讨论和就这个问题对 Glendon 的辩驳，参见 Cohen, "Redescribing Privacy", 105–112.
④ 这包括对心灵空间的保护和每个个体在那个空间里所作的使自己保持唯一性的身份想象。不要沿着理性主义的路线而误读隐私权，理性主义仅仅保护个体（道德）良心的自由或者作为理性选择者的个体自由。相反，神圣不可侵犯性也涉及个体内部的心灵空间和他们的身体整全性。

间承认的个人界限，对于自发认同的确立和维续，是必不可少的。① 它亦保护对于互动至关重要的交往基础设施（彬彬有礼的规则和仪式）。

重新描述的隐私：把身体带回来

请允许我回到由新型隐私权所应涵摄的"个人事务"。在此我仅能提出自己所关注也被我视为高度政治化的有关这方面的论争。当然，正如我以前所揭示的，答案将最终依赖于自我理解的文化、社会的道德观、关于文化标准、规范方面的政治论争的结果以及在特定时间构成隐私的实践、范围和理解的社会关系。

在此我将通过勾勒出隐私权的规范意义的含义而简要地表达这样的观点以确保妇女生殖领域的关键自主权——一种解释并没有发生于占有性的利己主义者或人们的志愿者行为模式中，而是依赖于处于特定情景的、具体的、互动的个性的概念。实际上，为了理解处于其他生殖性事项的堕胎权对于我们具体和抽象维度之关键性的原因，我们必须用其他更加没有的事物来置换自我和身体关系的占有性利己主义者概念，这种观念已经控制我们的思维太长时间了。

由于我并没有为其所需要的哲学深度的讨论预留空间，我将用"我们拥有我们自己"这一习语来简单地总结最近关于该论题的研究进展。② 我们并非偶然拥有身体或者选择将其带到我们要去的任何地方，就像我们携

---

① 保持完全的自我感觉特别是非裔美国人的自尊的权利的这个特点是重要的，对此进行的有启发性的讨论，参见 Patricia Williams, *The Alchemy of Race and Rights* (Cambridge, Mass.: Harvard University Press, 1991)。

② 关于身体的文献急速增长。参见 John O'Neill, *Five Bodies: The Human Shape of Modern Society* (Ithaca: Cornell University Press, 1985); and *The Communicative Body* (Evanston: Northwestern University Press, 1989); Brian Turner, *The Body and Society* (Oxford: Blackwell, 1984); Maurice Merleau-Ponty, *The Phenomenology of Perception* (London: Routledge and Kegan Paul, 1962); Kendall Thomas, "Beyond the Privacy Principle", *Columbia Law Review* 92, no. 6 (October 1992): 1431–1516; and Zillah Eisenstein, *The Female Body and the Law* (Berkeley and Los Angeles: University of California Press, 1988); Thomas Laqueur, *Making Sex: Body and Gender from the Greeks to Freud* (Cambridge, Mass.: Harvard University Press, 1990); Elaine Starry, *The Body in Pain: The Making and Unmaking of the World* (New York: Oxford University Press, 1985)。

带钱包一样；我们是我们的身体。我的意思是我们的身体、我们对身体的象征性解释、我们身体和自我的虚假证明对于我们大多数自我的基本感觉、身份和个人尊严都是关键性的。我的身体并不外在于我自己。当然，这并非一个简单的物理事实，因为我们能够失去我们身体的某些部分而不会丧失我们的身份和我们所赋予身体的象征意义，这依据不同的文化和时代而不同可以通畅地协调。毋庸置疑，我们自己、我们的身份非常复杂地隐含于我们的身体及其构成——因为我们的身体是我们在这个世界的存在方式。

实际上，考夫曼把身体视为自我的核心领域之一。他声称，一种控制自己的身体的感觉对于维续自我的完美感觉和与他人相处的能力至为重要。① 自信是以个体能够自由地处置自己的身体为基础的：个体可以自动地调整它的功能并调节接近它。② 放弃由自动控制自己身体及身体的整全性，放弃个体尊严的最基本的承认，个体的自我形象也就瘫痪（失去自信）了，如同他为了成功地与他人互动和表达自己的需要与感情所需要的安全一样。因此，妇女为捍卫她们堕胎权而采用的"我们的身体，我们自己"的宣传口号，呼唤得相当真实——因为堕胎争论的关键，恰恰是妇女的人格和身份。这正是自由主义对这个案例有兴趣的原因所在，它注定如此之个人化、如此之隐秘、如此之根本与如此之值得捍卫。

强迫妇女承受一次她不愿意的怀孕就是把怀孕的妇女与母亲的身份强加于她，现在这是也应该是非常明显的。③ 而且明显在身体和情绪意义上

---

① Erving Goffman, "Territories of the Self", 38. 也可参见 Reiman, "Privacy Intimacy and Personhood", 310 – 314。

② Goffman 是最早研究个体在整个制度中所体验的自我感觉的消极影响的人之一，这种影响受制于隐私和身体整全性的全部损失。最近，Elaine Starry 致力于研究当人们身体的整全性受到故意袭击诸如刑讯中的体验时，对自我的消极影响。参见 Starry, *The Body in Pain*, 49. 建立在这个分析基础之上，Axel Honneth 分析了当人们身体整全性不被其他人承认时羞辱感和自我感及现实一致感的丧失。参见 Axel Honneth, "Integrity and Disrespect: Principles of a Conception of Morality Based on a Theory of Recognition", *Political Theory* 20, no. 2（May 1992）, 190 – 193。

③ 这不意味着选择小孩或堕胎是身份的选择。"妇女应该能够使她们的身孕流产，以至于她们可以避免被迫进入一种身份，这不是因为她们通过决定本身定义她们的身份。抵制一种强迫的身份与定义一种身份是不一样的。" Jed Rubenfeld, "The Right to Privacy", *Harvard Law Review* 102 (1989): 737 – 782。

她的肉体上的整全性，在声称堕胎非法的法律下，危如累卵。可是，这是她不容侵犯的人格权呵！实际上，它们是密切相关的。这并不是因为妇女就等同于或者拥有她们的子宫，也不是因为妇女就拥有她们的胎儿，而是因为怀孕的经历体现在她的身体、情绪、象征和虚幻性的层面上，从而在她的身份和自我感觉方面，导致根本性的变化。不仅不想怀孕的妇女被强加了一种具体的强有力的范型，这样她非常担心丧失对她的身体功能和自我感觉的控制，而且把一种新的、不受欢迎的身份和一种新的亲密关系强加给妇女①，需要暗含对她们更多的重视，这远远可不局限于身体的不舒服或者由那些反对妇女自由堕胎的思想者所归结的对不想怀孕的妇女而产生的仅仅是生活方式的问题。断言肉体整全性对隐私分析的重要性并不就是复活财产所有权的范型或者要求一种任意处理她的身体的绝对权力。②而是声称身体的整全性对于个体身份至关重要，而且应作为基本的隐私权予以保护，只有在国家利益明显的处于危险中的时候，才能予以免除。在这方面，我同意肯德尔·托马斯的主张即今重视对保护领域、亲密的社团以及自主选择尚且不够，因为其没有承认"隐私权永远是身体的一部分"。③ 因此，当妇女要求"控制自己身体的权利"时，也就是要求定义自身的权利。④

---

① 参见 Karst, "The Freedom of Intimate Association", *Yale Law Journal* 89 (1980): 624。

② 在这个意义上讲任何权利都不是绝对的。例如，国家坚持让公立学校的儿童接种以抵御特定疾病，它在采取措施保护公共卫生时也会涉及成人的接种。在这篇论文的较长版本里面，我阐述了在怀孕期间胎权的限制问题。参见 Cohen, "Redescribing Privacy", 87–92。

③ 这里我同意 Kendall Thomas，他说我们必须承认隐私总是以身体为媒介的，这是关于在公民性事方面限制国家权力的争论的重要特征。"Beyond the Privacy Principle", 15–16. 但是，这是重新描述而不是放弃隐私分析的争论。因此我否定 Thomas 关于我们完全停止隐私分析的建议。

④ 否定妇女的这种权利的危害在于，她否定了她的身体和自我是她用以想象和构建的东西的感觉。假如妇女扮演了胎儿容器的角色，那么她的性别特征和身份就会降低到母性功能层次。妇女是否被看做创造者或容器，胎儿是否为具生命权的人或潜在生命、潜在的人，我们是否把堕胎看成避孕方法的延续和阻止已受精的卵变成婴儿的行为或谋杀行为——所有这些都大大依赖于问题如何被设定和对妇女及其社会地位的界定。参见 Kristin Luker, *Abortion and the Politics of Motherhood* (Berkeley and Los Angeles: University of California Press, 1984)。关于对美国现今胎胎争论的竞争话语的起源和标记的杰出分析，也可参见 Barbara Katz Rothman, *Recreating Motherhood: Ideology and Technology in a Patriarchy* (New York: Norton, 1989)。在我看来，这也是一场谁来界定妇女的"差异"的争论，也就是她们（个体的妇女自己或其他人）怀孕和生孩子的能力。

毋庸置疑，我同意身体整全性的观念，仅仅达至我们的身份的一个重要面向，而不是所有面向。我们也把个体置于由社群主义者所强调的意义上：我们发展基于在我们的生活世界中可资利用的文化资源来自我定义，我们利用我们身处的特定的机构、关系和情境，我们也利用在某种程度上前结构性的可以言说和思考的论述，除此之外，我们可以把独特的虚构性的意蕴附加于自身，以及把我们创造性的属性铸就为我们自我型塑的过程——我们的身份。我们与自己身体及其形象的关系，是我们的身份的根基，但并非全部。一旦我们认识到身份形成贯穿于一生，那么我们就能发现我们所赋予我们的身体与自我的象征性意义有很多来源和前提。尊重个体的身体整全性，如同尊重隐私的其他构成要素一样，涉及到承认内在于个体自我判断的互动，调适路径和信息，以及关涉其基本的认同需要的决策。尽管在某种意义上掩盖隐私也是身体整全性的一部分，但并非其全部。如同隐私的其他面向一样，我们需要内在于以及远离与他人互动的身体整全性。

因此，生殖话题是根本性的，不仅因为，如同罗纳德·德沃金所主张，随诸如此类的决策而转换的"道德"话题是准宗教性的，它触及到人生终极性的价值。[①] 生殖自由是根本性的，也因为这事关妇女是否有能力控制自己的身份：她们的形象、自我型塑过程、人生规划以及她们自我理解，或者其是否能够否认生殖自由。所有人都需要有控制自己身体、自我定义以及自我创造综合的感觉，所有这些只有个体才能理解她的处境、背景和未来设想。人格之不容侵犯性以及控制包括身体在内的自我领域的感觉，依然是任何自由概念所不可或缺的。不论是特殊的堕胎论题，还是一般的生殖话题，都牵涉妇女不容侵犯性的抽象或具体维度。道德自律、精神健全和个体身份塑造过程的整全性，对于身体都至为重要——因此肉体性的整全性是应该保护的个人隐私权的核心内容。

个体不容侵犯的人格权、身体的整全性、鉴定的精神过程以及关于"自我领域"的关键性自主权，无论哪一方面都值得捍卫。一种一般性的、

---

① Ronald Dworkin, *Life's Dominion* (New York: Knopf, 1993), 1–101.

根本性的与本质性的概念可以保护隐私权所涉及到的方方面面。理解了这一点，隐私能够也应当替代财产所有权而成为象征性的原则，其中个人的公民权利的复杂要害就能得以澄清。[①] 聚焦于作为一种隐私权的堕胎即是承认妇女的"差异"，即是一直到每个妇女都知道如何定义这种差异。[②] 尽管妇女因为她们的特殊能力（堕胎权是妇女的权利）而获得"特殊保护"，但是她们的"差异"并没有因此而具体化；而是同时承认并让她们自己去构建。一旦我们认识到，隐私权保护不容侵犯的人格权之抽象的、特定情境的以及具体化的面向，那么我们当然值得为这些权利以及在隐私权的掩护下包括妇女是否有权决定生殖的权利而奋斗。

[①] 对这个问题的出色讨论，参见 Bruce Ackerman, *We the People*, 159ff；我对 Bruce Ackerman 的讨论，参见"Redescribing Privacy"，105–112。

[②] 在这篇论文较长的版本里，我也对堕胎的权利得出了同等结论，赞成平等保护分析、隐私分析与身体整全性讨论的综合运用。参见 Cohen, "Redescribing Privacy"，48–65。

第十一章　性别平等与福利国家：
　　　一个后工业化思想实验

南希·弗雷泽

　　福利国家当前面临的危机有许多根源：全球经济的趋势，难民和移民的大规模运动，对税收的普遍敌视，工会和工党的弱化，民族与种族敌意的升高，整合性意识形态的降低，以及国家社会主义的崩溃。然而，一个绝对关键的因素是古老性别秩序的瓦解。当下福利国家有关性别假定的前提逐渐与许多人的生活和自我理解不相协调。因而，它们不能提供充足的社会保障，尤其对妇女和儿童。

　　正在消失的性别秩序源自资本主义工业时代，是当时社会现实的反映。它聚焦于家庭工资的理想。这一世界上的人们假定被组织到异性、以男性为主导的核心家庭，它的主要生活来自于男性的劳动市场收入。家庭的男性家长得到家庭工资，足够养活妻老子女——她们做没有报酬的家务劳动。当然，无数生活从不适合这种模式。然而，它提供了一种传统家庭的规范写照。

家庭工资理想融进大多的工业时代福利国家的结构。① 那种结构分为三个层次：占据第一层的是社会保险项目。设计了从变化多端的市场中保障人们生活（以及在需求短期中保护经济来源），在人们一旦生病、伤残、失业或年老时，这些项目就代替挣钱养家人的工资。很多国家也设计出了第二层项目，为专职女性的家政和省亲提供直接的支持。第三层充当的是一个"补充"（residuum）。大部分是从传统贫困救济、公共资助项目的剩余物中，为那些并没有要求体面扶助的贫困人提供少量的、污名的、有限的帮助，因为它们不适合家庭工资剧本。②

然而，今天家庭工资的假定再也经不起经验或者规范的考验。目前，我们正经历着从旧的、工业化性别秩序阶段转型到新的、后工业化资本主义性别秩序阶段。福利国家的危机与这些划时代的变化休戚相关。它部分根源于世上家庭工资和它关于劳动市场与家庭的中心假定的解体。

在后工业化资本主义劳动市场，很少有仅靠工资能够独自养活家庭的工作。事实上，很多工作是临时的或兼职的，并且不执行标准津贴。③ 妇

---

① Mimi Abramowita, *Regulating the Lives of Women: Social Welfare Policy from Colonial Times to the Present* (Boston: South End Press, 1988); Nancy Fraser, "Women, Welfare, and the Politics of Need Interpretation," *Hypatia* 2, no. 1 (Winter 1987): 103 - 21, reprinted in Fraser, *Unruly Practices: Power, Discourse, and Gender in Contemporary Social Theory* (Minneapolis: University of Minnesota Press, 1989); Linda Gordon, "What Does Welfare Regulate?" *Social Research* 55, no. 4 (Winter 1988): 609 - 30; and Hilary Land, "Who Cares for the Family?" *Journal of Social Policy* 7, no. 3 (July 1978): 257 - 84. 一个例外是法国，它从早开始接受高的女性工资工作。Jane Jenson, "Representations of Gender: Policies to 'Protect' Women Workers and Infants in France and the United States before 1914," in *Women, the State, and Welfare*, ed. Linda Gordon (Madison: University of Wisconsin Press, 1990).

② 对福利国家三重结构的描述反映了我较早的观念，参见"Women, Welfare, and the Politics of Need Interpretation."这里，我比较赞同 Barbara Nelson 的观点，参见 Nelson, "Women's Poverty and Women's Citizenship: Some Political Consequences of Economic Marginality," *Signs: Journal of Women in Culture and Society* 10, no. 2 (Winter 1984): 209 - 31; and "The Origins of the Two-Channel Welfare State: Workmen's Compensation and Mother's Aid," in *Women, the State, and Welfare*, ed. Linda Gordon (Madison: University of Wisconsin Press, 1990).

③ David Harvey, *The Condition of Postmodernity: An Inquiry into the Origins of Cultural Change* (Oxford: Blackwell, 1979); Scott Lash and John Urry, *The End of Organized Capitalism* (Cambridge: Polity Press, 1987); and Robert Reich, *The work of Nations: Preparing Ourselves for Twenty-First-Century Capitalism* (New York: Knopf, 1991).

女就业逐渐普及，尽管远远低于男性的工资。① 同时，后工业化家庭更缺少传统，同时更多元化。② 两性婚姻更频繁、更迟，离婚更频繁、更快。并且同性恋开辟了一种新的家庭组合。③ 最后，出现性别规范和家庭形式高度的竞赛。部分是由于女性主义和同性恋的解放运动，很多人不再偏向于男主外、女主内家庭模式。这种趋势的一个原因是单亲母亲家庭的迅速增加：大量增加的女性——离婚的和从未结婚的——在没有得到男性挣钱养家的工资情况下，正积极争取抚养自己和家庭。她们的家庭有高贫困率。

总之，一个经济发展和社会再生产新社会出现了——这是缺乏稳定就业和更多元的家庭社会。尽管没有一个人能够确定它的最终形式，这里很多好像是清晰的：不亚于家庭工资社会，正在浮现的世界需要福利国家有效确保人们预防不确定性。也非常清楚的是，福利国家的传统形式——建立在以男性主导的家庭和相对稳定工作的假定之上——不再适宜提供这种保护。我们需要一些新的、后工业化的福利国家以适应就业和再生产全新的条件。

然而，后工业化福利国家看起来像什么样呢？最近，保守主义者大量谈论"重构福利国家"，但是他们的图景是反历史和自相矛盾的；他们企图为中产阶级恢复男主外、女主内家庭模式，而要求贫困单亲母亲"就业"。新自由主义的建议最近也在美国出现，但他们在目前的环境下也是不充分的。尽管缺乏好的职业，但仍对工作要求苛刻、以男性为中心并且入迷，他们不能够在后工业化的背景下提供保障。④

这两种途径忽视了一个重要的事情：像它的工业化先驱，后工业化福利国家必须支持性别秩序。但今天可接受的唯一性别秩序是建立在以性别

---

① Joan Smith, "The Paradox of Women's Poverty: Wage-Earning Women and Economic Transformation," *Signs: Journal of Women in Culture and Society* 9, no. 2 (Winter 1984): 291-310.

② Judith Stacey, "Sexism by a Subtler Name? Postindustrial Conditions and Postfemminist Consciousness in the Silicon Valley," *Socialist Review* no. 96 (1987): 7-28.

③ Kath Weston, *Families We Choose: Lesbians, Gays, Kinship* (New York: Columbia University Press, 1991).

④ Nancy Fraser, "Clintonsim, Welfare, and the Antisocial Wage: The Emergence of a Neoliberal Political Imaginary," *Rethinking Marxism* 6, no. 1 (Spring 1993): 9-23.

平等为前提上的。

然而，女性主义者为即将到来的时代创造一个解放的蓝图正处于一个好的形势。无与伦比，他们赏识性别关系对于工业化福利国家的当前危机的重要性，同时也充分认识到性别平等对一些满意解决方案的中心性。女性主义也赏识照料工作对于人们福利的重要性和它的社会组织在妇女地位上的影响。最后，她们理解家庭内潜在的利益冲突和男性为中心的工作界定的不充分。

然而，迄今为止，女性主义倾向躲避有关福利国家系统化的重建思想。但是我们还不能提出一项有关性别平等的满意解释，它能够给出一幅解放的蓝图。我们现在需要着手考虑这样的思想。我们应该问，代替家庭工资的新的、后工业化性别秩序应该是什么？最倾向支持这样新的性别秩序的福利国家是什么样的？最能抓住我们最高的虚荣心的性别平等的解释是什么？同时，最能体现它的社会福利蓝图是什么样的呢？

目前，我们有两种不同的答案，我想，两种都可以称作女性主义。第一种我称为普遍挣钱养家模式（the universal breadwinner model），这种模式存在于当前大部分美国女性主义者和自由主义者政治的实践中。它旨在通过提高妇女就业以培育性别平等；这种模式的中心是如日间服务的赋予就业服务能力的国家供给。第二种可能的答案我称作护理者平等模式（the caregiver parity model）。这种模式存在于当前大部分西欧女性主义和社会民主者政治实践中。它旨在主要通过扶助非正式的护理工作提高性别平等。这种模式的中心是护理者津贴的国家供给。

这两种方式的哪一种在即将到来的时代统治我们的灵魂？哪种代表了后工业化性别秩序最引人注目的蓝图？哪种最能体现性别平等的理想？

在这篇论文中，我系统化地思考了这些问题，并给出了一个分析框架。我以思想实验的方式分析了普遍挣钱养家模式和护理者平等模式的高度理想化图景。我以反事实的方式认为，由于它们的经济和政治前提适当，这两种模式是可行的。假定了非常适宜的条件，然后，我评估每种模式的优缺点。

结果不是标准的政策分析。在不久的将来，因为既不是普遍挣钱养家也不是护理者平等事实上要实现了，并且我的讨论在政策制定精英者那里基本上不是直接的。当然，我的目的在更宽泛的意义上是理论的和政治的。首先，我旨在通过重新考虑性别平等的含义，澄清一些围绕着"平等"与"差异"的困境。这么做，我通过详加说明一些存在于当前实践以及遭受批判性检测的假设，旨在刺激对女性主义策略和目标上的增强反应。

我的讨论分四部分展开。在第一部分，我提出了我创立的一套评价体系的性别平等分析。然后，在第二部分和第三部分，我把这些标准体系应用到挣钱养家模式和护理者平等模式中。在第四部分，我得出结论，即使是理想的形式，这两种模式都不能实现完全的性别平等。我认为，我们必须发展出一项后工业化福利国家的新模式，它能有效地拆解性别劳动分工。

性别平等：一个复杂的概念

为了评估后工业化福利国家可选择的模式，我们需要一些规范标准。我已经说过，性别平等是一个不可或缺的标准，但它具体包括哪些呢？

到目前为止，女性主义已把性别平等与平等或差异联系起来，"平等"意味着完全像男性一样对待妇女，"差异"意味着在她们与男性不同的范围内有区别地对待妇女。理论家已经讨论了这两种方式的相对优点，好像他们代表绝对两分法的对立两极。① 这些论点总体上终结了僵局。"差异"的提议者已经成功地表明，平等策略典型地以"男性作基准"为前提，因此，它伤害了妇女，并在每人身上强加一个扭曲的标准。然而，平等主义仅中肯地认为，差异途径典型地依赖女性的基本概念，因而，重新强化了现存的陈规，并把妇女限制在现存性别界限之内。那么，平等和差异都不是性别平等的可行的概念。

然而，可行的概念是什么呢？

我建议，我们把性别平等作为一个复杂而不是简单的观念重新概念

---

① 参见 the essays in *Feminist Legal Theory: Readings in Law and Gender*, ed. Katharine T. Bartlett and Rosanne Kennedy (Boulder, Colo.: Westview Press, 1991).

化。这就意味摒弃了把性别平等作为任何单一价值或规范的假设,不管是平等、差异或者其他东西。反而我们应该把它作为一个复杂的、包含明显规范原则的多重性概念。多重性包括一些与争论的平等方面相连的概念,也有一些与差异方面相连的概念。它也包括其他不偏向两边中任何一边的规范观念。然而,无论它们来自何方,这里的重要意义是:为了实现性别平等,几个不同规范的每一个都必须同时得到满足。不能满足她们中的任何一项,都意味着不能实现性别平等的全部内涵。

在下面的章节中,我以这样的方式假定性别平等是复杂的。并且,我提出一项有关它的解释,它是为评估后工业化福利国家供选择图景的特殊目的而被设计。除了福利问题,一揽子稍微不同规范被提出。然而,我相信,把性别平等作为复杂概念对待的一般观念是广泛适用的。这里的分析也许充当一个展示这种方法有用性的典范案例。

无论如何,因为这特殊的思想实验,我把性别平等的思想作为一项七个明显区别的规范原则的复合物。让我一一列举它们。

反贫困原则。社会福利供给首要也是最明显的目标是阻止贫困。在家庭工资之后,阻止贫困是今天实现性别平等最重要的,由于单亲母亲家庭的高贫困率,同时,美国妇女和儿童生活在这样家庭的可能性大大增加。[1] 如果它不能完成别的事情,福利国家应当至少缓解遭受未实现基本需要的痛苦。根据这些标准,比如在美国,让妇女、儿童和男性生活在贫困中的安排是不被接受的。例如为单亲母亲家庭定向、孤立和污名的贫困救济的一些方式,不能满足以下几个规范原则,它们在社会福利方面对性别平等也是关键的。

反剥削原则。反贫困措施不仅对自身,而且作为一种方式对其他基本目标也是重要的:阻止了对弱势群体的剥削。[2] 这一原则在家庭工资之后也是实现性别平等的中心。例如,没有其他方式抚养自己和子女的贫困妇

---

[1] David T. Ellwood, *Poor Support: poverty in the American Family* (New York: Basic Books, 1998)

[2] Robert Goodin, *Reasons for Welfare: The Political Theory of the Welfare State* (Princeton: Princeton University Press, 1988).

女容易遭受虐待狂的丈夫、血汗工厂的工头和妓院老板的剥削。然而，在保证贫困救济中，福利供给也旨在减缓对剥削的依赖。可供选择收入来源的益处提高了在不平等关系中下属的交易地位。那些知道在婚姻之外能够自食其力和养育子女的没有工作的妻子，在婚姻中就有更大的影响力。由于她"出口"的可能性增加，她的"声音"得到了增强。① 相对她的老板，低报酬的家庭护理员是同样的支托。② 然而，由于有这些影响的福利措施，扶助必须作为一种权利被提供。当接受的帮助是高度污名的或随意的，反剥削原则是不满意的。③ 充其量要求者用社工人员的幻想的剥削依赖交易丈夫和老板的剥削依赖。④ 目标至少阻止三种剥削依赖：对个人家庭成员的剥削依赖，例如丈夫或成年孩子；对雇主和监工的剥削依赖；以及对政府官员个人幻想上的剥削依赖。适当的方式必须同时防止这三者的发生，而不是让人们在这些剥削依赖中交替往复。⑤ 这种原则排除了通过丈夫给予主妇的利益安排。同样，例如健康保险，提供基本物品仅仅在形式上有条件地联系稀缺职位。满足反剥削原则的任何后工业化福利国家，在当前美国安排中代表一个主要的进步。即使它不能够满足。满足这一原则的一些方式不能遵循几个如下规范，这些在社会福利方面对性别平等也

---

① Albert O. Hirschman, *Exit, Voice, and Loyalty: Responsese to Decline in Firms, Organizations, and States* (Cambridge, Mass.: Harvard University Press, 1970); Susan Moller Okin, *Justice, Gender, and the Family* (New York: Basic Books, 1989); and Barbara Hobson, "No Exit, No Voice: Women's Economic Dependency and the Welfare State," *Acta Sociologica* 33, no. 3 (Fall 1990): 235–50.

② Frances fox Piven and Richard A. Clowad, *Regulating the Poor* (New York: Random House, 1971); Gosta Esping-Andersen, *The Three Wordls of Welfare Capitalism* (Princetion: Princeton University Press, 1990).

③ Goodin, *Reasons for Welfare*.

④ Edward V. Sparer, "The Right to Welfare", in Norman Dorsen, ed., *The Rights of Americans: What They Are—What They Should Be* (New York: Rantheon, 1970).

⑤ Ann Shola Orloff, "Gender and the Social Rights of Citizenship: The Comparative Analysis of Gender Relations and Welfare States," *American Sociological Review* 58, no. 3 (June 1993): 303–28. 反剥削目标不应当与当前美国攻击的"福利依赖"相混淆，它是高度理想化的。这些攻击把"依赖"专门定义为公共帮助的接受。通过阻止对丈夫和雇主的剥削依赖，它们忽视了用这种接受的方式能够提高申请者的依赖。Nancy Fraser and Linda Gordon, "A Genealogy of 'Dependency': Tracing a Keyword of the U. S. Welfare State," *Signs: Jurnal of Women in Culture and Society* 19, no. 2 (1994): 309–36.

是关键核心的。

平等原则。后工业化福利国家能阻止妇女的贫困和剥削,然而,仍然忍受着严重的不平等。如此福利国家是不能令人满意的。在社会供给方面性别平等的一个深入的方面是再分配,降低男女之间的不平等。正如我们看到的,平等已经受到女性主义的批判。她们认为,根据男性界定的标准,完全像男性一样对待女性,这必然对妇女是不利的。这种观点表明了一种合法化的担忧,我将在下文中以另一个标题说明。但是它不损害平等本身的理想。这种担忧仅从属于怀有平等的某种不充分的方式,这里我没有前提条件。至少三个不同的平等概念逃避了批评。这些在社会福利中对性别平等是核心的。

收入平等。真正的人均收入分配对于性别平等是一种重要的平等形式。在家庭工资之后,当美国妇女收入大约是男性收入的70%,当大多数妇女劳动根本不能得到补偿,以及当许多妇女在家庭中由于不平等分配而从"潜在贫困"(hidden poverty)中受害,现在的这种平等是非常紧迫的。① 就我的解释而言,收入平等原则不要求绝对的一致。但它确实排除了这样的安排,即离婚之后,妇女收入大概减少了一半,而男性的收入却增加了双倍。② 它同样也排除了同工不同酬和大量低估妇女的劳动和技能的情形。收入平等原则要求在男性和女性收入巨大差异方面真正的降低。在这种情况下,它也有助于儿童生活机会的平等,因为现在大量美国儿童有可能生活在单亲母亲的家庭。③

休闲时间平等。有关休闲时间的分配对于性别平等是另一种重要的平等。在家庭工资之后,在许多妇女——但也有少量男性——做有偿工作和无偿初级护理工作之后,以及在妇女遭受"时间紧张"的不成比例的痛苦

---

① Ruth Lister, "Women, Economic Dependency, and Citizenship," *Journal of Social Policy* 19, no. 4 (1990): 445 – 67; and Amartya Sen, "More than 100 Million Women Ar Missing," *New York Review of Books* 37, no. 20 (December 20, 1990): 61 – 66.

② Lenore Weitzman, *The Divorce Revolution: The Unexpected Social Consequences for Women and Children in America* (New York: Free Press, 1985).

③ Ellwood, *Poor Support*, 45.

后,现在这种平等非常紧迫。① 一项最近的英国研究发现,被调查的52%的妇女,而相应21%男性,认为他们"大部分时间感到劳累"。② 休闲时间平等原则排除了这样的福利安排,即工资平等,而要求妇女双班轮流制,男性仅是单班轮流制。它同时也排除了这样的安排,即要求妇女,而不是男性,做"索赔工作"或者做浪费时间的"拼凑工作",这种工作是从几个地方把工资拼合在一起。③

尊重平等。尊重平等对于性别平等也是重要的。在家庭工资之后,后工业文化经常把妇女作为男性主体快乐的性对象,这种平等现在尤其迫切。平等尊重原则排除了物化和诋毁妇女的社会安排,即使这些安排阻止贫困和剥削,即使它们能使收入和休闲时间平等。把妇女行为平凡化和忽视妇女的贡献是与福利方案不相容的,尊重平等需要有对妇女特性的认知和对妇女工作的认知。

后工业化福利国家应当在三个所有方面提高平等性。这样的国家对于目前的安排将包含一项巨大的进步,但它不至于走得更远。满足平等原则的一些方式不能遵循如下原则,它们在社会福利上对于性别平等也是关键的。

反边际化原则。福利国家能够满足前述所有的原则,仍能使妇女边际化。通过有限支助大量的母亲养老金,例如它能够使妇女自立、有较好的供给、良好的休息和尊重,但却把妇女限制于家庭之中,从大的社会生活中排除出去。如此福利国家是不被接受的。社会政策应当在所有社会生活领域提高妇女与男性一样的完全参与——在职业、政治和公民社会的社团生活中。反边际化原则要求为妇女参与提供必须条件的供给,包括日间护

---

① Lois Bryson, "Citizenship, Caring and Commodification," an unpublished paper presented at the conference on "Crossing Borders: International Dialogues on Gender, Social Politics and Citizenship," Stockholm, May 27 – 29, 1994; Arlie Hochschild, *The Second Shift: Working Parents and the Revolution at Home* (New York: Viking, 1989); Juliet Schor, *The Overworked American: The Unexpected Decline of Leisure* (New York: Basic Books, 1991).

② See Lister, "Women, Economic Depundncy, and Citizenship."

③ Laura Balbo, "Crazy Quilts," in *Women and the State*, ed. Ann Showstack Sassoon (London: Hutchinson, 1987).

理,老年护理,以及公开提供母乳抚育。它也要求拆除男权主义者的工作文化和敌视妇女的政治环境。任何提供这些东西的后工业化福利国家在目前的安排中代表了一个巨大的进步。然而,它也许使一些东西只是希望。满足反边际化原则的一些方式不能遵循最后的原则,它在社会福利上对于性别平等也是关键的。

反男性中心原则。满足许多前述原则的福利国家仍然强化一些可憎的性别规范。它假定了男性中心的观点,男性的当前生活方式代表了人们的规范,并且妇女应该接受它们,(这一个真正问题在先前注释的有关平等的担心后面。)如此福利国家是不能接受的。为了满足福利的可比较水准,社会政策不应当要求妇女变得像男性一样,或者去适合为男性设计的制度。政策应该旨在替代性地重构男性中心的制度,以便接受能够养育子女的人与经常护理亲戚和朋友的人,不把他们作为例外对待,但这作为理想型的参与。反男性中心原则要求去大男子主义规范的中心化——部分上通过重估当前由于它们与妇女相联系而低估的实践和特性。它需要改变男性,也需要改变女性。

然而,在社会福利中,这是一项有关性别平等的解释。基于这种解释,性别平等包括七个不同的规范原则的复杂观念,每项都是必需的和不可或缺的。不是后工业福利国家都能实现性别平等,除非它满足所有这些标准。

然而,这些原则的相互关系如何呢?这每一事物都依赖于环境。一些制度安排允许同时以最少的相互抵制满足几个原则。与此相对,其他安排建立的是零和状态,在这些情况下,试图满足一个原则,却干扰满足另一个原则。然而,在家庭工资之后,提高性别平等意味着致力于实现潜在上是相互冲突的多重目标。应当发现一些方式,满足七个所有原则——至少大部分,以避免交易和实现前景最大化。

在下一部分,我用这些方法评估后工业化福利国家两种可供选择性模式。然而,首先我想提出三组相关问题。一个是关于护理工作的社会组织。如何准确组织这一工作,在总体上对人们的福利——尤其是对妇女的社会地位——是重要的。在家庭工资时代,护理工作被作为个体妇女个人责任。然而，今天它不能再以那样的方式被对待。然而，评估后工业化福利国家模式，我们必须问，对于分配在例如家庭、市场、公民社会的制度与国家之间的护理工作的责任是怎样的？并且在这样的制度内分配的工作责任如何，按性别？按阶级？按种族？按年龄？

　　第二组问题是有关妇女中的差异问题。固然，性别是这篇文章的主要焦点，但它不能被作为全体对待。男女生活被其他几个明显的社会差别分开，包括阶级、种族、性别和年龄。然而，后工业福利国家模式不能以相同的方式考虑所有的女性或男性；它们为不同地位的人们创造不同的结果。例如，一些政策对有孩子的妇女与没有孩子的妇女影响不同；同样，一些政策对能够得到第二收入的妇女与没有第二收入的妇女也不同；最后，一些政策对专职妇女与兼职妇女的影响不同，对没有工作的妇女影响也不同。然而，对于每种模式，我们必须问，对哪种妇女群体是有利的，对哪种妇女群体是不利的。

　　第三组问题涉及到在后工业福利国家除了性别平等之外最迫切需要之物。毕竟，性别平等不是社会福利唯一目标。非平等目标也是重要的，例如效率、共同体和个人自由。除此，也有别的平等目标，例如种族平等、世代平等、阶级平等和国家之间的平等。所有这些问题在此都是必需的背景。然而，例如种族平等的一些平等目标通过平行的思想实验被处理：它可以把种族平等确定为复杂的思想，这里类似对待性别平等方式，然后也用它评估后工业化国家竞争的图景。

　　现在，让我们用这种思维方式检测后工业化福利国家两个明显不同的女性主义图景。也让我们自问，哪种更便于实现我这里已详细阐述的性别平等。

普遍的谋生模式

　　在后工业社会的一个图景中，家庭工资时代让位于普遍的谋生模式。这种图景存在于当前大部分女性主义者和自由主义者政治实践中。（它也呈现在前共产主义国家。）它主要通过提高妇女就业以实现性别平等。目标是为有能力的妇女通过她们自己赚取的工资而抚养自己和家庭。总之，谋生模式的作用是普遍的，以至于妇女也能做普通工人。

普遍挣钱养家者是一项很有发展前途的后工业化剧本，要求优等的新项目和政策。一个重要的要素是一套能够确保就业的服务——例如日间服务和老年服务，目的在于把妇女从未有报酬的责任中解脱出来，以便他们能相对男性从事专职就业。另一个主要要素是一套旨在排除平等就业障碍的工作场所改革，例如性别歧视和性虐待。改革工作场所要求改革文化，不管怎样——要排除男性至上主义者的陈词滥调和打破与大男子主义挣钱养家文化的联系，也要求政策帮助改变社会化，首先，以便调整妇女对于职业的渴望与离开家务，其次，调整男性对于接受妇女新作用的心理。然而，没有一项多余的因素：为妇女创造全职、高薪、长期工作的宏观经济政策，这些都不能起作用。最后，社会保障也是普遍挣钱养家的中心。这里的目标是把妇女带到与男性同等的制度中，这种制度在传统上对她们是不利的。

这种模式怎样组织护理工作？这些工作的大部分将从家庭转移到市场和国家，这由雇员为薪酬而完成。然而，这些员工可能是谁？在当今许多国家，包括美国在内，支付性制度化护理工作是很低报酬、女性化和种族化以及/或者由移民去做。[①] 但这样的安排在这种模式中被阻止。如果这种模式能够顺利使所有的妇女成为养家糊口的人，它必须提升地位和参加护理工作，也使它转变成初级劳动力工作。然而，普遍挣钱养家是必需致力于"比较价值"的政策；它必须纠正目前对编码为女性或"非白人"技术和工作的普遍低估，并且它必须以挣钱养家人的水平工资酬劳这样的工作。

普遍挣钱养家者根据工资的不同层次，使职业和很多利益相连和通过社会保障进行分配。在这方面，这种模式与工业时代福利国家相似。不同的是还有很多妇女基于她们自己的就业记录而受到影响。并且还有很多妇

---

① Evelyn Nakano Glenn, "From Servitude to Service Work: Historical Continuities in the Racial Division of Paid Reproductive Labor," *Signs: Journal of Women in Culture and Society* 18, no.1 (Autumm 1992): 1–43.

女就业记录看起来非常像男性的就业记录。

然而,不是所有的成年人都有工作。最后,一些有护理工作职责,而他们不能或不愿调任其他地方。其中大部分仅剩的是妇女。为供给这些人,普遍挣钱养家必须包括一个社会福利的剩余层,它提供了基于需要的、家计调查的工资替代。

普遍挣钱养家模式远离当前现实。它要求初级劳动力工作巨大的创造——这些工作足以单独地支持一个家庭。当然,那是当前后工业化趋势的野蛮的扭曲,它不是为挣钱养家的人创造就业,而是为"可自由支配的雇佣工人"创造就业。① 然而,让我们假定为了思想实验的目的,它的可能性条件能够满足。同时,让我们思考结果产生的后工业福利国家是否能称作性别平等。

反贫困。我们能很快了解普遍挣钱养家者在阻止贫困方面做得好。一项为所有适宜雇佣的男性和女性创造确保挣钱养家者平等的工作政策——同时提供的服务确保妇女从事这样的工作——将使大部分家庭置身于贫困之外。并且剩余支持的慷慨水平通过转移使其余的人置身贫困之外。

反剥削。这种模式也为大部分妇女成功阻止了剥削依赖。具有安全挣钱养家者的工作的妇女能够离开令她不满的男人。同时,那些没有这些工作但知道她们能得到这些工作的人也不易遭受剥削。

收入平等。然而,普遍挣钱养家者在实现收入平等方面只是一般的。为妇女授予、担保的挣钱养家者的工作——加上那些确保妇女从事的服务——窄化了性别工资差距。此外,收入缩小的不平等变成社会保障利益缩小的不平等。从婚姻的出口选择的益处,应当在它的范围内鼓励更加平等的资源分配。但这种模式不是其他方面的平等主义。它包括一个与他人不同的挣钱养家者的基本社会断层线,对其他人是相当不利——他们中的大部分是妇女。然而,除比较价值之外,它没有减少在挣钱养家者的工作之间的工资不平等。固然,在分配个体不平等补偿的挣钱养家者工作方

---

① Peter Kiborn, "New Jobs Lack the Old Security in Time of 'Disposable Workers,'" *New York Times*, March 15, 1993, Al, A6.

面，这种模式降低了性别比重；但它从而提高了其他变量的比重，大概在阶级、教育、种族和年龄上。在这些变量上处于不利地位的妇女和男性，所挣收入要少于那些与这诸种变量无关或处于优势地位的人。

休闲时间平等。此外，正如我们从共产主义实践中看到的，这种模式对有关休闲时间平等是很弱的。它假定所有妇女的当前家务和护理工作的责任能够转移到市场或国家。但那样的假定明显是不现实的。例如分娩，处理家庭急救和更多的对子女养育工作的一些事情不能被转移——缺少一般替代和其他可能讨厌的安排。例如做饭和家务等其他事情能够这样——假如我们准备接受集体生活安排或高层次的商品化。最后，即使这些被转移的任务没有消失到毫无踪迹，却引起繁重的新的协调任务。然而，妇女平等休闲机会依赖于是否能够引起男性做他们这项工作的平等份额。在这方面，这种模式没有唤起自信。它不仅没有提供搭便车的抑制因素，而且在限定付费工作时也如此，它含蓄地诋毁未付费工作，从而激起逃避的动机。没有同伴的妇女无论如何是孤立无助的。同时，在低收入的家庭的人较少能够购买替代服务。于是，就业的妇女在这种模式上有二次转移，尽管要承担比一些现有的要繁重的工作；同时，这里还有好多专职就业的妇女。总之，普遍挣钱养家者不可能实现平等的休闲。在这种可能的后工业社会，没有搭便车的任何人可能是烦扰的和累人的。

尊重平等。此外，在给予尊重平等上，这种模式只是一般的。因为它持有男女公民工人的单一标准，它排除性别尊重鸿沟的唯一机会是准许妇女进入与男性相同的地位。然而，这不可能发生。一个更可能的结果是妇女对于再生产和家务比男性保有更多的联系。除此，这种模式可能创造另一种尊重鸿沟。通过增加挣钱养家的人地位上的奖金，会引起对别人的不敬。在剩余体系的参加者易于污名化，并且大部分将是妇女。即使是女性主义者，任何雇佣中心模式为这些它定义的"失业者"建构一个令人尊敬的地位都有困难。

反边际化。这一模式在反对妇女边际化上也只是一般的。一般同意，它提高了妇女在就业中的参与，但它的参与定义是窄的。希望有能力的所有人都有专职的工作，这种模式也许事实上组织了在政治上和公民社会的参与。确实,它在这些舞台上对于提高妇女的参与没做什么。然而,它片面地、以"强调工人利益的社会观的(workerist)"方式反对妇女的边际化。

反男性中心主义。最后,这种模式在克服男性中心主义方面表现弱化。它把男性限定在传统领域——职业——这与简单地尽力帮助女性适应。相对地,传统上女性护理工作被有益地对待;为了成为一个挣钱养家的人,这是必须被丢弃的。它不是自身符合社会价值。这里理想型公民是挣钱养家的人,现在名义上是性别中立的。但这种地位的内容是隐含的大男子主义;传统挣钱养家的人/做家务夫妇的男性的部分现在普遍化了,并要求每一个人都扮演男性角色。夫妇的女性部分好像消失了。它的明显优点和能力一点也没有为妇女保存,更不用说普遍化到男性了。

我们在表1能够总结普遍挣钱养家模式的优点。

表1　普遍挣钱养家模式

普遍挣钱养家	
反贫困	好
反剥削	好
收入平等	一般
休闲时间平等	弱
尊重平等	一般
反边际化	一般
反男性中心主义	弱

不令人惊奇,普遍挣钱养家模式对那些生活最近似传统家庭工资理想伴侣的男性部分,创造了最好的结果。它对没有孩子的妇女和不容易被转移到社会服务的没有其他主要家庭职责的妇女,尤其是好的。但对于这些妇女,也包括其他一些妇女,它缺少完全的性别平等。

护理者平等模式

在后工业社会的第二个图景中,家庭工资时代将让位于护理者平等模式。这一图景存在于大部分西欧女性主义和社会民主党的政治实践中。它主要通过支持非正式的护理工作,旨在提高性别平等。它的要点是或者通过单独护理工作,或者通过护理工作加兼职工作,赋予妇女重大家庭责任以便她们能够自食其力和养家糊口。(没有重大家庭责任的妇女假定通过就业养育自己和她们的家庭。)它的目标不是使妇女的生活与男性相同,而是"使差异无需付出代价"。① 从而,分娩、养育子女和非正式的家庭劳动将被提高到与正式付费劳动同等的地位。护理者作用将提高到与挣钱养家者的作用相同的地位——以至于男女能够享受相同层次的尊严和财富。

护理者平等也是有巨大发展前景的。在这种模式中,很多(尽管不是全部)妇女追随当前美国女性实践,选择一段专职工作,一段专职护理工作与一段兼职护理和兼职工作的结合。目标是使这样的生活方式无需付出代价。最后,几个主要的项目是必须的。一是为补偿分娩、养育子女、家务和其他形式的社会必须的家务劳动的护理补助项目;补助必须足以满足养育家庭的专职费用——因此与挣钱养家者的工资相当。工作场所的改革项目也是被要求的。这些必须有利于使资助性护理工作和兼职工作结合的可能性,以及使不同生活状态转换的可行性。这里的关键是适应性。一个明显的要求就是法定怀孕和探亲假的宽厚项目,以便护理者在不会失去保障或资历时,能够就业或辞职。另一项目是为不愿做原来工作的人再培训和找工作。还有一个必须的是法定弹性工作时间,以便护理者能够变换她们的时间去承担她们的护理工作责任,包括在专职和兼职工作之间转换。最后,紧接着这些灵活性,这些项目必须确保所有基本社会福利利益的连续性,包括保健、失业、伤残和退休保障。

---

① Christine A. Littleton, "Reconstructing Sexual Equality," in Bartlett and Kennedy, *Feminist Legal Theory*.

这种模式组织护理工作非常不同于普遍挣钱养家者。鉴于那种途径把护理工作转移到市场和国家内，这种模式使大多数这样的工作限制在家务中和用公共预算支持它。护理者平等的社会保障系统也差别很大。为确保人们在护理工作和就业之间选择的连续的保险供给，联结两者的救济必须整合到一个系统中。在这个系统中，兼职工作和资助护理工作必须基于与专职工作相同的基础被覆盖。因此，假如她不能发现适当的工作，完成一段资助性护理工作的妇女有资格基于最近下岗员工相同的基础领取失业保险救济。同时，那些成为伤残的资助性护理者将以伤残雇员相同的基础接受伤残款项。对于领取退休金的资格，资助性护理工作的年限的计算应与雇佣年限相同，以相同对待护理工作和职业的方式固定利益水平。

护理者平等也要求社会福利的另一个剩余的层次。一些成年人不能做护理工作或者工资工作，包括一些没有先前工作记录的每种类型。这些人中的大部分可能是男性。为供给他们，这种模式必须提供经过家计调查的工资和奖金替代。不过，护理者平等剩余层应该比普遍挣钱养家者小；几乎所有的成年人应该被包含进整合的挣钱养家者—护理者（breadwinner-caregiver）社会保障系统中。

护理者平等也远离当前美国的安排。它要求公共预算支付护理者津贴的巨大费用，结果可能是大的结构化税收改革和政治文化的变化。让我们思考结果产生的后工业福利国家是否能被称作性别平等。

反贫困。护理者平等防止贫困做得很好——包括目前最脆弱的妇女和儿童。在专职护理工作期间的大量的充足奖金，使单亲母亲家庭置身于贫困之外。同时，在兼职资助护理工作和兼职就业期间，补助和工资起着同样的作用。这是因为这些选择每一项都承担着基本的社会保障的整套计划，此外，具有"女性"工作方式的妇女有相当多的安全。

反剥削。护理者平等也应该成功地阻止对大多数妇女的剥削，包括当今最弱势的人。通过给没有工作的妻子提供直接收入，它降低了对丈夫的经济依靠。它也对有孩子的单身妇女提供经济保障，降低了她们被雇主剥削的可能性。只要护理者补助是体面的和不可随意支配的，最后，接受者不被社工人员的奇想所控制。

收入平等。然而，正如我们从北欧的实验中看到的，护理者平等对有关收入平等表现得很弱。尽管津贴加工资体系提供相当于基本最小化的挣钱养家者的工资，它也在就业上建立了"母亲路线"（mommy track）——在一个波动的、非连续的专职或兼职工作的市场。大部分这些工作所支付的工资少于挣钱养家路线的工作，即使以专职比率也是如此。两人合伙的家庭对于保持一个同伙在挣钱养家路线（breadwinner track）上有经济动力，而不会让他们的共同分担护理工作的时间；同时，当前劳动力市场的状况使挣钱养家的男性在异性婚姻中将更有优势。而且，考虑到当前文化和社会化，在与女性相同的比例上，男性一般更不可能选择母亲路线。因此，两个就业路线执行了传统的性别联合。这些联合反过来可能在挣钱养家路线上产生对妇女的歧视。护理者平等也许使差异价值减少，但不可能使差异无需付出代价。

休闲时间平等。然而，护理者平等模式在休闲时间平等上做得比较好，通过在她们生活的不同阶段选择专职或兼职资助性护理工作，它使所有的妇女避免双班轮流制是可能的。（目前，这种选择只是一少部分美国有特权的妇女获得。）不过，我们只是看到这种选择不是真正无需付出代价的。一些有家庭的妇女不想放弃挣钱养家路线的就业利益，并且尽力把它和护理工作结合起来。这些没有在护理者路线（caregiver track）上与其他人合伙的人，在有关休闲时间方面是十分不利的，同时在她们就业方面也是可能的。相对而言，男性很大程度上从这种两难上被隔离了。那么，这种模式在休闲时间上仅仅是一般的。

尊重平等。护理者平等在提高尊重平等方面也仅是一般的。不像普遍挣钱养家模式，为了实现目的，它提供了两个不同的路线。理论上，公民工人和公民护理者（citizen-caregiver）是同等尊严的身份。但是他们之间真的相同吗？这种模式比当前美国社会更敬重地对待护理，但是它与女性特质保有联系。挣钱养家同样也与男性特质保有联系。考虑到这些传统的性别结合，加上两种生活方式的经济差异，护理不可能得到与挣钱养家真正的平等。总之，今天很难想象，"区别而平等的"性别作用怎样提供真正的尊重平等。

反边际化。此外，护理者平等模式在阻止妇女边际化方面表现很弱。通过资助性妇女的非正式护理工作，它重新加强了像妇女工作这样的工作的观点和强化了家庭劳动的性别分工。通过为挣钱养家者和护理者加强双重劳动市场，进而，这种模式在就业领域把妇女边际化了。通过重新加强具有女性特质的护理结合，最终，它也许在生活的其他领域阻止了妇女参与，例如政治和公民社会。

反男性中心主义。然而，护理者平等模式比普遍挣钱养家模式在反对男性中心主义方面更好。它作为固有的价值对待护理，而不只作为一个纯粹的就业障碍，因而，挑战了只有男性的传统行为是完全符合人性的观点。它也提供了"女性的"生活方式，从而拒绝了妇女吸收"男性的"方式的要求。但这种模式仍然获得一些东西。护理者平等模式决定不确定行为的一般价值和与妇女相联系的生活方式。它不重视充分要求男性也去从事护理，它不要求男性去改变。因而，护理者平等只是代表对男性中心主义的全面挑战的一半。在此，它的表现也仅是一般的。

在表2中，是总结的护理者平等模式的长处和短处。

表2 护理者平等模式

护理者平等	
反贫困	好
反剥削	好
收入平等	弱
休闲时间平等	一般
尊重平等	一般
反边际化	弱
反男性中心主义	一般

总之，护理者平等模式提高了有重大护理工作职责的妇女总量。但对于这些妇女，还有其他一些妇女，它不能给予完全的性别平等。

结论：倾向普遍护理者

普遍挣钱养家者和护理者平等者两者在后工业化福利国家都是高度空想的图景。两者中的任何一个都不能代表当前美国安排中的一个大的进步。因而，两者都不可能很快实现。当今，两种模式假定的背景前提是明显缺乏的。两者假定重新建构的主要政治经济，包括在社团法人上的重大公共控制，建立高品质固定性工作的直接投资能力，以及计税利润和财富的比例足以资助扩大的高品质的社会项目。两种模式也假定广泛支持承诺性别平等的后工业福利国家。

如果两种模式在这种意义上是乌托邦的，任何一个都不是完全的乌托邦。既非普遍挣钱养家模式，也非护理者平等模式能够实际上实现性别平等的诺言——即使在非常适宜的条件下。尽管两者都擅于阻止妇女贫困和剥削，两者在矫正尊重的不平等上仅仅是中等的。并且它们的长处和短处是交叉的。普通挣钱养家模式尤其不能提高休闲时间平等和反对男性中心主义，而护理者平等模式尤其不能提高收入平等和阻止妇女边际化。（表3是总结的普通挣钱养家模式和护理者平等模式的相对优点。）总之，两者中的任何一种模式都不能提供女性主义需要的每样东西。即使高度理想化的形式也不能实现完全的性别平等。

表3 普通的谋生模式和护理者平等模式的相对优点

	普通挣钱养家者	护理者平等
反贫困	好	好
反剥削	好	好
收入平等	一般	弱
休闲时间平等	弱	一般
尊重平等	一般	一般
反边际化	一般	弱
反男性中心主义	弱	一般

如果这些是唯一可能性，我们将面对一系列非常困难的交易。然而，假设我们拒绝这种霍布森选择并尽力发展第三种选择。这种诀窍预想了后工业化福利国家结合了最好的普遍挣钱养家模式和最好的护理者平等模式，而抛弃了每种模式的最坏特征。第三种选择是什么样的可能性呢？

迄今为止，我们已经测评了——并发现不够好——两种最初的可行性方式：一个旨在使妇女更像现在的男性；另一个使男女几乎没有改变，而旨在让妇女差异无需付出代价。第三种可能是引起男性变得更像现在大部分女性——也就是那些做初级护理工作的人们。

考虑一下我们已经刚检测的这种模式的效率。如果男性要是做他们护理工作的平均份额，普通挣钱养家者更接近均等化的休闲时间和排除男性中心主义，而护理者平等在均等化收入和降低妇女边际化方面做得更好。另外，两种模式倾向于提高尊重平等。总之，如果男性要是现在变得更像女性，两种模式开始接近性别平等了。

因而，在后工业福利国家实现性别平等的关键是，使妇女当前的生活方式成为每一个人的生活规范。今天的妇女经常结合养家挣钱和工作护理，尽管有很大的困难和负担。后工业福利国家必须确保男性做相同的事情，同时，重新设计制度以便排除困难和负担。

我们可以称这种图景为普遍护理者。

那么，这样的福利国家像什么呢？不像护理者平等模式，它的就业部门不被分成两种不同的路线；所有的工作都将假定工人是护理者；所有的人都将有一个比现在专职工作更为短期的工作周；同时，所有的人将确保就业服务。然而，不像普遍挣钱养家模式，员工没有假定所有护理工作转移到社会服务上。一些非正式的护理工作被公开扶持，并且，在单一社会保障体系中与付费工作一同整合。一些家务通过亲朋好友在家庭中完成，但这样的家务不必须是异性核心家庭。其他资助性护理工作一起被固定到家庭外边——在公民社会。在国家资助但地方化组织的制度中，孩子气的成年人、老年人和其他亲属基础的职责将在民主、自治的护理工作行为中连接父母和他人。

需要做更多的工作促进后工业化国家的第三种图景——普通护理者。

发展政策的关键是打消搭便车行为。相对保守主义者,在目前的体系中,真正的搭便车不是逃避就业的单亲母亲。更确切地说,他们是那些逃避护理工作和家务劳动的所有阶级的男性,还有搭工人劳动便车的公司,包括未足额支付费用的和未付费用的。普遍护理者图景的一个好的表述来自于瑞典的劳动部:"对于男女,为了使父母身份与赚钱的职业结合成为可能,在工作生活的组织中,要求一个新的男性地位观和一个激进的变化。"[①] 这里的技巧是想象在一个社会中,公民生活结合了赚取工资、护理服务、社区行为、政治参与和公民社会中社团生活的参与——同时,也留出一些时间娱乐。这个世界不可能在短期内实现。但它是唯一可想象的承诺真正性别平等的后工业化世界。同时,除非我们被现在这种图景引导,我们将不可能有更便捷的途径实现它。

[①] Quoted in Lister, "Women, Economic Dependency, and Citizenship," 463.

第三部分

文化、认同与民主

第三部分

文化、人間と民生

第十二章 民主、权力与"政治性"

尚塔尔·墨菲

近几十年来,"人性"、"普遍理性"和"理性自主主体"等范畴正日益引起人们的质疑。站在不同的自足点上,很多思想家都批评了认为存在一个普遍人性、有一种我们借以认识人性的理性普遍准则以及无条件普遍真理是可能的等观念。对启蒙运动主张普遍主义和理性主义的这样一种批判(有时也被称作"后现代"),已经由一些作者提出,比如于根·哈贝马斯,并构成了对现代民主进程的威胁。他们认为启蒙运动的民主理念和它的理性主义、普遍主义视角之间存在着这样一种关系:否认后者将不可避免地损害前者。

在本文中,我想考察一下这种观点并为相反的论点试着做出辩护。确实,我将论证的是:只有在这样一种政治理论背景下——它考虑到对本质主义的批评(我把这看做是所谓后现代方法的主要贡献)——才有可能以这样一种方式阐述激进民主政治的目标,并为当代政治空间的扩大和民主要求的多样性提供空间。①

---

① 我已经屡次指出,将后结构主义与后现代主义合并是一种狡猾的策略,我将不会在此重复这个观点。让我们回到我所赞成的反实在论,它完全不受制于后结构主义,构成了许多不同思想趋势的汇合点,在德里达(Derrida)、罗蒂(Rorty)、维特根斯坦(Wittgenstein)、海德格尔(Heidegger)、伽达默尔(Gadamer)、杜威(Dewey)、拉康(Lacan)和福柯(Foucault)这些作者笔下表现得不尽相同。

多元主义和现代民主

在进行论证前,我想先说一下我设想现代自由民主的具体方式。首先,我认为将自由民主和资本主义民主区别开是很重要的,可以把它用传统政治哲学的术语"体制"(regime)来理解,这是一种仅在政治层面上界定的社会形式,暂且不管它与经济制度的可能联系。自由民主有各种各样的称谓:宪政民主、代议制民主、议会民主还有现代民主,但这不是像一些人想的那样,是民主模型在一个更宽广背景中的应用,当被理解为"体制"时,它关注的是社会关系的符号的秩序,因此就不仅仅是一种"政府的形式"。自由民主是一种政治性地把人类共存组织起来的具体形式,这来自于两种不同传统的结合:一方面是政治自由主义(法治、分权和个人权利);另一方面是人民主权的民主传统。

换句话说,古代民主和现代民主之间的差别不是规模上的而是本质上的。关键区别在于对多元主义的接受,正是这构成了现代自由民主。关于多元主义,我指的是关于善的生活的实质性观念的终结,也就是克劳德·勒夫特所说的"确定性之标志的崩解"。对多元主义的这种认识反映出在社会关系的符号秩序上的深刻转换。当有人,如罗尔斯谈到多元主义的事实时,有些东西被完全遗忘了。当然我们发现,在一个自由社会中存在善的观念的多样性,这是一个事实。但至关重要的差异不是经验性的,而是符号层面的。真正利害攸关的是冲突与分化的合法性、个人自由的凸显和对所有人自由平等的确认。

一旦多元主义被视作现代民主的标志性特征,我们就能寻求实现多元民主政治的领域和实质的最好方式。我主张,只有在这样一种视角背景下,其中差异被阐释为存在的可能性条件,充满多元主义的激进民主进程才能得到充分阐述。确实,我承认所有依据于一种社会逻辑(这种逻辑暗含着"存在就是在场"和把"客观性"看做属于事物自身的观念)的多元主义,都将必定导致多元性的减少,甚至最终被否定。这确实是主要的自由多元主义存在的情况,这一般由强调所谓的"多元主义事实"开始,然后进展，找到处理差异的程序，而这种程序的目标实际上就是使这些差异成为不相关的，再把多元主义驱逐到私人领域。

恰恰相反，如果从反本质主义者的理论视角看来，多元主义就不仅仅是一个事实，一个我们虽不情愿也要接受，或试图去减少的事实，更是一个逻辑自明的原则。在概念层面上，多元主义被看做是构成现代民主的本质所在，被认为是我们应当为之庆祝、促进的东西。这就是为什么我所提倡的这种多元主义能给差异以肯定性地位的原因，它拒绝一致性和同质性的目标，这种目标也总是被揭露为是虚假的并建立在排他性行为的基础上。

然而，这种观点并不因此就允许一种完全的多元主义，同时认识到多元主义有它的局限性这一点也是很重要的。这种局限性为一种致力于挑战一系列从属关系的民主政治所要求。因此，把我在这里所维护的立场和强调异质性、不可通约性的极端多元主义区分开是必要的。根据后者，被理解为所有差异纷纷登场的多元主义，应该是无限的。我认为，虽然这种多元主义声称其更加民主，这样一种视角对认识一些差异是如何被建构为从属关系，因此应被一种激进民主政治所质疑来说，却是一种阻碍。那里只有大量没有任何共同根基（分母）的身份，因此，要区分开实际存在但不应该存在的差异和实际上不存在但应该存在的差异也就是不可能的了。

这样一种多元主义所遗忘的是政治维度。当权力关系和对立被抹去后，留给我们的就是一种没有对立、典型的自由幻象了。确实，这种极端多元主义，虽然它试图对自由主义做出批判，但由于它拒绝任何构建"我们"——一个在各种反对从属性的斗争中明确表达要求的集体性身份——的尝试，就带有了几分去自由化的政治意味。否认构建集体性身份的需求，并把民主政治仅仅看做是各种利益群体的斗争或少数为争取自身权利得到认可的斗争，那么这对权力关系的存在就仍然是视而不见的。这是对施加在权力领域扩展上的界限的忽视，而事实是一些现存的权利已经建构在排除或从属他者的基础上。

多元主义、权力和对立

谈到多元主义这个术语，真正的困境在于权力和对立以及它们各自根深蒂固的特性。这只能通过一种质疑在民主理论中占主导性地位的客观主义和本质主义的视角才能把握。在《霸权与社会主义策略》①中，我们描绘了这样一种观点：它认为任何社会客观性都是通过权力行为构建的。这就意味着任何社会客观性最终都是政治性的，都要表明那些管理其制度的排他性行为的根源，根据德里达的观点，这可被称作它的"外部构成分子"。

这一点是决定性的，因为每一事物都把自身在其存在意义上刻画为某物而不是物自身。结果，任何事物都被建构为差异，也就是它的存在不能被理解为纯粹的"在场"或"客观性"。既然外部构成分子只有也出现在内部时，才能成为真正的可能性，每一个身份就变成纯粹偶然性的了。这预示着在把权力概念化时，我们不应把它作为一种发生在两个预定身份间的外部关系，而应作为构成身份本身的东西。客观性和权力之间的这个汇合点就是我们称作的"霸权"。

当从这样一种反本质主义的视角设想民主政治时，我们就开始明白要使民主存在，没有任何一个社会主体能够宣称自己是社会基础的拥有者。这表明社会主体间的关系将越来越民主化，只要它们接受各自主张的特殊性和有限性这一点，只要承认它们相互之间有着一种不可消除权力的关系。不能再把民主社会看做能够实现社会关系完美和谐这样一个理想的社会了，它的民主特征只能由这样一个事实所赋予：没有一个有限的社会主体能把自己视作社会全体的代表。那么，民主政治的主要问题就变成了不是怎样去消除权力，而是怎样构建各种与民主价值相容的权力形式。

承认权力关系的存在和转换它们的需要，同时摒弃那种认为我们能够彻底从权力中摆脱出来的幻觉，这就是我们所称作的"激进的和多元的民

---

① Ernesto Laclau and Chantal Mouffe, *Hegemony and Socialist Strategy: Towards a Radical Democratic Politics* (London: Verso, 1985).

主"进程的特别之处。这个进程认为现代多元民主（即使是一个秩序良好的）的独特之处不在于支配和暴力的不存在，而在于要建立一套借由他们支配与暴力能被限制和竞争的制度。要消除对立的根深蒂固特征并致力于达到一个普遍理性共识，这才是民主制的真正威胁。的确，这可能导致不易被识别、藏匿在合理性帷幕之后的暴力，这也是自由思想中常见的情形，它把必要的划界和各种排他性行为在所谓"中立性"的虚假外衣下伪装起来。

政治自由主义

要表明理性主义者观念的危险后果并显示我正在描绘的这种观点的优胜之处，我将选择以罗尔斯阐述的"政治自由主义"为例。在他的近作中，罗尔斯试图为自由主义的老问题"如何在有着不同善观念的个人之间实现和平共处？"提供一个新的解答。很久以来，自由主义者们在创造一种临时的解决办法，或者，根据熊彼特的说法，在一种程序性的解决办法中，看到了问题的解决之道。因此，一种广为接受的观念就是：民主作为一种形式程序，它对任何一套特殊的价值观念都是中立的，它仅仅是一种做出公共决策的方法。

近来，自由主义者如罗尔斯，还有拉莫（Larmore）（他稍有不同），都对这样一种关于中立性的自由主义原则理解提出了异议。他们确信，一个自由民主社会需要一种比仅仅建立在程序之上的简单权宜之计更深层的共识。自由民主社会的目标应该是围绕其基本制度达成一种道德的而不仅仅是出于审慎考虑的共识。他们的目标是提供一个关于政治基础的道德共识，虽然是最小程度上的。他们的"政治自由主义"致力于确定一个核心道德观，为生活在政治联合体中有着不同善观念的人们提供具体的条款。这样一种对自由主义的理解和多元主义的事实以及道德分歧、宗教分歧的存在事实是相容的，它也必须和康德、密尔的全面性学说区分开来。考虑到这种理解对关于善的生活的各种有争议的观点是中立的，他们相信这样一种自由主义能提供一种为所有人（虽然他们仍有差异）共同接受的政治原则。①

根据罗尔斯的观点,政治自由主义的问题能够以如下方式阐述:"在为各种合理的宗教学说、哲学学说和道德学说深刻分化的自由和平等的公民之间,如何可能存在一个持久、稳定和正义的社会?"② 在他看来,这是一个政治正义的问题,它要求在公民之间确立一些社会合作的公平条款,这些公民被设想为既是自由平等的,同时也为各种深刻的学说冲突所分化。正如他在其近作《政治自由主义》中所重新阐述的,他的解决方法是重新强调了"合理多元主义"这个观念。他要我们在"简单"的多元主义事实和自由主义面临的真正问题:"如何处理互不相容但又合乎情理的学说之多元性?"之间作出区分。他把这种多元性看做是立宪民主政体的自由制度框架内人类实践理性的正常结果。这就是为什么一种正义观念一定能够获得所有"有理性的"公民的支持的原因了,尽管在其他事情上他们会存在着深刻的学说歧义。

让我们考察一下这个"简单的"多元主义和"合理的"多元主义之间的区别。我们承认,它的本来意图是要保证关于正义共识的道德特性,排除在各种"非理性的"观点——也就是那些可能会反对政治道德的基本原则的观点——之间达成妥协的可能性。但事实上,这允许罗尔斯把实际上是一个政治的决定呈现为一种道德需求。对罗尔斯来说,有理性的人就是"那些在一定程度上意识到他们的道德能力,这种能力足以使他们成为一个立宪政体中自由平等的公民,那些有一种持久的欲望去尊重合作的公平条款并成为充分合作的社会成员的人"③。

如果不是一种间接形式的宣称,这种认为有理性的人就是那些接受自由主义基本原则的人的观点又是什么呢?换句话说,"理性的"和"非理性的"之间的区分帮助我们在那些接受自由主义原则和反对自由主义原则的人之间划界。这就意味着它的功能是**政治性的**,它的目的是歧视性地将

---

① 关于对拉莫和罗尔斯试图重构中性的自由概念的批评,参见 Chantal Mouffe, *The Return of the Political* (London: Verso, 1993), chap. 9。
② John Rawls, *Political Liberalism* (New York: Columbia University Press, 1993).
③ John Rawls, *Political Liberalism*, 55.

那些可允许的宗教、道德或哲学观念的多元主义（只要那些观念能够被驱逐到私人领域并满足自由主义原则）和一种不能被接受的多元主义（因为它会损害到在公共领域中自由主义原则的支配性地位）区分开来。

罗尔斯用这样一种区分真正要表明的是：只要关涉到政治联合体的原则，多元主义就是不可能的，而且拒绝接受自由主义原则的那些观念将被排斥。在这个问题上我和他没有争议。但这明显是一种政治决策的表达，而不是一种道德要求。把反自由主义者称作"非理性的"就是在说：这些观点在一个自由民主体制的框架下不能被承认为是合法的。情况确实是这样，但这种拒斥的理由却不是道德的。这是因为在同一个政治联合体中，如果不质疑国家的政治现实，立法的各种对立性原则就不可能实现共存。然而，为了恰当地阐述，这种**观点**要求一个理论框架，它主张政治总是有权命令的，而这一点又恰恰是自由主义所否认的。

罗尔斯试图通过用他主张的正当优先于善作为一种**道德优势**来避免这个问题。但这并没有解决问题。首先，在他主张正当优先于善时，一个涉及到这个主张的地位的问题出现了。为了首尾一致，罗尔斯不能从任何一种全面性学说中得到这一点。那么，这仅仅是一种我们都共享的"直觉观念"么？共产主义者当然会反对这一点。那么，它又能是什么呢？当然，答案就是，这是被理解为一种独特的社会政治形式的自由民主的一个主要特征，它是这样一个"体制"的一部分"语法"（grammar）。这就是他为什么不能为其多元主义划界的正当性提供一个令人信服的理由的原因；也是他为什么会陷入这样一种循环论证的原因：政治自由主义能够在理性的人们之间提供一种共识，而**根据定义**，这些人就是那些接受政治自由主义原则的人。

重叠共识还是宪法共识

当我们仔细审视他解决这个自由主义问题的另一面——人们从各自合理的全面性观念出发，从中引出一个虽基于不同理解但又一致赞同的政治观念，即确立一个重叠共识——时，罗尔斯无法理解政治的主导型角色的另一个后果就暴露出来了。他主张只有当社会是一个秩序良好的社会时，围绕他的公平正义理论的原则，重叠共识才能达到。因为它们是由于有着"无知之幕"的原初状态的设计才被选择的，那些合作的公平条款原则满足了自由主义原则的合法性，这种合法性要求它们被所有作为理性而合理的、自由平等的公民所赞同，并诉诸于他们的公共理性。根据政治自由主义的立场，这些原则被公开设计以赢得那些——认同合乎理性然而却相互冲突的全面性学说——公民的合乎理性的支持。确实，无知之幕的目的就是排除公民对于全面善观念的知识，迫使他们从共同的社会和人格观念出发，这是为应用实践理性的理念和原则时所要求的。①

和他确立其"政治自由主义"的道德特性的规划相一致，罗尔斯不辞辛苦地要表明：一定不能把这种重叠共识与一种简单的权宜之计相混淆。他坚决主张这不仅仅是一种关于一系列建立在自我利益之上的制度安排的共识，更是对使正义原则具有道德特性的道德基础的共识。另外，重叠共识也不同于一种宪法形式的共识，在他看来，后者不具备保证正义和稳定性足够的深度和广度。在宪法共识中，他这样陈述："虽然在一些基本的政治权利和自由上存在一致——如选举的自由、政治言论和结社的自由和所有其他为民主的选举和立法程序所要求的权利，——但在那些关于更具体的内容和界限的权利和自由方面，在关于哪些权利和自由可以进一步被看做是基本的，因此突出了法律而不是宪法的保护等方面，主张自由主义原则的人们之间是有歧义的。"②

罗尔斯当然认为宪法共识要比一种权宜之计好得多，因为它有对自由宪法原则的真正宣称，这既保证了一些基本权利和自由，也确立了应对政治对手时的民主程序。然而，考虑到这些原则不是建立在社会的确定观念和一种政治观念的个性之上时，涉及到那些权利和自由的位置和内容的不一致性就将是持存的，并且这引起了公共生活中的不安全和敌意。因此，他说，**一劳永逸**地固定下来他们的主张是重要的。这一点由关于公平正义

---

① John Rawls, *Political Liberalism*, 141.
② Ibid., 159.

观念的重叠共识提供，它确立了一个比限制在宪法基本领域更深层次的共识。

在承认那些宪法根本（如具体规定着政府的一般结构和政治运行的基本原则，还有公民身份的基本权利和自由）① 是更急需被确立之时，罗尔斯认为还要把它们与那些治理社会、经济不平等的原则区别开来。公平正义的目标是确立公共理性基础上的共识，这种共识的具体内容是由正义的政治观念给予的。"它包括两部分内容：社会基本结构的实质性正义原则（正义的政治价值）；使公共理性得以可能的各种探究指南和德性观念（公共理性的政治价值）。"②

罗尔斯似乎相信，在各种全面性的道德学说、宗教学说和政治学说之间达到合理性的一致同意是不可能的，而在政治领域这种一致同意却可以实现。在他看来一旦各种争论性学说被放置到私人领域，一种在公共领域中基于理性（具有合理的和理性的两方面含义）的共识就有可能得到。但这种共识一旦达成，再质疑它就是不合法的了，而唯一能消除这种共识的可能性就是那些来自外部的"非理性力量"的攻击了。这意味着，当实现了一个秩序良好的社会时，那些参与到重叠共识中的人就不再有质疑现存制度安排的权利了。既然这些制度安排体现了正义原则，如果有人不服从，他就肯定要么是"无理智的"，要么是"非理性的"。

在这一点上，罗尔斯式的秩序良好社会的图景开始清晰地浮现出来了，它非常像一个协商基础上的危险的乌托邦。当然，罗尔斯也承认一个完全的重叠共识也许永远也达不到，我们最好也只能是无限趋近它。他说，更有可能的是这样：一组作为政治对手的自由主义观念将是这种重叠共识的焦点。③ 然而，他催促我们要努力建立这样一个秩序良好的社会，由于其中将不再有各种政治利益和经济利益的冲突，这种对手状态能够被克服。这样一个社会能够看到公平正义的实现，这种公平正义是对自由平等的民主原则应如何体现在基本制度上的正确、明晰的理解，它独立于任

---

① John Rawls, *Political Liberalism*, 227.
② Ibid., 253.
③ Ibid., 164.

何利益，不代表任何形式的妥协，而就是自由民主公共理性的真正表达。他设想重叠共识性质的这种方式清晰地表明了：对罗尔斯来说，一个秩序良好的社会是一个消除了政治的社会。政治观念被那些根据命令行动的、理性而合理的公民互相认可。虽然他们很可能有各种非常不同甚至相互冲突的善观念，但严格说来，这些都是私人事情，并不妨碍他们的公共生活。关于经济和社会问题的利益冲突，如果仍存在，也可以在公共理性的框架内，通过讨论协商、通过唤起每个人都赞同的正义原则，平稳地得到解决。如果一个非理性的或不理智的人恰巧与国家事务不一致并试图打乱这种美好的共识，那么就必须通过强制迫使他承认正义原则。然而这样一种强制与压制无关，因为它被理性的运用证明为是正当的。

如果能被实现的话，罗尔斯的"自由乌托邦"将会是一个合法性异议从公共领域中被消除的社会。这确实是令人忧虑的。他怎么能被导向为这种立场辩护？为什么在他的秩序良好社会中没有为各种对共享的自由民主原则的竞争性理解留下任何空间？我相信，答案就在于他的政治观念是有缺陷的。他的政治观念被简化为一种仅仅分配各种竞争性利益的活动，且易受到合理解决办法的影响。这也就是为什么他会认为政治冲突，由于一种在理性确立的限制内，对个人的合理善观念有吸引力的正义观念，能够被消除的原因。

根据他的理论，作为自由平等的公民，由于他们的善观念（不管内容多么不同）而需要相同的善："他们为了自身的发展，需求大致相同的善，如相同的基本权利、自由和机会，诸如收入和财富这些为实现所有的目的而普遍需要的手段，还有所有那些为自尊的社会基础所支持的善"。① 因此，一旦找到如何分配这些基本善的问题的正确答案，先前存在于政治领域中的对立状态就随之消失了。

罗尔斯的这一情境预先假定：政治行动者都只是由他们各自人为的善观念推动。在政治王国中，激情被抹去，并被简化为一个各种竞争性利益的中立领域。这样一种论点所完全遗忘的是在权力维度、对立维度和强力

---

① John Rawls, *Political Liberalism*, 180.

关系中的"政治性"。政治自由主义费力去消除的恰恰是存在于人类关系中的"不可确定性"要素。它提供给我们的秩序良好社会是这样一幅图景：通过正义的合理性一致同意，所有的对立、暴力、权力还有压制都统统消失了。但这只是通过一种聪明的策略使它们成为不可见的，这种策略就是对"简单的多元主义"和"理性的多元主义"的区分。这样，通过宣称它们是实践理性（确立了可能共识的限度）运用的产物，就否认了排他性，当一种观点被排斥时，只是因为这为理性的运用所需。因此，合法的和不合法的之间的界限就成了独立于权力关系的了。正是靠着这种障眼法，合理性和道德性提供了解决"自由主义悖论"——如何在保持中立性的同时消除他的对手？——的钥匙。

可惜的是，在对立维度上消除政治性和排斥一种理论让它从现实世界上消失，这还是不够的。一旦自由论创造了一个不能把握其内在动力的框架，政治就露出了粗暴、压制的一面，成为与谴责这种类型的自由主义永不相关的"非理性的黑暗力量"。

民主和不确定性

通过阐明罗尔斯的规划的潜在性后果，我的目的是要解释：在民主社会中，那种假设有一个合理的、确定的对正义问题的解决方案的观念的危险性。这种观念将导致正义和法律间空隙的消弭，而这个空隙又是现代民主的主导性空间。为了避免这种消弭，我们应该放弃那种认为能够有一个"合理的"政治共识，一个不建立在任何排他性形式基础上的共识的观念。把自由民主的制度作为纯粹思虑理性的结果就是把它们神化，并使它们不再可能转变。像其他体制一样，这是在否认现代多元主义民主构成了一个权力关系体系这样一个事实，并使得对那些权力形式的民主挑战成为非法的。

最后，理性主义者对自由民主的辩护：寻找一个无需争辩的论据，试图界定普遍性的含义，犯了一个它因之批判极权主义的同样错误：对民主不确定性的否认以及在既定的特殊性下对普遍性的确证。现代民主政治，由于和人权宣言密切相连,确实暗示着一种普遍性关涉,但这种普遍性就像是我们永远也到达不了的地平线。每一种宣扬通过理性,占有了普遍性、确定了它的终极意义的观点都必须被拒绝,因为对不确定的认可正是民主政治的存在条件。

相信一个终极的冲突解决之道最终是可能的——即使这被看做是对理性共识的规定性观念的一种渐进的实现,——更不用提它为民主进程提供必要的视野,这些都是极具风险性的。确实,这种幻象有一种模糊性,有一种要寻求一个取代多元主义的协商社会的欲求。当以这样一种方式构想时,多元主义民主就成了一种"自相驳斥的理念",因为在它实现的那一刻,也是它崩解的那一刻。

坚持永久的异质性,这种异质性表明每个身份都有一种可能性条件和一种不可能性条件,由后结构主义赋予的这种视角提供了一个比理性主义更好地把握现代民主政治的理论框架。"外部构成分子"的观念促使我们想到:多元主义暗示了冲突和对立的永久存在。确实,它使我们明白:冲突和分化既不可被看做是不幸的不能被彻底消除的干扰因素,也不可被看做是使得一个——构建良好的有着不可企及的和谐——社会的完全实现不可能的经验性障碍。因为我们永远不可能与自身的理性普遍自我完全吻合。

多亏有了后结构主义的这种洞见,激进的或者多元的民主进程才能承认:差异是构建统一和整体的可能性条件,同时,它也提供了这种统一和整体的界限。在这种观点中,多元性不能被消除,它是永久存在的。因此,我们要放弃那种要把异质性完全重新吸收到整一与和谐中的观点。异质性是不可驯化的,毋宁正如加谢所指出的:"异质性永远在削弱着,但同时也使通过反思而要实现的自主梦想成为可能。因为它指出了这样一种被欲求状态的前提条件,一种表明了这种可能的有限性的前提条件。"①

与其他自由理性主义框架提供的激进的或参与的民主进程相反,激进

---

① Rodolphe Gasche, *The Tain of the Mirror* (Cambridge, Mass.: Harvard University Press, 1986), 105.

的和多元的民主进程拒绝那种在一个理性论证的、非排他性的公共领域我们能够达成一个非强制的共识的可能性。表明这样一种共识在观念上的不可能性，并不因此就危及到一些人所维护的民主理念。恰恰相反，它保护了多元主义免于任何封闭性的企图。事实上，这样一种拒绝构成了使民主进程的动力机制永远保持活力的重要保障。

不是试图消除权力和排他性的根源，民主政治恰恰是要把它们带到前台，成为可见的，这样它们才能进入可争议的领域。这必须被设想为一个没有终结的进程，这个事实不应该引起绝望，因为要达到一个终极目的的欲求只能导致政治的消亡和民主的毁灭。在一个民主政体中，冲突和对抗，远不是不完善的标志，它们恰恰表明民主是有活力的，其间有多元主义栖居。

对于由康德启示的民主模式，设想它是在一种交往的理性共同体形式下实现的，并被看做是一个无限的任务，然而，它也有一个清晰地界定的形状，我们应该反对这样一种民主观念，它的目的远不是共识和透明性，它怀疑任何给民主协商施加一个众口一致的模型的企图。意识到理性主义的危险，这种观念不梦想着把握或者消除不确定性，因为它承认不确定性正是决定的可能性条件，因此也是自由和多元主义的条件。

第十三章 差异、困境和政治的家园

邦妮·霍尼格

在人类行为活动有限制的前提下,假设对每一个道德问题都能找到解决方式是天真的,我们都知道这个世界是一个坏的地方,而且似乎还可能是一个邪恶的地方。

——托马斯·内格尔

我想告诉因纽特人我与他们有关系的原因。因为他们有认知的能力,对人生充满意义的观点不带有一丝怀疑;因为在他们的意识中,可以在不可调和的矛盾压力下生存,而不会陷入绝望或者寻找单一化的解决方式;因为他们有通往喜悦的捷径。

——《影都雪恋》,彼得·赫格

"差异"给民主理论及实践带来了什么样的问题?本书中大多数文章对待差异的态度与"我们"所持立场并无多大差别。标题中的"民主与差异",例如,差异只是过去被称作多元论的另一种说法。然而,在最近的政治及女权理论作品中,提出差异不是简单的指不同的特性,也不仅仅是特性的构成要素,还指差异抵抗或超越了特性的禁锢。它所显示的不是与其他人的差别,而是其内部的差异。特性永恒寻求使差异固定或处于适当位置。简而言之,差异是特性的一个问题而不是特性的修饰语。

多元主义者和近来的多文化论者以群体特性及从属关系作为出发点，来教化或隐藏这类差异。把差异简单地看做不同的特性使上述学者们能够证实多样性，这种多样性潜在没有规则，但因为其并非不可控制，所以在一定范围内还是可靠的。

可是"难以控制"正是差异威胁我们的所在之处。在民主理论中重视差异（不仅仅指特性），就是为了证实在政治和道德领域的一些分类学科、制度及价值观中矛盾不可回避、反抗不可根除。并且，它要求我们重铸民主理论的任务，跳出仅仅为多样化及矛盾群体的需求而精心规划的圈子，向一个新的，涵盖暴力和怨恨差异的民主文化和制度的任务倾向作出回应。① 这需要放弃寻找像家园这样一个地方的梦想；放弃寻找一个没有特权、没有冲突、没有争斗的地方的梦想；放弃寻找一个没有被差异标记和撕裂的地方的梦想；放弃寻找一个没有被特权所触碰过的地方的梦想（这种特权是由企图巩固其自身地位的特性所施加的，这个梦想中的地方带有群体特性、群体观点）。

在本文中，我转向寻找困境在道德和政治方面的理论对策，以探究一些由差异带来的问题和这两种方式的解读。困境——就是两种价值观、责任或义务有矛盾而又没有正确解决方式的情况——提出了差异的问题以及矛盾在特定的熟悉环境下的不可根除性。我集中在伯纳德·威廉姆斯（Bernard Williams）对困境和多元论的分析上。首先，是因为他肯定了矛盾的不可根除性；其次，虽然如此，他仍旧采用类似于多元论者和多元文化者对待差异的方式来处理困境问题。

按照威廉姆斯的观点，困境在主观性和特性方面的不和并没有明显地

---

① 关于对从行政的民主理论向政治性的民主理论转变的需要的讨论，参见我的 Political Theory and the Displacement of Politics (Ithaca: Cornell University Press, 1993)。关于在他们的政治和伦理背景下对认同/差异动态学的探索，参见 William E. Connolly, Identity/Difference: Democratic Negotiations of Political Paradox (Ithaca: Cornell University Press, 1991)。康纳利（Connolly）把认同/差异的关系理论化为一种伦理分叉的罪恶与竞争之间不可逃避的关系，他也强调，虽然自我不会因这种关系而疲劳，但是取而代之的是，总是会超越这种关系。那种超越——在德里达的差异术语中表现得也很显著（以及，根据康纳利所说，在尼采的"生命"概念中也是如此）——是在由"差异"到纯粹不同的认同的转换过程中所缺乏的另一个要素。

表现出来。相反，困境是防止分裂的载体，在这种载体下，单一主体必定是受到保护的。因此，即使当威廉姆斯肯定困境是道德生活领域的一个有价值的部分，他对困境的叙述（以他举例子的方式体现）却同时透露出回避严重矛盾的倾向，来维护他对道德主体预言的安全空间。威廉姆斯对于整体中单一主体的预测基本上能使他保证避开所声称的道德限制，不是通过在哲学层面上回避困境（他在康德哲学和功利主义的对手们却可能这样做），而是通过修饰性的、心理上和政治上的方式来牵制的。

与威廉姆斯相反，我认为这些主体的构成情况决定了在我称作困境空间中的所有道德主体的位置。的确，我们可能关心这种情况——主体被放置于多样的矛盾差异中，以至于关心媒介自身是如何构成的，甚至通过日常的困境的抉择和商议（不是简单的阻碍）就能使人们去关心前述情况。有关这个主题的观点让人想到：我们不应把困境当作间断的事件来看待，在分散的事件层面上，带有不同任务的单一的中介们有时会犯错（正如威廉姆斯所做），而是在既构成了我们也形成我们生存的领域的困境空间层面上加以关注。这些困境空间在密度和重力上不同，但是没有任何一个没有接触过矛盾和不可比较性。

困境空间的观点在处理困境方面比纯粹的多元价值论更有表现力。它从道德中介的外部（被称作多元价值论和偶尔发生矛盾的情况）到其内部（在内部，差异以非连贯性和无终止的反抗、调整和商议的方式来体现）重新定位了差异。简而言之，它不单单把困境当作多元价值论的一个征候来对待，而且还作为差异之于特性不可根除性的一种标志。

将带有更抽象意义的困境空间与困境视为同一并不等于否认特殊困境的多变性。但是对事件这个词，尼采哲学还是坚持其特殊的含义。与其说困境是从头开始的，不如说困境是事实上早已蓄势待发。这些困境是在正常社会秩序和主体中非相关性阶段性结晶的结果。

困境空间的观点引起了人们对价值冲突和困境竞争的制度性和推论性的解释，也就是在二元的、分散的和互相排斥的事物之间寻求确定的、快速的、插括式的选择方式。威廉姆斯自身对这个解释有所贡献，但他也削弱了这个解释，因此我关注了他。他通过与相应的愿望战斗的方式来达到调试曾经作出的道德抉择的目的,以反抗困境中互相排斥的维度。在困境抉择的结果中,他拒绝抹去没有被选中的事物或者说剩余者,通过道德情感中的遗憾和悔恨来表达对它们的忠诚,并且对其他道德理论家所评判的这些感情是不理智的或病态的观点表示拒绝。

然而,威廉姆斯对困境空间解释的削弱并没有抵消他对困境所做叙述的效果,这个叙述趋向于将困境回归于道德规范和政治的边缘,以保护其完整性不受到破坏、危险及伤害。这些叙述支持并鼓舞了威廉姆斯不断地劝告主体从困境中退出——经常是政治包含在内的场景——以寻求在任何可能的情况下保存他们的完整性。

然而,从一个比威廉姆斯更加政治化的视角来看,然而,困境不仅给分裂带来了恐惧,而且还是给政治、授权以及政治联姻创造潜在空间的制造者。困境对于平常惯例统治的反抗——精确地说是它们显性的难以控制性和难以决定性——使它们能够充当一个地点,从这个地点出发来审问甚或可能超越一些确定性的常规惯例和文化构造,这些文化构造支持并坚定传统的性别差异、多元价值观、媒介完整性以及对于"家"是一个从政治混乱中逃脱出来的安全空间的解释。

这个政治可能性要求(和其他事物)"家"的诱惑受到严酷的挑战并被卷入战争,但事实上它们很少这样。也许是无意的,威廉姆斯自己再注册了那些诱惑,因为他疏远了自己及其道德主体与那些如此迷惑却击退了他的困境之间的距离。但是对于女权理论家,我引用了与威廉姆斯相反的人,特别是特瑞沙·德·劳瑞特思(Teresa de Lauretis)和伯妮斯·约翰森·里根(Bernice Johnson Reagon),这里有一些有希望的民主授权的可能性存在,给那些把"家"解释成是一个安全的地点的人们(对一些人来说),给那些放弃特权而把意识形态的地方叫做"家",用以来断言差异、困境和矛盾有风险而且不可根除,为了社会民主运动的承诺而斗争的人们。

转移困境：从边缘到中心再回到边缘

伯纳德·威廉姆斯把困境作为他道德理论的核心是因为，与以赛亚·柏林（Isaiah Berlin）的观点相似，他从人类的价值观是多元的和不可协调的前提出发，因此必定在任何社会秩序中都会有冲突。柏林和威廉姆斯都肯定了这种情况，并且都不后悔。它引出了柏林所赞扬的富饶、创造力、勇气作为特定的"自由意识"的标志等词语，这种意识一次一个地回应了矛盾，而非试图在粉碎的基础上消除矛盾。①

威廉姆斯批判康德哲学和功利主义，因为它们拒绝这个粉碎式的做法而支持一个更加系统的道德理论。② 康德哲学和功利主义都否认道德困境的现实性和卓越性，就是在两种道德中所谓的应当的观点发生矛盾时，通过展开事先设计好的公式来引证正确答案来实现的。③ 带着康德哲学和功利主义的正确答案，其中一个有竞争力的"应当"（oughts）就被排除了，表现为错误的、次要的或非理性的，因此困境也就被解除了。康德哲学和功利主义认为：如果基础的"应当暗含着其可以"且需要被保证安全，那

---

① *Concepts and Categories*: *Philosophical Essays* (New York: Viking, 1979), xvi. 在威廉姆斯的注解中，自由意识"是准备试图围绕着承认建设一种生活，在这种生活中，那些不同的价值都有一个真实的、易于理解的人性意义，而不仅仅只是过失、错误的选择或者人类本性的拙劣表达"（*Concepts and Categories*, xviii）。

② 这个主张走得更远：双方都在误解了需要的本性的情况下克服冲突。需要并非是合乎逻辑的或理性的；它是社会的或个人的。["Conflicts of Values", in Bernard Williams, *Moral Luck*: *Philosophical Papers*, 1973–1980 (Cambridge: Cambridge University Press, 1981), 73, 81.]

③ 对于威廉姆斯来说，"应当"是可能的行动过程，在此过程中，对行动者具有一个道德的或伦理的牵引力，但是在严格的道德意义上，他们不是必须的责任。见 *Ethics and the Limits of Philosophy* (Cambridge, Mass.: Harvard University Press, 1985), 182, 威廉姆斯指出，"道德体系"的一个问题是，它坚持把所有的应当都转变为责任。他说，在讨论应当时他"考虑的是虽被误解的但却是传统的被称之为'责任冲突'的东西"，可见，（某些应当与道德责任之间的）这种区别似乎早就存在于威廉姆斯心中了["Ethical Consistency", in Bernard Williams, *Problems of the Self. Philosophical Papers*, 1956–1972 (Cambridge: Cambridge University Press), 1973, 170–71]。鉴于这样的思考方式，一些人把威廉姆斯视为逐渐增多的盎格鲁血统的美国理论家之一，那些理论家将道德看成是问题而不是解决方案。参见 Bernd Magnus, Stanley Stewart, and Jean-Pierre Mileur, *Nietzsche's Case*: *Philosophy as/and Literature* (New York: Routledge, 1993)。

么上面提到的排除就是必要的了。当两种"应当"发生矛盾时，只有其中的一个能执行；如果两者都是可信的，那么若其中一个暗含着"可以"而且道德是公开接受了"它给载体施加了不适当的负担"的评判时，它就有义务去执行不可能的任务。

威廉姆斯观察到，道德以任何一种方式公开接受评判。① 在困境的情况下排除其中的一个"应当"，通过保存"应当"和"能"之间的关系，可以保护其不受到评判带来的不适当压力，但是道德却因为载体脱离了和未出现的"应当"（并且宣称没有责任）之间的关系重新使自己遭受了非常相近的评判。威廉姆斯解释："应当"之间的矛盾在结构上与信仰之间的矛盾不同。然而发现，信仰间的矛盾的确趋向于减弱其中的一个；相反的是，在"应当"之间的矛盾却趋向于产生争斗。② 在这个方面，"应当"更像愿望。上述两种矛盾的发现，在内部，没有削弱任何一方。

与康德哲学和功利主义的道德理论相反，威廉姆斯争辩道：当两种"应当"发生矛盾时，"我不认为应该消除错误"。问题是我们并不是要去寻找两种"应当"中的哪一个是冒名顶替者，哪一个是可信的负有责任者，也不是载体"思考道德处境"的问题……（在这种处境下哪一个是错误的？）③ 两种"应当"都引人注目，而且处境使它们的冲突不可避免。在这种情况下，"我认为，在根本的建设性角度来看，在谈及做到最好时，在头脑中有一个承认两种'应当'都存在且合理的框架"。④ 的确，没有被作用的"应当"经常以悔恨的方式坚持着，这种悔恨的情感是与收到作用而且去做到最好的情感不相协调的，但这也拙劣地阻碍了追求康德哲学和功利主义的道德闭合的愿望。⑤

---

① 勉强看来，道德以任何一种方式接受评判的公开性，部分地归咎于它自己把每一个"应当"都作为责任的误入歧途的处理。见 n.4。

② "Ethical Consistency", 172.

③ "Conflicts of Values", 75.

④ "Ethical Consistency", 172. 参见 183-184："道德思想像要求在冲突的情形下某个冲突的应当必须完全被抵制那样代表它的逻辑，肯定是错误的。"实际上，从不被遵守的角度讲，某个冲突的应当是被抵制的，"但是这不意味着他们两者都不适应于形势；或者我错误地认为这两件事都是我应该做的"。

⑤ "Ethical Consistency", 179.

在道德规则受到管制（财富仍受剥削）的范围内，威廉姆斯的道德载体有规律地遇到了冲突和争斗的情况，在这些情况下，两种"应当"驱逐彼此但只有一个能被作用。因为"道德冲突既在系统上不可避免，没有剩余的一个也不可解"①，威廉姆斯的道德理论不是关注规则的遵循，而是关注规则中断的方面；不仅关注如何决定怎样去做，而且还关注如何处理不可判定性的情况；更关注如何去做到最好而更少关注做正确的事的需要。他的道德生活中的理由强调了其难驾驭性，把预防性、道德运气以及正道放到了道德理论的中心位置，并最终将大多数的关注投放到了悲剧处境的现象上来——那些根本上不可判定的处境中，人们没有任何正确的事情去做，所做的一切都是非常错误的。

但是，当威廉姆斯将他的关注点从平常冲突的情况转移到极度悲剧的情况时，他的策略改变了。道德斗争的经历（不断强化的）从中心返回到了道德世界的外围。这是因为悲剧式的场景不同于仅仅是困境的情况。威廉姆斯说："责任的冲突"，在确定指明的行动当中表现矛盾是奇特的；但悲惨的情况，在超出道德思想的普通路线之外表现得更为奇特。② 在悲剧的情形下，如阿伽门农（Agamemnon），甚至对做到最好这种相对无奢望的目标都可能丢失其内涵。③ 在这里，任何一次行动之后的悔恨都不是针对没有完成任务的"应当"而是对已经完成任务的情况的忧虑。威廉姆斯为了使载体能够在"应当"的冲突当中寻找它们的出路，提出了有关斗争、悔恨、做到最好、价值观和实践等，这反而使载体丢失了其救助和调节的能力。

可能是因为对悲剧情况有着极度的恐惧，威廉姆斯马上让我们放心，这些情况都是很少见的、异常的、特别的。然而，即使读者带着这样的安心，按照威廉姆斯自己的理由，他却忽视了根本的不可判定性触及到了所

---

① "Ethical Consistency", 179.
② "Conflicts of Values", 75.
③ "Ethical Consistency", 173.

有道德经历。① 平常的困境和特别的困境或者悲剧式的困境之间的差别成为了同一个差别,而且,平常生活再一次被认定为一个相对安全的地点,在这个地点,很少会被这些异常的悲剧的不可判定性的侵袭所打扰。

诚信危机:困境在国内和国外

对威廉姆斯来说,为什么将平常的困境与特别的困境区分开来是重要的?他又是如何为这个差别铺垫并加以解释的,采用什么概念和修辞长度才能够支撑,以及是否对我们对关系到伦理和政治生命的思想方式产生影响?

在"功利主义批判(A Critique of Utilitarianism)"中,威廉姆斯承认:在道德推理达至极端情况下,功利主义的计算可能是最适当的形式。但是他担心的是按照功利主义的冷意愿来计算,在每一种情况下,它的失败都会用伦理的拒绝来计算。② 因此他对定性地区分平常的和极端情形下的差别的需求是:如果差别允许差异陷入"更多和更少"之间的范围,那么,相应的思路之一是按照"更多的"准备部署,而部署"更少的"则显得不理性。③ 简而言之,如果没有在平常情况和极端情况之间作定性的区分,功利主义的计算就可能成为霸权,使得特权模式的道德推理适合所有的个案。

在这里,威廉姆斯反对功利主义的重点是:减少其对解决没有剩余的困境的无情的意愿(与康德哲学同一特点),多就其道德代理人的处理方式进行关注,如代理人的效用,而不是作为承担者的诚信(这一特点急剧

---

① "在社会中对于一个行动者来说,毫无疑问的是,他不可能处于一个无论做什么事都是错误的情形之下。事实上除了一个更合适的干涉主义者(原文如此:幸运的)上帝之外,我怀疑存在可能产生这种保证的任何事物,否则道德生活就会整体降低为高效行为的惯例——两个极端,这两个极端正好忽略了道德经历的真实定位。"(Moral Luck, 75.)

② 功利主义"甚至会说出屠杀七百万人与屠杀七百万零一人的区别"。它没有为作为"道德范畴"的"不可思议"留下空间。它主张对道德思想的贯彻进行非理性的或懦弱的拒绝。["A Critique of Utilitarianism", in *Utilitarianism For and Against* (Cambridge: Cambridge University Press, 1973), 92 – 93.]

③ "A Critique of Utilitarianism", 91 – 92.

区别于来自康德哲学的功利主义)。因为功利主义在满意制度中是把载体作为一条线上的点来处理的,如果这些行动能产生功利主义满意的成果,功利主义者就会责成其表现出必要的但十分不快的行动。① 它要求载体疏远自己,甚至从他们的最深切的承诺和项目中脱离出来。从公用事业的角度来看,载体拒绝这样做看起来像"道德自我放纵",而不是威廉姆斯所评判的那样,像令人钦佩的行为。

基于完全自主的策略和动机而行动的行动者——并且,他的道德品质也使他能够这样行动——所展示出来的诚信行为②,"并不是通过我"而产生的,比如,"结果确实不错,但我不允许它通过我而产生。"诚信行为的反思性特征似乎"表现的是一种可疑的'自我放纵'的动机",但"在其自身而言,它完全不表现任何动机"③。动机存在于道德情感、感觉或行动者信奉的原则之中,存在于他无法放弃的"应当"之中。诚信源于他是这样一种类型的人——即便为了一个更大范围的或更具普遍性的善,他也无法将他自己与他的感情、感觉、原则或义务分开。

威廉姆斯通过两个例子概述了功利主义与诚信对立的利害关系。我其余论点的中心都是围绕这两个例子(类似于哲学写作中的大多数例子),因为它们承担的假设的负担,其作者不担负明确责任。威廉姆斯并非完全没有意识到这个问题。他指出例子在道德哲学中倾向于寻求重要的问题,他也知道他自己如果按照这种方式也可能有瑕疵。那些不能接受他例子的人们也被邀请返工,以更加丰富的内容和更少的问题的形式出现。④ 我接受了他的请求,加强和扩大他的例子,使它们相互勾结以使世界更加安全地寻求诚信,解决或置换使不可能的选择的微妙的方式更加明显。我这些

---

① 效用把行动者转变成"每个其他人的计划的输入(包括他自己的)和最佳决定的输出之间的一个管道"("A Critique of Utilitarianism", 116–117)。当然,我们可能会争论道,正如密尔事实上注意到了其他的传统道德的优点一样,它是一件功利的好事情,从而行动者具有正直的品行,并因此对它应该被纳入每一个计算之中表示敬意。我注意到了这种可能性,不过很没想到会将它搁置不顾;此处我的兴趣不在于效用与正直之争,而是在道德和政治问题上对该争论的排除。

② "Utilitarianism and Moral Self-Indulgence", in Moral Luck, 49;附加的重点。参阅"A Critique of Utilitarianism", 116–117。

③ "Utilitarianism and Moral Self-Indulgence", 50–51.

④ "A Critique of Utilitarianism", 97.

改进和扩展，是在特瑞沙·德·劳瑞特思呼吁重塑，而不是取代传统的叙述的精神下提出的，以使"中断的三重轨道，通过叙事、意义和乐趣按照男主人公的观点建造"。①

在第一个例子当中，男主人公是乔治（George），他是一名失业的化学家，被提供了一份在生化战实验室搞研究的工作。乔治反对那项研究，但他也发现自己处于困难的情况下。由于他的失业和健康状况不佳，他的妻子必须工作以支持家庭开销，这就"造成了很大的压力，因为他们有小孩子而且照顾他们也有严重的问题"，威廉姆斯暗指问题需要被减轻以使得乔治的妻子重新回到家。形势更加复杂的是，给乔治提供保证其工作的年长的化学家分享了乔治关于生化战的保留意见，甚至对他充满信心，他说，如果乔治不要这项工作，这将提供给另一个化学家，他们的"过分热心"才是驱使乔治的支持者"以他的影响力使得乔治就业"的最初原因。

第二个例子的场景没有设在英格兰，而是在一个无名的南美国家。男主人公吉姆（Jim）是一个不幸的英国植物学家，迷了路，无意中走入了一个小城镇的中央广场。那里排了有 20 名印度人，被数名武装着的穿制服的男子看守。负责人（一个很胖的穿着汗水浸染的卡其色上衣的男子）质询吉姆，好在他是意外闯入那里的。船长解释说，印第安人是从对政府表示抗议的一个小镇中随机挑选出来的，这样的做法意在诱使其余的城市减少抗议。不过，由于吉姆是从另一个土地而来的荣幸的游客，船长高兴地向他提供一项客人的特权，就是亲自去杀其中的一个印第安人。如果吉姆接受了，那么作为一个特殊事件的标志，其他印度人会免遭劫数。如果吉姆拒绝了，会继续按计划大规模处决，船长的下属佩德罗，将会执行此工作。所有的村民，其中包括这 20 名印第安人都"了解情况，显然是乞求

---

① "Desire in Narrative", in *Alice Doesn't: Feminism, Semiotics, Cinema* (Bloomington: Indiana University Press, 1984), 157. 在道德文献里面，建议自身应对窘境的问题正好是由主人公的观点提出的："我该怎么办？"本文以及本文的撰写所从属的一个更大的写作计划的目的是，为同样在应对窘境中产生的一个更加政治化的问题制造空间。特别是，窘境如何打碎和巩固主观性的特定形式，如何塑造我们对于认同、差异、冲突和多元主义的态度，如何产生特定种类的制度安排的感觉需要？我对这些问题的更加详细的探究，参见 *"There's No Place Like Home": Democratic Politics in Cosmopolitan Times* (Princeton: Princeton University Press, forthcoming)。

吉姆接受"。①

从功利的角度来看,威廉姆斯辩称,乔治和吉姆应该接受给他们的要约。乔治应该接受工作,而吉姆应该射死一个印第安人。这两者都会给这个世界带来更大的快乐与融入更少的痛苦。但威廉姆斯不同意这种观点。为他的诚信,乔治要予以拒绝工作,并留在家中,即使这意味着他反对的生化战研究将交由一个痴迷者。另一个可能则涉及了乔治每日都在向他自己和他的和平主义原则妥协。

吉姆的情况是"不同的,而且更难"。在这种情况下功利主义的解决办法"可能是正确的"——他可能要射死其中一名被挟持的男子,——但并非一定如此。② 他的案件更加难以判定的原因是吉姆,不像乔治,不能只是回家。吉姆的情况更加艰难,更难以判定,部分原因是因为吉姆所面对的人可能会因为他的行动而死亡——"人处于危险之中,而且危险确实存在",——乔治处在一个影响只有"假设性的,将来或其他地方"的人的生命的位置。③

对现象学困境问题来说,这最后的考虑的确不同反响。但威廉姆斯会将笔锋止于此?为什么不审问这种差别呢?为什么不提请大家注意体制和推论性的实践——威廉姆斯从来没有提到——以区分家和其他地方,从而确保其留在家中的真诚,这样的情况正是从字面上吗?难道这不是制度提供的特权吗?就像这里所质疑的研究室——它构成了乔治的视野,并为他争取到国内和其他地方一个稳定的区分,在某种程度上生产各种各样的武

---

① "A Critique of Utilitarianism", 97–99.
② Ibid., 117.
③ "A Critique of Utilitarianism", 117;附加的重点。威廉姆斯进一步用这些例子来评估不同的责任概念和有效运用于功利思考中的道德情感。他认为,从功利的角度看,行动者对参与谋杀有所保留看起来纯粹是过于拘谨的表现。此外,行动者拒绝行动很容易受到消极责任的指责:"你本可以阻止它发生",被谋杀者的亲戚将会这样对吉姆说,并且他们将是正确的(108)。但是那——应该——使得他对结果负责吗?我对这些有趣的问题不予置评,而把未作评价的 Williams 的观点的优点作为对功利主义的批评。在这一点上我的兴趣在于威廉姆斯自己对这些极端和普通的道德冲突以及(未)被他安排的主观性的构建和处理。

器而决不让他们的用户看到目标吗?① 如果是这样的话,制度上无论是赞成还是支持,乔治都会企图避开。事实上,如果他能用其著名的口头禅宣布他的诚信:"不是通过我",那是因为他处于有多种势力的有利位置——话语、权力、特权,——在工作中会有人通过他或他周围的人达到目的。②这些力量的运作也非常适合威廉姆斯自己所撰写的两场戏剧。

定位于南北轴线,威廉姆斯的例子利用一种时序/地理计划的发展(这表明南美洲已经是北部的过去时了③),为我们建构了家,提供了一个安全和培育诚信的空间。乔治的平凡困境是有担保的,而吉姆遇到的却是不平凡困境,并且他们之间的对比,让我们放心那些极端的情况,可怕的坏运气,汗水浸染的卡其色衬衫,以及中间人的暴力行为都发生在其他地方,而不是在这里。威廉姆斯的两个例子结合起来,将载体的诚信牢固在家中,在英格兰,因为它正在挑战不仅仅是一个只是假设的其他人带来的普通的困境;与此同时,一个更激进的难以判定性和道德计算的结果是流亡国外,那里的暴力事件是图形和中间人重视自己的一个议题,其诚信已是一个极端的偶然事件,真正悲惨的情况是他相遇的他人是实际存在的。所有这一切,都是为了在乔治和吉姆之间建立一个清晰的标定距离和差异,从而使得乔治能够在自己与实验室之间建立类似的距离和差异。

威廉姆斯的例子绘就了多重反对意见,影响了英国内部的暴力运动和冲突的位移和暴发,并且冲突的主体在一个与国内领土保持安全距离的范围之外。这个位移为什么重要?因为它解除了英国主体的授权,让他们措手不及地集中处理在国内遇到的暴力和冲突,而且由于位移巧妙地影响了主题的思考方式——以及处理方式,——其他则充当了为他们预测的屏

---

① 这些问题在最近的海湾战争(Gulf War)中产生出来,这场战争强烈地重新阐释了高科技在主导战争和轻而易举地杀人方面所具有的令人惊骇的能力。那种现象后来已经减退。对它的幻影般的特征的更为成熟的讨论,参见 Judith Butler, "Contingent Foundations", in *Feminists Theorize the Political*, ed. Judith Butler and Joan W Scott (New York: Routledge, 1992), 10-11。

② "不是通过我"这个用法明确表达了主观的幻想——主语是起源的固定点而不是随时可能发生的场所,以及构成他的行动的散漫和社会制度化的沉淀效果。也就是说,Williams所幻想的强烈地说"不是通过我"的能力藉由言说方式的虚伪以及诸如此类的预设,确实是有效的。

③ 我改写了 Shiv Visvanthan 的用语,他用它来指称东西方的划分。"From the Annals of the Laboratory State", in *Alternatives: A Journal of World Policy* 12 (1987): 41.

幕。具体而言，威廉姆斯的第二个例子是默认南美洲人比英国所接触到的功利主义受到的损失更少，南美洲人更习惯于功利主义。被吉姆所打断的场景毕竟是一个实例功利主义惩罚，表现为它的预期说教的影响，所影响的不是那些有罪的人，而是那些"受教育"的人。这个例子，巧妙地使威廉姆斯的整体变得明确：功利主义者可能在那里统治——在南美洲？在19世纪的印度吗？——但不是在这里。而在功利主义者统治的地方，诚信在发达世界和本国公民中总是已经——在结构上——处于危险之中。

这些反对声音和其政治影响受到了来自发展后殖民和女性主义的特瑞沙·德·劳瑞特思的审问和抵制。与威廉姆斯不同，特瑞沙·德·劳瑞特思强调的不是可分离性，"而是相互关联的话语和社会实践"，不是一元性的诚信，"而是同时可在社会领域中的多重个性"。这个社会领域是"权力的独特多边关系与抵抗的点相互纠缠"，其中之一，就是受到强烈反对的纠缠势力。① 因此，对特瑞沙·德·劳瑞特思而言，问题不在于是否要参与这至关重要的论述、做法和体制，而是现在给定他们的同谋和抵抗的话语、实践以及制度，如何最有效地给自己定位才能设法克服或变换？从这个角度来看，撤回、留在家中——最纯洁和最复杂意义上的那个地方——根本不是一个选择。②

不出所料，特瑞沙·德·劳瑞特思的项目需要"留下或者放弃一个地方是安全的，这就是家——身体，情绪，语言，认识论，——这是另一个未知和冒险的地方"。它意味着拒绝乔治所拥有的一切："一个家庭，一个自我，一个'家'……它们一起，受到意识形态的除外责任和镇压"，为

---

① "Eccentric Subjects: Feminist Theory and Historical Consciousness", in *Feminist Studies* 16, no. 1 (Spring 1990): 131; emphases added.
② 在《哭泣游戏》(*The Crying Game*) 的结尾，当悲剧的触角伸向电影中的主要演员时，费格斯/吉姆看着一张乔迪 (Jody) 的照片（对 Dil，也对他自己）说，"他从没离开过家"。但是，哪里或什么是乔迪的家呢？电影里给出的选项有：非洲，丛林，牙买加，托特纳姆 (Tottenham)，伦敦，英国，the Metro（一家以运输系统命名的客栈），或者，他的异性态的"大自然"和他本该有的居家生活。费格斯/吉姆的愿望在一个先占的意义上被发出来，仿佛他的心灵是在别处。他痛苦地说着这些话，但还没有异常痛苦或苦闷到极致。通过了解乔迪，他已经被转变了，并且他似乎——这随后在《哭泣游戏》中表现了出来——毫不含糊地倾向于渴望那些转变的方式。

求"阻力和载体的立场",这种排斥反应可能发生。①

从这样的阻力和载体的立场,从抗拒诱惑地回到家中的立场出发,我们有权要求并推测,国内和其他地方之间可能的联系,乔治和吉姆的情况的差别。一旦回答了问题,是构成的,我们可能会发现,那个给乔治提供了研究职位的实验室恰好是由政府控股的同一家公司,将其军火运给无名的南美国家,也就是吉姆发现自己所在的地方。进一步的调查显示,可能是一个子公司,这家公司雇用了当地印第安人在其农场工作。的确,事情反而更加复杂。也许另一个同一家公司的资助植物和基因研究的子公司,甚至有可能资助他所在国家——英国的某所大学的椅子,每一个新的问题都会有新的答案,在国内与在其他地方之间的最简单的路线日益衰减。

这个线——该线由威廉姆斯的两个例子结合,并且由社会—政治—文化—经济—法律—学术机构和话语相互纠缠——是一个有困境的线,它紧紧抱住通过一系列的位移和预测能够让我们放心我们是安全的,它只会攻击那些其他地方的人,而离我们所在的地方还有一段距离。

"无处是家"

威廉姆斯的努力,既肯定困境问题并让他们在困境当中,反射出了一些人的努力,他们概述民主和差异,肯定差异,但却把它以一个不同的身份放在安全的其他地方,而不是在这里。因此,已经在主体内的差异和矛盾则遭到闭塞,在安全的空间给家打电话的可能性得到保障,政治也回到了熟悉的和比较令人放心的多元化和多文化主义的范围内。

这些家务决策战略,在伯妮斯·约翰森·里根的散文《联盟政治》中受到挑战。里根斥责那些追求像家一样可以避难的地方的女权主义政治。作为妇女,她们并不一定具有共同的经历或身份,她说:女性主义始终因

---

① 它涉及"承认我们的位置"和追求一种与之有关系或可能形成同谋的"社会文化构成(言说、代表形式、意识形态)",这种社会文化构成是它试图征服或改造的。["Eccentric Subjects", 138 – 139; de Lauretis is quoting from Adrienne Rich's "Notes Towards a Politics of Location", in *Blood, Bread, and Poetry: Selected Prose, 1979 – 1985* (New York: Norton, 1986).]

差异而产生分歧,所以女性主义政治在结构上必须是联合而非像家一样。

联盟政治是不容易的。它涉及到"你试图与可能要杀死你的人建立团队合作关系,因为这是你可以存活的唯一出路。当你觉得你可能"在下一分钟就会倾覆而死",当你觉得"威胁正向你的核心逼近",那么,"你就是真的在做联盟的工作"。① 因此,对于里根来说,将妇女专用的音乐节日从避难场所转换为日益多样化的、难以驾驭的、不安全的聚会——地方联盟,——是要庆祝,而不是悼念,因为这些节日成为了"你在危机当中可以做一些美好的事情的地方"。②

该向往的家,追求安全,一个家,一个"禁止室",一个"子宫","使人们与世界其他国家人民共同生存"措手不及,没有对冲突作好准备。"有些人会来到联盟,他们率领联盟取得成功,不管怎么样,当他们到达时感觉都很好,他们不是在寻找一个联盟,而是在寻找一个家!他们也在寻找一个有一些牛奶的奶瓶和一个橡皮奶头,而这些却不会发生在联盟中。在联盟中你不会得到很多食物,而需要学会施与,这是与家不同的一点。"③

像威廉姆斯,里根依赖于这一差异,部署一个与其他地方的联合的与家相对抗的反对意见,但她在两个重要方面与威廉姆斯不同:首先,她依赖于对比家和其他地方,以为政治上的介入创造一个空间,而不允许特权撤出。第二,即使她一再重新调配,却扰乱和混淆了反对意见的术语。"使他们不能混淆这一点是非常重要的——家和联盟",她说,不过,她接着就做到这一点。④

她开始照惯例利用反对意见。家是一个安全的、诚信的地方;联盟政治是一个充满危险性和差异的地方。联盟政治需要有承担风险的意愿,并且取决于安心地退出政治参与的前景,以到安全的收容空间,"你不可能

---

① "Coalition Politics: Turning the Century", in *Home Girls: A Black Feminist Anthology* (New York: Kitchen Table-Women of Color Press, 1983), 356 – 357.
② *Home Girls: A Black Feminist Anthology*, 360 and 368.
③ Ibid., 358 – 359.
④ Ibid., 360.

时时刻刻都在那儿呆着,你到联盟呆几个小时,然后你回去取你的瓶子,然后你又回去更多地联合。"里根补充说,"它是一个怪物,它从来不会满足,总是想要更多。所以你最好肯定你有家这样一个地方等着你回去,而避免成为联盟的牺牲者。"①

将家和联盟并列起来的常规做法,是向霍布斯对自然状态的论述的回归,和里根的联盟政治一样,自然状态是一个从不满足的怪物,是一个人们都成为烈士的地方,是一个与要求和"可能杀害你的人"进行团队合作才能生存的地方。霍布斯也将家与利维坦担保的私人的、安全的、稳定的其他地方并列。然而,正如任何有兄弟姐妹的人一定要知道,正如在国内所有情况下的夫妻能够证明:与一个可能杀害你的人进行团队合作的实践并不与"家"的概念相对立。它完全可以捕捉到家庭生活本身的一个决定性特点。什么样的子女或配偶不建立临时联盟而相互对抗呢?霍布斯投下家庭之外的这些恐怖,并在其他地方的屏幕上投射出自然状态。②里根重复了霍布斯的投影以他的自然状态替代她的政治联盟("联盟可以杀死人"③),在他的蓝图上绘制她的家(家是生命得以存活并喂养人们的地方)。

但里根并没有将霍布斯的这些结构保持完整不变,她将家概括成一个子宫或者是一个婴儿的奶瓶的讽刺使她对家是一个养育、没有差异、没有暴力和死亡的家的特点受到扰乱:除了一个还在哺乳期的孩子,谁会相信呢?与此相反,在里根兴奋的谈到政治联盟时,也使她对于融入危险和死亡的政治的常规定义受到扰乱。事实上,现在看来,联盟"本性并不会致命"④;它也可以成为一个充满生机与活力的地方,正如里根在他的结论中明确的一样:将政治联盟的经验带回家,她告诉她的听众"去走一走,运用它,然后每天起床后都做就会发现自己是活着的"⑤。这个消费一切的怪

---

① Home Girls: A Black Feminist Anthology, 359, 361.
② 然而,在 Richard Flathman 最近对霍布斯的解释中,这种投射有些削弱,在他那里家和自然状态之间的关系不是分离而是"混合",参见 *Thomas Hobbes: Skepticism, Individuality and Chastened Politics* (Newbury Park, Calif.: Sage, 1993)。
③ "Coalition Politics", 361.
④ Ibid.
⑤ Ibid., 368.

物,现在看来拥有再生能力。那些被认作非常重要的避难地点的有价值的家,现在被看做政治的生机和能量而使自己充满活力。经典的霍布斯反对意见是不稳定的,因为如果剥夺了带有灵感——赋予生命的气息——的政治,子宫(一个培育生命,避难的家),有可能被看做成为与前面相反的一个墓穴。

联盟生命赋予的能量的确依靠退出、恢复和准备的空间来支持,需要像钟钩的"家一样的地方",在那里,被主导的种族主义和性别歧视文化所物化的边缘人民,把彼此当作主体来对待并进一步发展载体的容量,照顾,尊敬。① 类比而言,在极权主义政权中,像家一样的地方充当了宝贵的土地,使其不仅能照顾还能够抵抗,其中包括写作、秘密反历史和隐藏的誊本的保存。但是对准备空间、撤退空间以及抵抗空间的需求并不能解决我们应该如何设想它们的问题。里根表明:最好以它们的背景来衡量其价值,并把他们当作是临时的(如民族主义,这是一个多种家园类型的集合体,如果你想以符合自己利益的方式作集体去发生影响,它是非常重要的,同时,它也是一种潜在的"反动"力量,狂热地不容忍他者和他著性。②)。我想补充一点,家本身也必须被重新定义——此举是里根所缺乏的。如果家在政治上是积极的力量,它本身必须用联盟术语重写,作为场地的需要、培育、战略、冲突、暂时联盟的需要。

此外,里根的言论表明:将家重新定义(和民族)造成的另一个词——即子宫,这在历史上和心理上都是人们的梦想家园。子宫的传统轮廓是一个没有差异、冲突和斗争的地方,这和从传统的角度期望母子二元体完美的和谐一样,只是幻想。这样的重新定义可以通过进化生物学家大卫·海格(David Haig)所作出的最新发现来完成,他认为:在怀孕过程中,母亲和她的婴儿的关系并不是"妇女和她的胎儿之间的一个微妙的合作过程",而是一系列为了生存而争夺必要资源的基因冲突和斗争。值得

---

① *Yearning: Race, Gender, and Cultural Politics* (Boston: South End Press, 1990), 41-49. Reagon 稍微不同地指出了这点:在你的"隔绝的空间",她说,"你在行动中实现共有"("Coalition Politics", 358)。但是 Reagon 的隔绝空间没有摆脱差异和冲突。因此,需要在共同体中付诸行动。

② "Coalition Politics", 361.

第十三章　差异、困境和政治的家园 / 273

注意的是，海格将冲突归因于（这是有效的）差异无法从个性当中排除。区别于被一个完美身份之间的关系，甚至母子之间的关系也因差异所撕裂。胎儿（纽约时报的评注）"只有一半的基因来自母亲，另一半则来自父亲。结果，母亲和她的子女的进化的利益也可以不同"，他们甚至会冲突。①

各方对科学讨论这个话题（以纽约时报为代表）分为两大阵营：母亲和胎儿之间的关系或者合作或者是冲突的。在海格的一个较为温和的立场下，他并没有摆脱二元而是使其空间化了，将这种情况刻画成为"在一个基本的和平社会中的利益冲突"。但其实按照海格的观点是基本没有和平的，只有母亲和儿童利益的汇合。胎儿需要在母亲那里存活，至少直到它诞生（以及它有一个进一步进化的兴趣，有未来的兄弟姐妹的人分享一半的基因）。母亲对这个孩子和未来孩子的诞生感兴趣，因为她的"子女是她遗留给我们的子孙后代"。②

"利益"的建构——海格和里根所信赖的——可能比在这个场景解释的更加闭塞。在母亲和胎儿的复杂关系（背景是怀孕是主观想要的）之间，或者一个民族与其成员之间，最好被概括成是一个在其中没有利益本身而是生活本身是生死攸关的时刻的联盟伙伴关系，是一方因为要保全性命而与要杀害他们的人进行团队合作的安排，——是否有情绪，心理，或基因库（在一些更大的意义上）——是深深依赖另一方的。实际上，里根所说的事实，即他者的权力，而非正当理由，可以"杀死"其联盟伙伴，这一喻言的目的是为了揭示联盟关系的脆弱性，而非过分强调它对结果的决定作用。

这些在结构上的家及子宫的重新定义，从里根和海格的兴趣锚式概念到一个更精神层面的角度，自我与差异和其他人之间的关系，作为一整套

---

① 海格总结道，"怀孕中可能发生许多困难，是因为在什么是最适合母亲的基因和什么是最适合胎儿的基因之间存在着遗传的冲突。"

② 利益的汇合止于出生之时。其他的可能会随后发生。"Medical Science", *New York Times*, July 20, 1993, C3; citing David Haig, evolutionary biology, Harvard and Margie Profet, Division of Biochemistry and Molecular Biology, University of California, Berkeley.

关系，同时标志着愤怒，挣扎，相互性，以及债务。在这样做时，重新定义抵制徘徊在里根理由中那些遗留下来的（预）殖民地向往的家；如她鉴定的成就或所在地的自我认同或权威的集团利益未受影响的民族主义，通过强调为了特殊（政治）的目的而带着家的幻想通往特殊（中立的）地点的不可包容性，来加深了她的批判意志，对家的幻想（在无情的世界的避风港）渗入了政治的承担者，生动活泼地向往一个更加充满家居气氛的地方，（准）像子宫一般的宇宙的地方，没有被差异、冲突或困境撕破的地方，而是一个秩序井然并受欢迎的地方。该假想的子宫里，还是会有漏洞的，因此，有必要重新定义它。

梦中的家是危险的，尤其是在后殖民的地方，因为它鼓舞并加剧了主体构成——或国家——无法接受自己的内部差异和分歧，并由此产生一种狂热，将对家的梦想变为现实。它导致这一主体将其内部分歧施加于外部的其他人之上，然后对阻碍其实现梦想的人怒目相视——在家或外面（此机动与威廉姆斯的相似，困境的重新定位来自于内部对其以外的地方的主观性，那里的困境是离散的和偶发的，可以而且应该尽可能避免）。这狂热的形成作为一个倾向要么退出冲突或征服它们：撤退（假定一个安全的家，就是远离其他地方的一切动荡）和征服（即征服动荡紊乱，以建设一个认为安全的家），这是同一问题的两个方面，痴迷者的钱币。两者都显示出了不愿意——在主体构成或国家形成部分——安置好一切而不仅仅是一个幻想中的家园。①

---

① 在威廉姆斯的第一个例子中，这些痴迷者的硬币的两面通过乔治（George）和他的替代者——怀着"过度的热情"从事他的研究的药剂师——成为人格化的象征。实际上这两个人物做出了在效果上——结构上——相同的选择：在两难的（潜在政治的）空间里，两人都选择了家的安全性而不是生活冒险。带着遗憾，乔治退回到他的家中（由于他妻子的缺席和他的孩子们遇到的困难，虽然这个家不是一个毫无问题的空间，但是它是一个撤退和政治无涉的空间），而他的替代者——让我们叫它 Geoff——把他的工作转到家里——一个没有冲突和困境的地方。为什么 Geoff 如此热心于他的工作？再次展开威廉姆斯的例子，我们可能推测，Geoff 或许曾经是个和平主义者的自己。然而，抛弃了往昔的年轻许诺之后，他现在常常大声地宣称政治卷入与客观科学的知识追求不相容。他对研究的热诚表明，过去选择的烙印仍然萦绕着他，他仍然陷入自责或悔恨，那些时刻的自我不稳定抵制着他的宣布，使他一度决定保持沉默。乔治和 Geoff 的热忱都是痴迷者的反应。乔治的热忱有些许削弱，他退回到家可能有点复杂，他对过去选择的印记的敏感可能有点细微差别，但是他所实现的家政策略和政治专业撤退主义丝毫不逊色于对他的评论。

为了将家重新定义为一种联盟安排，并接受不可能的常规之家所做的远离冲突、困境问题的安全承诺，以及不同的是，不是拒绝家，而是为了一种另外的、未来的政治实践去恢复它。然而，这种恢复，从威廉姆斯和他的康德和功利主义的对手的角度来看，的确承认了其脆弱性，有可能像无家可归的。这种脆弱性是威廉姆斯既要概括（悲剧）又要设法击退的。对于里根那一部分，她斗争以抵制威廉姆斯的冲动，坚持"你可以在危机之中做美好的事物"。但她的成功不仅取决于能在危机之中看到机会能力，它也取决于灌输给我们压倒一切的愿望回家，而能抵抗住诱惑的能力，或者在我们所在的地方建造一个家，或者造一个"我"之外而是我们每一个人的家。

偏离中心的主体的民主能量

"差异"在民主的理论和实践中有什么区别呢？它扰乱了自由民主的家的梦想，但它安置了另一个或许是更广泛的选择，即潜在授权的地点。它使某些载体的观念被禁用，但在同一时间其他的确可以被采用。它使（但并非不可能）以一定身份和利益为基础的多元化观念变得有问题，但它也鼓舞了更多联盟类型的社会民主组织和无党派人士。

所有这一切，都被类似于伯纳德·威廉姆斯的"诚信"概念所抵制，诚信概念虚幻地向往一个明确的、起主导作用的原则、义务和策略，单一的（个人或集体）的主体性可以安然地立于其上。然而，与此相对的另一种主体性概念出现了，这是一种联盟性的（并且是心理分析性的）概念，它认为构成主体性的部分、差异和认同并非简单地共存于一个自我之中，而实际上相互穿插和寄居，在互惠、参与、斗争和纠纷的无穷尽的情感活动中既合作又对立。

这个选择性的概念使威廉姆斯的第一个例子复杂化了，提高了乔治在化学与和平主义之间的困境的可能性，对他来说不是外部的而是内部的。内部的裂痕被威廉姆斯对乔治所持的"最深刻的"道德原则的和平原则的界定而闭塞，被他所定位的乔治有可能，而事实上是有义务退出由该实验室提供就业机会的冲突。威廉姆斯从不考虑，乔治为化学奉献是一个标志，他也深深抗拒他自己的和平主义的可能性，或乔治作为一个和平主义者的身份，取决于——是被其合作伙伴塑造出来的——那一刻的内部差异。相反，他认为乔治为化学奉献是一个完全独立的项目或承诺，即是次要的、偶然的，而且肯定是可有可无的，而他的和平主义，却是深刻的。这些假设，使威廉姆斯锁定到位的乔治所面临的外部困境，阻断和取代了最令人深感不安的、他所重视的载体完整性的内部主观冲突的困境层面。像吉姆在南美洲，乔治刚好遭遇了他的困境。乔治不同于吉姆，好在有好运气，不是在无政府状态的南美洲而是在稳定的有法律管制的称为英格兰的地方来面对冲突。这使得（甚至责成）他退出冲突现场，他的诚信完好无损——也许动摇了，但不是炒作。

这表明，虽然威廉姆斯不寻求（在柏林的条款）以一种草率的方式在道德世界中来排除冲突，但他的确概括了一个遇到常规困境的载体并不是真的处于危险当中，这是一个载体，可以并且确实退出困境，即使只是以一种温和的和非英勇的零零碎碎的方式，显示了一个自由——而不是一个理性主义或绝对主义——的意识。这是一个载体，为某个时候的尊重和宽容、平凡的无统治的道义和政治世界，就存在于里根的子宫阶段，在一定的知识范围内，它可以回家——回到诚信的精神空间，或是带有炉膛和家庭的领土。这是一个载体，它的诚信取决于一个棘手的政治平静或撤退，一个可以站在那里学习了大量不稳定的人物范例的载体，如罗伯特·奥本海默、普里莫·利维（Primo Levi），或承担核责任等本集团的物理学家，全都是作为威廉姆斯所刻画的乔治的相反的主人公。①

"在家里，他们希望有更多的家。"乔治·凯笛（George Kateb）在一个简短的说明中就无家可归、放逐和疏远辩称。② 这是一个事实，但离开了家，我们希望有更多的家。对家的向往从未消失。办法在于既不是在巩

---

① 在这篇论文的扩充版中我详细讨论了这些反例，参见 "There's No Place line Home" 的第二章。

② *Social Research* 58, no. 1 (Spring 1991), 137 (special issue on "Home: A Place in the World")

固新的和改进的家园索赔真正兑现的梦想,也不是 kateb 所寻求的在流亡中自我异化,因为这毕竟是,绝不会成为一个既成事实。相反,正如布鲁斯·罗宾斯(Bruce Robbins)暗示,如果"没有'家',(在意义上的一个地方)逃离所有的物质负担和社会纠缠"的话,不是"试图一次又一次地返回,"我们应该尝试,要"真正衡量我们有的真正的但只是相对的自由,不过'我们不能做到这一点,除非直到我们拥有一个固定的空间中的自由'",否则,这……难免成为别人的奴役①,取决于往别人身上推的卑鄙手段的隐私和真诚空间,在诚信空间中生存所需要的一些转换、征服或差异的改变以及其他人无情地侵犯我们。

一些真正的有相对能量和自由民主机构来自于行为得体的主体(非中心主体,在德·劳瑞特思的双关语中为"偏心")的人是复数,有区别的,矛盾的,因为他们是由作为主体的公民和一名不是主体的公民构成的——不超过自己——理性的和各自授权的。社会层面的作为主体公民的自我的形成,要求并产生着关于自我的边界与私密性的持续不断的谈判,这涉及各种各样的(常常是不可通约的)团体、网络、话语和意识形态,无论是在他的祖国还是国外。② 社会民主——就因为他们致力于向永远的政治较量,并产生新的(国内以及国际或额外的人)社会运动,激励而不是减少分配稀缺资源的平均主义——从而最大限度地允许乃至激发关于迁移与定居的谈判。③ 当非中心主体意识到与个性有关联的差异所扮演的角色时,就会参与这些谈判,这反过来导致他们也有权力振兴其社会的民主政体,

---

① *Secular Vocations: Intellectuals, Professionalism, Culture* (London: Verso, 1993), 10.
② 在最近一篇论文中,Michael Walter 提出了一些关于社会民主机构和行动的原初的类似说法,但是 Walter 的公民社会是一个多元的而不是两难的空间,在那里没有单独或"单一的回答"足以回应公民社会的问题,公民发现在他们的"协作网络"中存在许多"偏袒的履行"但是没有"一个牢固的履行"。Walter 甚至在缺乏情境的条件下,把对公民社会问题的多元、偏袒的回答之间的冲突理论化,从未从主体内部和之间的维度来培养或探索他们的交错切割关系。在对社会民主及其机构缺乏一个更加竞争的视野的情况下,它在某种程度上对什么催生了 Walter 想要赞美的社会民主的活力和行动是不清楚的。结果与 Williams 的价值多元主义所创造的稍微有所不同。参见 Michael Walter, "The Civil Society Argument", in *Dimensions of Radical Democracy: Pluralism, Citizenship, Community*, ed. Chantal Mouffe (London: Verso, 1992), 90, 99.
③ 这些重新谈判是我曾经说过的"有雅量的民主政治的增加和改善"的一个因素。参见 *Political Theory and the Displacement of Politics*, chap. 7。

他们要求公正、公平、诚信,代表那些差异的伦理,尽管其中社会民主政权将趋于装聋作哑,但他们渴望管理代表的身份是既定的、稳定的和熟悉的。

他们的行动主义,这些非中心主体赞同让·弗朗索瓦·利奥塔(Jean-Francois Lyotard)的观点,认为"政治只是商业文化,文化知识传统,除非两者都由某种意义上的差异来运作"①。在这样做时,这些非中心也表现出更大的灵敏度和忠诚度,伯纳德·威廉姆斯的剩余者超过自己的代理人的忠诚。带着其政治实践的积极性和修订,他们更接近于实现威廉姆斯自己的、值得展望的实践伦理,它对冲突的不可判定性及与人类有差异的情况作出了回应。

---

① *Political Writings*, trans. Bill Readings and Kevin Paul Geiman. Minneapolis: University of Minnesota Press, 1993, 10.

第十四章 民主和多元文化主义

弗雷德·达尔梅尔

在叙述西班牙人为了征服美洲而对印第安土著进行镇压和歼灭时，兹维坦·托多洛夫（Tzvetan Todorov）提出了一个非常重要的命题：即"存在两种主要形式的沟通（communication），一种是人与人之间的，另一种是人与自然世界之间的"。在很大程度上，托多洛夫对征服的记述就是围绕这两种沟通模式之间的关系或冲突来考虑的：印第安人培养人与世界的共鸣而西班牙人则促进人与人之间的交流。他写道，西班牙人征服的"模范历史"（exemplary history）告诉我们，"西方文明取得胜利的原因之一，是它在人类沟通方面的优越性；但这种优越性的维持却是以牺牲与世界的沟通为代价的"。作为西班牙殖民成就的继承者，现代西方思想趋向于认为沟通"仅限于人与人之间"，也即把沟通看做是排除"世界"作为语法主语或对话伙伴的一个概念。托多洛夫虽然承认进化优势的可能性，但是他同时认为晚近的观念"多半是狭隘的物质的"，这种观念过分地取悦"人类自我感觉上的优越性"。

严格来说，除了个人相互之间的关系，在托多洛夫那里，沟通还应该包括"个人与社会团体、个人与自然世界以及个人与宗教世界之间"的交互作用。其中，第二种类型的沟通在阿兹特克（Aztec）文化中扮演了至关重要的角色，它由职业性的先知祭司通过标记和征兆来诠释神明、自然和社会。由于沉浸于与世界的沟通,印第安人不能够应对西班牙人理性化的非迷信的(disenchanting)话语,并最终成为这种话语的牺牲品。实际上,仿佛"所发生的一切都是缘于玛雅人(Mayas)和阿兹特克人对沟通的失控"。总结托多洛夫从这个事实中的发现可以看出,他的研究对于我们的时代作出了审慎的同时也是萦绕我们心头的充满凶兆的评价:

> 西班牙人赢得了战争。毫无疑问,他们在人类内部的沟通领域优于印第安人。但是他们的胜利却是成问题的,因为不仅仅存在一种形式的沟通,一种纬度的符号活动……蒙特祖玛①(Montezuma)与议会(Cortes)、西班牙人与印第安人的冲突是作为整体的人类的第一次冲突,我们不会惊诧于人类沟通方面的专家们在这场冲突中所取得的胜利。但是这个造就了我们(包括欧洲人和美国人)今天的局面的胜利,同时也给我们和谐地感知世界以及拥有先在的秩序的能力带来了沉重打击;它造成的结果是,抑制了人与世界的沟通,给人们制造了人类内部的沟通就是沟通的全部的错觉;与印第安人差不多,大众的沉默对欧洲人来说也是压在肩头的负担。在收之桑榆的同时,欧洲人也失之东隅;在把优势施加于对方整个国家的同时,他们也毁灭了自身融入自然世界的能力……胜利和失败已经可以等量齐观。②

托多洛夫的评论超越了人们关注的焦点,具有更为广泛的意义。不可思议的是,西班牙—印第安冲突成为近当代的发展在许多方面出现的冲突的一个先兆。现在这个征兆已经扩展至全球范围。正如托多洛夫所说,西班牙人曾设法把他们的优势施加于"对方整个国家"(意思是美洲),而今天西方文化正处在要把整个世界刻上它的印记的过程中。因为这个全球化的过程主要是人类内部的对决,所以我们再次不必惊诧于"人类沟通方面

---

① 墨西哥阿兹特克王朝有两位皇帝叫蒙特祖玛。其中,蒙特祖玛二世(Moctezuma II)是末代皇帝(1502—1520年),他被西班牙殖民者厄那多·科尔特斯推翻。——译者注

② Tzvetan Todorov, *The Conquest of America: The Question of the Other*, trans. Rich and Howard (New York: Harper Perennial, 1992), 61, 69, 97, 251.

的专家们"将会获得胜利或者占优势地位。可以确信的是，今天西方文化的使命或精神已不同于为征服者增添活力。除了对钱财的寻求，过去西班牙殖民者的目的还在于促使异教徒转变信仰并信奉基督教（或者是以此证明他们的行为符合正义），而现代西方文化则致力于科学与民主的评价标准之中，这两个标准都具有世俗的特性。不过这种区别是具有欺骗性的，它掩盖了二者更深层次的联系或连结关系。

在这一点上，托多洛夫再次为我们提供了有效的线索。他写道，在致力于与世界沟通的阿兹特克文化中，宗教信仰拥有巨大的空间，这种信仰似乎不亚于西班牙人传教的热情。但是这里有一个形成鲜明对照的外观，它把传教热情与所有的"异教徒"信仰截然分割开来。"问题出在哪里呢？"他写道，"问题在于基督教徒从根本上讲是普遍主义者和平等主义者。'上帝'不是一个恰当的名词：这个词可以被转化成任何语言，因为它所代表的不是任何一个神（a god）……而是独一无二的神（the god）。在寻求普遍和平等的过程中，基督教像现代科学一样，超越和胜过一切地方或区域类型的信念——从而其本身变得容不下异说存在（尽管它信奉平等主义）。而阿兹特克人是信奉多神的，他们甚至愿意把耶稣基督融进他们的众神之中，这个选择在基督徒那里却没有奏效——事实上遭到了议会尖锐的拒绝，因为根本原因在于：基督教的上帝不是一个可以附加到其余部分的神灵化身；它是排他的和不容异类的唯一的神。"托多洛夫嘲讽地写道，这个事实"多次促成了西班牙的胜利：不妥协总是战胜宽容"①。

从我们今天所处的优越地位来看，托多洛夫对西班牙人征服的故事所具有的教育性和"模范性"的研究尚不充分。除了表明继续实行帝国主义（今天已被掩盖在"一个世界"的程式背后）的危险之外，这个故事还让我们看到，一种不仅仅是偶然的而是具有根本的或范例性质的紧张状态或紧张的对立状态：现代西方文化的平等论的普遍主义（egalitarian universal-

---

① Tzvetan Todorov, *The Conquest of America*, 105–106. 正如他在第106页所详细阐述的，"基督教的平等主义是其普遍主义的一部分：因为上帝属于一切，一切属于上帝；在这点上，无论是在不同民族之间还是在不同个人之间，都没有差别。"

ism）与一系列特定种族文化和宗教传统的对立，也就是理性化的世界观与本土的生活世界的对立。在一定程度上，这构成了西方症候群的重要部分，无论在本国还是在外国，现代民主——这里指的是自由平等主义的民主——必定都反对可选择的文化和生活形式（尽管在生活设施方面具有示范性的尝试）。在与（平等自由的）普遍主义紧密结合的同时，现代民主不能够容纳基本的文化多样性——就像现代科学不能与炼丹术相容（或者像基督徒不能接受异教的众神）一样。

下面我将对民主（或民主的公民身份）的这种紧张关系和"多元文化主义"进行探究，不仅会关注民主理论上的问题，也会关注我们时代的一些具体的政治经验。援引托多洛夫的说法，我们可以说这种紧张涉及两种模式的沟通：第一种存在于主体之间（intersubjective）（连接谈话的主体或主动者），第二种是"世界的"（worldly）或整体的；用数学上的不同类项（different terms）来作比喻，第一种模式可以描述成是线性的和水平的，第二种模式则可以描述成是循环的和（在某种意义上）垂直的。一个预备的告诫是：要重视与世界的沟通，关键在于不能支持种族中心主义，或者不能忽略或不重视异教间互相压制和攻击的危险。然而麻烦远超乎想象，（为了达到公平）这些危险很可能由潜伏于对方的危害来补充。尽管西方具有道德优越性的自满感觉，平等主义者的抱负也远不是无可厚非或清白无辜的，而是常常带来暴力或破坏性的后果——这个事实已经被西班牙的征服所证明。

一

最近在美国，随着主流教育的维护者对"后现代"多元主义和多样性的一致反对，"多元主义"问题（或贴在这个标签之下的问题）在课程设置和改革中经常成为时髦的争论议题。从这个角度看，争议主要（或仅仅）涉及学术利益；一旦围绕课程的争论减弱，多元主义的锋芒就可能变钝或被忽略。① 在一种更加直接明确的潮流中，议题集中于当代美国的伦理政治和制度理论——但是在某种意义上同样很少触及深层次的文化样式和经验的生活形式。在这个领域的学者的作品中，（多元）文化涉及的是问题的表面，以公共领域中伦理契约的性质和地位的争论为主要形式，也就是说，与更加本质的"公共的善"的概念相比，相应的侧重点被转移到正义的形式规则上去了。争论各方按照惯例被简化为对立面，分属被标榜为"自由主义"（或自由普遍主义）和"社群主义"两个主要的阵营，第一个阵营倡导源于个人或人类之间的同意的普遍原则，第二个阵营更大程度上强调在历史中培养一种整体的善（holistic goodness）的观点。在道德理论的语汇中，第一种观点可以被归结为一种关涉个人权利和自由的道义论的伦理学，而第二种观点则集中体现了在一个道德政治共同体的背景下"德性"["virtue(s)"]的培育。②

我无意在此详细回顾自由—社群之争，很多人已经频繁而出色地做过这个工作了。在开始讨论更加源自内心和发人深省的多元文化主义之前，我仅仅想指出这场争论的显著特征。一个不可忽视的特征是，争论具有不切实际或非历史的性质，争论双方都有一种倾向，即把自由主义或社群主义作为在任何时间或任何地点都能用具体实例来说明的不变的实体或理想类型。不过，争论的效果是有益的，这种简约化的倾向调和出场地（local-

---

① 有关这方面的学术争论，参见 Allan D. Bloom, *The Closing of the American Mind* (New York: Simon&Schuster, 1987) 和 *Liberal Education and Its Enemies* (Colo-rado Springs: Air Force Academy, 1991); Dinesh D'Souza, *Illiberal Education: The Poli-tics of Race and Sex on Campus* (New York: Free Press, 1991); Nancy Wareheim, *To Be One of Us: Cultural Conflict, Creative Democracy and Education* (Albany: SUNY Press, 1993); Russell Kirk, *America's British Culture* (New Brunswick, N.J.: Transaction, 1993); 以及 Bruce Wilshire, *The Moral Collapse of the University* (Albany: SUNY Press, 1990)。

② 例如，可以参见 David Rasmussen, ed., *Universalism vs. Communitarianism: Contemporary Debates in Ethics* (Cambridge, Mass.: MIT Press, 1990); Shlomo Avineri and Avner de-Shalit, eds., *Communitarianism and Individualism* (New York: Oxford University Press, 1992); Stephen Mulhall and Adam Swift, eds., *Liberals and Communitarians* (Oxford: Blackwell, 1992); Will Kymlicka, *Liberalism, Community and Culture* (New York: Oxford University Press, 1989); and Michael Sandel, ed., *Liberalism and Its Critics* (New York: New York University Press, 1984)。

ity）与历史的重要面貌（除了完全低估融合或重叠的多元模式之外）。① 更重要的是，它产生于独特的历史背景之下并以独特的原因为诉求。如果没有过分简单化的话，我们可以说这场争论产生于美国自由民主的背景之下——这个背景是对可以意识到的根深蒂固的窘境的回应，一方面寻求对那种自由民主的核心信条的支撑和维护，另一方面为此类缺点提供治疗方法或解救之道的意图又是虚弱的。从这个角度来看，很明显争论在自由普遍主义领域展开并处于它的支持之下，而社群主义充其量扮演了辅助性或补救性的角色。此外，在这种情形下，由于其固有的倾向，社群主义者们常常难抵诱惑而采用热门样式的语汇——那就是他们用共同体的目标来代替个人或用集体认同取代自我认同。（在这方面，我们可以增加一个旁白，即社群主义者误解了传统生活形式的结构，这种传统结构的多管道非系统的特征规避了个人——集体之间的分野。）②

我不想继续停留在这场争论上，在今天看来这场争论已经过时。同时，战线也已经转移，新的争论更直接的关注点是多元文化。在这方面，艾丽丝·扬的著作具有启发性，特别是她的《正义与差异政治》一书。正如扬在书中一开始就指明的，她的研究方法涉及原子化的个人主义与集体的社群主义，并超越了在二者之中必选其一的方式——也就是说更加关注种族与文化团体的存在以及他们的多样性。而自由普遍主义倾向于从特定的文化传统和信仰中提取养分（它关注合乎规范的中立性），社群主义的

---

① 至少（可以假定），历史的维度被一些社群主义者所认可。正如查尔斯·泰勒（Charles Taylor）所言，"（自由）原子主义在其全部形式上的基本错误是，它未能考虑自由的个体具有他自己的目标和抱负的程度……仅仅可能存在于某种文明之中；它获得了特定的制度与实践、法治、平等尊重的规则、公共商议的习惯、公共协会、文化发展等等的长期发展，从而产生了现代个人。"参见他的 Philosophy and the Human Sciences: Philosophical Papers (Cambridge: Cambridge University Press, 1985), vol. 2, 309。

② 正如一个主要的社群主义者麦克尔·桑德尔（Michael Sandel）所坦率承认的，"尽管它有哲学上的缺陷，这种自由主义的愿景仍然是我们的生活之所依。因为在20世纪后期的美国，它是我们的愿景，这种理论十分彻底地体现于我们公共生活的最重要的实践与制度之中。"参见他的 "The Procedural Republic," in Avineri and de-Shalit, Communitarianism and Individualism, 14。传统生活方式只有在现代意识形态（尤其是民族主义的意识形态）的冲击下才能被简化为集体认同，这种观点在文献资料中得到了普遍认可；例如，可以参见 Partha Chatterjee, Nationalist Thought and the Colonial World (Minneapolis: University of Minnesota Press, 1993)。

普遍模式是把此类传统融合进一个统一的或集体的世界观之中（它常常与现代民族国家连结在一起）。扬的研究并没有舍弃对公平和法治的关注，她提出一种更具敏感性的正义观点，这种观点是对历史和社会情境特别是对文化生活形式的丰富构成而言的。按照这种观点，自由普遍主义和平等主义需要通过对文化多样性和"差异政治"的更密切的关注来得到调和与纠正。扬写道：

> 平等对待原则最初是作为广泛的公正对待的形式保证而产生的；当然，这种关于公平的机械性的阐释也抑制了差异。差异政治有时候意味着以团体的差异在公共政策中应该得到承认的原则来取代平等对待的原则……为了减轻现行的或潜在的压抑。当代合法的争论包括妇女解放中的平等与差异、双语教育和美国印第安人的权利，以这些争论为例，我主张有时承认特定团体的权利是促进他们完全参与的唯一途径。①

为了把焦点转移到文化团体上来，扬的书敏锐地摒弃了对社会多元主义的慷慨论述，这种论述认为团体仅仅是个体的聚合或是为了追求共享利益的联合。相反，扬把重点放在历史中的成熟的生活形式上，每一种生活形式又以其"文化形式、实践或生活方式"的德性区别于其他团体。她写道，受现代个人主义和功利主义（utilitarianism）的影响，西方社会和政治理论倾向于"既从聚合的模式（model of aggregates）又从联合的模式（model of associations）"来解释团体，而这两种模式"从方法论上讲都是个人主义的概念"。在用法上，"聚合"涉及按照基本的经验属性——像肤

---

① Iris Marion Young, *Justice and the Politics of Difference* (Princeton: Princeton University Press, 1990), 4, 11. 扬承认存在许多高智商的良师益友——适当地说，他们是风格迥异的。她对于哈贝马斯的批评理论（自由主义的一个"沟通"的变体）的态度是具有启发性的：虽然欣赏哈贝马斯对批评反思和对话的强调，但反对他的理性普遍主义（他对理想的一致同意的关注以及对理智和情感的分离）。另一方面，她有选择地援引了"后现代"的作者，包括阿多诺、海德格尔、德里达、利奥塔、福柯、克里斯特瓦和伊利格瑞（7, 106 – 107, 117 – 118）。也可参见本书中扬的论文。

色、性别或年龄——对人进行分类。除了其他一些缺点之外，这种模式还忽视了更深层次文化生活形式的源泉。对文化团体的定义则不是基于外在属性，而是基于"一种认同的感觉"，也即基于共享的实践和共享的历史经验与苦恼。

与聚合不同的是，"联合"是因特殊利益驱使而自愿结合的形式。虽然联合与实践的关系更密切，但是它与聚合都有一个关键性的前提：与后者一样，联合模式"含蓄地认为，当组成或构成团体时，个体天生优于集体"。当然，这个前提已经被"后结构主义哲学"的主要流派所揭穿，该哲学把一个"统一自造的主观性"暴露为虚幻的形而上学。沿着这条解构的理论化思路来看，就不会奇怪扬的研究借用了海德格尔关于人类"在世"（be-in-the-world）的某些洞见。她写道，联合组织中的成员资格来自随意的选择，团体从属反而"具有马丁·海德格尔所说的'被抛感'（thrownness）的特征：我们在团体的成员身份中找到的，是一个自己已经一直在体验着的自我"。存在的从属关系既不表示一个不可逃避的命运，也不支持团体生活的具体化。①

正如扬所提出的，差异政治包括正义承诺、获得牢固认可的法治以及文化生活形式和团体多样性的发扬。她指出，被明文载入美国宪法之中的自由主义启蒙原则，旨在达到平等正当的待遇和被看做是对宗教团体忠诚的剥离的人类与政治解放。在自由主义的支持下，正义意味着强调适应于"全体平等"的权利，而团体的差别被沦落为"纯粹的偶然"和"私人的事务"。她承认，凭借为"反对歧视和身份差异的斗争"提供武器和使"人人具有平等价值的主张"成为可能，自由主义被当作是现代政治史上"至关重要"的思潮。然而最近十年来，通过证明均质化的普遍主义的压迫性质，已经把这种自由主义程序的缺点摆到了前台。在扬的论述中，通过把解放运动理解为对"团体差异的超越或消除"，自由主义被归结为一个内在地信奉"同化理想"（ideal of assimilation）的正义概念，即一个社会整合的大熔炉（melting-pot）的想象。相反，从差异政治的优越性来看，

---

① Iris Marion Young, *Justice and the Politics of Difference*, 43–47.

对平等价值的承认"有时要求对被压迫的或处于不利地位的团体给予不同的待遇"。

在这个历史关头，扬的研究通过例举黑人权力运动（伴随着对美国黑人文化的庆祝）、美国印第安人运动（伴随着对红色权力的强调）、同性恋文化表达的出现以及更为激进的以妇女政治为中心的女权主义运动（他们的对立面是自由人道的女权主义），把这种美国情境下的差异政治带入高潮。在这些多种多样的运动和倡议中呈现出来的，不是对解放运动的反对而是对解放的指向和方向的改良——后者意味着解放不再是来自这些运动和倡议本身，而是植根于文化和文化多样性之中。作为对同化主义理想的反对，差异政治在某种意义上倡导"民主的文化多元主义"的观点。扬写道，在这种观点之下，正常的社会"不会消除或超越团体差异"，反而它需要"具有不同社会和文化背景的团体之间的平等，这些团体相互尊重并承认彼此的差异"①。

我们应该注意——扬也再次强调——在公共领域对团体差异的承认不能与回归社会等级制相混淆，或者与文化偏见和排外主义之类的令人厌恶的东西相混淆。由于激进民主的优势地位，多元主义政治完全抵制"精炼化"的文化团体的诱惑或赋予它们不变的（经验的或文化的）特性的诱惑。而传统政治，为了贬低一些人，设想一种"差异的本质主义的含义"，并把团体阐释为具有"不同的本性"。扬指出，民主的差异政治把差异解释为"更具流动性和相互关联性的社会过程的产物"，即作为文化实践与其他实践相互作用的产物。从这个观点来看，民主的多元文化主义把文化差异归结为一种过渡性的、起改造作用的以及为了解放的含义，而不是把它定义为一种"排外的"模式。在后一种模式中，关于对团体特性差异的主张表明了对其他团体的反对，因而遵从自我与他人、命题与否定的反律法的理论体系。

正如扬所注意到的，差异中非民主的和"压迫的"含义将其界定为

---

① Iris Marion Young, *Justice and the Politics of Difference*, 156-163. 奇怪的是，扬有时援引善的社会和抨击自由价值的中立性，有时又支持正义对于"善的生活"的自由主义的分离和权利对于善的优先性；参见同上，36, 103-104。

"绝对的他者性（otherness）、相互排斥、明确对立"，因而使得差异屈从于"认同的逻辑"，在这种逻辑之下优势团体包含了被其他团体所背离的原则。把差异理解为明确的对立，不仅抑制了团体之间的相互作用，而且也抹杀了团体**内部**的差别；因而形成一个奇特的颠倒，差异作为排斥物"实际上反对差异"。与此相反，激进民主的多元主义采取一种灵活的、可修正的姿态；它对团体差异的理解是，将其看成是"真正模棱两可的、有联系的、易变的，没有清楚的边界以使人们避免走弯路"，看成"既不是必须伴有无定形的联合，也不会必然带来纯粹的个性"。更为重要的是，差异政治不是根据永恒的范畴与属性来构想差异；取而代之的是，它强调文化传统的多管道特征以及团体之间、团体与公共机构之间的关系。正如扬所评论的，她这部分的研究实际上可以概括为，"差异现在不是意味着他者性，排斥对方，而是特殊性、变动性、多样性。差异所定义的相似性与非相似性之间的关系既不会沦为共存身份，也不会变成非重叠的他者性。"①

二

在扬的研究中，她讨论了民主差异的应用，主要涉及美国国内的突出问题——特别是妇女解放、双语教育、美籍印第安人的权利。在结尾部分，她表示对她的书的争论可以被扩张到其他社会甚至国际或全球背景——当然，要把问题放到广阔的线索之中。恰巧今天一些工业化国家感受到多元文化的压力，由于面临着由现代生活方式与本土文化传统的冲突而带来分裂的问题，在非西方社会这种压力可能更尖锐。在工业国家，一个显著的例子是加拿大，以讲英语的共同体与讲法语的共同体之间的裂缝为特征（更不要说当地印地安人要求自治呼声的高涨）。

---

① Iris Marion Young, *Justice and the Politics of Difference*, 157, 169–171. 运用这种方法，扬明确地拒绝了激进文化的"不可通约性"（incommensurability）的概念。在这种情境下也可参见 Richard J. Bemstein, "Incommensurability and Othemess Revisited", in his *The New Constellation: The Ethi-cal-Political Horizons of Modernity/Postmodernity* (Oxford: Polity Press, 1991), 57–78.

有几个方面反映了加拿大的例子值得注意和具有启发性。一个方面是其文化多元主义和多样性具有很高的政治性。（在西方）很多地方，多元文化主义已经成为激烈的公共法制争论的主题——与此相关的事实是，加拿大从没有充分赞成主张社会同化者或它的邻居的"多种民族同化国家"的范式。1967年，双语和双语文化皇家委员会发布了一份同时关注公民权利和文化多样性问题的报告。主要为了回应这份报告，四年之后全国政府宣布了一项明确的"多元文化"政策，这项政策在强调全体加拿大人的权利平等的同时，也致力于对少数民族独特生活形式或文化的保护。十年之后，包含类似观点的加拿大"权利与自由宪章"（Charter of Rights and Freedoms），除了主要清楚地体现了平等个体自由权的自由主义原则之外，还涉及到对"加拿大多元文化遗产的保护和完善"。① 除了此类官方公告以外，加拿大多元文化主义的另一个重要特征是，来自顶级知识分子和社会理论家的持续关注。为了行文的目的，我将着重对加拿大最主要的哲学家查尔斯·泰勒的观点进行评论，特别是其在《多元文化主义与"承认的政治"》一书中所论述的观点。

虽然经常被贴上"社群主义者"的标签和因此被指责为具有集体主义的倾向，但泰勒在他的研究中所用的方法非常精确细腻和严密完整；与艾丽丝·扬一样，他的论证完全规避了既有的学院教条，尤其是规避了个人主义——集体主义两难的藩篱。在为这本书作出很大贡献的一篇题为《承认的政治》的论文中，泰勒对把人类普遍"尊严"的理想奉为神圣信仰的个人自由的遗产予以充分的赞扬。正如他所说，与社会等级制联姻的封建体制（由荣誉首长来统治）的瓦解为现代性带来了尊严的概念，当现在用到"普遍主义和平等主义的观念"时，涉及的是"人类与生俱来的尊严"或所有人一致共享的"公民尊严"。当差异化的"身份"遇到后革命的压力，尤其是当具有内在合法的"可靠性"的浪漫主义理想把特殊性既赋予个人又赋予随历史而成长的文化的时候，这个概念（尊严）就会进一步深

---

① 关于"权利与自由宪章"的讨论，参见 Huguette Labelle, "Multiculturalism and Government", in James S. Frideres, ed, *Multiculturalism and Intergroup Relations* (New York: Greenwood Press, 1989), 1–4。

化,但也会进一步变复杂。正如赫德(Herder)和他的后继者所阐发的,可靠认同的基本原理在两个层面上集中体现了生活方式的"本原性"(originality):个人之于他人的本原性和"文化承载者之于他人"的本原性。①

按照泰勒的说法,现代时期粗略的几个关键概念,已经酿成了一个复杂和紧张的遗产。在他的介绍中,现代性已经引发了公共生活的两个竞争性的概念:自由普遍主义(停留在权利上)和文化独特性。他写道,在由封建等级制转向尊严的过程中,已经产生了"强调全体公民平等尊严的普遍主义政治"和致力于"符合正义的和应得权利的进步的平等化"。在现代西方民主中,"平等公民权"和正在成长的平等化原则,已经成为即使不是首要的也是核心的统治箴言。另一方面,可靠性的概念或可靠的认同已经支撑了差异概念的出现:即"差异政治"关注个体和文化的独特性。因此,普遍主义政治试图维护全体人类的一致性(被称作"平等的尊严"),而差异政治则坚持对"个体或团体的唯一身份"的承认的必要,即它们的区别见之于任何地方。

由于试图同样地保护每个人唯一的独特性,后一种政治明显包含着一个内在的矛盾——那就是民主的多元主义矛盾。泰勒指出,严格说来,差异政治要求我们对特别而非普遍的东西予以一般的赞同;换句话说,它坚持"通过承认相互之间的独特性"把敬意给予普遍现存的事物——即每个人都有一个身份。现代政治的两种类型的对比是显然的,并且十分自然地存在着紧张和相互指责。当尊严政治试图在全体公民中以一种"无视差异"的方式促进非差别对待时,差异政治常常把非差别对待重新定义为要求基于个人和文化独特性的区别对待。传统自由主义者在为平等公民权的堡垒配备人员,而差异的提倡者却倾向于通过宣称它与主导的权力差别之间的同谋关系(特别是与少数民族或受压迫文化被要求采纳的"霸权文化"之间同谋)②,来攻击主要由自由普遍主义所虚构的特征。为了更具体地举例说明这些问题,泰勒此时把讨论背景转向加拿大,因为随着权利和

---

① Charles Taylor, "The Politics of Recognition," in *Multiculturalism and "The Politics of Recognition"* (Princeton: Princeton University Press, 1992), 24 – 35.

② "The Politics of Recognition", 37 – 39, 43. 也可参见收入本书的金里卡的论文。

自由宪章以及所谓的《米其湖协议》(Meech Lake accord)(目的是承认魁北克作为一个"独特的社会")的产生,加拿大的案例已经出现。

在泰勒的解释中,加拿大宪章以类似于美国宪法的权利法案的方式基本上集中体现了个人的正当权利和应得权利。在这个意义上,与西方世界——可能此世界就是整个世界——的其余部分一样,加拿大正在步自由的、以权利为基础的普遍主义的"美国惯例"的后尘。以宪章的这个方面为基础,《米其湖协议》(和它对文化独特性的承诺)的反对者实际上是倡导权利对于善(goodness)的优先权,即个人权利原则连同非差别对待条款的原则必须"具有优先于集体目标的地位"。受可以追溯到康德的"艰深的哲学假定"的启发,这种政治概念把尊严理解为主要存在于人类的"自治"之中,即存在于"每个人为他(她)自身决定良好生活观点的能力"之中。在美国主流思想家的"巨大威力和智力"的促进下,自我决定的个体自治的先决条件构成了迈克尔·桑德尔(Michael Sandel)所说的"程序共和国"的核心,这种"程序共和国"具有高于实体目标或共享生活形式的程序规则(包括司法复审)的特权。①

尽管欣赏它的"艰深的"假定及其一些具体的效果,但泰勒没有最终赞同这种程序模式。正如他指出的,自由普遍主义并非像他们所宣称的那样是纯粹中立的和非歧视的。在加拿大的案例中,程序主义的应用并没有公正地增强或培养了一个独特的讲法语的文化,而是暗中削弱或破坏了后者。一般来说,政治社会不可能在那些试图维持文化传统的人和那些希望"摆脱约束"(cut loose)以促进个体自我利益的人之间保持"中立"。在这个程度上说,程序正义可以被指责为"对差异不友好"(或者至少在私人偏好上削弱了差异)。对于坚定的魁北克人来说,在宪法中争论的不但是双语制的个人权利的问题,而且也是作为一个共享"利益"(good)的法兰西文化的生存和繁荣及其被现在和将来的世代人所保存的问题。

在泰勒的著述中,对这个目标的追求并不是非常狭隘的,反而由于得

---

① "The Politics of Recognition", 43-44, 52-58. 也可参见 Michael Sandel, "The Procedural Republic and the Unencumbered Self", *Political Theory* 12 (1984): 81-96。在美国自由普遍主义的代言人里面,泰勒特别提到的有罗尔斯、德沃金和阿克曼。

到不同的公共生活概念的启发形成了一种差异政治。这个概念涉及或包含的是处于两个层面上的权利之间的差别：一个层面是根据自由普遍主义（和加拿大宪法）所解释的基础的或"根本的"权利，另一个层面是准许公共规则的文化权利；前者要求一致的对待和"绝不能被侵犯"，后者则顾及文化多样性。泰勒写道，从这个观点来看，一个拥有共享的或共同目标的社会仍然可以是"自由主义的"，条件是，它能够"遵守多样性"，特别是当它处理异议者的时候，以及它有能力坚持对"根本权利予以充分保护"。泰勒对这种不同观点的政治——被清除了重新压抑的集体主义的痕迹——所具有的切身同情明显地贯穿始终。他补充道，恰当地来解释，差异政治就是：

> 意图重视一致对待的特定形式的重要性而以文化生存的重要性为背景，并且有时候在选择上更偏向后者……虽然不能在此证明它，但显然我赞同这种模式。不过，毋庸置疑的是，今天越来越多的社会被证明是多元文化的，包括从不止一种文化共同体想要得到生存这个意义上来说。程序自由主义的刚性在今后可能会迅速变得行不通。①

值得注意的是，泰勒对差异政治的赞同是有一些条件限制的。除了坚持基本的自由保护（在根本权利层面上）以外，他的评论也排除了对一切种类的文化多样性的不加批判的接受——有些是激进的多元文化主义者所要求的（包括"主观新尼采主义"的理论）（"subjectivilist neo-Nietzschean" theories）。在泰勒看来，这种不加批判的接受最终将是一种屈尊的形式，因为它不是源于"真诚行为的尊重"。从这个观点来看，要求关注和尊重其他文化的主张操作起来只能以一种假定的形式来进行——这意味着，经过很长一段时间对社会的推动，这种文化大概能够教导世界的其余

---

① Taylor, "The Politics of Recognition", 58—61. 这篇论文对围绕米其湖协议而产生的争论作了简洁的概括 (60)："加拿大的其他人看到特别的社会条款（违背了自由程序主义）使集体目的合法化。魁北克人则看到授予宪章优先权的运动强加了一种与之背道而驰的自由社会，如果不放弃自己的认同，魁北克将永远不能使自己适应这个社会。"

部分。虽然这种假定并不是无懈可击的，但如果不具有理解上的严格保证与认真努力，它就不可能被移除。换句话说，这种假定不是要求对一切文化信仰和实践"不容置辩地"接受，而是要求"自动自发地不受限制地进行比较文化学习，这种学习在最终的融合中必须取代我们的视野"。①

三

泰勒所陈述的假定表明，跨文化的保证和一定程度上对任何性质的欧洲中心主义或西方文化帝国主义的拒绝已准备就绪。严格实行起来，这个假定动摇了占主导地位的霸权关系，包括现代西方生活方式的想当然的优越性。此时看来好像适合把目光转到对当代多元文化主义更广阔的全球回应上，即转到全世界背景下的自由的西方普遍主义与文化忠诚之间的紧张上。这种紧张在"国家建构"上遵循西方路线的许多（所谓的）"发展中的"社会无疑是明显的，它导致了两种高度不同的、几乎不相容的生活方式和政治话语的并列：一方面是世俗主义话语、合法的程序主义和个人权利；另一方面则是本国传统的复杂结构与本土的文化信仰。这种并列的唐突很好地解释了非洲大部分地区反复无常的、接近爆炸性的政治状况；相同的多变性以一种修改了的形式扩张到近东和部分亚洲地区。②

---

① "The Politics of Recognition", 66 – 67, 70 – 73. 对跨文化了解的要求，泰勒作出了更加详细地讨论，参见 "Comparison, History Truth", in Frank E. Reynolds and David Tracy, eds., *Myth and Philosophy* (Albany: SUNY Press, 1990), 37 – 55, 以及参见 "Understanding and Ethnocentricity", in Taylor's *Philosophy and the Human Sciences*, 116 – 133. 关于加拿大人的情形不同于盎格鲁人的讨论，参见 George Grant, *English-Speaking Justice* (Notre Dame, Ind.: University of Notre Dame Press, 1974), and *Lament for a Nation: The Defeat of Canadian Nationalism* (Toronto: Macmillan of Canada, 1978); also Pierre Vadeboncoeur, *Un genocide en douce* (Montreal: Parti pris, 1976), and Louis Sabourin, *Passion d'etre, Desire d'avoir: Le dilemme Quebec-Canada Dans un univers en mutation* (Montreal: Editions du Boreal, 1992). Vadeboncoeur 认为，现代自由普遍主义（通过不可逆转的"温和而有计划的灭绝"）不可避免地分解传统文化。

② 在这种情境下参见 Mark Juergensmeyer, *The New Cold War? Religious Nationalism Confronts the Secular State* (Berkeley and Los Angeles: University of California Press, 1993); and Crawford Young, ed., *The Rising Tide of Cultural Pluralism: The Nation-State at Bay?* (Madison: University of Wisconsin Press, 1993).

在挑衅的情况下，生活形式与话语的不稳定的混合容易偏向一个方向或相反的另一个方向——尽管政治情境限制了选择的有效范围。不管把目光转到今天非西方世界的哪个地方，你总会发现存在于长期现代化和宗教的（有时是正统基督教派的）政体或运动之间的振荡。鉴于西方在经济、军事和科学领域的霸权地位，长远趋势预示着这些国家在本土实践或本国叙事的维护上的病态。要理解霸权文化强迫的效果，我们没有必要冒险舍近求远。一个有力的例子是印第安土著社区在北美的命运与现状，尤其是在美国。经过了一些调整的类似的故事则见之于中南美洲（在独立后）的发展中——在那里（关注个人财产权）的自由程序主义的辞令经常被用来腐蚀和瓦解土著社区。①

美洲印第安人的命运为现代普遍主义的危险和缺点呈现了一个严肃的提醒。这个提醒没有为恐外症或种族自我隔离提供辩护或澄清。毫无疑问，我们时代的危害在一切方面都是巨大的——除非对这些危害的反应增强到构成当代挑战的程度，否则不会被认识到。在我看来，我们时代迫切需要政治想象力和试验准备（其质量经常得不到保证）。显然，为了避免地方自治主义和普遍主义同化的陷阱，需要在制度安排和政治反应两个层面探索新的途径。关于公共制度，自由个人主义的支持者声称现存的西方结构和程序具有优越性和真正不可修改的特性——这种主张忽视了西方政权之间的多样性以及长期在先占优势安排下的试验。在一个对民族优越感与普遍主义具有同等的不友好的民主环境下，多样性的培养不能仅仅依赖于既存的程序保护——虽然后者不能轻率地被丢弃或置之不顾。

此外，在政治中，民主的多元文化主义为制度创新和制度弹性提供了机会和需求。在制度化或给予文化多样性公共认可的多种可能性之中，需要引起注意——有时在作品中已经引起了注意——的是，作为调节个人权

---

① Jeffrey L. Gould 讨论了印第安人团体的分裂有利于个人或社团的财产权，特别提到了尼加拉瓜的发展，参见他的 "They Don't Care about Our History: Politics and Ethnicity in Nicaragua, 1920 – 1980" (an unpublished typscript)。关于使本土的声音获得新生的呼吁，参见 Franke Wilmer, *The Indigenous voice in World Politics* (Newbury Park, Calif.: Sage, 1993)。

利和团体或集体权利（尤其是种族或文化上的少数）之间的紧张关系的制度手段；"种族联邦主义"的确立，即一个政权准许种族团体在更广阔的宪法框架内自治或自我组织政府的程度；"合作"（consociational）政策［阿伦特·利可哈特（Arend Lihart）意义上的］的推动，这种政策包含了多种族社会中团体领导人之间的双方同意的或痛苦的相互影响；最后，通过新颖的两院制（或多院制）来承认不同选区代表权的议会政府的多样化。这些手段无一摆脱了问题和可能的弊端；因此，所有手段都需要仔细甄别和校订以确保多元文化主义的民主特征。①

在理论反思阶段，多元文化的政治要求对那些在启蒙运动或后启蒙运动支持下假定已被解决了的问题进行重新审视。这种重新审视在某些重要方面把自己嵌入了现代性状况的当代审问之中（在我看来，它与轻率而浅薄的反现代主义没有相通之处）。解决这些问题的一个途径是重新回到兹维坦·托多洛夫，尤其是回到他对两种主要沟通模式之间的区分。自从契约理论在早期现代性中产生以来，人与人（或主体与主体）之间的沟通就处于西方的社会与政治生活概念的中心，而"世界"则已经被逐渐疏远，变成了对客体进行科学分析的目标。毫无疑问，概念化的方式在最近几个世纪已经得到了逐步改进——尽管还没有改变基本方向。因而，按照"话语行为"理论，尤其是按照交往理性和"交往行动"的概念（哈贝马斯提出），契约论的假设在当代理性选择模式下仍然只是揭示了一个新的外观。正如亚里山德罗·费拉拉（Alessandro Ferrara）业已指出的，交往理性和平等伙伴之间的同意的概念"预设了一个现代的指称框架。在一个以传统为导向的文化中，说理性地赞同一个有效论断的正当性是没有意义的。而且，三种有效论断的不同包含了客观的、社会的与主观世界的区别——一

---

① Vojislav Stanovcic 探讨了这些设计中的一部分，特别是关于南斯拉夫，参见 "Problems and Options in Institutionalizing Ethnic Relations", *International Political Science Review* 13（1992）：359 - 379；也可参见 Arend Lihart, *Democracy in Plural Societies: A Comparative Exploration*, 2d ed.（New Haven: Yale University Press, 1980）；Will Kymlicka, *Multicultural Citizenship: A Liberal Theory of Minority Rights*（Oxford: Clarendon, 1995）; and Kymlicka, ed., *The Rights of Minority Cultures*（Oxford: Oxford University Press, 1995）。关于多样化的选区问题，参阅 Robert C. Grady, *Restoring Real Representation*（Champaign: University of Illinois Press, 1993）。

个仅仅与现代性相伴产生的区别。"①

虽然今天人类之间的沟通仍旧是突出的（在许多方面也是有价值的），但是它的首要地位已不是明确的和不可争辩的；碰巧，一些智力方面的发展正开始以重新回归世界的尺度为目标。在这方面值得注意的是胡塞尔对生活世界的转入和海德格尔对人类生活的世界性的坚持以及他对人类此在（Dasein）作为"在世"（即作为一个生物在根本上被卷入复杂多面的情境之中）的描述。我们需要注意的是，海德格尔的"世界"并不是意味着一个可以进行客观化分析的外部世界的广延物（a res extensa），而是一个关于"此在"自身的构成特征，——其中，"此在"自身不再被视为主观的自我而是一个被卷入持续发生的偶然事件或"存在"（being）话语的参与者。如果没有忽视人类之间的言语或话语［在人类共在（co-being or mitsein）的层面上］，在这个框架下的世界关系就会扩展到一个非客观化的、可解释的自然约定以及一种对"良心召唤"［与民意即是天意一样（vox dei）］的合拍的敏感性——即扩展到经验和语言方式的多层结构。世界交往在这个意义上得到了进一步的发展，并在海德格尔后来的语言反思中具有了实质内容。在海德格尔的反思中，语言不再仅仅是人类沟通的手段和工具，而是作为使人类的思想和交谈处于首要地位的取之不尽的宝库或天赋资源。在海德格尔的论述中，语言有自身的交谈和话语模式，这种模式为世界交往和世界体验确立了原始空间，而这个空间又为人类生活和自然之间、限定的人类和上帝之间

---

① Alessandro Ferrara, "Universalisms: Procedural, Contextualist and Prudential", in Rasmussen, *Universalism v Communitarianism*, 16. 为了强化他的批评，Ferrara（17）把哈贝马斯的理论形容为"现代性的狭隘的一般化"，并补充说："借由现代性带来的理性复合体的普遍性是值得怀疑的，现代理性对于前现代和原始社会的优越性是值得怀疑的，以及，现代化实际的不可改变性不能为现代的有效性观念提供规范的影响力。"

的相互纠缠制造了场所。①

这些观点显然会对多元文化主义产生影响——因为文化是生活形式或世界交流的形式，在这种形式下意义（meaning）是沿着水平的同时也是全面垂直的线型方式组织起来的。另外需要重视的是，文化与本国的或本土的语言之间的紧密联系——这个联系在普遍主义话语的支持下抵制线型化。这时，关于地方自治主义或对种族中心主义之目光短浅的抱怨和担忧可能会被唤起——考虑到种族对抗和暴力在我们这个时代的广泛高涨，抱怨并非是不合理的。我们不会忘记，自由普遍主义恰好是作为封建地方观念和封建社会身份差别扩散的解毒剂和纠正物而出现的。在这个程度上，自由主义预言了地方奴役和社会不平等束缚的解放；用康德那句著名的话来说，启蒙运动标志着从外部世界监管的解放和上升到自治成熟的水平。当然很多原因使我们相信，我们的时代又提出了一个新的、不同性质的要求成熟的挑战：一个自由会愿意承认和培养文化多样性的世界（但没有回归到不公平的等级制）。

"横向的普遍主义"（lateral universalism）可能恰好成为这个成熟姿态的结果——在这种成熟姿态中，普遍原则不再只存在于外表或超越具体的差异，而是处于地方的或特殊本身的中心，即在世界的独特的拓扑之中。这个看法在海德格尔后来的作品的另一个观点里得到了回响：他对于存在的"四重"拓扑（fourfold topography）的强调，即每个个体事物为自身收集所有的世界构成因素的能力。这个概念又在亚洲的一个主流思想中引起了共鸣：该观点认为所有生命的"本性"（suchness）不是以自我为中心的孤立的符号，而是友好地对待所有其他生命的聚集的符号。在佛教禅宗（Zen Buddhism）的语境中，西谷启治（Keiji Nishitani）在（中世纪）"相互内在性"（circuminsession）的概念的启发下阐明了本性，他说，鉴于这

---

① 参见 Martin Heidegger, *On the Way to Language*, traps. Peter D. Hertz（New York: Harper&Row, 1971）; and Gerald L. Bruns, *Heidegger's Estrangements: Language, Truth, and Poetry in the Later Writings*（New Haven: Yale University Press, 1989）。类似的观点在伽达默尔（Gadamer）关于语言的"思辨性"（speculative）特征的概念里得到了反映，参见 Hans-Georg Gadamer, *Truth and Method*, 2d rev. ed., traps. Joel Weinsheimer and Donald G. Marshall（New York: Crossroad, 1989）, 469。

种相互内在性关系的特性,每个个体生命都是所有其他生命的基础,因此所有事物"集合在一起并以此提供了一种可能的生命秩序,一个'世界'"。老子(Lao Tzu)的《道德经》(Tao Te Ching)在一个有时被认为反映了狭隘的眼界的段落里面,也表达了与此类似的看法:

不出户,知天下;不窥牖,见天道。①

---

① 参见 Lao Tzu, *The Way of Life*, trans. Witter Bynner (New York: Perigee Books, 1972), 75; Keiji Nishitani, *Religion and Nothingness*, traps. Jan Van Bragt (Berkeley and Los Angeles: University of California Press, 1982), 159; and Heidegger, "The Thing", in *Poetry, Language, Thought*, trans. Albert Hofstadter (New York: Harper&Row, 1971), 163 – 186。也可参见 Masao Abe, "Emptiness Is Suchness", in his *Zen and Western Thought*, ed. William R. LaFleur (Honolulu: University of Hawaii Press, 1985), 223 – 227; 以及我对西谷启治的讨论,参见 *The Other Heidegger* (Ithaca: Cornell University Press, 1993), 200 – 226。"横向的普遍主义"概念由 Maurice Merleau-Ponty 提出,参见 *Signs*, trans. Richard C. McCleary (Evanston: Northwestern University Press, 1964), 119 – 120。Sabourin 所称的 "endogeneite" 似乎指的是类似的意思,参见 *Passion d'etre, Desir d'avoir*, 112 – 134。

第十五章　公民身份的绩效：法国大革命中的民主、性别和差异

琼·兰德斯

　　近来学术界关于资产阶级公共领域性别特征的讨论非常多，而我在别的地方曾把其特征概括为："根本性地而非偶然地具有男权主义的特征。"① 在这里我的目的不是重复这个观点，而是给予那些努力实现启蒙的话语中的自由、平等和理性之承诺的人以支持。但我要提醒的是，姗姗来迟的妇女解放，就像少数人种和工人阶级的解放一样，不能仅仅被归于1789年的法国所作的政治选择，或者就像基思·贝克（Keith Baker）所说的："政

---

① Joan B. Landes, *Women and the Public Sphere in the Age of the French Revolution* (Ithaca: Cornell University Press, 1988), 7.

治意志的共和主义话语，在革命恐怖中得到了最充分的表达。"① 我并不认同基思的那种充满自信的看法，认为在 18 世纪那样的环境中，竞争性的话语立场之间不可能根本性地毫无关联。我也认为，在批评男权主义的时候，将理性的社会进步话语排除在外是不合适的，如果，正如贝克自己也承认的，持理性话语立场的那些人认为应当"否认妇女（以及其他人）在行使普遍的个人权利时的充分而直接的参与"②。当然，自由的理性话语为妇女们争取权利和新的政治身份提供了机会，但共和主义的意识形态同样也提供了此类机会；反过来，两者都排除了充分的性别平等的可能性。至少在女性公民身份问题上，让人震惊的是，18 世纪的那些明显不同的主张民主政治的理论在话语和实践上存在相当的一致性。

---

① Keith Michael Baker, "Defining the Public Sphere in Eighteenth-Century France: Variations on a Theme by Habermas", in *Habermas and the Public Sphere*, ed. Craig Calhoun (Cambridge, Mass.: MIT Press, 1992), 207. 关于公共领域中男权主义特征的进一步讨论，参见 Nancy Fraser, "Rethinking the Public Sphere: A Contribution to the Critique of Actually Existing Democracy"; Mary P Ryan, "Gender and Public Access: Women's Politics in Nineteenth-Century America"; and Geoff Eley, "Nations, Publics, and Political Cultures: Placing Habermas in the Nineteenth Century", all in Calhoun, *Habermas and the Public Sphere*; the Forum on the Public Sphere in the Eighteenth Century, with contributions by Daniel Gordon, "Philosophy, Sociology, and Gender in the Enlightenment Conception of Public Opinion"; David A. Bell, "The 'Public Sphere', the State, and the World of Law in Eighteenth-Century France"; and Sarah Maza, "Women, the Bourgeoisie, and the Public Sphere: Response to Daniel Gordon and David Bell", in *French Historical Studies* 17, no. 4 (Fall 1992): 882 – 978; Dena Goodman, "Public Sphere and Private Life: Toward a Synthesis of Current Historiographical Approaches to the Old Regime", *History and Theory* 31, no. 1 (February 1992): 58 – 77; Anthony J. La Volpa, "Conceiving a Public: Ideas and Society in Eighteenth-Century Europe", *Journal of Modern History* 64, no. 1 (March 1992): 79 – 116; Dorinda Outram, "Revolution, Domesticity and Feminism: Women in France after 1789", *Historical Journal* 32, no. 4 (1989): 971 – 979. 在一个相关的主题讨论上，女权主义者设法详述了把哈贝马斯交往理论中的先验的或男权主义的假设剥离掉的可能性，参见 Iris Marion Young, "The Ideal of Impartiality and the Civic Public", in *Justice and the Politics of Difference* (Princeton: Princeton University Press, 1990); and Seyla Benhabib, "Models of Public Space: Hannah Arendt, the Liberal Tradition and Jurgen Habemas", in *Habermas and the Public Sphere*, 73 – 99。

② 按照贝克的说法，公共领域的共和主义和理性主义概念来自 18 世纪背景下激烈竞争的话语："卢梭对经典的共和主义话语的改造，在根本上与藉由自治公民的共同体而使主权复归有关，采用了与理性主义的社会性话语完全不同的术语来表达，并基于人权、劳动分工和非政治的理性规则的概念。这种后来的公共领域概念相应地具有男权主义的性质，它把反对女性（和其他人）完全和直接参与普遍的个人权利的行使作为附加条件，但是就女性被排除行使这些权利是根据它们的自然定义而言，它实际上不是男权主义的。" Keith Michael Baker, "Defining the Public Sphere in Eighteenth-Century France", 202.

第十五章 公民身份的绩效：法国大革命中的民主、性别和差异 / 301

将妇女明显地排除在充分的公民身份权利之外，对法国大革命中努力实现性别平等的运动造成了阻碍。并且，这里的悖论是，现代民主主权和共和自由的性别决定因素，在18世纪人民革命中的法国，比在其他任何地方表现得都明显。然而，"革命的年代"的妇女权利记录远不能让人振奋。只有在妇女实际参与国家政治（与共同体生活相对）并表达对政治性公民身份的实质性要求这一点上，法兰西共和国才是个例外。实际上，与英国革命和美国革命相比，法国革命深深地被灌注了卢梭式的共和主义观，因此也就比较提倡自然形成的性别差异之原则。① 阿普怀特和利维（Harriet Branson Applewhite and Darline Gay Levy）的观察比较中肯，"在民主革命的年代，法国之外的其他任何地方，都没有产生出一种把妇女当作公民纳入进政治性民主；都没有使妇女们获得白人男性中产阶级所有者为他们自己所确立的政治和公民权力。……通过教育、福利、扩大公民权利和改革婚姻法以改善妇女状况的觉醒了的要求，变成了政治议程不可或缺的组成部分。同时，当男人们意识到妇女的要求以及这些要求对男性统治地位和霸

---

① 对于法国和美国共和主义的起源和不同结果的非常重要的解释，参见 Patrice Higonnet, *Sister Republics: The Origins of French and American Republicanism*（Cambridge, Mass.: Harvard University Press, 1988）。关于引导开国者的道德和政治原则，参见 Thomas L. Pangle, *The Spirit of Modern Republicanism: The Moral Vision of the American Founders and the Philosophy of Locke*（Chicago: University of Chicago Press, 1988）；对美国共和与自由融合的后果的探讨，参见 Mark E. Kann, *On the Man question: Gender and Civic Virtue in America*（Philadelphia: Temple University Press, 1991）；以及关于18世纪美国的性别危机，参见 Kenneth Lockridge, *On the Sources of Patriarchal Rage: The Commonplace Boobs of William Byrd and Thomas Jefferson and the Gendering of Power in the Eighteenth Century*（New York: New York University Press, 1992）。最后，在 *The Family Romance of the French Revolution*（Berkeley and Los Angeles: University of California Press, 1992）一书中，Lynn Hunt 探究了性别关系对法兰西民族的政治想象的影响。

Daniel Gordon 区分了盎格鲁（苏格兰）—美国的开明的社交模式与法国的认识论的舆论理论。而且，与贝克一样，他把卢梭和革命者看做关于公共舆论和私人沟通的启蒙观念的激进的反对者。随后，他发现了（在社交意识方面）女性的主张的更大开放性和（在沙龙文化上）女性具体的出现。然而，他承认只有作为个体的女性才有优势，并且只有在她们"有助于促成一个想象的社会一致同意"的意义上。他认可"功能主义理论"的困难，"在法国的公共领域理论中女性被描述为构成'文明'社会的重要元素。但是这并不意味着女性在公共领域中的存在是合法的，她们仅仅是作为文明化的力量——一种有助于创建神话般的存在物、公共舆论的力量——而出现。" Gordon, "Philosophy Sociology and Gender", 886, 902, 904.

权的挑战时，统治精英们由来已久的焦虑和矛盾心情也充分地表露出来了。"① 与阿普怀特和利维一样，我也对这样的情况印象深刻，即"在西方世界的**任何地方**，妇女们所能得到的语言和象征都源自男性政治话语"。（重点系我所加）②

我承认，在启蒙思想中，关于妇女的地位问题存在着竞争性的话语。③ 然而，我要说的是，不管是自由主义者，理性主义者，还是共和主义者，都没有完整地解决性别平等带来的挑战，出现这种情况，既不是因为疏忽大意，也不是因为它们传统的偏见。从一开始，现代世界的民主不但在话语上而且在实践中就产生了性别差异。反过来，性别被俘获在现代政治之网中，突出的表现就是个人与共同体，特殊性与普遍性之间的对立。基于这个认识，我要重新思考大革命中民主社会领域的制度安排，采取的角度是考察民主主权的新政治机构发展的阶段。当然，由于民主领域被分割成性别的领域，并且阻碍妇女平等的法律障碍已经确立，妇女们注定要成为政治的、公民的和个人的从属物。同样，民主公共领域中的权力代表基于的假设，是一个中性的但具体化的从属者，即人们有能力使他们的激情和利益服从于理性规则。似乎只有男人的身体才能满足这种理想性的要求。相反，女人注定不能满足这些要求，她们身体的性别特征比较突出，她们具有非理性的，从而也就是非政治的品质。

1793 年秋，当安德烈·阿玛（André Amar）代表安全委员会向制宪会议（会议当时讨论的主题是要将妇女社团和群众俱乐部定为非法）作报告时，他很好地总结了妇女们解放了的品质给男人们带来的恐惧。公民阿玛声称，妇女群众社团的出现，"将使人民在政府中扮演更加积极的角色，

---

① Harriet Branson Applewhite and Darline Gay Levy, editors' introduction to *Women and Politics in the Age of Democratic Revolution* (Ann Arbor: University of Michigan Press, 1990), 18–19.

② Harriet Branson Applewhite and Darline Gay Levy, introduction to *Women and Politics in the Age of Democratic Revolution*, 18.

③ 参见 Elisabeth Roudinesco, *Theroigne de Mericourt: A Melancholic Woman during the French Revolution*, trans. Martin Thom (London: Verso, 1991), chap. 1; and Christine Faure, *Democracy without Women: Feminism and the Rise of Liberal Individualism in France*, trans. Claudia Gorbman and John Berks (Bloomington: Indiana University Press, 1991).

第十五章　公民身份的绩效：法国大革命中的民主、性别和差异 / 303

从而也就更容易犯错误和受到诱惑……由于妇女们特殊的身体构造，她们容易过度兴奋，而这对公共事务来说是致命的……国家利益很快就会因任何事物而牺牲，热烈的激情将导致错误百出，混乱不堪。受热烈的公共讨论感染，妇女们将教育他们的孩子不要爱国，而代之以仇恨和怀疑"①。阿玛的怀疑显然代表了激进的雅各宾分子对妇女们公共出现的担忧，而卢梭显然是这种直白的情感的来源。但卢梭显然不能为此事独自承担责任。实际上，卡罗尔·佩特曼（Carole Pateman）曾令人信服地论证，"只有在现代世界中，'妇女的失序'（disorder of women）才构成了一个普遍的社会和政治问题。""准确地说，只有随着自由个人主义及其民主的和社会主义的批评的发展，关于妇女的看法才在社会和政治理论与实践中变成了一个尖锐的，尽管并非得到普遍认可的问题。"② 佩特曼还说，"'个人'的身体非常不同于女人的身体。他的身体有严密的边界，而妇女的身体则是可渗透的。她们的体型会发生变化，并且呈现周期性的过程。所有这些差异都可以归结为自然的出生过程的差异……在一般的意义上，妇女既不缺乏力气也不缺乏能力，但根据经典的契约理论家们的看法，她们天生缺乏政治能力，即创造和保持政治权利的能力。"③

无疑，佩特曼正确地注意到了男性理论家和政治积极分子们持续不断的努力，即要把妇女的角色限定在"自然限定的"私人性家庭领域。但她认为，这导致了家长制状况，而这种状况的立足点是一种几乎无法改变的状况："我们的身份都具体体现为男人和女人。"④ 相反，通过简要地考察关于妇女权利的对立话语，以及大革命中妇女发挥作用的几个例子，我想

---

① "Reimpression de l'Ancien Monitor", vol. 18, pp. 298 – 300, translated and cited in *Women in Revolutionary Paris*, 1789 – 1795, *Selected Documents*, ed. and trans. Darline Gay Levy, Harriet Branson Applewhite, and Mary Durham Johnson (Urbana: University of Illinois Press, 1979), 216 – 217.

② Carole Pateman, *The Disorder of Women* (Stanford: Stanford University Press, 1989), 17 – 18.

③ Carole Pateman, *The Sexual Contract* (Stanford: Stanford University Press 1988), 96. Cf. Dorinda Outram, *The Body and the FrenchRevolution: Sex, Class, and Political Culture* (New Haven: Yale University Press, 1989).

④ Pateman, *The Disorder of Women*, p. 15.

说明，妇女们看起来本质化的性别认同注定是分裂的和不一致的。① 澄清大革命中的话语和实践，我的目的并不是要说，扩大妇女自由的这些边缘化的努力取得了巨大的成功。我的目的是，基于当前的状况而回顾历史，我认为女权主义不必再囿于"身份—差异"的陷阱，或者通过回顾历史发现我们早就熟悉的"女人"。② 我强烈主张我们应当认可民主和自由理论那未曾兑现的、具有普遍性的诺言，因为差异有可能是团结的基础，而非分裂的基础。我们需要害怕的不是多样性，而是那些单一的、同质性的、沉淀下来的人种、性别、宗教、族群或民族的身份，它们损害了公民共同性的基础，并否认社团、忠诚对象、区域和地位的多样性，而个人身份正是通过这些多样性得以构建的。③ 正如克里斯提娜·克罗斯（Christina Crosby）建议的，"问题在于，'关注我们之间的差异'的女权主义能否打破这个恶性循环，即妇女的身份具有自明性并且历史映照着现实。"④

身体和权利：女权主义的对立话语

从数量上看，在大革命期间明确要求性别平等的主张并不多，并且大多被那些声称性别差异的主张和从医学主张里引申出新的权力的主张的合

---

① 正如我之前详细谈到的女性社团与协会所受的压制，以及更加普遍的女性从公共领域的整体转移。在那种公共领域里，对于由男性主导的契约政治组织，女性只具有象征性的重要性："我反对认为这种结果是不可避免的主张；我宁可探究在革命过程中女性革命者（政治女性）是如何变得不正常的。" *Women and the Public Sphere*, 12.

② 关于女权主义理论中认同与差异问题的两种重要观点，参见 Nancy Fraser and Linda J. Nicholson, "Social Criticism without Philosophy: An Encounter between Feminism and Postmodernism"; and Christine Di Stefano, "Dilemmas of Difference: Feminism, Modernity, and Postmodernism", in *Feminism/Postmodernism*, ed. and with an introduction by Linda J. Nicholson (New York: Routledge, 1990), 19–38, 63–82。

③ 参见 Donna Haraway, "A Manifesto for Cyborgs: Science, Technology, and Socialist Feminism in the 1980s", in *Feminism/Postmodernism*, 190–233。

④ Christina Crosby, "Dealing with Differences", in *Feminists Theorize the Political*, ed. Judith Butler and Joan Scott (New York: Routledge, 1992), 133.

唱所淹没。① 孔多塞和戈治（the Marquis de Condorcet and Olympe de Gouges）是两位最知名的反对人物，他们反对那种流行的看法，即自然的、性别的差异应当使妇女处于驯服和屈从的地位。自由派贵族孔多塞著有《论给予妇女公民权利》（1790）以及其他一些关于妇女和黑人的政治自由的著作。他因为发展了17世纪理性主义思想家巴尔（Poullain de la Barre）平等主义以及展望了现代女权主义而受到持久的称赞。孔多塞认为，不将妇女纳入进来，国家就无资格称其为"自由宪政。"他认为妇女是"感性存在物，有能力获得道德理念以及关于这些道德理念的推理"，因此，她们应当获得平等的权利。② 孔多塞甚至还比较了"母性"的不便与痛风和支气管炎之类的"小恙"，认为不管是女人的身体还是她们的责任都不构成充分的理由使他们被排斥在政治领域之外。③ 孔多塞反对的是这样的看法：即使提高教育标准，并使性别之间的社会状况平等化，妇女的推理也与男人大不相同，或者也许她们根本无法推理。他认为，在那样的状况下，妇女们能够摆脱虚荣和自利的驱使，并对严格的正义秩序和实在法做出反应。因此，孔多塞认为，迷信和无知，而非天性，造成了对妇女的歧视和对她们权利的限制。

然而，当孔多塞试图使他的反对者相信，代议制政府并不必然会导致妇女们抛弃家庭事务和对孩子的看护的时候，他也承认性别之间的差异是会产生影响的。当他轻蔑地鄙弃专制者以"功利"为借口否认"真正的权利"（他认为这包括奴隶的权利，出版自由和免于非公正拘押的自由）的

---

① 参见 Thomas Laqueur, *Making Sex: Body and Gender from the Greeks to Freud* (Cambridge, Mass.: Harvard University Press, 1990); Paul Hoffman, *La Femme dans la pensee des lumieres* (Paris, 1977); Ludmilla J. Jordanova, "Guarding the Body Politic: Volney's Catechism of 1793", in 1789: *Reading, Writing Revolution*, ed. Francis Barker et al. (University of Essex, Proceedings of the Essex Conference on the Sociology of Literature, July 1981, 1982); Jordanova, "Naturalizing the Family: Literature and the Bio-Medical Sciences in the Late Eighteenth Century", in Jordanova, *Languages of Nature* (London: Free Association Books, 1986); Dorinda Outram, *The Body and the French Revolution*, chap. 4, "The Eighteenth-Century Medical Revolution: Bodies, Souls, and Social Classes".

② Marie Jean Antoine Nicolas de Caritat, Marquis de Condorcet, "On the Admission of Women to the Rights of Citizenship (1790)", in Condorcet, *Selected Writings*, ed. Keith Michael Baker, 100, 98.

③ Condorcet, "On the Admission of Women", 99–100.

时候，孔多塞还是有所保留，目的是"不让任何的观点没有答案"①。实际上，他发现，不但有必要回应功利主义者们的反对意见，而且有必要减缓男人们的担心，即女性公民有可能变成"女强人"，像皇家女总管一样，凌驾于男人之上。所以他说，"没有必要认为，因为女人能够成为国会议员，她们就马上抛弃她们的孩子、家庭和针线活。她们只不过能够更好地教育孩子，辅助男人。妇女喂养孩子并照顾他们的幼年是很自然的。由于这些照顾使她们难以离开家庭，并且由于她们不如男人那样强壮，妇女们过一种更加内向的生活也是很自然的。"为了更充分论证自己关于妇女权利的主张，孔多塞还论证说，尽管履行某些自然责任的需要使得某个妇女在某一次选举中不愿参加投票，但这并不是妇女合法地排除在外的充分的理由。②

这些都是代表妇女利益的强有力的主张。然而，从我们的角度看来，特别令人感兴趣的是，即便这种强有力的主张性别平等的论证，也借助了性别之间的不对等现象，要是没有这点，它们将是妇女权利彻底平等和理性的辩护。尽管孔多塞的目的是为自然差异辩护，但是他并没有令人完全信服地证明，性别差异在一个更为理性化地组织起来的社会中将不会持续地产生决定性的社会影响。

基思·贝克认为孔多塞在此问题上并没有作任何让步，因为，尽管这位哲学家承认大部分妇女将继续呆在家里做家务，但"不认为女人的天性将使她们局限于这些职责，将她们排除在对政治生活的积极参与之外，将她们排除在对公共问题的充分讨论之外。因此，孔多塞并不需要从共和主义话语的反抗脉络中抽出为妇女解放作论证的话语。在他的全部哲学所立基的竞争性的理性社会进步话语中，他可以找到大量的此类论证观点"③。贝克的看法是非常能够站得住脚的。实际上，在总结的时候，孔多塞挑战性地对他的批评者说："给我展示一个能够使剥夺某项权利具有充分合法

---

① Condorcet, "On the Admission of Women", 100-101.
② Ibid., 102.
③ Keith Michael Baker, "Defining the Public Sphere in Eighteenth-Century France", 203.

性的男人与女人之间的自然差异。"① 然而，孔多塞唯一不能充分说服自己的就是这种可能性，即一旦获得了充分的政治权利，妇女们或许会抛弃她们"自然的"家庭事务。因此，在妇女们在人民革命中大规模参与到政治中的景象前，这些少数的依然主张给妇女平等权利的代表们似乎从先前的立场后退了。因而，尽管孔多塞以为妇女的选举权作辩护而出名，但当他1793年在制宪会议上作关于宪法草案的导论报告的时候，他却对妇女的平等权利问题保持了沉默——这是一个紧接着就废除了积极投票者和消极投票者差异的时期，从而否认妇女的权利就更加明显地表现为一个性别差异的问题，而不是财产或阶级地位的差异问题；这是一个街头的和议会走廊上的妇女运动加速进行的时期，也正是在那时，革命派出版物中的反女性运动已大大发展了。

然而，尽管孔多塞表现出明显的模棱两可，但关于这个问题还是存在一些讨论的，特别是在孔多塞的朋友和政治盟友之间。大卫·威廉姆斯（David Williams），这位吉伦特党人的朋友、索菲·德·孔多塞（Sophie de Condorcet）沙龙的参加者，一直支持妇女的教育，支持妇女结成社团，并支持单身妇女的权利，不管是未婚妇女还是寡妇。② 此外，皮埃尔·古约玛（Pierre Guyomar）也支持妇女们获得投票权。与孔多塞早期的立场非常相似，古约玛比较了对性别的偏见与对人种的偏见，认为性别偏见应当马上消除。不过，古约玛走得更远的是，他指责《人权宣言》使男人们的贵族制永久化，并且夹带了许多旧制度的原则。尽管存在这些呼声，制宪委员会还是于1793年4月做出决定，妇女缺乏足够的教育，不能参与国家政治生活。③

孔多塞在为妇女的自然权利作辩护时所遇到的困难，更加明显地体现在剧作家、演员、煽动家和令人憎恶的保皇派分子戈治的著作《妇女权利

---

① Condorcet, "On the Admission of Women", 102.
② Roudinesco, *Theroigne de Mericourt*, 129–130.
③ Roudinesco, *Theroigne de Mericourt*, 130. 另外，Roudinesco 指出虽然他自己关于平等主义的公共教育的计划草案以和平为先决条件，但是 Condorcet 在1792年4月投票赞成战争。Roudinesco, *Theroigne de Mericourt*, 102. 参见 Elisabeth and Robert Badinter, *Condorcet* (1743–1794): *Un intellectuel en politique* (Paris: Fayard, 1988), 400–405, 533–544.

宣言》中①，孔多塞是作为一个公正的但具有同情心的观察者发言，而戈治则基于一个女性而写作。她大胆地宣称："这是一个以极大的勇气和决心向她的国王和国家展示自己的妇女。"同时，她要求"人民，不幸的公民聆听一个有正义感的、充满感情的妇女的呼声"②。戈治毫不掩饰地宣称，她是争取妇女权利的"有关"当事人。她不愿将自己的身份掩饰在抽象的个性语言之后，而是直白地要求人们注意她的女性身份。她的著作充满大量模糊的关于女性主体性的论述。在一个解释性的讨论中，琼·瓦拉赫·斯科特（Joan Wallach Scott）提醒我们不要抹杀戈治的话语中矛盾的、非逻辑的和不一致的方面。应当看到，戈治的说法并不是她本人的不足，而是"（自由）政治理论与对立的理论之间相互排斥和矛盾的产物"③。因此，对斯科特来说，戈治为妇女的权利所作的辩护中存在的模糊与矛盾，"反映了抽象的普遍的人之概念在其应用上的特殊性和排斥"④。实际上，戈治拒绝那种简单易行的但最终不能令人满意的保障妇女地位的做法，即把妇女当作抽象的个人。"为了给妇女争取一般的'人类'地位，她坚持妇女的特殊品质；在坚持要求平等的过程中，她一再指出肯定差异。"⑤

斯科特把戈治思想中的两难命题与革命中的那种霸权性的观念作了对比，即与那种认为性别差异是自然的，从而也就是社会的和政治的秩序的基本原则的观念作了对比。在雅克－路易·莫罗（Jacques-Louis Moreau）

---

① Gouges, "The Declaration of the Rights of Woman", in Levy, Applewhite, and Johnson, *Women in Revolutionary Paris*, 1789 – 1795, *Selected Documents*. 与 Condorcet and Wollstonecraft 不同，Gouges 直到最近才从女权主义的伟人祠中获得了一席之地。Benoite Groult 决心纠正这种不平衡。参见他主编的介绍 Olympe de Gouges 的书，*Oeuvres*（Paris: Mercure de France, 1986）。关于传记式的叙述，参见 Olivier Blanc, *Olympe de Gouges*（Paris: Syros, 1981）。

② Gouges, "Remarques patriotiques: par la citoyenne, Auteur de la lettre au Peuple, 1788" and "Le cri du sage, par une femme, 1789", in Groult, *Olympe de Gouges*, 73, 91, cited in Joan Wallach Scott, " 'A Woman Who Has Only Paradoxes to Offer': Olympe de Gouges Claims Rights for Women", in *Rebel Daughters: Women and the French Revolution*, ed. Sara E. Melzer and Leslie W. Rabine（New York: Oxford University Press, 1992）.

③ Scott, "A Woman Who Has Only Paradoxes to Offer", 116.

④ Ibid., 107.

⑤ Ibid., 108.

医生的生动评价下，女性"身上完全充满了她们的性特征"①。然而，戈治并不否认妇女身体的特殊性，而是从妇女特殊的立场出发争取普遍的权利。这样她的言论就有为那些认为妇女的特殊性正是其无资格受到同等对待和同等法律保护的原因的人提供口实的危险。另一方面，不管戈治的观点是多么的不完善，它总是提醒我们，"要差异化地思考整个权利问题"②。在《宣言》的第六条，戈治令人奇怪地把言论自由的权利同妇女以父亲的姓名给孩子取名的特殊需要联系在一起。她转而又把这同确保父亲的义务联系起来，比如说，这会使父亲意识到他对孩子的义务。虽然承认在家庭中妇女的地位低于男人，但戈治把言论自由同要求父亲履行责任联系在一起。同时，戈治又主张男人应当有些特权，并揭示了家长权力滥用的情况。然而，正是由于处于怀孕期间，"妇女的言论自由权利才具有最大的权威，同时也具有很大的争议"。斯科特发现，"戈治对于妇女言论权利的主张……唤醒了不足以自立的女性特征之幽灵，唤醒了理性的、掌握着真理的男人们迂回的、精于算计的对立者，从而这些注重也就充满了不确定性。"③

同样，尽管对国家中的母亲、女儿和姐妹大加赞美，戈治依然对现实中的妇女保持矛盾态度。戈治谴责旧制度下的妇女制度，认为妓院应当被放置到指定的角落。她预言，在新共和国中，"强大的自然帝国"将使妇女摒弃非法的和不道德的行为，她们先前的那个"帝国"。正如我在其他地方所论证的，这些对新共和国中妻子和母亲的权利的呼求，与她所根据的共和主义革命派关于妇女的看法之间存在紧张关系。比如，当她说到议会和王权的关系时认为，"这两种权力（行政的和立法的权力），就像男人和女人的关系一样，应当在力量和道德上保持对等，以造就美满的家庭。"④

---

① Scott, "A Woman Who Has Only Paradoxes to Offer", 104 – 105.
② Ibid., 110.
③ Ibid.
④ Gouges, "The Declaration of the Rights of Woman", cited in Landes, *Women and the Public sphere*, 126 – 127.

那么，自然是怎么启发了戈治呢？斯科特认为，戈治把自然的意涵理解为权利的基础，从而坚持政治安排应当以自然正当性为基础的看法。比如，她拒绝那种把身体的差异进行固定化的二分的做法，坚持"认为身体的社会后果具有非常大的不确定性"①。这不但使她对性别特征固定化的看法提出质疑，而且她还把这种推理应用到了人种差异的问题上，正如我们所看到的，这也是孔多塞关注的一个问题。基于肤色的不确定性，戈治反对白人的特权和黑人的受奴役地位。另一方面，和她同时代的许多人一样，戈治也从自然中寻找普遍的、人类的权利的基础。结果，由于戈治认为权利应当同时具有具体性和普遍性，她从来没有解决她思想中的一个矛盾，即身体差异既与平等无关，又是平等的基础。与孔多塞一样，戈治的思想中的两难直到今天依然困扰着那些权利理论家们。但由于戈治没有采取更加具有逻辑性和更严谨的方法来处理这个问题，她也就更尖锐地把这个问题中的难点凸显了出来。

空间中的身体：妇女和革命政治

从1789年早些时候开始，大革命就戏剧性地为男人和女人们开启了参与的政治空间。② 尽管男权主义的声音比较强大，妇女们要求选举权的声音比较微弱，以及横亘在妇女们面前的强大的法律障碍——1791年宪法否认妇女具有作为积极公民投票的权利和携带武器的权利，1793年宪法否认妇女享有充分的公民权利，还是有大量的证据表明，妇女们广泛地参与了

---

① Scott, "A Woman Who Has Only Paradoxes to Offer", 112.
② 我正通过下列作品来为大革命时期的女性行动主义和意识绘制肖像：Dominique Godineau, "Masculine and Feminine Political Practice during the French Revolution, 1793 - Year III", and Darline Gay Levy and Harriet Branson Applewhite, "Women, Radicalization, and the Fall of the French Monarchy", in *Women and Politics in the Age of the Democratic Revolution*, 61 - 80, 81 - 107; Levy and Applewhite, "Women and Militant Citizenship in Revolutionary Paris"; Dominique Godineau, *Citoyennes Tricoteuses* (Paris: Alinea, 1988); and Levy, Applewhite, and Johnson, *Women in Revolutionary Paris*, 1789 - 1795, *Selected Documents*. 也可参见 Landes, *Women and the Public Sphere*; Christine Faure, *Democracy without Women*.

当时的政治运动。① 而且，在1793年10月雅各宾专政取消妇女参与革命俱乐部和社团的权利，或者取消妇女组成代表参与巴黎公社的权利之前的关键几年，革命的领导者们对妇女的公民身份和公民美德持不确定的态度。正如利维和阿普怀特所解释的，当权者"非常犹豫，他们摇摆于控制和利用妇女们对政治身份和政治权利的要求之间。开始他们奚落这些主张，而后，为了消解它们，又对它们进行重构，最后又镇压了它们。但是，在犹豫不决和摇摆不定所提供的空间中，妇女们获得了作为公民的政治身份"②。

进一步说，尽管在1793年表现出了对女人的极度厌恶，但雅各宾派的男人们并不总是对政治激进的妇女持反对态度。在1793年5月31日到6月2日的起义期间（妇女们发挥了重要的积极作用），雅各宾派领导人赞美起义者们"具有最纯洁的公民心灵"。相反，吉伦特派分子，比如代表和记者戈萨斯（A. -J. Gorsas）则把武装起来的妇女或"醉酒发疯的人"称为"带着手枪和匕首四处发狂的人，她们公开发表演说，并冲进城市的任何公共场所"③。利维和阿普怀特还发现，1793年秋雅各宾派对妇女的镇压，并不是蓄意为之，而是反应过激的结果，主要出于以下三个原因考虑：(1) 在他们努力控制基层群众对于政治经济管制的反对行为时，雅各宾派发现革命的妇女最难管理，实际上，妇女们不顺从任何的政治强制、指导和控制的正常机制，因为她们不是正式的政治体制的组成部分，她们既不投票、当官，又不参加议会。(2) 雅各宾派认为，武装起来的、持共和主义理想的妇女们的活动，对家庭稳定构成了威胁，他们认为妇女们应当承担起对男性公民固有的公民特征的缓和作用。(3) 由于超出了可忍受的关于女性柔弱、无能的看法的界限，革命妇女们（她们既要求军事权力

---

① 关于男性语言的探讨，参见 Dorinda Outram, "Le langage male de la vertu: Women and the Discourse of the French Revolution", in Peter Burke and Roy Porter eds., *The Social History of Language* (Cambridge: Cambridge University Press, 1988), 120-135。

② Darline Gay Levy and Harriet Branson Applewhite, "Women and Militant Citizenship in Revolutionary Paris", in *Rebel Daughters: Women and the French Revolution*, 80.

③ Darline Gay Levy and Harriet Branson Applewhite, "Women and Militant Citizenship in Revolutionary Paris", 93-93.

又要求政治权力）对雅各宾的男人构成了可能使他们显得无能的威胁。①

在一项对于某省的雅各宾妇女俱乐部的研究中，苏珊娜·德珊（Suzanne Desan）发现了类似的妇女们广泛参与政治运动的证据。她同样提醒我们，男性革命者最初对妇女俱乐部是持欢迎态度的，特别是在1791至1792年之间。然而，德珊也指出了妇女俱乐部的三种主要的麻烦：（1）对于妇女们作为文化传播者和爱国教育者的角色，她们以俱乐部的形式进行公共集会是否有必要，爱国者们之间存在分歧。（2）妇女们在私人领域相对于男人的权力的提升，给人们带来了日益增长的不安。（3）担心革命教育会使妇女们柔弱、敏感的天性转变为理性的和"透明"的特征，而这正是新型革命男人必须具备的特征。② 实际上，尽管承认妇女的基本角色是家庭角色，但是妇女俱乐部的成员们还是呼吁妇女们"**把她们同丈夫和情人之间的关系政治化**，把政治判断和道德训诫带到床笫之间"。德珊发现，那些经常的对于妇女的任性的批评"非常含糊其辞，其间夹杂着对于妇女通过色诱对男人施加私下的影响的批评"。并且，在1792至1793年的混乱的岁月，男人们经常因为要弄阴谋诡计、容易上当受骗而受到批评指责。而形成鲜明对比的是，动员起来的妇女们则对因革命理性带给她们的变化而变得越来越自信，由于革命的教育，这些妇女们相信她们变得越来越理性，越来越不容易上当受骗。③ 与利维和阿普怀特一样，德珊也得出结论，导致男人对妇女俱乐部的镇压的原因非常多，不止一个。

在革命的公共领域和共和主义意识形态的情境中，我们发现了妇女们为创造新的政治和个人身份以及扩大民主权利和主权的内涵所做的巨大努力。众多的研究共同揭示的，是一个关于军事化女性公民身份的观念，即妇女们要求有携带武器的权利，以进行自我保护或者对抗国家的敌人，或

---

① Darline Gay Levy and Harriet Branson Applewhite, "Women and Militant Citizenship in Revolutionary Paris", 96–97.

② Suzanne Desan, "'Constitutional Amazons': Jacobin Women's Clubs in the French Revolution", in *Re-Creating Authority in Revolutionary France*, ed. Bryant T. Ragan, Jr., and Elizabeth A. Williams, with a foreword by Lynn Hunt (New Brunswick, N. J.: Rutgers University Press, 1992), 20.

③ Desan, "Constitutional Amazons", 25, 28, 29.

者要求参与制定法律的权利。① 比如，在1793年夏天，当宪法制定出来之后，为数众多的巴黎和外省妇女联名写信给制宪会议，声称"尽管法律剥夺了她们投票同意通过宪法的权利"，但她们仍然遵守这部宪法。② 更为常见的是，妇女们参加集体游行，并且常常使用暴力；她们向当权者进行请愿，使她们的身影出现在俱乐部、议会、群众性社团、街头游行示威和市场等地方。她们也常常出没于议会走廊或者革命法庭和议事厅。她们之中最激进的分子甚至还进行了威胁、监视和控制性的政治活动，不管是通过合法的还是非法的手段。妇女们还变得非常擅长通过言语煽起行动。正如多米尼克·格迪尼（Dominique Godineau）所说的，妇女们"把动摇男人们的冷漠变成了一项职业，成了'煽风点火者'：'一旦她们开始起舞，男人们就不得不随着节拍而动'"③。妇女们上述种种行为产生的结果就是，使新确立的人民主权显著地合法化并扩大了其范围。

在这一时期，革命领导人依然对妇女们保持着矛盾的态度，而妇女们则突破了她们被认为的内在的、自然形成的消极和驯服的特征。妇女们认为，即使像驯服这样的类型划分也不是不可以重新解释的。要求拥有携带武器的战士们之所以提出这样的要求，基于的是一种扩大了的关于家庭的看法：作为国家中的母亲和女儿，她们寻求的是捍卫自己在家庭内部的地位的权利。民主动员和自由立法改革之双重动力为妇女们的政治参与铺平了道路；作为母亲、女儿、姐妹、有时候貌似拥有自身权利的公民，她们以批判者的姿态参与到新型的革命政体之中。正如利维和阿普怀特观察到的，"在计算公意的权力分量时，革命领导者持续地，尽管是不情愿地和时断时续地，把妇女包括了进来，而妇女们则坚持不懈地要求把她们包括进来。"④ 结果：

---

① 女性卷入革命运动的充分程度在一系列关键事件中表现出来：1789年10月凡尔赛的妇女游行，1792春夏的武装队伍中妇女的参与，1793年5月至10月在"革命的共和主义妇女社会"运动中妇女有组织的叛乱，以及1795年5月公开的起义示威中妇女的参与。

② Dominique Godineau, "Masculine and Feminine Political Practice during the French Revolution", 69. CE. Godineau, *Citoyennes Tricoteuses*.

③ Godineau, "Masculine and Feminine Political Practice during the French Revolution", 75.

④ Levy and Applewhite, "Women and Militant Citizenship in Revolutionary Paris", 85.

在这一时期，性别的地位变成了政治权力斗争的核心问题之一，包括控制革命话语的斗争，即对于公民身份的美德、恶习和要素的界定的斗争。作为斗争的一部分，妇女们持续不断地挑战着、规避着或颠覆着对性别的角色和范围作严格限制的那些文化建构（包括那些基于妇女由于天性或者社会因素而没有能力获得政治权利的假设而形成的文化建构）。在理论和实践中，妇女们都真真切切地推动了公民身份和主权的理论内涵与实际运作的转型和扩大，尽管这种推动是暂时的和不完善的。①

女性公民身份

总之，我们不得不反思妇女的公民身份的绩效所具有的讽刺意味，在一个颇具争议的语境中，法律的、实际的和话语的障碍被确立起来，以阻止妇女们成为完全意义上的公民，最终，也就阻止了她们充分地参与到公共领域之中。即便在她们参与政治的最顶峰时期，正如多米尼克·格迪尼提醒我们的，妇女们也不过是"没有公民身份的公民"，借用利维和阿普怀特的说法，她们至多是"事实上的"参与者。② 妇女的公民身份具有不确定性，并且她们拓展性别政治的努力也失败了。当然，那些活跃在公共领域中为女性公民身份而奔走的妇女们的形象，也彻底地颠覆了官方性别意识形态关于自然的女性特征的说辞。她们的行动并非没有效果，甚至对后代来说，也是产生了影响的。尽管对公共领域的妇女持模棱两可的态度，但我们还是能够回忆起，此后的共和主义者、社会主义者和无政府主义者运动都将法国大革命中妇女们的政治参与作为公开支持女性解放的一

---

① Levy and Applewhite, "Women and Militant Citizenship in Revolutionary Paris", 98.
② Godineau, "Masculine and Feminine Political Practice during the French Revolution", 68; and Levy and Applewhite, "Women and Militant Citizenship in Revolutionary Paris", 81.

个因由。① 借用克劳德·勒夫特（Claude Lefort）的说法，"民主的确立和维持靠的是**确定性标志的瓦解**"。它开启了这样一个历史时代，自此以后，对于权力、法律和知识的基础，对于自我和他者的关系的基础，在社会生活的任何层面，人们都体验到了一种根本性的不确定性。②

在《法国大革命中的家庭浪漫》（*The Family Romance of the French Revolution*）一书中，林恩·汉特（Lynn Hunt）进一步考察了政治侵入到人们生活的各个方面，甚至最亲密的细枝末节所带来的后果。她着重强调了大革命中自由的个人主义的主张是如何导致了对旧制度下的父权制家庭组织形式的抵制的。由于一项革命性的家庭法律的通过，父亲们将自主权赋予了孩子，女儿和儿子都拥有平等的继承权，妻子和丈夫都可以据此法律提出离婚。然而，考虑到妇女的实际地位，这些民法上的改革又导致了更深层次的悖论："一方面，妇女们被整合进了新的公民秩序之中，她们成为了受法律保护的公民个人，但另一方面，她们也被排斥在某些政治权利之外，并且没有任何明确的理由。"因此，汉特断定，"把妇女排斥在外并不是自由主义政治学理论上的必然要求，实际上，由于它关于自治个体的看法，自由政治理论实际上使得排斥妇女之行为更加具有争议性。"实际上，汉特将家庭内意识形态的出现视作一种政治的和文化的反应，这种反应针对的是对将妇女长期地排斥在政治之外进行系统性正当化的需要，"尽管妇女们获得了公民社会中的许多法律权利"③。

无疑，汉特正确地认识到了自由的个人主义与性别不平等之间令人不快的罅隙。对于民主的平等原则和性别秩序的不平等之间的矛盾，也可以得出同样的结论。尽管我承认此类意识形态的和社会的矛盾的重要意义，我依然坚持认为，我们必须考虑自由和民主思想得以形成的性别的文化和

---

① 我这里说的是所宣称的目标，而不是真实的实践。对于女性，现代解放运动在这两个维度上都达不到标准。我在一篇文章中提出了这个问题，参见"Marxism and the Woman Question", in *Promissory Notes: Women in the Transition to Socialism*, ed. Sonia Kruks, Rayna Rapp, and Marilyn Young (New York: Monthly Review Press, 1989a)。

② Claude Lefort, *Democracy and Political Theory*, trans. David Macey (Minneapolis: University of Minnesota Press, 1988), 19.

③ Lynn Hunt, *The Family Romance of the French Revolution*, 202-203.

政治框架。汉特似乎认为，性别排斥不仅仅是事后正当化的结果，因为她在书中的目的是要揭示法国大革命的"集体幻觉"和"政治无意识"。无论如何，充分地论述（历史地具体地）嵌入在文化和政治实践中的话语超出了本文的范围，但我还是认为，当下的要重新激活自由的和民主理想共享性批判工程，不能仅仅围绕过去的自由和平等理想形成的关于身体和性别的寓言而展开。就此而言，戈治所碰到的权利话语和民主实践之间的麻烦远未解决。前面说过，我支持汉特的也是贝克的希望，即希望实现自由理论的民主承诺。但这样一个任务还要求，正如尚塔尔·墨菲所说的，"全部话语、实践和社会关系的转型——在一个'妇女'一词被认为具有服从含义的环境中"。墨菲认为，"激进和多元的民主工程需要的不是性别差异化的公民身份模型，而是一个真正不同的关于作为公民意味着什么和作为民主共同体的成员意味着什么的观念。"①

对于妇女们卷入革命公共领域的绩效角度的考察揭示了，女性身份远非同质性的、静止的、单维度的：即便在法律规定的服从面前，妇女们对公民身份的利用也是多种多样的。妇女们的行动显示了建构自我的多种可能性。武装起来的妇女并没有像反对者所指责的那样切分甚至侵犯公共和私人之间想象的界线。相反，她们的行动证明，任何行动都有公共的和私人的后果。她们还挑战了形成于这一时期的关于自然的女性特征的规范性看法。她们颠覆了通常认为的女性的含义。因此，她们被谴责为"狂怒的人"，被贴上"女性人"的标签，被嘲笑为"公共的人"，不道德的妇女，并且，长期以来最为不幸的是，她们一再被要求回归那种体面的但受约束的家庭妇女身份。

但是，政治上活跃的妇女们从不觉得她们或她们的行动与她们的女性地位之间有什么不协调。戈治主张妇女的权利，同时她也意识到了她们作为母亲的角色。武装起来的妇女追求权利和占据空间的动机所基于的，是对新的民主公共领域中女性特征的含义的持续不断的发掘。妇女们建构自己身份的场所是非常多样化的，并且在持续不断地进行修正和扩展。邦

---

① Chantal Mouffe, "Feminism and Radical Politics", in *Feminists Theorize the Political*, 377, 382.

第十五章　公民身份的绩效：法国大革命中的民主、性别和差异 / *317*

妮·霍尼格对汉娜·阿伦特的思想的有价值的女性主义的重塑，很好地揭示了这些革命妇女们的行动的重要意义。借用阿伦特的话，霍尼格写道："一种表述行为的政治，不是再生产和再表现我们是'什么'，而是通过产生新的身份来创造我们是'谁'，这些身份的'新含义'就成了'新故事的开始'，可能在无意之中，人们就把这些新的身份世代传递下去了。"①

我们对不管是主题还是话语都并非无缝之天衣状况下的意识形态和实践的多重含义作了充分的考察。大众代表制的特殊悖论值得考虑：尽管主权是铁面无私的和多元的，但为人民说话或代表人民的能力确是充满风险，易受挑战。基于同样的理由，民主政体需要一个舞台，并且要求表现出经常性的绩效。实际上，民主的绩效有多种，民主景观也各有不同。当然，在大革命中，革命领导者们下了很大的工夫来使新政体中的性别差异具体化：在节日时期，女人和男人，成人和儿童被指定于特定的区域并穿上特定的服装，使与他们的新的公共和私人责任相符合。妇女们起初被指定为政治集会和社团活动的旁观者角色，而后又被逐出了政治领域，退回到家庭领域②，妇女们对于革命运动作出的真正的贡献被置换为一个神话，在那里，神性体现为自由、理性、真理、正义、哲学和博爱等政治品质，从而它的作用也就遮蔽了人类的（特别是妇女们的）努力。③

不过，民主政体也与权威政体拉开了相当大的距离。在过去，权威被

---

① B. Honig, "Toward an Agonistic Politics: Hannah Arendt and the Politics of Identity", in *Feminists Theorize the Political*, 225.

② 19世纪劳动妇女在市场和工业中的显著地位引起了一部分新闻记者、警务人员和作家的重要关注。参见 Victoria Thompson, "Contamination and Control: The Public Presence of Working Women in Nineteenth-Century Paris", a paper delivered at the Ninth Berkshire Conference on the History of Women, Vassar College, June 11–13, 1993; Mary P Ryan, Women in Public: *Between Banners and Ballots*, 1825–1880 (Baltimore: Johns Hopkins University Press, 1990); Susan Buck-Morss, "The Flaneur, the Sandwichman, and the Whore: The Politics of Loitering", *New German Critique* 13, no. 39 (1986); Christine Stansell, *City of Women: Sex and Class in New York*, 1789–1860 (New York: Knopf, 1986); Elizabeth Wilson, *The Sphinx in the City: Urban Life, the Control of Disorder, and Women* (Berkeley and Los Angeles: University of California Press, 1992); and Janet Wolff, *Feminine Sentences: Essays on Women and Culture* (Berkeley and Los Angeles: University of California Press, 1990), esp. chaps. 2–4。

③ 我在一篇未刊稿中谈论了这三个问题，参见 "The Embodiment of Female Virtue in Revolutionary Political Culture"，该文将收录在我即将出版的 *Visualizing Freedom: Politics, Culture, and Gender in Eighteenth-Century France* 一书中。

认为附属于于上帝、国王和传统,而民主政体在共和国之中确立了新的权威来源——阿伦特认为这是一种可以进行变革的政治能力:对变革、抵制和创造保持开放性。① 在革命的公共领域中,女性主义的对立话语和妇女们所采取的激进行动,至少暂时地颠覆了共和主义的伦理和法律强加给妇女们的约束。武装起来的妇女们不协调的、平等主义的行动和话语显示了偶然的、脆弱的但拓展了的民主制政治实践的可能性。正如勒夫特评论的:"要是行动者意识不到,社会实践中的质疑过程就始终处于潜在状态,人们不会对这些质疑作出回答,从而,意识形态的工作——这是一种致力于恢复确定性的工作,也就不能终结质疑的过程。"②

---

① 参见 Honig,"Toward an Agonistic Feminism",217。
② Lefort,*Democracy and Political Theory*,19。

第十六章 边缘人和叙述性认同：晚期现代性的阿伦特式反思

卡罗斯·A. 佛门特

用阿伦特式透镜审视晚期现代性的政治图景，使我相信，"边缘人"之于当代公共生活，一如他们的近祖——犹太难民和政治流亡者同之于现代性一样。① 本文第一部分探讨了边缘人是谁，强调了他们作为政治代理人独一无二的特性；第二部分阐述了边缘人的本质，其认同受混合性论述的形塑方式；结尾部分评论了边缘人和难民及流亡者之间的基本差异，以突出 20 世纪中叶阿伦特撰写现代极权政体之本质的反思以来公共生活领域所发生的变化。② 在阿伦特看来，现代性和极权主义的姻亲关系之所以成为可能，部分是因为难民和犹太人的边缘化，以及作为政治权利主要保障

---

① Hannah Arendt, *The Origins of Totalitariansim* (New York: Harcourt Brace Jovanovich, 1979).
在阿伦特看来，反犹主义主义的文化基础，这个极权主义政体的象征新核心，可以追溯到"争夺非洲"的斗争中，那时候的帝国主义者为了把土著居民重新界定为殖民地臣民而大力鼓吹种族主义观念。种族主义最终又回到了它的母国，使得纳粹分子及其欧洲的同情者将犹太人视为"中非洲的一个野蛮的土著部落"。极权主义的终结导致产生了一个新的边缘群体——"政治难民"。这些没有国家的人，就像以前欧洲的犹太人一样，体现在公共生活的基本方面。由于被剥夺了公民身份，被驱逐出了家乡，并且没有祖国来表达和保护他们的权利，这些流放者就成了战后最易受攻击、最易遭到危险的群体。

② 我的第二篇论文《晚期现代性中的边缘人和公共实践》检视了边缘人所产生的公民和政治生活的混合形式。

者的"民族—国家"的衰微。现代公共生活持续地表现出社会排斥和民族与国家间界限模糊化的特征,然而,由于这两个特征是在根本不同的背景下产生,因极权主义的溃败与民主政体的胜利而成为可能的,因而从中产生的社会政治也就截然不同。民主和边缘化在晚期现代性中是纠缠在一起的,这有助于一种新型政体——"等级制民主"的形成。

作为政治代理人的边缘人

"边缘人"这个概念显然并不准确,也许必然如此。边缘人曾意指一种新型的政治代理人,包括前殖民地人民和二等公民,以及他们独特的经历和混合文化。尽管这一概念存在诸多缺陷,但它和其他任何术语一样自有长处,能够勾画常常未被注意和观察到的若干事实的大体轮廓和形状。

前殖民地臣民

作为一个名词,边缘人是指战后以前所未有的规模移入并定居在北大西洋盆地前殖民地居民。(英国、西班牙、意大利、法国、德国、美国)。[①] 尽管他们的法律地位相对有保障,但对公民权(Citizenship)的体验仍然模糊。大部分人现在成为"双重国籍者"、"永久居民"或"入籍公民",他们的公民和政治纽带延伸到母国的同胞,以及所定居国家的同胞中。他们被要求表现出双重忠诚,例如,现在定居在德国的土耳其人,定居在西班牙和美国的拉丁美洲人,定居在大不列颠、法国和美国的阿拉伯人和以色列人,定居在大不列颠和美国的巴基斯坦人、次大陆的印度人、来自加勒比地区说英语和法语的岛民,在法国、西班牙、意大利、大不列颠和美国生活和工作的非洲人尤其是马格里布人。[②] 史珂拉(Judith Shklar)注意到"公民权必然与国籍相联系",她对此进行了评论,但问题在于,自战

---

① 巴西、加拿大和墨西哥尽管也是该盆地的一部分,但严格说来并非"后帝国主义"国家,尽管在其境内生活着位数众多的边缘人。

② Nina Glick Schiller, Linda Basch, and Cristina Blanc-Szanton, *Toward a Transnational Perspective on Migration: Race, Class, Ethnicity and Nationalism Reconsidered* (New York: New York Academy of Sciences, 1992).

后以来国家日益多元化，这重新定义了人们体验公民权的方式。① 国家与民族之间的界限很少重合，但这种分离在今天看来比以往任何时期都要深刻和广泛。② 晚期现代公民权这一概念已经同化了对双重忠诚的体验，而不必得到政府官员的正式认可，这些官员对现实持宽容态度。③

大量前殖民地人民是"新生代流浪者"，他们独特的双重体验值得受到特别关注。这些人踏着国际经济和地缘政治背景不断改变的节奏，周期性地在客居国和发源国之间来回穿梭。④ 来自核心帝国整个周边国家的移民、季节性工人和过客工人，从墨西哥、美洲中部和加勒比海一直往东，穿越大西洋到北非的马格里布地区，一直延伸到中东和土耳其北部，依赖于公民南北方向的穿梭联系，来跨越这个拱门。新流浪者依赖于家族联系、"虚构的"血缘联系，以及建立在工作、校友网络和旅游基础之上的弱关系，这些联系能维持下来的时间从数月到数年不等。⑤

二等公民

"边缘人"通常也指"二等公民"（基于种族、伦理、国家、宗教和性别划分的少数群体），他们受到同胞的歧视对待，在自己祖国被驱赶到核心体制的边缘位置。⑥ 尽管具有相对稳定和安全的法律地位，二等公民的政治权利仍然受到了社会的贬低。二等公民被打上社会耻辱的印记，这

---

① Judith Shklar, *American Citizenship: The Quest for Inclusion* (Cambridge, Mass.: Harvard University Press, 1991), 5.

② Marxim Silverman, "Citizenship and the Nation State in France", *Ethic and Radical Studies* 14, no. 3 (July 1991): 333–350; Robert D. Reischaneur, "Immigration and the Underclass", *Annals of the American Academy of Political and Social Science* 501 (January 1989): 120–132.

③ Mark J. Miller, "Dual Citizenship: A European Norm?" *International Migration Review* 23, no. 4 (Winter 1989): 945–951; Jean Leca, "Welfare State, Cultural Pluralism and the Ethics of Nationality", *Political Studies* 39, no. 3 (September 1991): 568–575; and Raymond Aron, "Is Multicultural Citizenship Possible?" *Social Research* 41 (1974).

④ Schiller, Basch, and Blanc-Szanton, *Toward a Transnational Perspective on Migration*; and Alejandro Portes, "Contemproary Immigration: Theoretical Perspectives on ITS Determinants and Modes of Incroporation", *International Migration Review* 23, no. 3 (Fall 1989): 606–631.

⑤ Ivan Light, Parminder Bhachu, and Stavros Karageogis, "Migration Networks", in Light and Bhachu, des., *Immigration and Entrepreneurship* (New Brunswick, N. J.: Transction, 1993), 25–50.

⑥ 关于"核心体制"的讨论，参见 Edward Shils, "Center and Periphy", *The Constitution of Society* (Chicago: University of Chicago Press, 1982), 93–105。

些社会耻辱与公开或私人经历中的侮辱、歧视和偏见有关,这使二等公民对政治权利产生了怀疑情绪,尽管还不是敌视态度。在政治平等和社会包容缺失的状态下,二等公民日益关注自己国家或者他国的"人权和公民权",目的是要纠正自己以及其他境遇相似者所受到的不公正。① 在大不列颠、德国、法国和意大利生长的前殖民地人们的第二代和第三代,现在是这个群体的一部分。② 这个群体还包括了西班牙的巴斯克人,大不列颠的爱尔兰人,或许还有南部意大利人,因为北部的伦巴第联盟发动了抵制他们的强劲运动,而且和其他新法西斯主义者联合反对来自突尼斯、尼日利亚和非洲其他国家的第二代移民。③ 在美国,这份名单则更长,其中将包括非裔美国人、美国土著人、亚洲人、西班牙人和阿拉伯人。④ 包括犹太和穆斯林在内的宗教团体和基于性别而划分的少数群体,如女性以及同性恋夫妻一样,在一些欧洲国家和美国继续面临着困难。⑤

可以肯定的是,源于不同的社会地位、经济状况、文化资本、通向权力资源和制度性影响的渠道,这些边缘群体内部存在着显著的差异。⑥ 但这些边缘群体的共性仍然是持久的,并值得注意。

混合叙述和集体认同

前殖民地人民和二等公民被横贯大西洋盆地国家的核心制度和叙事性

---

① 关于公民权认同的讨论,见 Edward B. Portis, "Citizenship and Personal Identity", *Polity* 18, no. 3 (1986): 457 – 472。

② Jeremy Hein, "The Emergence of Ethnic Minorities in France: Market, State and Life Course Needs among Immigrants and Refugees", *Ethnic Groups* (October 1992): 135 – 150.

③ For Italy: Giobanna Campini, "Immigration and Racism in Southern Europe: The Italian Case", *Ethnic and Radical Studies* 16, no. 3 (July 1993): 507 – 536. For Spain: Alfonso Perez Agote, *La reproduccion del nacionalismo: el caso vasco* (Madrid: Centro de Investigaciones Sociologicos, 1984). For Ireland: Jeffrey Prager, *Building Democracy in Ireland* (Cambridge: Cambridge University Press, 1986).

④ Michael Omi and Howard Winant, *Racial Formation in the United States from the 1960s to the 1980s* (New York: Routledge and Kegan Paul, 1986).

⑤ Ceri Peach, "The Muslim Population of Great Britain", *Ethnic and Radical Studies* 13, no. 3 (July 1990): 414 – 420.

⑥ Alejandro Portes, "Gaining the Upper Hand: Economic Mobolity among Immigrants and Domestic Minorities", *Ethnic and Radical Studies* 15, no. 4 (October 1992): 491 – 523.

故事所塑造，尽管被塑造的方式不同。边缘人在自由政体的庇护下进入到各国的公共领域，在某个时候，尽管这些政体的核心制度面临日益增加的要求，但其依然十分强势；它的经济即使在收缩时期仍然平稳；它的国家界限尽管相对固定，但仍然可渗透；**它的社会是精英统治，但功劳得到了分享**；它的叙述被广泛接受，因而能给边缘人灌输自由意识。① 自由的叙述延续下来，并成为战后加入到大西洋盆地国家的大部分边缘群体之经历的组成部分。② 边缘人借此重新组织自己的叙述，最终又以此向被灌输的自由故事提出质疑。

作为绘图法的自由主义

沃尔泽建议我们将自由主义看做是对社会政治图景进行描绘和分割的一种方式：

> 将自由主义看成是绘制社会和政治图景的某种特定方式。前自由的版图展示了一大片尚未分化的国家，有河流和山川、城市和乡镇，但是没有界限……社会被看成是有机统一的整体……面对这个现实，自由主义理论家积极鼓吹和实践分立的艺术。他们划出界线，标记出不同领域，创造出我们至今仍然熟悉的社会政治图景……自由主义成为一个带有城墙的世界，其中每一面墙都创作了一种新的自由。③

自由主义作家所作的区分和分割，是要在当代世界维系"自由"和

---

① For Europe, see Ronald Inglehart, *The Silent Revolution* (Princeton: Princeton University Press, 1977); Suzanne Berger, *Organizing Interests in Western Europe* (Cambridge: Cambridge University Press, 1981). For the U. S., see Judith Shklar's *American Citizenship: The Quest for Inclusion*; Daniel Bell, *The Cultural Contradictions of Capitalism* (New York: Basic Books, 1976).

② 我对叙述性认同的理解，大多来自 Paul Ricoeur 的著作："Narrative Identity", 188 – 201, and "Life in Quest of Narrative", 20 – 33, in On Paul Ricoeur, ed. David Wood (London: Routledge, 1991); "The Nattative Function", *Hermeneutics and the Human Sciences*, ed. Hohn B. Thompson (Cambridge: Cambridge University Press, 1981)。

③ Michael Walzer, "Liberalism and the Art of Separation", *Political Theory* 12, no. 3 (1984), 315.

"平等"。他们如此做的一种方式是将代理人归因于某些文化的特征,以及在公民社会和政治社会之间竖立制度性界限。一方面,这能保护个体免受国家专制和"多数暴政"的双重威胁,另一方面,能维持公共制度的公平、自主和中立。

自由故事将代理人分为"学习者"——那些由于年龄、智力或道德禀赋,以及当今日益淡化的性别或种族方面的原因,仍然不完全具备公民权资格的人;以及"选择者"——那些通过展示具备宽容、正义、公平和理性的持续能力并满足了这个学说的标准的人。① 学习者和选择者之间的界限很少是清晰的,这经常迫使自由主义叙事者依赖传统的"自我印象"来描绘这个差别。像任何其他团体一样,自由叙述依赖他们时代的主流偏见,然而,尽管存在这样或那样的缺陷,它们在晚期现代中仍然是强势故事。

自由主义者在他们的故事中所描绘的社会政治地形通常包括两大主要标志:政治社会和公民社会。② 前者由国家机构组成,包括议会和法院、政党和各种社会运动,它们以公民权和爱国主义作为标志性内核。后者由正式和非正式的志愿协会组成,包括家庭、邻居、宗教、社区和压力集团,有时候还包括经济,它们以国民性和公民性为内核。大部分自由故事都对政治社会和公民社会的界限进行了长篇的说明,这一分界旨在使各自免受对方过多的要求。

晚期现代人从这些简单故事中发展出来更加复杂的故事。例如,政治参与和协商这个问题,由于自由主义聚焦于"消极自由",直到现在仍然没有凸现其意义,但得到了英国、法国、意大利和美国的思想家的重视,这些思想家共同认为政治参与和协商具有"积极的"、共和主义的性质,

---

① Samuel Bowles and Herbert Gintis, *Democracy and Capitalism: Property, Community and the Contradictions of Modern Thought* (New York: Basic Books, 1986), 16 – 19.

② Michael Walzer, "The Idea of Civil Society", *Dissent* (Spring 1991): 293 – 304; and Jean Cohen and Andrew Arato, *Civil Society and Political Theory* (Cambridge, Mass.: MIT Press, 1992).

他们寻求将公民权复兴为标识公共生活的一种方式。① 近来席卷大西洋盆地的共产主义-自由主义的交流,对那里变化的环境做出了回应。在美国,这一改变是由公民纽带的破碎以及公共生活的明显衰落所导致的;在西班牙,这是驯服政治激情,以及创造一种能包容敌对意识形态的公共空间的结果;在德国,这部分是自由主义者努力寻求用契约上而不是浪漫式语言重新定义国民性的结果。② 最后,近十年来有关"船舶的论争"分化出不同的轨道。在英国,这一关注伴随着对"言论法案"的理解,以及"政治文本"对于公共生活是怎样的任意干扰。然而在德国,关注焦点集中于"有效主张"对"理想的言论环境"的产生和调节作出贡献的方式。③ 这些及其他故事以各种方式丰富了自由主义。④

自由主义叙述之所以仍然如此强有力,原因之一是讲述者组织材料的方式。从一系列简单的二进制中,自由主义者能够产生一系列复杂的二元性,并运用这种二元性来组织主要和次要的故事,用一种更相洽的方式调和之,就像赋格曲那样。⑤ 有关普遍和抽象理性的自由故事对应于有关传统习俗的故事;有关法律权利的自由故事对应于有关实质性美德的故事;

---

① Quentin Skinner, "The Idea of Negative Liberty: philosophical and Historical Perspectives", in Richard Rorty, J. B Schneewind, and Quentin Skinner, eds., *Philosophy in History* (New York: Cambridge University Press, 1984); Benjamin Barber, *Strong Democracy: Participatory Politics for a New Age* (Berkeley and Los Angeles: University of California Press, 1984); and Pierre Rosanvallon and Patrick Viveret, *Pour une nouvelle culture politique* (Paris: Editions du Seuil, 1977).

② For the U. S.: Michael Sandel, *Liberalism and Its Critics* (New York: New York University Press, 1984). For Spain: Carlos Thiebaut, *Los Limites de la Comunidad* (Madrid, 1992). For Germany: Herbert Kitschelt, "The 1990 German Federal Election and Naitonal Unification", *West European Politics* 14, no. 4 (1991): 121–148.

③ For English debates: *Ludwig Wittgenstein, Philosophical Investigations* (New York: Macmillan, 1958); J. L. Austin, *How to Do Things with Words* (Cambridge, Mass.: Harvard University Press, 1962). For German debates: Jurgen Habermas, *The Theory of Communicative Action*, Vols. 1 (Boston: Beacon Press, 1984) and 2 (Boston: Beacon Press, 1987).

④ 理查德·罗蒂的"反基础主义"为自由主义提供了新的远景,尽管在我看来,他的著作并没有包含一个社会的和政治的叙述。

⑤ 正如音乐曲调有平缓和激荡之分一样,自由主义的评论者也可以进行分类。"自由-共和"的互换使用说明,简单的、类型学的二元区分是怎样阻碍了我们的思考。玛丽·道格拉斯许多年前就提醒我们:"二元区分是一种分析过程,但它们的有用性并不能保证确实存在着这样的区分。我们应当以怀疑的眼光审视声称存在着两种类型的人、或两种类型的现实或过程的任何人。""Judgements on James Frazer", *Daedalus* (Fall 1978): 161.

在公正基础上建立的有关程序规则的自由故事对应于有关共同价值的实质性论断的故事；有关个人自治的自由故事对应于有关集体团结的故事。这些故事组成了自由主义故事，并为作者提供基本元素以制造戏剧般的冲突、解决方案，并化解冲突。但是那些更有天分的作者往往并不止于此，他们使用各种文学写作工具，包括隐喻和明喻，对自相矛盾的部分进行软化和模糊处理，直到这些部分成为似是而非的观点或者是修辞中的矛盾修饰法为止。文学修辞的运用使这些作者能够缓和他们最珍视的假设前提，并且超越他们的叙述的边界。

自由主义，就像任何其他叙述一样，形成于论争之中，形成于论证性重述之中，这些论争和重述产生于自由主义实践者对故事不断变换的意义和重要性的阐述中。在麦金太尔看来，"传统正是由对该传统的各种解释之间的冲突构成，这种冲突本身对各种竞争性解释是持怀疑态度的……因为这不仅仅是在传统分歧中存在不同的参与者；并且这些参与者对于如何描述这些分歧以及如何解决分歧也存在着分歧……因此，传统不仅展现了对论断的叙述，而且只能通过该叙述的反复讲述才能够被重新发现，这些论证重述与其他论证性重述存在着矛盾。"[①] 自由主义并不是一种干瘪的教条学说，一种已经死亡的语言，而是一种鲜活的生活形式。

前殖民地人民和后帝国时代论述

当前殖民地人民进入到后帝国时代国家时，他们不仅仅是在海关办理护照和货币兑换；他们带着自由故事，并且用之来重新解释150年来帝国主义-殖民主义之间的关系。主奴关系这一提法，最初由黑格尔提出并通过科耶夫（kojeve）的著作为战后思想家所熟知，总结了帝国主义和殖民主义相遇的核心体验。[②] 前殖民地人民引进了有关平等、自治和公正的自由叙事，以重新理解和改造他们过去对于官僚制支配、社会依附和缺乏认

---

① Alasdair MacIntyre, "Epistemological Crise, Dramatic Narrative, and the Philosophy of Science", *Paradigms and Revolutions*, ed. Gary Gutting (Notre Dame: University of Notre Dame Press, 1980), 54 – 74.

② G. W. F. Hegel, *Phenomenology of Sprit*, ed. A. V. Miller (Oxford: Oxford University Press, 1971); and Alexandre Kojeve, *Introduction to the Reading of Hegel* (New York: Basic BOOKS, 1969).

同的体验。

接下来是重新绘图。帝国主义者不再被简单地描绘成具有强烈支配欲的侵略胜利者,殖民地人民也不再被看成是被动的、可怜的牺牲品。一种观念,即这些群体代表着一种敌对性的、不可调和的生活形态,形成于受到自由主义叙事助益的严格审查中。从这种"地平线的熔解"中逐渐产生的是另一种传统:"后殖民主义叙述"。① 在改进后的版本中,对于大西洋盆地的后帝国主义者和后殖民主义者而言,主奴关系已经是内在的和构成性的,而不是外在的和偶然的了。在这种叙述中,未来既不像德勒兹(Gilles Deleuze)所言属于挑衅的奴隶,也不像其他尼采主义者所言属于绝对的主人,而是属于那些正在进行认同实践的人。②

在 20 世纪 60 年代初首次访问自己的祖国牙买加之后,哈尔,一位身处后殖民地传统中的作家,再次讲述了他怎么意识到了这一叙述,以及对于理解不断展开的自我的效用。在与母亲的一次谈话中,他了解到自己过去在岛上被抚养大,是这样一个过程的结果,即"中下层家庭努力成为中产家庭,中产家庭再努力成为上流社会的家庭,上流社会的家庭再努力成为英国维多利亚家庭"③。回到英格兰,哈尔意识到自己是一个具有强烈排外和种族排斥倾向国家里的移民者和黑人。哈尔的三个描述性特征——暴发户、移民和黑人,这三大特征的半小说性质使他意识到,他的自我和其他人的自我一样,包括在不列颠的那些,都是分裂和不稳定的,并且打上了一系列的论述的烙印,如有关社会地位、民族主义、种族和帝国等有关的论述。

后殖民叙述者并不打算提供前殖民地人民和前帝国主义者之间相遇的定义性描述,而是为这两个群体提供了规范性的和文学上的资源,以使之能够经历转变而超越他们对于对方的先前经验。后殖民叙述与启蒙故事不

---

① For an introduction, see Bill Ashcroft, Gareth Griffiths, and Helen Tiffin, eds., *The Empire Writes Back: Theory and Pratice in Post-Colonial Literature* (London: Routledge, 1989).

② See David B. Allison, ed., *The New Nietzsche* (Cambridge, Mass.: MIT Press, 1985).

③ Stuart Hall, "Ethnicity: Identity and Difference", *Radical America* 23, no. 4 (October-December 1989): 9–20.

同，它不承诺提供完全精通和透彻的理解。它们为实践者所提供的是对差异进行承认，以及对社会政治意涵易变、不确定和流动的本质的容忍宽容，这就是为什么那些认同这一传统的人，策略性地倾向于推迟"谈话"，直到有一天，当对话的任何一方都不具备足够的叙述性资源以将他们的经历转化为部分可理解的术语时，才会打破沉默。① 自由故事使边缘人能够以全新和惊人的方式来"重组"和"重新发明"他们自己的传统。

二等公民和预言故事

"二等公民"是指这些团体，包括性别、种族和人种中的少数，他们在自己的祖国中居于从属性和边缘性地位，但是他们的经历以一种值得强调的方式不同于那些前殖民地人民的经历。二等公民常常在自由政体内部使用计策，其经历让他们对公共时间非常熟悉和精通。自由叙事的大师使这些二等公民成为其最有创造性的故事讲述者和忠实的批评者。

那些感受到了自由主义缺陷的二等公民，并没有简单地抛弃有关自由、正义、平等、合理、公正、容忍和权利的理念，而是用一系列与自己群体相关或内含于所在群体的种族国家、宗教叙述等，将这些故事编制起来。与正统自由主义截然相反的是，这些叙述包含了十分丰富、复杂和有价值的故事，这些故事关乎社会团结、集体记忆、社会荣誉、为所在群体服务，以及亲自参加旨在争取社会正义斗争等的重要性，这种参与是一种更新和重新命名个人的自我的方式。

二等公民所整理在一起的混合故事，最终被大西洋两岸的作者命名为"预言故事"。② 模仿圣经中的经典传说，这些叙述通常分为三个部分：以"集体遭遇和个人痛苦"为开头，描绘了整个群体的不公正和屈辱；接下

---

① 这些主题中的某些方面曾经在以下著作中被讨论过：Emmanuel Levinas, *Totality and Infinity* (Pittsburgh: Duquesne University Press, 1969), 40 – 46, 52 – 55, 73 – 87; William E. Connolly, *Identity/Difference* (Ithaca: Cornell University Press, 1991), 36 – 63, 64 – 94, and 158 – 97; and Paul Ricoeur, *The Conflict of Interpretations* (Evanston: Northwestern University Press, 1974)。

② Keith D. Miller, Voice of Deliverance: *The Language of Martin Luther King and Its Sources* (New York: Free Press, 1992); Cornel West, *Prophesy Deliverance! An Afro-American Revolutionary Christianity* (Philadelphia: Westminster Press, 1982); and Suzanne Berger, "Religious Transformation and the Future of Politics", *European Sociology Review* 1 (1985)。

来是有关"压力的爆发和囚禁"、"地下秘密抄本"和受压迫者反对政治敌人的各种形式的公开抵抗等故事；结尾是"救赎的希望"，这重新恢复了个人对正义和更自由的生活的献身，重新唤醒了个人对生活在这种社会中的渴望。马丁·路德·金1963年8月28日在林肯纪念堂前的著名演讲，"我有一个梦想"，也许是这种叙述中独一无二的最雄辩的例子。预言性叙述，与"现代性文本"相反，重新提升了公共生活的魅力，为公共生活注入了关乎具有历史基础的日常正义的故事。

自由主义的叙述和制度实践已经成功地改变了边缘群体。他们所叙述的故事包含了新的文字上的改变，并且以稍有不同的语调被宣告。混合人根据晚期现代的情况，借自由故事而重新发明了自己的传统。

作为规范化叙述的纯粹自由主义

自由制度在大西洋盆地进行了公开实践，其代表从全部曲目中挑选出故事，来教育、规训，还强迫边缘人，使他们明了自己过去和当前的经历。边缘群体被鼓励从自由的自相矛盾的清单中挑选出能够揭示他们自己的经历的那些故事。从每对矛盾中挑选出第一个术语，往往被视为个体已经完成从学习者到选择者转变的证据，因此个体能获得公民地位。挑选出第二个术语，意味着个体仍然停留于前自由主义概念的路途，因此仍然是一个学习者。但悖谬的是，赋予自由叙述以统一性的，并不是那些离散的和单立的选择，而是名单本身的二元结构。支持这项或那项选择，仅仅是一种重新肯定自由主义关于现代性的叙述的简单方式。自由传统是由二分法本身，而不是拥抱或抛弃清单中的任一单个故事所重新创生的。

通向自由主义的道路允许犯错误和遭受挫折，但是边缘群体营造一份替代性清单的任何企图则是被禁止的。他们必须在预定的标准化清单中做出选择；他们不被允许以系统的方式重新描绘自己。边缘人学会了以连贯和一致的方式在全部曲目中选择那些与他们的经历最为相关的故事，即使他们的经历丰富和过剩到已经无法为这些故事所全部涵盖，即使那些偶尔犯选择错误的边缘学习者仍然要遵守和尊重这些故事的内在二分法和外部界限。违背二者之一就会被自由主义纯粹分子认为是对反自由主义意图的有意申明。

纯粹自由主义者成功地拨开了边缘群体的反现代化或非现代化面孔；然而，他们却未能以边缘群体自身的形象和特征来重新标识边缘群体。边缘人并没有囿于清单上的二分法选项，每次采纳一个自由故事并抛弃其对应者，而是聚集在一起即席创造他们自己的清单。他们从每个故事中选取片段并汇集在一起，自由和非自由的情节一并采纳；使之和新完成的混合性叙述融合在一起，这些混合性叙事是后殖民、民族国家和宗教论述的混合；将自由主义、非自由主义和混合主义这三种结合成粗笨而密集的叙述，并调和之。边缘群体依靠他们自己的历史经验和谨慎判断，以一种他们和他们的导师都未能预见到的一种方式来重新组织他们自己的自由主义语言。像熟练的工匠一样，边缘群体将自由主义当作垃圾遗弃的元素加工组合，产生了未被预料到的结果。

边缘人通过自由主义的语言——一条由其故事所标记好的路径进入晚期现代性。但是在流水线的末端，他们并没有被转化成"一致的、连贯的和以己为中心的自我"，"不受阻碍、单薄和自私的自我"，或者是"宏大叙述"的作者。他们是如何做到这些的？他们在殖民地的边缘和帝国主义的中心地带就已经熟知自由主义的带有阴影的实践，当他们逐渐理解现代性的崇高和肮脏，理想化图景和腐败卑鄙，宗教的宽宏和偏下，个体的高兴和悲哀时，这些自由主义的实践已经蚀刻入他们的脸孔和身体。混血儿用来刻画自己丰足的经历的那些悖谬故事，使他们将视线移动到自由主义之外，这是因为自由主义看上去没有能力或者缺乏意愿去涵盖他们的故事。在混血儿看来，自由主义和晚期现代性是竞争而非互补的生活形式。

那些拥抱自由主义而否定自己过去、歪曲现状、错误认识自己展开的自我的混血儿，违背了自由主义的一个中心概念："正确地理解个人利益"。悖谬的是，那些记住自己的台词并且扮演指定角色的人，成为最差的学生；那些抵抗规范化的人，成为了最精织细纺的故事，这些故事调和了政治自由和社会平等的张力，还调和了二者和文化差异的张力。一些自由故事的讲叙者简化了故事，将顽固者描绘成不完善的公民和不负责任的代理人,及从过去极权主义时代中过滤后的现代残余。① 纯粹自由主义者再次求助于陈旧的隐喻,用一种高度定型的方式来描述"现代性工程",将混血儿描绘成"反动的非理性者",将自己描绘成"启蒙的理性主义"的拥护者。② 混合群体拒绝了这些故事,并且挑战了自由主义的幻想,既包括其异想天开的概念本身,也包括其对现代性的虚构描述。

纯粹自由主义者在他们的故事中越来越成为原教旨主义者,诉诸于一种准确地讲并非新的、但直到现在才得以成为自由主义曲目的重要组成部分的文艺类型:道德洗净。用道格拉斯(Mary Douglas)的人类学术语来说,这种道德洗净以"纯粹和玷污"之间无休止的斗争为基础。③ 在这些戏剧中,各种角色被制造出来,通过其言行来例示这种斗争的某个方面;随着剧情的发展,无论他们的最初情形如何,每个主角都会通过践行自己的自由意志而被清洗或污染掉。在道格拉斯看来,这些细节经常发生在不熟悉的生活形态突然相撞所带来的认知模糊和道德失效。自由主义者,就像被围攻的部落人有时聚集在自己的图腾周围那样,编制中伤混血儿的故事。这些故事太复杂,此处不予评述,但其影响可以概括如下:重建恢复普遍真理中的信仰,在"我们"和"他们"之间制造社会距离。

必须承认,与其他论述一样,混血儿论述仍然是有缺陷的和不完善的,但是它们在形象上不是原教旨主义者,在感受性上并非不包容,在信念上也不是反自由主义的。但只要这场讨论局限于这些最低限要求和刻板的术语,边缘群体就缺乏能清晰表达自己观点的词汇。如前所述,混血儿故事是在相互认知中发展起来的,而当缺乏相互认知时,边缘群体表达自己观点所需要的论述资源也就不足。混血儿故事可以变得和他们所参与的

---

① 理查德·罗蒂简要地描述了这种情况的出现:"当卡尔纳普来到美国的时候,他带来了这样一种信念,即认为要避免为哲学作历史主义的和纳粹主义的辩护,就必须避开柏拉图、黑格尔、海德格尔和尼采。卡尔·波普在英国,在《开放社会》一书中也表达了同样的观点,而这本书在美国也非常有影响力。" Giovanna Borradori, *The American Philosophers*, trans. Rosanna Crocitto (Chicago: University of Chicago Press, 1994), 108.

② 理查德·罗蒂的"反基础主义"是对这些说法的最持久的攻击。见他的 *Philosophy and the Mirror of Nature* (Princeton: Princeton University Press, 1979) and *Objectivity, Relativism and Truth* (Cambridge: Cambridge University Press, 1991)。

③ Mary Douglas, *Purity and Danger* (London: Routledge and Kegan Paul, 1966).

交谈一样复杂。

贱民、流亡者和混血儿

　　从无特权的、被边缘化群体的视角来理解公共生活,能够帮助我们定义现代和晚期政治生活之间的差别。尽管边缘人表现出了与阿伦特所指的"贱民"和"流亡者"的家族相似性,它们之间的差别却不容否认,正如他们所谋划的政治图景的差别。

　　第一,阿伦特认为 20 世纪中叶的公共生活是由"暴发户"和"民族同化论者"与"贱民"、"流亡者"组成的,部分由于前者受到自由主义者的支持,在大西洋盆地的多数国家中前者比后者表现要好。① 根据麦金太尔的观点,晚期现代性的图景现在包括富有的审美家、管理者和理论家,可以说,他们是自由暴发户和正统主义者的继承人。② 但是我们需要扩大阿伦特和麦金太尔的名单,为边缘人和被净化了的新混血儿提供一席之地。他们是晚期现代生活的核心任务,必须成为故事的一部分。如果以前和当前的自由主义者更多的是纯粹自由主义者,也就是,更多地支持贱民、流亡者和混血儿,更少地倾向于暴发户、民族同化论者、审美家、管理者和理论家,正在行进中的民主和差异之间的争论或许会稍稍有趣些。

　　第二,混血儿,和他们的近期前辈不同,既不像阿伦特所描绘的是"文化上被孤立的",同时也不是"社会的分离主义者"。他们深植于混合形式的生活之中;参加旨在保护他们的公民社会的"社会政治";与他们的传统进行频繁的对话。甚至,边缘人的公民地位尽管模糊不清,但仍然是稳定和安全的。此外,他们的数量在增长而不是下降。最后,严格地讲,由于他们不再有可以重新返回的"祖国"或"传统共同体",而政治法令也不会允许他们这么做,他们无法采取"退出"的选择,而只有"申

---

① 参见 Hannah Arendt, *Totalitarianism* (London: Andre Deutsch, 1986); *The Jew ads Pariah: Jewish Identity and Politics in the Modern Age*, ed. Ron Feldman (New York: Grove Press, 1978)。

② Alasdair MacIntyre, *After Virtue* (Notre Dame: University of Notre Dame Press, 1981)。

辩和忠诚"这个替代性选择。

第三，当极权政体出现在20世纪中叶时，它们对民主的公共生活构成了威胁，但今天的情况不同了。现在，民主受到了正统的纯粹主义者的威胁，他们将混合群体边缘化并排斥之，将晚期现代政体转化为一个等级制般的社会。这些新的贱民并不与严格区分、被社会封闭、等级制社会中的贱民完全一样；然而，他们在所在社会与他们的对应者在其社会中一样，扮演了必不可缺的角色，构成了晚期现代性中的关键组成部分。晚期现代性中的等级制政体是独特的，这体现在其模糊社会界限和溶解文化和政治标记的能力中，但同时晚期现代性中的等级制政体具有一种不可匹敌的制度性能力，可在非归属性特征的基础上制造群体间的社会距离。社会和政治之间界限的流动性，不应该蒙蔽我们而使我们忽视它们在大西洋两岸已变得多么巩固。

我们需要将叙述的眼罩从那些基于平等、公正和正义的自由故事上移开，开始用一种系统、严格的和修饰上有说服力的方式，比较前现代、现代和晚期现代时期等级制政体的公开实践，集中比较混血儿和其他被排斥团体的异同，包括古代的奴隶，在英国统治时期之前、之中和之后的贱民，纳粹德国的贱民，帝国主义鼎盛时期的殖民地居民。

第四，极权政体正在全面撤退，为我们重新安排公共生活提供了契机，而不必总担心这一过程中的失败将必然威胁民主的生活方式。在大西洋盆地内部的古巴和海地，极权主义的势力仍处于全盛时期，但是这些政体都没有对民主构成像斯大林主义和纳粹主义所构成的那样严重的威胁。当前自由政体所享有的稳定和安全，为盆地国家提供了拆除等级制政体的一个极好机会。以一种能调和混合性与公民权的方式修理制度性关系的时机到了。

第五，20世纪中叶和今天所产生政治叙述者的文化矩阵已经不同了。阿伦特、施特劳斯和其他学者声称极权主义和犹太故事，尽管存在明显差异，但在叙述结构上是一致的。二者都依赖于极端排他主义的特征以证成自身。① 类似的，自由主义和马克思主义尽管存在着分歧，但在结构上是相似的，依靠抽象的普遍主义反驳对方。这些故事相互映照出对方的叙述结构。

边缘群体进入到自由政体保护下的大西洋盆地，这再幸运不过了；他们被自由主义者而不是极权主义者所教导，这个特征值得反复强调。在相遇中产生的混血儿故事，即使有缺陷，就其融合特殊性和普遍性并超越二者的能力而言仍然是独特的。混合叙述是晚期现代性的定义性特征的一种，为边缘群体提供了重新构造公共生活的机会。

边缘人为全球民主政体带来的贡献和挑战，给我们提供了调和政治平等和文化差异的新方式。边缘人尽管非常重要，但持续躲避我们的解释之网。关于边缘人的一些最富洞察力和感受力的叙述仍然存在于小说、短故事和身出此传统中的作家的散文中，而不是存在于——借用阿伦特的术语——"理想和现实仅有残缺的伴侣"的政治理论中。② 只要我们不使用与边缘人相关的术语，我们对当代政治的理解就仍然是片面的和有缺陷的。③ 出于所有这些原因，理解阿伦特的现代政治视野十分重要，即使这意味着修改她的若干具体论断。用阿伦特的话来说，"在过去和未来的鸿沟之间，当我们进行思考时我们及时地找到了自己的位置，即，当我们远离赖以为生的过去和未来……，对多样的和永无止境的人类存在的事物进行判断（的能力）……决不是停留在谜底的某个终极答案，而是对关乎谜

---

① 关于犹太人思想的本质的争议远未得到解决，但就我所知，它的理路可以通过以下研究得到理解：Leo Strauss, "Jerusalem and Athens: Some Preliminary Reflections", in *Studies in Platonic Political Philosophy*, ed. Thomas L. Pangle (Chicago: University of Chicago Press, 1983), 147 – 173; Emil Fackenheim, "The Holocaust and Philosophy", *Journal of Philosophy* 82, no. 10 (1985): 505 – 514; Zygmunt Bauman, *Modernity and the Holocaust* (Cambridge: Polity Press, 1989); and Gillian Rose, *Judaism and Modernity: Philosophical Essays* (Oxford: Blackwell, 1993), esp. 1 – 32。

② Hannah Arendt, *Between Past and Future* (New York: Viking, 1954), 6.

③ 关于边缘人的反思，我听从朱迪斯·什卡拉敏锐的建议：在 *American Citizenship: The Quest for Inclusion* 一书的第9页，他写道："严重忽略当下的历史和政治科学的理论家们，不能够期望对促进我们的政治性自我理解有所贡献。他们有把他们所不理解的社会中的不满意情绪理论化的危险。"同时我也赞同什卡拉所没有提到的一些人类学家和社会学家的观点。

底的可能的新答案总有准备"。① 我们能否成功地为民主和差异的古老问题提供新的答案,或许意味着自上次这些问题被提出以来,我们在政治判断上所达致的深度。

---

① Hannah Arendt, *Thingking*, vol. 1 *of The Life of the Mind* (New York: Harcourt Brace Jovanovich, 1978), 209–210.

第四部分

民主需要基础吗?

第十七章　理想化、基础和社会实践

理查德·罗蒂

我们需要在实践的理想化与实践的基础之间作出区分。理想化所要回答的问题是："我们怎样能够使我们的实践更具一致性？"在高度抽象的层面上，政治争论是典型的发生在竞争性的理想之间的争论，从而也就是关于我们共同体的理想未来之间的争论。

比如，罗尔斯和诺齐克之间的差异，就是自由民主体制当下实践的两种理想之间的差异。罗尔斯和诺齐克所确立的原则所起的作用，类似丹尼尔·德奈特（Daniel Dennett）所说的"直觉之泵"。这些泵将直觉吸收并聚焦于我们实践中的某些组成部分的重要性意义。从而它们就表明，如果这些成分能够起到更为核心的作用的话，这些实践就能够变得更具一致性。简单地说，罗尔斯的原则提示我们，我们的所作所为受上诉法院约束，而诺齐克的原则则提示我们，我们的所作所为受市场支配。这两个人的理想之间的竞争，实际上是不同实践之间的对抗。

相反，基础应当回答的问题是："我们应当全身心投入我们当下的实践吗？"基础主义者认为，仅仅有直觉之泵是不够的。他们认为，我们不但必须调适我们的实践使之更具一致性，而且必须认可存在着不依赖于这些实践而存在的某些事物。基本上，这些事物可被称为"人性"或"理性"或"伦理"，它们被认为是值得追求的目标，并且不用诉诸任何我们正在做的或者期望的东西。当某些原则被当作基础而非理想的时候，它们基本上就是以对此类目标的描述的形式而被提出来的。

对某社会实践持反基础主义的态度，就是要表明，对于此社会实践的批评或称赞必须限定在它与其他实际存在的或者可能的社会实践的对比中。反基础主义者的核心观点就是，那种试图将社会实践建立在实践之外的某种事物之上的努力，总免不了显得有些假惺惺。正如作为反基础主义的我们所看到的，外在于实践的目标，想象出来的基础，终归只不过是某些经过选择的实践成分的具体化。具体说，"人性"或"理性"或"伦理"只不过是我们意欲褒扬的某些人类行为的简化说法而已。说某种行为比其他的行为更符合人性或我们的道德感，或者更理性，只不过是以一种设想的方式褒扬我们认为最值得保持的实践，褒扬我们自己关于共同体的乌托邦想象。

反基础主义被一些人视同于情绪化和非理性的东西，他们所持有的伦理心理学说认为，应当在理性和激情之间作出区分。但这种心理学说自达尔文之后就陷于麻烦之中，因为它主张一种"人性"观。反基础主义的达尔文主义者，比如杜威，与反道德主义的达尔文主义者，比如尼采之间的分歧在于，杜威希望调和家庭式的道德直觉与仅仅作为聪明的动物的自然意义上的自我。杜威希望调和基督教伦理与达尔文和孟德尔的学说，正如康德希望调和基督教伦理与道德无涉的、微粒子的、物理的宇宙一样。

实现杜威所期望的调和的最好方式，就是将理性视为我们运用语言的能力的代名词，而不是将它视为真理之源泉或标准的代名词。然而，以此方式来看待理性，就不能够说，某种伦理和政治协商的语言以及与这种语言密切相关的社会实践，比其他的语言和社会实践更具理性。也不能够说，某种语言或社会实践比其他的语言或社会实践更接近真正的人性。因为人类并没有独立于历史事件的本性，理性也没有独立于历史事件的结构，正如同人类生活的本性并不能脱离生物演化的事件一样。人类历史不过是以另外的方式进行的生物演化的过程——在这个竞争的过程中，起重要作用的是语言的延续，而非基因的延续。

要求民主具备一定的基础，一般而言，就是要求一种理由：在我们自己的道德和政治关切中，我们为什么应当包容进来而不是被排斥出去，比如，就是要问，我们为什么要扩大我们道德和政治共同体的范围，从而将非土地所有者、非白人、非男性等包括进来。这种探寻就等于要求一种理由：为什么受基督教的泛爱伦理影响的共同体的语言，比受性别或种族优越观念所支配的共同体的语言更值得保持。从达尔文主义的立场来说，这种要求是没有意义的，因为它如同质疑为什么原始哺乳动物比巨型爬行类动物更有生存下来的价值一样。价值的衡量在这里并不能起作用，因为并不存在外在于演化事件的、可以据以进行价值判断的立场。作为反基础主义者的我们认为，一旦我们放弃了"上帝希望我们互爱"的回答，那么关于宽容和爱有什么价值的问题，就不会有任何好的回答。因此我们将基础主义者的问题视为桑塔耶纳（Santayana）所说的"超自然主义"症候，即"理想与权力的混合"。

怎样才能把受排斥的人论证为应当包容进来的人，把种族至上主义者论证成为民主分子，并且要通过寻找他们之间共识的方式进行，这是基础主义者所面临的问题。而对于我们这些非基础主义者来说，是怎样祛除这样的观念，即认为如果这些共识不存在的话，民主或将式微。我认为，我们所面临的问题的最好的解决方法就是，抛弃这种古希腊人的观念：使我们人类成为聪明的、会使用语言的特殊动物的原因在于我们有认知的能力，这种能力能够使我们超越文化的和历史的偶然性。我们反基础主义者应当用这样的观念来取代之，即认为使我们人类成为独特生物的原因在于，我们能够感知、珍视并相信与我们截然不同的人。我们应当把语言视为打消人类之间不信任的工具，而非代表事物真实情况的工具。要实现这种替换，我们应当说服人们从雅典奔向耶路撒冷。我们应当使他们相信克尔凯郭尔（Keirkegarrd）所说的，对于黑格尔而言，基督的全部要义在于，上帝希望人们成为相爱者，而非相知者。

如果今天的我们觉得"爱"这个名词太污浊或太离奇的话，我们也可以代之以安内特·拜耳（Annette Baier）的名词"恰当的信任"。拜耳和其他的女权主义者用恰当的信任替代"义务"作为核心的伦理概念，在我看来是当代最具前途的反基础主义创新。这是因为它终结了自康德以来的反希腊的思想路线。康德通过贬抑知识为道德信念腾出空间,而这些道德信念是基于无条件的、非经验的、非历史性的义务的信念。然而,对无条件性的重要意义的强调,使得康德强化了一种超自然的冲动,即将理想与永恒不变的和非时间性的假设性权力混为一谈。为了避免这种冲动,最好信从拜耳的观点,将家庭视为我们认知道德和政治共同体的模型,而不是学校、法院,或者市场。拜耳认为,家庭,特别是孩子对父母的信任,是我们所有道德阶梯肇始的基础。拜耳的看法,有助于使我们认识到,对民主基础的探寻,不应当仅仅局限于关于当下实践的竞争性的理想之间的争论。

第十八章　民主理论与民主经验

罗伯特·达尔

民主需要基础吗？罗蒂教授的这个对于基础主义哲学家们的主张[①]的著名的挑战，促使我这个长期关注民主理论和实践的政治科学家对此问题作出回应。最初使我感到震动的是，我们可以以多种不同的方式来理解这个问题，这取决于我们如何解释它的主要含义。我们应当自问，我们所说的"基础"、"民主"和"需要"到底是什么含义。

就"民主"一词而言，"民主需要基础吗？"这个问题可以被解释为三个截然不同的问题：

1. 民主**体制**或**政体**或**政府**需要基础保持存在或正常的运转吗？如果是这样的话，那么，这些基础是什么呢？或

2. 民主**理论**需要基础吗？或

3. 民主**体制**需要民主**理论**作为基础吗？

请大家注意，第一个问题中包含着一个**经验性**问题，而不是我所称为的哲学问题。并且，这个经验性问题是一个非常难以解决的问题。我们首先需要确定，我们对此经验性问题的考察是要涵盖有史以来的所有民主制

[①] 参见 *Philosophy and the Mirror of Nature*（Princeton: Princeton University Press, 1979），chap. 8。

度，还是仅限于现代民主制度。如果我们要把所有的大体上成其为民主的制度都包括进来，包括古典时代希腊的民主制度、罗马共和国以及中世纪的民主制度和共和国制度，那么我们就几乎不可能合理地得出一个令人满意的答案。例如，如果民主制度的某一个基础是某种或某些种信仰体系——这些信仰体系具有特定的实质性内容并且以特定的方式分布于领导人和公民之中，那么，我们就看不到任何的可以获得满意答案的迹象，尽管我们或许还能够继续提出貌似有说服力的论断。

如果我们仅仅关注于现代民主制度，即，自18世纪以来，特别是在本世纪，一般人所认为的民主制度。客观地说，我们也很难得出满意的答案。为了解决这个问题，我们假设根据美国、英国和法国的情况总结出了一些民主的标准——姑且认为这些国家拥有民主的政治制度。虽然在理想的意义上，这些国家并不是完全民主的，但在日常话语以及期刊和学术用语中，这些国家被称为民主国家。那么，假如我们同意这样的说法，即，任何国家，只要达到了类似这些国家的标准，就可以被认为拥有民主的政治制度，自20世纪50年代或更早时候以来似乎也只有总计21个国家达到并不间断地保持了民主的政治制度。我们可以把这些国家称为传统民主国家。尽管这些老民主国家在过去的几十年当中被大量地研究——研究的系统程度肯定大大超过人类历史上的任何政治制度，但即便如此，今天我们也不能肯定地认为我们已经拥有足够的比较性数据来得出一个合理而严谨的答案。

在1993年，至少有另外的30个（有些统计数据认为是50个）达到了这样一个有些武断的标准，这就使得这个问题更加复杂了。这些国家中的大多数都是首次获得民主制度的，但是也有有些国家，比如阿根廷、智利和乌拉圭，是在经历了一个威权统治时期之后再度获得民主制度的。这种民主国家数目的非同寻常的增长，为比较研究提供了前所未有的历史性机遇，或许有一天，它能为我们的问题提供合理而满意的答案。但这种比较研究现在还没有开始。这个任务无疑非常有趣、非常具有挑战性、非常刺激、非常重要，并且也肯定能够快速推进，但完成这个任务，确实需要走相当长的一段路。

另外，我还认为，要得出满意的答案，比较研究的视野不能仅限于民主的成功，而且还要包括民主的失败。根据我的统计，在 1900 至 1985 年之间，非民主政体取代民主政体的次数是 52 次（那些因为外敌入侵而导致民主政府被取代的案例没有统计在内）。[①] 正如在医药学上疾病、功能紊乱、病痛和悲剧都能够提供有用的证据，说明如何保持健康的系统，如何恢复受损的系统一样，在政治学领域，我们从以往的民主挫折中已经学到了很多，不过，在将来还要出现的民主挫折中，我们或许还能学到更多。

长远地看，对于我的第一个解释的合理而满意的答案或许能够在未来的某时间内出现——猜猜看？30 年？50 年？

现在让我们转向第二个问题：民主**理论**需要基础吗？

要是不考虑我们所说的"需要"的含义（具体地说，需要指的是必要、充分，还是必要而充分？），我能说出至少两个理由来说明民主理论需要基础。首先，人们或许能够感觉到，一个没有基础的理论称不上是一个好的或者充足的理论。不过，我不认为这种说法能够给我们提供特别多的支持，因为这似乎不过是界定我们所认为的好理论的一种方法。人们会合理地问，我们是否同意这样一种基于纯粹美学的界定，或者因为这种理论能够给我们提供令人满意的完备的感觉我们就要接受它。或者说，在美学的愉悦或心理的满足之外是否还有其他的原因？

在我看来，为民主理论提供令人满意的基础的更好的理由，是不需要任何前提的。这里我认为基础的含义就是一整套合理的假设，这些假设能够使人们相信民主是可欲的，并且能够让人们判断某一制度是否民主以及在何种程度上是民主的，还能够让人们判断满足这些假设的政治实践或制度是什么。因此，我们需要民主理论具备基础的原因，就在于这些基础有助于提高我们的政治判断和政治选择。

但是，民主制度需要民主理论，或某一种民主理论作为基础吗？坦白

---

① Frank Bealey, "Stability and Crisis: Fears about Threats to Democracy", *European Journal of Political Research* 15 (1987): 687–715. 这非常符合 Samuel Huntington 指出的民主化回潮的 47 个例子，参见 *The Third Wave: Democratizalion in the Late Twentieth Century* (Norman: University of Oklahoma Press, 1991), table 1.1, 26。

地说，我对此问题的答案并不十分清楚。同样，一个令人满意的答案必须决定性地建立在非常困难的经验判断上，这既包括历史的经验判断，也包括比较的经验判断，判断的对象，乃是民主体制下知识精英、政治领袖、中间意见领袖和广大民众的关系。我不认为这些关系已经得到了充分的理解。并且，这些关系可能在国与国之间以及在某个国家的不同地区之间都是有差异的。

然而，我们可以设想存在这样一个拥有民主政治制度的国家，这个国家的主流知识精英坚持认为民主**不可能**在合理的而又有说服力的基础上被正当化。我们可以设想，流行于他们之中的观点是，没有任何受推崇的知识性原因能使大家认为民主制度一定优于非民主制度。只要在一般人看来，这个国家的政治、社会和经济制度运转正常，或许大多数的人都会忽略他们的知识分子所持的不同看法，而主流的政治领袖和有影响的舆论制造者（opinion makers）也会顺从大众的态度。但是在发生严重危机的年代——任何国家都会经历严重危机的年代——那些捍卫民主的人就会发现他们的处境极为艰难，而那些推崇非民主制度的人则发现他们到处受到欢迎。

我们还可以设想一个拥有非民主制度的国家，这个国家存在着有利于发生民主转型的条件。然而，可以设想，知识分子，特别是持反对态度的知识分子，认为并不存在任何严格的能够使民主正当化的知识基础。情况会是什么样呢？

尽管过分强调知识分子的影响，或者认为知识分子的政治信念和意识形态必然比其他人更为理性的看法可能导致误解，但是基于以上的思考，我还是得出结论性的看法，认为在所有导致民主稳定、挫折和转型的复杂历史因素中，建立在合理假设基础上的一整套民主理论，决非具有微不足道的重要性。

第十九章 民主、哲学与正当性

艾米·古特曼

民主需要基础吗？如果我们不首先问如何才能更好地捍卫民主，就不能恰当地回答基础主义的问题。不过，当我们回答了这个问题，基础问题仍然是有待讨论的。民主需要正当性而不是基础——至少，不是理查德·罗蒂和其他反基础主义者所提出的严格意义上的基础。如果我们不能证明民主的正当性，那么我们也不会知道什么样的民主值得我们去捍卫。如果我们不能证明民主的正当性，我们就不用担心从严格意义上讲，我们的正当性是否为基础主义的。正当性没有必要是基础主义的或反基础主义的。我将首先指出为什么这样说的一些原因，然后简要阐述协商民主的正当性既不是基础主义的也不是反基础主义的。

如果不是被一般地等同于对政治概念的任何推理性的辩护，政治哲学中的基础主义就是这样的主张，即正当性必须依赖于人类本性，人类权利，理性，或者不证自明的、无可置疑的或公理性的政治学真理。在这种非一般的意义上，对民主进行适当的理论辩护需要基础吗？在回答这个问题之前，我们应该明确，不要把这个问题与一个更实际的问题搞混淆。这个实际的问题是，除去或不算教育、选举、立法、政体或武力之外，事实上的民主政治是否需要依赖于哲学；假如需要的话，其目的是为了保卫自己免受各种各样的来自不宽容、冷漠、腐败和暴力侵犯对他们的幸福的威胁。我们宁可询问这样的理论问题，即民主用什么来维护自己是一种正当（或最正当）的政府形式的主张。

首先，让我们把今天通常所理解的民主描述为一个在世界范围不断增长的政治制度的共同安排，对此，罗伯特·达尔创造了"多头政体"这个术语。多头政体，或者，我们称之为非理想的民主，在最低限度上具有这样一些特征：政治言论、出版、结社的自由，所有成年人平等的投票权，超过一定年龄的所有成年人竞选政治官员的权利，法治，以及符合程序公平的经常的竞争性选举。相对于非民主的政府形式，非理想的民主如何才能最好地证明自身的正当性呢？

正如温斯顿·丘吉尔所说，民主是人类所能够采用的最好的政府形式。较之非理想的非民主政治而言，他所指的是真实的非理想的民主。现今有许多人——其中很多人成长于非民主的社会中——基于丘吉尔的理由而捍卫民主，尽管尚未成熟的民主政府远没有满足他们的基本要求。为什么非理想的民主要优于非理想的其他选择呢？政治哲学家们已经就此给出了一些符合实际的（然而在理论上确是独特的）理由，第一个理由在于民主自由处于人类尊严的中心地位，第二个理由涉及民主自由在抵御政治暴政中的工具价值，第三个理由则是民主自由提供了社会福利的最优化。虽然这些（有争议的）理由具有道德和理智的力量，但是，丘吉尔式的民主辩护主要是消极的，因而对非理想民主下的公民来说不是令人鼓舞的，他们认为民主政府的基本技能是理所当然的，并渴求更多。丘吉尔式的民主辩护对于政治哲学的灵感来说也是特别不适应，因为它突然停止了对一种完全成熟的民主理想的表达，它没有对民主寄予足够的期望，也没有告诉我们哪种民主是最合理的。因此，它甚至只为非理想民主提供了一个不完全的辩护。

然而，说非理想的民主要优于可利用的其他非理想的选择，等于是说某物在理论和实践上非常之重要。丘吉尔式的辩护洞察了这样一个道理，即尽管每一个既存的民主政府在保障它的所有公民享有一些基本物品如合适的收入、就业、保健和教育等方面都是失败的，但是相对于非民主的选择而言，为什么非理想民主中的多数公民，包括许多被剥夺了这些基本物品的人会支持民主呢？

需要注意的是，丘吉尔式的民主辩护既不是基础的也不是反基础的。它在民主是否依赖于人类本性和毋庸置疑的政治理性事实这个问题上，是不可知的。（在为捍卫非理想民主以反对其他非民主选择提供理由这种非严格的意义上，我们可以说这种辩护是具有基础的，但是，这样就把基础主义与合理性混为一谈了。反基础主义者并不反对在捍卫民主以反对非民主的——或比较不民主的——选择上说明理由的需求。）尽管缺乏我们所说的笛卡儿意义上的基础，丘吉尔式的民主辩护在当今世界就如同在丘吉尔的时代一样效果显著，它的力量不限于任何特定的文化或少数几个具有特质的文化。

为什么任何人都应该思考，丘吉尔的主张甚至构成了非理想民主的一个不完全的正当性，而不是"我们民主人士"仅仅凭借我们的社会化而偶然（没有任何理由）相信的一个迹象？不仅仅是政治哲学家，普通人也认识到他们是否和为什么支持非理想民主的政府而不是非民主的政府。非理想民主是否正当的理论问题典型地与一个实践问题——即这种非理想的民主值得支持吗——联系起来。

目前，在前苏联式的共产主义国民之中，除了非理想的民主政府对非理想的独裁政府所具有的比较优势之外，还有其他什么东西可以证明对民主的不稳定支持的正当性呢？以及除了公民与政治自由之外，还有其他什么东西可以说明非理想民主的道德力量？民主的短期经济利益的缺乏，过去已经引人注意。认为民主的长期利益超过其短期代价的主张是十分令人怀疑的，首先因为它为了将来的人们而牺牲了现在的人的幸福，第二在于进行这种长期的社会预期和计算时缺乏信心。民主需要向那些被民主的实践和政策所遮蔽人们证明它的正当性。长期利益可能会有，然而，如果没有民主带来的基本自由，那些利益将不足以立刻向人们证明非理想民主的正当性。

仔细看看这则 1993 年 4 月 10 日刊登在《纽约时报》首页部分的报道，内容是关于新的波罗的海共和国所面临的意外的经济难题。事情发生在立陶宛，那里的公民在过去一年里经历了他们一生中最糟糕的经济形势之一。生活消费品的通货膨胀超过600%，农产品的通货膨胀超过700%。工业出口下跌超过了50%，新的住房供给降幅突破20%。失业人口估计达到20万（总共370万人口），这对于完全不习惯担心工作保障的老百姓来说是一个巨大的打击。在此情况下，立陶宛的公民将更加自由主义的总统（Landsbergis，兰茨贝尔吉斯）选下台，选出了一个原是共产主义者而最近刚转入社会民主党的总统（Brazauskas，布拉藻斯卡斯），这并不令人惊讶。令人惊讶的是，他们并没有投票赞成恢复到独裁统治。

报道中特别提到了一个普通的公民 Rimantas Pirmaitis，他与他的许多同胞一起参加了1989—1990年那场促使立陶宛民主化并从苏联的统治中独立出来的抗议运动。在共产主义体制下，Pirmaitis 是一名建筑工程师，过着体面的生活。但是在新的民主体制下，他却不得不依靠在维尔纽斯市中心一条街道上贩卖花卉来养家糊口。虽然面临着无法控制的通货膨胀，他仍然是一个民主主义者。"但是，我们不能再依赖于进行曲和赞美诗，"他说，"我们现在所需要的是真实的东西，是我们可以吃得到和摸得着的东西。"

这个例子表明，民主社会的公民与政治自由和经济利益一样地真实，假如并非如此，坚守一个**民主的**立陶宛的信仰的可能性将大大降低。虽然自由不能吃也摸不到，但它们始终没有被那些挣扎于生存线上的人所忽视。对基本自由及其处于人类尊严的中心地位、自尊和幸福的评价，使得非理想的民主无论表面上还是实际上都要好于其他的替代选择。相对于非理想的民主政治，在作为替代选择的非民主统治之下生活的人们，承受着人格卑贱的体验，对此的理解足以支持非理想民主的非基础主义的辩护。这个辩护与对理想的民主概念的辩护是截然不同的，但是与有效的非理想的选择进行的有利比较，却是一个有力的辩护。这个比较为那些怀疑民主优于它的替代选择的人们提供了理智，也为那些虽被民主吸引却不知所以然的人们提供了理智。虽然能够为捍卫非理想民主找到更多的理由，但是这些应该足以显示，至少在非理想的层面上，民主的正当性既不需要基础主义也不需要反基础主义来证明它是合理的和有用的。

但是，政治哲学家追求的不仅仅是我们现在所知道的对非理想民主的辩护。我们试图基于我们的遗产并设想超越它而构造一套更为充分合理的社会与政治制度，我们可以称之为无需限制条件或者至少无需使用新词汇包装的民主。因此，捍卫民主理想的政治哲学家似乎可能忠于某种形式的基础主义。除了一些不证自明的或者理性上无可争议的真理之外，还有什么其他的东西可以支持我们所主张的理想的民主观念，而这种民主能够（如果被民主地运转起来）实现集体自治的政治理想？我们还有什么别的方法可以解释和捍卫这样一种理想？

假设一个充分正当的民主授权社会中的所有成年人（直接地或通过他们的负责任的代表），以尊重所有个体的基本自由与机会的方式，参与审慎地塑造他们的集体生活。同样假设协商是在公共场合（不必要在立法机关）进行的互相妥协式争论，其目标和结果在于达成暂时的正当决策，其决议体现了对社会全体成员的基本自由与机会的尊重。协商也有助于我们形成对基本机会与自由的理解。但是假如民主协商的结果想要暂时被证明是正当的，在能够被合理地理解的意义上，他们必须尊重全体公民的基本自由与机会。在公共场合进行的争论也应该经过一些公共标准的规约而合理化。在我能够辨明的限度之内，各种层级政府和不同政治领域的协商是基于社会正义以解决原则性冲突的最合法的手段，冲突在任何自由社会都是不可避免的。

这是对协商民主进行阐释的一个简短概括。对作为一种政治理想的协商民主所进行的阐释，尽管得到了合理的展开与更充分的辩护，也一定不仅是不完全的和有争议的，而且是存在着适度竞争的。它的竞争者中比较突出的有大众民主、参与民主、至善的自由民主和极端的立宪民主。在有关基础主义的问题上，与这些及其他的民主选择相比，协商民主具有两个重要的优势。

协商民主的第一个优势是，它对政治正当性的临时特性的承认。公民的经验与道德谅解不仅随着时间和社会空间的变换而改变，而且依赖于互换意见的协商、不时的补充妥协、经常性的冲突、政治见识和争论（包括政治领域中最重要的冲突）。因此，协商民主为"差异"留下了大量空间。在实践与政策中，差异来自范围广泛的公民总体之间的协商，具有民主的合法性，尽管在严格的基础意义上，没有人知道它们是否符合正义。就协商民主政治的思想来看，基础的主张是否具有形而上学的可能性尚且有待争论。替代性的方案不是反基础主义，而是公正操作下的集体协商，这种协商能够暂时达成正当的实践和政策。

协商民主的第二个重大优势是，它与其他一些民主概念的兼容性，这些概念都来源于民主的协商。在协商之中，公民们可能决定创立一些至善主义民主的形式。但是如果他们决定拒绝至善主义的政策，那么，从民主协商中分离出来的哲学说些什么才能对其有利呢？至善主义的批评家会说，相对于民主的（或非民主的）其他选择而言，协商民主的立场不是中立的。它当然不是中立的，并且它没必要宣称中立。批评家们还可能说协商民主缺乏无可争辩的基础。当然，它的确如此。它既不存在一个如某些自由主义的哲学家所宣称的基础主义的中立替代品，也不存在如某些至善主义哲学家提出的民主的基础主义替代品。

协商民主的辩护者可以提供的仅仅是一个道德与政治的争论（抱着成功的希望）。简言之，争论可能是政治当局的合法性实践对受之约束的人们寻求正当性，自由与平等公民之间的协商决策是任何人为暂时地处理争议问题所提供的最具辩护性的正当性。这种正当性一旦形成，将会与尊重社会内部与跨社会间的许多道德与文化差异相一致。如果公民的协商决定使他们自己构成参与民主或至善自由民主的一部分，那么，那些民主的形式也可以暂时被证明是正当的，只要他们尊重所有个体的基本自由与机会以及确保公民们未来的协商自由。（未来协商的自由对于确保暂时的正当性不被当成基础主义的事实是必要的。）

对协商民主的这种辩护，既不是基础主义的也不是反基础主义的事例。基础主义告诉我们，必须以人类本性、自然权利或不证自明的理由为基础来捍卫民主；而反基础主义则告诉我们，理由与捍卫民主无关。两种观点都预设了一个没有根据的先验事实。

基础主义的辩护有时可追溯到亚里士多德，认为协商民主的基础是其所声称的人类本性的事实，即人类是理性的、审慎的动物。根据这个辩护，只有协商民主体现了个体的真实的、理性的本性以及为所有的人提供了通过公共协商完善他们的本性的机会。所有其他的政府形式都达不到这个基础标准，因为其他的政府形式仅仅鼓励一个或少数几个人来审议政治问题，但是所有的人类不管在政治上还是个人领域生来都是协商的存在物。真是这样吗？所有人都是天生的政治协商者吗？可能是，也可能不是。我们的确不知道。一些亚里士多德学派的人所宣称的在极端意义上人类天生是协商存在物的主张，并非不证自明的正确（或错误）。它受到合理的怀疑（和辩护）。非但不是不言自明的，这种人类本性的主要观点理所当然是可争论的，并且得到了争论。协商民主的这种基础主义的辩护没有满足基础主义的标准；它声称人类本性并非不证自明的，可进行理性争论的，或者显而易见。宣称人类是天生的协商者，与非基础主义的民主主张一样，都会遇到合理的质疑。民主植根于人类本性的说法并不能因而取代民主所体现的给予现实的人们有价值的东西，这些东西包括范围广泛的自由、机会和经济幸福。

说民主不需要基础，除了是对从哲学论证中要求或期望太多的基础主义者持批评立场之外，没有其他任何意思。揭示出民主不需要基础，并没有告诉我们在捍卫民主时需要什么。我们需要说的不仅仅是强烈的反基础主义者提出的观点，这些观点大致如下：假如我们——一个民主的文化共同体的成员——信仰民主，但是民主刚好没有满足人类本性或基本人性需要的最好的哲学观念，那么，民主的哲学正当性就更加糟糕了。我没有看到我们对于民主的广泛的共享信念，如何能够足以证明向怀疑的少数人强加一个民主政府的正当性。我们需要向他们说明民主的政治德性。此外，我们大多数人信仰民主，信仰一种特殊类型的民主，因为我们认为存在着充分的理由去捍卫民主而反对它的替代选择。当然，我们的理由来自于某些社会理解的范围之内，但是这并不是说我们的理由因此就没有必要，或者仅仅是关于培养我们无法进行批判性反思之物的一个看法。"我们"对民主的信仰，不是对我们为了支持某种民主观念而进行争论的替代。我们进行的有益争论也不是对我们信仰民主的替代。反基础主义的事实是，我们说的很多东西将是可以争论的，也将会遭到合理的质疑。如果我们用这种质疑来压倒民主的哲学论据，那么，我们将毫无正当理由屈服于民主的批评家。

所有人都可以做到的是，试图提出质疑。但大多数的政治哲学家实际上都认为，民主没有理由能够从一个保障社会全体成员的基本自由与机会的协商自治的形式中分离出来。许多人忽略了协商的重要性。对协商的忽略是站不住脚的，因为，反对传统等级制、开明专制、自由至善主义、极端立宪主义和其他可靠的选择的民主辩护，已经被削弱到这种程度——即我们幻想一种对政治上的重要争议问题不进行集体协商的民主。简而言之，人们可以说，大众民主把公民权利化约为正式的政治权利和多数决定的程序；参与民主不仅带来了太多的会议而且不尊重那些宁可被代表的人们；极端立宪主义把正义看成是一套广泛的实体原则，似乎有人可设计出一个政府，来运行在公民或其负责任的代表之间作出协商决策之前就已经形成了的这套广泛的正义政策。

假设就分裂民主社会的许多政治争议问题而言，一些哲学家认为他们知道什么是正义并且不需要与那些为了判断什么是正义而持不同意见的其他公民进行协商。然而，对于在缺乏协商的情况下，他们所设想的不具有社会判断力的正义政策，能否向所有那些受到该政策约束的其他人证明它的正当性，这完全是另外一个问题。对于一个没有协商的社会，如何能够把真正知道何谓正义的哲学家从所有那些被确信同样知道何谓正义但实际却不知道的人之中区分出来，这也是另外一个问题。

如果所有基础主义者的主张就是民主可以凭借被公众理解的理由来辩护的话，那么我们（几乎）都是基础主义者。如果所有反基础主义者的主张就是民主不能从不证自明的真理中推理出来的话，那么我们（几乎）都是反基础主义者。但是，如果某种协商民主就能作辩护的话，那么民主既不需要基础主义也不需要反基础主义。我们需要从这种没有出路的争论中解放出来。当我们停止运用某一种理论去阐述另一种理论，并开始争论推动当代政治的实际问题，包括持续争论的**何种**民主是最可辩解的问题，这个时候，政治哲学家才能对政治哲学和民主作出更大的贡献。

第二十章 基础主义和民主

本杰明·R. 巴伯

上世纪 80 年代的主导性政治哲学问题——民主有基础吗?——未必在 90 年代占主导地位。但这个问题依然具有十分重要的意义,因为它促使人们就民主自身的涵义展开持续的讨论。无论基础主义的路径(foundationalist approaches)有什么样的优点,它们总是倾向于建构一种钟情于自然自由和绝对权利的民主形式。这里我不但要问,民主是否具有基础,而且要问,什么样的民主可以不需要基础而存在,或者说,正是因为这种民主的政治要求对基础构成了批判。

对于类似于我这种倾向的民主分子来说,"民主有基础吗?"这个问题是危险的,因为它要求展开认识论层面的讨论,并倾向于得出肯定的答案,而且所得出的对民主的理解与我认为的民主的必要的参与性质是有冲突的。假如民主涉及某种形式的知识(比如,政治权力之类的政治事务的知识,或者权利之类的政治价值知识,或者正义之类的政治目的的知识)被建立在知识(比如,宪法或多数原则)之上的制度和程序所建构,那么,除非我们希望引入一种可怜的相对主义或武断的政治学,否则,对于民主是否拥有基础这样的问题,我们必然不得不回答,"嗯,是的,民主必须拥有真理的基础,它先于并且独立于民主本身。"毕竟,如果没有基于对构成真正知识的内容的先在理解,那么,有些认知性伦理或政治体制怎样运转呢？

然而，根据我的理解，政治的一般特征和民主政治的具体特征说明，民主**并非**涉及我们所知的东西以及我们如何知道这些东西的认知系统，而是一个涉及我们为什么愿意聚在一起、在一起共事以及我们怎样对我们愿意做的事情达成共识的行动系统（system of conduct）。它是实践性的而非思辨性的，是关于行动的而非关于真理的东西。它并不基于认识论的假设因而在这个意义上必然是实用性的。真理或特定知识出现的地方是不需要政治的，尽管政治家和公民在追求赤裸裸的利益或权力的时候会轻蔑地忽略真理和特定的知识。（正如柏拉图所警告的）但民主政治起始于确定性终结的地方。正如我在《强势民主》中所认为的，政治问题总是会采取这样一种形式："当必须做的某些事情涉及到我们所有人的时候，我们应当怎么做，我们希望保持理性的态度，但是对于手段和目的以及所做的决策达不成一致。"①

因此，在这种意义上，政治就具有无可避免的实用性，正如威廉·詹姆斯论及实用主义时所说的，实用主义毅然决然地永远转身过去，"远离抽象与不足，远离口头的解决方式，远离先前的理由，远离固定的原则、封闭的系统和伪装的绝对与起源"②。正如民主政治具有实用性一样，实用主义也具有民主性："我们已经看到了实用主义具有何等的民主性，"詹姆斯吟唱道，"它的举止多么的多样和灵活，它的资源多么的丰富和无限。"③

政治占据的是实际行动的领域。正如杜威所说的，"实际行动的显著特征……就是它具有的不确定性。"④ 对确定性的哲学追求是希望"找到一个行动不具有颠覆性和不会产生永久性后果的领域，'安全第一'深刻地影响着人们认识行动和作为的偏好"。与希腊人一样，我们的基础主义者们向来认为"知识的功能就是揭示先前存在的真实的东西，而不是获得某

---

① Benjamin R. Barber, *Strong Democracy* (Princeton: Princeton University Press, 1984), 120 - 121.

② William James, *Pragmatism and the Meaning of Truth* (Cambridge: Harvard University Press, 1978), 31.

③ William James, *Pragmatism and the Meaning of Truth*, 44.

④ John Dewey, *The Guest for Certainty* (New York: Capricorn Books, n. d.), 6.

种解决问题所必须的理解"①。

伯特兰·罗素关于追求数学真理的伤悲的说法,非常适合于对某种先在于民主政治的政治真理的追求:

> 真实的生活,对于大多数人来说,是次优的,是一种在理想与可能之间永远的妥协,但纯粹理性的世界是不知道妥协的,不知道实际限制的,不知道障碍的。随着远离人类的激情,甚至远离悲惨的自然事实,经过一代又一代,人们逐渐创造出了一个有秩序的世界,在这里,纯粹的思想可以安居在它的自然家园之中,我们高贵的冲动,至少其中的一种,可以脱离真实世界沉闷的放逐。②

政治并不是一个我们可以表达高贵冲动的有秩序的世界,而是关系到在"真实世界沉闷的放逐"中我们怎样管理自己。在这里,用查尔斯·桑德斯·佩尔斯和迈克尔·奥克肖特(Michael Oakeshott)都喜用的比喻来说,我们漂浮在无边无际的大海上,用佩尔斯的话说,我们必须"在无边无际的大海上修理我们的航船,而永远不能够拆散它并用最好的材料把它重建起来"③。

读者可能已经注意到,在实用性地回应认识论问题的时候,我已经陷入了认识论的语言陷阱之中,尽管这并非我之所愿。因为,哲学总是追求"按照自己的形象创造世界"(尼采),它的专制之处在于将对于政治的讨论转变成了对于知识的讨论,即便对于那些希望捍卫政治的自主和主权的人来说,也是如此。为了清晰地显示我对民主问题的理解,我将把讨论从实用的/哲学的哲学批判——这只能使我们想起哲学的权力——转向政治

---

① John Dewey, *The Guest for Certainty*, 15.

② Bertrand Russell, "The Study of Mathematics", in *Mysticism and Logic* (New York: Doubleday Anchor, 1957), 57–58.

③ Peirce cited in Israel Scheffler, *Four Pragmatists* (New York: Humanities Press, 1974), 57. 迈克尔·奥克肖特的比喻同样是迷人的:同样,对于他来说,我们是水手,"漂泊在无边无际的大海之上;没有海港、避难所和基底供我们停泊,没有出发点也没有约定的终点。这项事业就是保持平稳的漂浮状态"。*Rationalism in Politics* (New York: Basic Books, 1962), 133.

的探讨，这里政治的主权力量才能明白地显示出来。既然（丹尼尔·韦伯斯特提醒我们）是为了实际的利益而非思辨推理而组建起来的，那么就让我们的探讨从认识论转向民主政治吧。问题不在于何种政治能够为特定的认识论所合法化，而在于何种认识论能够为特定的民主政治所合法化。

如果认识论关注的是根据基本价值和先在的规范性基础界定民主的话，以积极的公民身份和持续进行的协商为标识的民主政治则在另外的方向上展开。在政治意义上而言，我们可以把民主界定为一种政体/文化/公民社会/政府形式，在其中，我们作出共同的决策，选择共同的行为，创造或者表达共同的价值，这都发生在我们生活的实际领域，以不断变化的利益冲突和对权力的争夺为背景，在这种设置中，不存在任何先在之善或关于正义和正当性的特定知识的共识，我们必须基于利益相互关联的人们的平等而行动。选举不是一种判断性的对于什么为真的决策，而是一种关于什么应当做的决策。这种政治性的界定揭示了民主政治的某些特征，它们有助于说明为什么民主不像自然法或柏拉图的正义观那样，不能并且没有依赖于某些"基础"。这些特征包括：

1. 民主的革命精神，这与民主的自发性、创造性和对变化的回应联系在一起。

2. 民主的自主性，这导致了介入、参与和赋权的义务。

3. 民主制度中民主判断的共同性或公共性（涉及共同行动的决策），这要求某种形式的民主社群主义和共同意愿。

革命精神。当思考民主的革命精神的时候，我们必须区分"革命"的多种面向。比如，革命抵抗，这是一个常常基于基础主义主张的被用来攻击非法或专断政治词语。因此，对17世纪英国绝对主义的抵抗就与带有强烈的基础主义色彩的自然权利学说联系在一起。这里的革命就具有非常强的字面意义，它意味着回到最初的起点：恢复到基础主义的前政治时代以挑战当前不具合法性的政治。汤姆·潘恩（Tom Paine）因此就认为，美国革命实际上是一种"反革命"，它意在恢复被专制王权所侵犯的古老的英国人的权利。

尽管这体现了革命的重要方面，但在我更愿意关注同政治自发性联系在一起的革命精神。① 我的目的在于使革命成为政治景观的一个**永久性的**特征，而不仅仅是某种新的、更具合法性的静止的政治状态（通常所说的法律和秩序！）的建立机制。

本杰明·拉什（Benjamin Rush）提醒那些民主分子说，尽管在美国的制度中"所有的权力来自人民，但人民只有在选举的那几天才拥有权力"②。总喜欢"梦想未来而非过去的历史"③的托马斯·杰斐逊，对这种革命的激情有着特殊的敏感。他告诫人们不要"带着假装的尊敬来看待宪法，把它们视为契约之方舟，认为它们过于神圣而不可接近"④，他广为人知的主张是，"自由之树必须经常由爱国者和专制者的鲜血来浇灌。这是它天然的肥料。"⑤这种态度，既与他的看法即宪法必须随时代的变化而变化有关⑥，又与他的信念即"土地属于有用益权的生者"，"私人对它既无权力也无权利"⑦。他认为，"不时发生小规模起义，是一件好事。"⑧

当然，这里面存在一个悖论，因为革命既能够确立又能够引燃敌视基础主义的某种自发性精神。正如汉娜·阿伦特所观察到的，在美国，革命精神确立了一个后来与这种革命精神产生冲突的宪法体制——社会契约和固定的法律总是倾向于与创造它们的创新精神发生冲突。⑨杰斐逊将民主自身视为对民主宪政的僵化的疗救方法。与他之前的卢梭和之后的罗伯特·迈克尔斯（Robert Michaels）一样，杰斐逊担心代议制政府会吞噬人

---

① 我正在着手一项关于民主的革命起源的研究计划，该研究区分了至少四种特别的革命契机，其中，只有一种是突出的。我把它叫做"释放"（release）的契机。

② 引自 Hannah Arendt, *On Revolution* (New York: Viking, 1965), 239。也可参见 Robert Michels, *Political Parties* (London, 1915)。

③ Letter to John Adams, August 1, 1816；注意：这是在他生命后期，当一些人声称他的革命热诚已经平静下来的时候。

④ Letter to Samuel Kercheval, July 12, 1816.

⑤ Letter to Colonel William Stephens Smith, November 13, 1787.

⑥ "我知道法律和制度必须与人类心智的进步相一致……我们最好要求一个人仍然穿着儿时就适合他的外套，就像文明社会仍然保持在他们野蛮祖先的政权统治之下。" Letter to Kercheval.

⑦ Letter to James Madison, 1789.

⑧ 正如杰斐逊在 1787 年 1 月 30 日写给 James Madison 的信中所提出的。

⑨ "听起来是荒谬的，"阿伦特写道，"实际上，在革命的影响下，这个国家的革命精神开始枯萎，它成为宪法本身，这种美国人民的最伟大的成就最终骗取了他们最骄傲的所有物。"Arendt, *On Revolution*, 242.

民的自由并导致一种选举的专制。受到监督的政府以及全体公民"不仅在每年的选举日,而是每天"的参与,对于杰斐逊而言是保持革命激情的关键所在。①

杰斐逊告诫我们的是,源自基础性的自然权利原则的最初的同意,对于民主制度来说是不够的——这就是为什么我花费毕生的精力来鼓吹强势的、参与性的民主的原因。根据这个逻辑,不是基础主义,而是基础本身,使它们所确立的民主秩序处于危险之中。宪政秩序和革命精神之间的紧张关系构成了近来的两本书的主题,这两本书都准确地抓住了基础和民主之间的矛盾:戈登·伍德的《美国革命中的激进主义》(荣获1993年普利策历史奖)和更具有说服力的布鲁斯·阿克曼的《我们人们:基础》。②在后一本书中,阿克曼提供了一个具有煽动性的"二元主义民主"模式,在此模式中,"权利基础主义者"在提倡人民主权的实际运行的时候,发现他们面临着民主的意涵与产生民主的革命意涵之间的分歧。在一些历史性的时刻,比如国父们拒绝联邦章程(以及章程所规定的程序性原则)或罗斯福实行新政之时,阿克曼看到了这个国家的真正的民主精神的革命象征。基础主义,即便在它代表着一种民主委托的权威性之时,也会对民主造成伤害。民主要想兴旺发达,既要求也必须设定对于它的基础的防护措施。

迈克尔·奥克肖特曾经说过,理性主义者"基本上是不可理喻的",他的意思是说,由于沉湎于真理和认识的形式,他们对他们所感知的此岸世界以及围绕此岸世界产生的常识性话语视而不见。③ 照此说来,基础主义者也可说是不可理喻的,从而也就对民主视而不见,因为他们认为他们的真理高高在上,不需要从民主过程中汲取任何东西。基础使任何立基于它们之上的东西都固定化:这就是它们的目的。民主鼓励经常的、持续性的变动——这是一种温和的持续性革命,民主是一个流水宴,它为每一代

---

① Letter to Joseph Cabell, February 12, 1815.
② Gordon Wood, *The Radicalism of the American Revolution* (New York: Knopf, 1992); Bruce Ackerman, *We the People*, Vol. 1: Foundations (Cambridge, Mass: Harvard University Press, 1990).
③ Oakeshott, *Rationalism in Politics*, 32.

人都留出了添加新食品合口味的空间，从而也就为向着新领域的政治和精神转移留出了空间。

自治。自治对于民主的必要性强化了基础主义与民主之间的不协调。总是存在一些不属于自治范畴的现在的东西，即便它们属于民主的谱系。它们告诉我们什么是什么，并命令我们应该做什么（"不得限制言论"，"尊重私有财产"），而不是允许我们选择或创造我们的价值和共同目标，最低限度而言，允许我们根据变动的现实而检验固定的规则（"广告应当被视为言论吗？少儿色情属于什么？奴隶是不是财产？"）杰弗逊并非以革命之名而是以自治之名，认为地球永远地并且首要地属于所有活着的人。

自由的原则，通常基于基础主义的观点，也并非要求自由脱离其基础。最低限度而言，自由的人必须能够自由地选择（再选择）他们的原则，从而使这些原则成为属于他们自己的原则。被发掘的、被重新考虑的（或许被重新设计的）和被重新培植的（或许在新的和不同的土壤中）基础，并不是基础主义者所说的基础。尽管寻求共同目的的民主过程蕴含着规范、价值和关系，它们似乎都植根于形而上学、宗教或基础性的伦理之中，但它们的合法性作为一种功能并非来自它们的谱系，而是来自它们作为民主选择的产物之地位。就此意义而言，它们的起源既非武断，也非相对性，而只不过与它们的民主合法性毫无关系。

这是一个非常重要的观点：约翰·罗尔斯就是通过原初状态的契约（一致同意）逻辑来论证正义原则的，这种逻辑在关于人的观念中有着独立的直觉性和历史性地位。同等自由和差异原则可以通过多个有说服力的角度进行论证，但对于罗尔斯来说，它们的政治合法性均来自于它们能够在无知之幕的推理中通过一致同意的测验的能力。同样地，民主原则以具有历史重要意义的、突出心理学特征的、令人敬畏的道德方式产生，但它们的合法性——我们是怎样政治性地**知道**它们的——却依赖于民主的程序。这里的政治知识就符合杜威所说的标准："知识"，他写道，"不是外在的旁观者的行动，而是内部参与者具有自然的和社会意识的行动，从而知识的真正目标就存在于直接行动的结果之中。"① 判断这种形式的知识的标准"在于所采用的保障结果的方法，而不是关于真正的自然的形而上学的思考"②。方法就能够确证民主自身。杜威因此得出结论认为"民主的方法……就是使冲突公开化，不同的主张可以被看到并评判，从而也就能够被以更具包容性的利益主体进行讨论和判断"③。

杜威描述了一个类似公意一样的东西，特殊意志的耦合成为了共同之善，从而也就能够代表共同体进行表达。这个过程之所以被称为具有"公共性"，不在于判断它们的利益和原则，而在于过程本身。因而美国宪法第五条就对宪法本身修正的民主过程作了困难的但详细的规定。自治所要求的民主的操作性原则从而也就是具有反思性的：民主规则，公民身份的界定，权利的特征——无论它们如何产生——要想具有合法性，都必须经过反思性检验——民主协商和决策。

这意味着，民主具有自我纠正性：它的缺点可以通过民主的方式进行纠正，而不是通过外部力量强加于民主程序进行纠正。民主过程是个动态的过程，因为民主具有自我变化性：教育性。杜威不但把民主和教育联系起来，并且还说，"民主政府具有其他政府形式所没有的教育性。它使人们认识到存在着公共利益，尽管关于公共利益是**什么**的认识还比较模糊；民主政府要求的讨论和公开性能够澄清人们对于公共利益的认识。"④ 澄清的过程可能需要相当长一段时间，但民主通过内部的改革，鼓励那些人们进行持续不懈的努力，而不是反对进行澄清。美国的公民身份花了将近 150 年的时间才从有财产的白人男性拓展到所有成年美国人。但导致这种逐渐扩大的斗争是个民主性的斗争，在斗争过程中，民主的规则被用来修改民主的规则。一个仁慈的君主或柏拉图意义上的保卫者更快更坚定地扩大平等，但却是以自由的损失为代价的。杰斐逊所说的治疗民主弊病的方法在于更多的民主，实际上就表达了民主所具有的自我纠正的特征。

---

① Dewey, *The Quest for Certainty*, p. 196.
② Ibid., 220.
③ Dewey, *Liberalism and Social Action* (1935; reprint, New York: Capricorn Books, 1963), 79.
④ Dewey, *The Public and Its Problems* (New York: Holt, 1927), 201–2ff.

政治判断的一致性。或许区分民主性推理和基础主义推理的最明晰的方式，就是比较认知性判断和政治判断，前者联系着的是理解的认识论模式，后者则深深地植根于政治和公共性之中。我在这里无意重复我在别处说过的关于政治判断与其他判断具有显著不同的观点①，但关于政治判断由公共的活动来界定而不是独自思考，从而它也就是民主政治所产生的东西而不是产生民主政治的东西的观点，还是有许多话要说。民主性政治判断只能在为了共同的行动而进行的共同协商和决策的情境中的公民间的互动中产生。它所要求的不是刻板地将固定的标准应用到变化世界之中的基础主义的规定或个人的智慧，而是发现或形成共同基础的政治技艺。什么是权利的，或某项权利是什么，其自身无法决定政治判断。权利本身既不断地被重新界定和解读，并且其规范性力量又依赖于全体公民积极的参与和奉献。麦迪逊提醒我们，联邦章程不过是羊皮纸文件，它无法捍卫真正的自由——这是不带剑的契约！在任何情况下，公民们都只能期望在冲突面前求得一致行动，而不能确定地知晓或坚持古老的规范。这里的目标只能是解决冲突或找到与冲突共存的方法，而不是找到幸福之基础或通往永生之路。因此，公民判断总是有条件的，受限于不确定性。这种判断形式，厌恶任何形式的绝对主义，包括基础主义的权利绝对主义。民主政治是当形而上的基础失败之时人们所采取的行动，而不是形而上的基础所具体化的宪政形式。

我以前的观点放在这里也是合适的："如果我们把政治判断理解为熟练的公民所采取的艺术性政治实践，那么，为了提高我们的判断，我们必须强化我们的民主实践。为了能够正确地思考政治，我们必须正确地行动，而正确的行动所要求的是更优秀的公民而非更优秀的哲学家。如果我们发现我们的政治判断无效，这可能是民主太少而非太多的缘故。"② 民主或许可能由基础主义的逻辑而确立，但它只有通过公民身份的逻辑才能够得以维持。它产生于雅典，但却确立和实践于斯巴达（卢梭说，雅典人知

---

① 参见 The *Conquest of Politics* (Princeton: Princeton University Press, 1988)。
② In *The Conquest of Politics* (Princeton: Princeton University Press, 1988), 211.

道怎样正确地思考,而斯巴达人则知道怎样正确地行动)。公民就是由那些知道怎样自由地和共同地生活在他们为自己所制定的规则之下的男人和女人所组成的,因而他们不但能够生存下去,而且能够在不存在任何基础的情况下兴旺发达。和其他的政治体系一样,民主也有自己的生母,这就是基础。然而,与其他任何政治体系不一样的是,民主必须自我抚养长大,这个孩子杀死了自己的父母,以便能够自主地成长壮大。这就使得像伯克那样的人感到害怕,他们认为,砍死了自己的父母,民主也就毁灭了自己的灵魂;但在那些希望政治在自由平等的环境中确保其自主性的人看来,这却是一种必需,尽管是悲伤的必需。反思又一次证明了它是民主的伟大美德。民主就是关于什么是民主的争论;民主公民身份带来关于谁应当被包括在公民身份之内的辩论,民主政治争议并最终确定民主政体的边界,从而也就裁决了私人和公共、社会与国家、个人与共同体的问题。法院可以执行"自然的"或"更高的"权利,但必须征得民主主权的同意。如果主权认为司法在实施独立判断时变得过分热心,它可以修正司法的宪法地位(正如罗斯福在他的第一任期中威胁要做的那样)。

尽管关于非基础主义民主的这三条说明很有说服力,但在那些站在坚持自然权利霸权的自由传统阵营的批评者看来,它们似乎有点像借口托辞。确实,自发性、灵活性、自主性和共同性这些民主的特征能够把基础排除在外,但是,人们也许会说,它们描述的这一系列民主价值观能够构成民主的条件,但却不能在民主过程中产生。这种困惑,这种威胁我们转回到认识论之表象的困惑,值得认真解答。顺着这种反对意见,或许还可以说,民主的程序和制度,它们塑造并保障着民主的创造性、自主性和一致性,并表现为平等、权利和自由的原则,不是明显地要求一个前民主的基础吗?如果民主在一个相对化的政治世界中不是一个武断的选择的话,是不是它必须不能建立在它自身的程序之上呢?毕竟,就连威廉·詹姆斯也承认,实用主义"没有教条,没有说教,**除了有方法**"①。甚至连杰斐逊,尽管他鼓吹变化性和人民意志,也说"没有不变的东西……除了人所

---

① James, *Pragmatism and the Meaning of Truth*, 31–32. 着重号为引者所加。

固有的权利"①。难道我们不可以说,尽管民主在公共判断和政治结果上不需要基础,但也需要建立在一些其合法性来自先前的观点和同意的程序之上吗?这些程序,牢牢地植根于平等理念,而平等理念又由先在于民主政治的原则所正当化,从而这些原则难道不是基础主义的吗?平等,这个民主的首要价值,难道不可以被看做是基础主义的说法,即所有的人生而自由平等,并拥有享受同等机会和对待的权利,在公共行动领域的应用吗?最后,这难道不是哲学家们所说的自由的词汇优先性的另外一种表达吗?

不,不是的。在民主制度中,鲜活的人民意志总是起最后决定的作用。确实,它的运作受到某些限制,但这些限制本身是有条件的:它是审慎的人民主权的自我规约的结果。确实,可以安装一个装置以防止引擎过快地转动,但这个装置也可以被安装者去掉。民主最神圣的价值确实先在于政治。但在杜威看来,"我们回到了这样一个事实,即真正的问题不在于特定的价值是否已经存在,而是在实际行动中我们关于目的和手段将要形成什么样具体的判断。"② 在形成具体的判断和规约政治行为的过程中,价值自身也必须接受民主性的合法化和修正。民主是为生者而存在的,生者总是被民主地赋予改变他们的民主制度的能力。民主的决策具有事后的合法性。

俄罗斯总统叶利钦拒绝接受 1977 年俄罗斯(前苏联)宪法的宪政,而坚持通过全民公决来洗刷掉他的"非法性",就是一种生动的民主正当化其自身的例子。叶利钦的行动,颇有 1787 年费城制宪会议的味道。费城制宪会议非法地决定对联邦章程进行根本性的修改,而联邦章程在其制定的时候曾规定只能对它进行补充和修正,而且是十三个州中的九个州批准修改,就进行了修改。这些都是民主具有事后合法性的例子,在戈登·伍德《美国革命中的激进主义》一书中都有适当的描述。

我们说过,托马斯·杰斐逊认为宪法不应当是尊崇的对象,实际上,它们很少被尊崇。甚至连尊贵的民主原则如自由的优先性和平等权利都经常地被讨论和改变。谁的自由?何种平等?目前关于堕胎、艾滋病、死刑

---

① Letter to Major John Cartwright, June 25, 1824.
② Dewey, *The Quest for Certainty*, 46.

和北美自由贸易区都至少部分地涉及到这些问题。独立宣言声称的"人生而平等",并没有阻止一场血腥的争取普选权的斗争史。美国人所确立的"平等"不仅仅是自然权利的假设性逻辑的产物,而且还是以权利之名进行的政治(和武装)斗争的产物,斗争不仅认可权利,而且还把权利变成了现实,从而也就逐渐地重新界定了民主政体的包容性程度。包括"人"是谁、谁生而平等都必须通过政治斗争来决定。大法官塔奈(Justice Taney)看不到自然权利和黑人奴隶制之间存在任何联系,因为**政治性**问题不在于人是否拥有自然权利,而在于谁被包含在人之中(非洲裔美国人不包含在内)。包容问题在今天依然是民主制度最具争议的问题。

民主确实并且必须通过民主斗争的方式确定其类型(包括民主自身的类型)。实用主义有这么一种看法,即认为所有的知识——所有的现实——"都有赖于共同体最后的决定"①。我们不一定要接受皮尔斯关于主体间性的激进的看法,即认为,**根据概念而言,政治的**或**公共的**现实都具有这种特征。权利产生于自由的政治,而自由本身乃是社会斗争的产物。我们"生而自由"是个有用的虚构,它可以用来反对自然(体力、基因)不平等的经验现实,并且在反对绝对权力的时候是个有用的武器。在17世纪,作为一种异端邪说,这就是它所具有的伟大的力量,那是它第一次显示现代的革命性力量。但实际上,只有当披上公民外套的时候,权利才获得其实质性内涵和可信性。具有讽刺意味的是,我们所主张的拥有公民身份的权利,只有通过公民身份才能获得其力量。自然权利**是**写在纸上的东西,只有当公民们愿意为之而进行公民参与、履行社会责任甚至付出生命的时候,才能得到捍卫。T. H. 格林在捍卫积极自由的时候,就是这么说的。最近人们对于权利绝对主义的好感和暧昧,导致许多人忽略或者忘记了这种观点。②事实很简单,无论其历史谱系和政治继承是什么,作为一种合法性体系,民主生产着自身。民主是这样一种政体,在其中,争取民主的努力能够找到合法性——它合法化自身,也就是说,它不需要基础的帮助,基础只能用来解释而绝不能对民主政体进行正当化。

---

① *Philosophical Writings of Peirce*, ed. Justus Buchler (New York: Dover Books, 1955), 249.
② 这种观点的政治方面的讨论,即关于权利与民主之间的关系,在我的一篇论文中讨论过。见"The Reconstruction of Rights", *American Prospect* (Spring 1991): 36-46。

译后记

《民主与差异》一书，是一本对于中国读者深入理解现代社会的认同与差异问题、深入了解协商民主理论新发展，以及深入把握现代民主困境都具有重要意义的著作。该书汇集了认真对待和思考差异问题的民主理论者、特别是协商民主论者的多篇重要著作，尽管由多篇文章汇集而成，但该书的关注核心，始终是民主时代的差异问题。在现时代，不管有没有被认识到，以多种形式——不平等、公民权、社会运动、政治排斥等——表现出来的差异问题，已经成为民主政体必须认真对待的主要问题，这构成了现代民主政治的主要困扰。

若所言不差，中国读者从《民主与差异》中读出的，不仅是对西方社会差异问题的理解，而且还应当有对当下中国随着政治的进步和社会的发展而日渐浮出水面的差异问题的认知，尽管差异问题在中国的表现形式、讨论方式和解决途径有所不同，但差异这一现代政治的核心关切、困扰及其解决，并不为所谓"先进的民主国家"所独有。

众所周知，翻译是一件苦差事，翻译之苦，如鱼饮水，译者自知。本书所收录的文章，风格各异，主题多样，非尽心竭力，揣摩锤炼，不能相对准确地传达原文的内容与意涵。恳请读者与译者一道，在反复的阅读中悉心品味，反复推敲，为进一步的修改完善，提出中肯的意见和建议。

本书的第一、二、三、七、八、十一、十二、十三、十四、十五、十七章主要由黄相怀和严海兵翻译，并且他们承担了全书的统稿工作，其中要感谢孙存良、黄小钫、李德满和曾毅等同志所做的工作。本书的第四、五、六章由庞娟翻译，第九、十六章分别由王贵贤、龙宁丽翻译，感谢他们付出的努力。感谢丛书的执行主编陈家刚博士，他详细地阅读了书稿，提出了许多非常好的意见和建议。更要感谢丛书的主编俞可平教授，他对译者的翻译提出了严格的要求，并提供了诸多有价值的指导。

译者
2009 年 1 月

中央编译出版社政治与公共行政类书目

协商民主译丛

书　名	作者	定价
公共协商：多元主义、复杂性与民主	[美] 詹姆斯·博曼	38.00元
作为公共协商的民主：新的视角	[南非] 毛里西奥·帕瑟林·登特里维斯	38.00元
协商民主及其超越：自由与批判的视角	[澳大利亚] 约翰·S. 德雷泽克	35.00元
协商民主：论理性与政治	[美] 詹姆斯·博曼　威廉·雷吉	45.00元
协商民主：挑战与反思	[美] 约·埃尔斯特	38.00元
协商民主论争	[美] 詹姆斯·S. 菲什金 [英] 彼得·拉斯莱特	38.00元
民主与差异：挑战政治的边界	[美] 塞拉·本哈比	45.00元
美国民主的未来：一个设立公众部门的方案	[美] 伊森·里布	35.00元

中国民主治理丛书

书　名	作者	定价
依法治国与依法治党	俞可平	38.00元
党内民主制度创新——一个基层党委班子"公推直选"的案例研究	王长江	40.00元
城乡公民参与和政治合法性	何增科	55.00元
公民社会与民主治理	何增科	38.00元

政治学类

书　名	作者	定价
社会主义体制——共产主义政治经济学	[匈牙利] 雅诺什·科尔奈	68.00元
民主的模式（新）	[美] 赫尔德　燕继荣	26.90元
当代中国社会政治分析	张明军等	55.00元

书名	作者	定价
保守主义的含义	[英] 斯克拉顿	25.00 元
自由主义基本理念	顾肃	39.00 元
政治文明：理论与实践发展分析	许耀桐 胡叔宝 胡仙芝	68.00 元
帝国——统治世界的逻辑	[德] 赫尔弗里德·明克勒	29.00 元
国家与市民社会	邓正来	32.70 元
国家起源新论	刘军	38.00 元
新自由主义意识形态	张才国	36.00 元
台湾政治转型与分离倾向	赵勇	38.00 元
民主社会主义论	殷叙彝	68.00 元
奔向自由	俄罗斯戈尔巴乔夫基金会	46.00 元
中国国际政治经济学	郑彪	60.00 元
中国社会阶层政治心态研究	孙永芬	35.00 元
庶民研究	刘健芝、许兆麟选编	29.80 元

政党政治研究类

书名	作者	定价
中国政党制度年鉴（2006）	中央社会主义学院政党制度研究中心	260.00 元
中国政党政治研究（1905—1949）	李金河	55.00 元
中国政治体制改革研究	何增科	46.00 元
台湾政治转型与分离倾向	赵勇	38.00 元
责任政党政府研究	姚尚建	38.00 元
坚持走中国特色社会主义政治发展道路研究	北京社会主义学院	38.00 元
社会主义的理论创新与实践探索——中国国际共运史学会年会论文集	张兴茂	55.00 元
中国转型期的政治治理若干问题与趋势	沈远新	32.00 元
自我耗竭式演进——政党—国家体制的模型与演进	[匈牙利] 玛利亚·乔蒂纳	55.00 元

全球化与欧洲社会民主党的转型	史志钦	38.00元
战后西欧社会党与共产党比较研究——以法、意为个案	韩灵	20.00元
人民政协概论	张平天	40.00元
党的领导民主监督	刘书林　王群瑛	49.00元
当代俄罗斯政党	刘淑春	60.00元
意共的转型与意大利政治变革	史志钦	28.00元
统一战线新论	李小宁	42.00元
民主党派和无党派人士关注的20个理论问题	李金河　郑宪	20.00元

公共行政学类

书　名	作者	定价
英国经验的中国启示：广东省高级公务员公共管理研究论文集（1）	刘玉浦主编	28.80元
公共管理与社会发展：广东省高级公务员公共管理研究论文集（2）	刘玉浦主编	32.80元
公共管理与和谐社会：广东省高级公务员公共管理研究论文集（3）	刘玉浦主编	30.00元
公共管理与制度创新：广东省高级公务员公共管理研究论文集（4）	刘玉浦主编	36.00元
公共管理与创新型国家：广东省高级公务员公共管理研究论文集（5）	刘玉浦主编	38.00元
公共管理与区域发展：广东省高级公务员公共管理研究论文集（6）	胡泽君主编	35.00元
公共管理与治理转型：广东省高级公务员公共管理研究论文集（7）	胡泽君主编	36.00元
管理创新与政策选择：广东省高级公务员公共管理研究论文集（8）	胡泽君主编	36.00元
公共管理与社会服务：广东省高级公务员公共管理研究论文集（9）	胡泽君主编	36.00元

我国政府转型中的公共服务	刘厚金	29.00 元
转型社会与大都市治理	郑德涛 余耀胜	49.00 元
公司应对商业贿赂指南	张文镝 何增科	58.00 元
社会资本与中国农村治理改革	周红云	28.00 元
从理念到程序——我眼中的美国大选	刘亚伟主编	30.00 元
从多元到和谐——和谐社会的构建	韩雪选编	30.00 元
从减负到发展——中国三农问题剖析	叶子选编	30.00 元
从管理到治理——中国地方治理现状	尹东华选编	30.00 元
中大政治学评论第 3 辑	谭安奎	49.80 元
西部经济跨越式发展社会环境研究	尹庆双	38.00 元
现代公共政策学——公共政策的整体透视	胡宁生	45.00 元
动态环境下的治安防范与控制——以广州为分析典型	舒扬 彭澎	36.00 元
转型期中国改革与社会公正	陈伯君	45.00 元
激活和谐社会的细胞——"盐田模式"制度研究	侯伊莎	38.00 元
区域经济的制度分析	蒋年云	38.00 元
公民社会与治理转型——发展中国家的视角	刘明珍	25.00 元
公共行政的价值向度	张富	26.00 元
行政机关公务员处分条例——条文释义	屈万祥	28.00 元
西部跨越式发展中政府与市场关系新论	申晓梅 任勤	35.00 元
民政工作创新与和谐社区建设实务全书	王基健	390.00 元
管理与会计监督实务全书	丁中一	498.00 元
国土资源管理与执法监督实务全书	王基建	398.00 元
香港立法机关研究(修订版)	朱世海	28.00 元

DEMOCRACY AND DIFFERENCE: Contesting the Boundaries of the Political
by Seyla Benhabib

Copyright © 1996 by Princeton University Press, All rights reserves. No part of this book may be reproduced or transmitted in any form or by any means, electronic or mechanical, including photocopying, recording or by any information storage and retrieval system, without permission in writing from the publisher.

本书简体中文版由普林斯顿大学出版社通过Bardon Chinese Media Agency授予中央编译出版社在中国大陆地区独家出版发行。版权所有，不得翻印。

图书在版编目(CIP)数据

民主与差异：挑战政治的边界/(美)本哈比主编；黄相怀等译.
—北京：中央编译出版社，2009.4
(协商民主译丛)
ISBN 978-7-80211-904-8

Ⅰ.民…
Ⅱ.①本…②黄…
Ⅲ.民主-文集
Ⅳ.D082-53

中国版本图书馆CIP数据核字(2009)第036650号

民主与差异：挑战政治的边界

出 版 人	和 龑
责任编辑	贾宇琰
责任印制	尹 珺
出版发行	中央编译出版社
地　　址	北京西单西斜街36号(100032)
电　　话	(010)66509236　66509360(总编室)　(010)66509350(编辑室) (010)66509364(发行部)　(010)66509618(读者服务部)
网　　址	www.cctpbook.com
经　　销	全国新华书店
印　　刷	北京瑞哲印刷厂
开　　本	787×960毫米　1/16
字　　数	345千字
印　　张	23.75
版　　次	2009年4月第1版第1次印刷
定　　价	45.00元

本社常年法律顾问：北京大成律师事务所首席顾问律师　鲁哈达
凡有印装质量问题，本社负责调换。电话：(010)66509618